張南南　校注

破山海明禪師語録合校

文物出版社學術出版經費資助項目

文物出版社

圖書在版編目（CIP）數據

破山海明禪師語録合校 / 張南南校注 . —北京：文物出版社，2023. 11

ISBN 978 - 7 - 5010 - 7548 - 5

Ⅰ. ①破… Ⅱ. ①張… Ⅲ. ①禪宗 - 語録 Ⅳ. ①B946. 5

中國版本圖書館 CIP 數據核字（2022）第 065617 號

破山海明禪師語録合校

校　　注：張南南

封面題籤：身　振
責任編輯：賈東營　王　瑶
封面設計：程星濤
責任印製：張道奇

出版發行：文物出版社
社　　址：北京市東城區東直門内北小街 2 號樓
郵　　編：100007
網　　址：http：//www. wenwu. com
經　　銷：新華書店
印　　刷：寶蕾元仁浩（天津）印刷有限公司
開　　本：787mm × 1092mm　1/16
印　　張：31
版　　次：2023 年 11 月第 1 版
印　　次：2023 年 11 月第 1 次印刷
書　　號：ISBN 978 - 7 - 5010 - 7548 - 5
定　　價：98. 00 元

目録

序

吾祖破山海明大和尚，夙緣深厚，靈芽早萌，弱冠捨家，薙髮佛恩。祇因生死未明，不甘入海算沙，毅然瓢笠出蜀，苦心參究。至破頭山，困頓三載，草衣木食，剋期求證。一朝跌落高崖，方始截斷葛藤，大笑徹悟，高呼冤屈，原來枉費如許草鞋錢。吾祖未待明師提點即已了生脱死，根性之猛烈，可謂古今罕匹！他人行脚參方而後悟，破祖倒行逆施，徹證而後參方。自此沿江東下，惑亂人天，江南名宿大佬，紛紛收拾不住。直待昂首闖入金粟，迎面撞着密雲，涵蓋相投，付法授衣，得傳曹溪正脉，爲大鑒下第三十五世、臨濟下第三十一世。

三十三歲開法嘉興東塔廣福禪寺，千日禪期甫畢，徑自轉身歸川，直入千峰萬峰而去。巴山蜀水，由此復聞棒喝之聲；岷峨毓秀，因之再耀爐鞴心光。法鼓振徹，九建刹竿，白棒接人，度而未度；明季喪亂，七膺險難，捨身護生，險而無險。吾祖悲心切重，掉臂不顧，甘爲衆生捨命，活人無算，蜀中故老相傳，保寧一城生靈，實由大和尚保全，至今仍以菩薩稱之。

順治十年（1653），于川東梁山草創叢林，堂名『雙桂』，山號『萬竹』，西南禪宗，遂以此爲祖庭。康熙五年（1666），化緣事畢，趺坐指燈，端然而逝，遺骸塔于寺後。爾來三百五十四載，萬峰一脉，枝繁葉茂，燈傳無盡，遍布滇、黔、川、渝，『兩株嫩桂久昌昌』，所指不唯少林也。而今躬逢盛世，寺宇一新，無縫塔旁，梵唄依然，暮鼓晨鐘，四衆安和，吾祖必當頷首微笑矣。

達摩西來，直指見性，不立文字，亦不離文字，無可無不可而已。然法身無形，尚容化、報；指、月雙泯，仍賴巴鼻。故語言文字、筆墨生涯，事關後人眼目，自非小可。吾祖禪風醇烈，當者披靡，住世傳法數十年，法語輯爲《語録》，生前身後，付梓者九、存世者三，一爲《嘉興藏》康熙二十卷本，二爲雙桂堂乾隆二十一卷本，三爲成都昭覺寺民國覆刻雙桂本。近有張南南博士，自故紙堆中又拾得一本，與上述三本精心合校，并附研究論文于後。此本順治間由破祖得意弟子丈雪通醉刻印于嘉興，入《嘉興藏》流通，存世諸本以此爲最古，此前或謂散佚已久，未想仍存天壤之間。張氏考證，此本雖爲丈雪所輯，初版印成後實經破祖親校，據之再印而成。沐手捧讀，似與吾祖覿面相呈。誠如丈雪後跋所謂：『字字輝天鑒地、蜇古毒今，見之者嘔、聞之者喪。間有不受熱瞞（者），堪共吾師履冰赴火也！』

此本文字最爲簡潔，文意反更通透。或因二位祖師親手删定，直指落處，讀來酣暢淋漓。且原書離爲兩册，甚便隨身携帶，不時翻閲。再則，破山語録自崇禎至民國刊刻九次之多，其中以崇禎十六年（1643）蜀亂之前梁山萬峰太平禪寺所刻者（十二卷）及康熙五年至八年（1666～1669）間雙桂堂刊印者（二十一卷）最爲切要。萬峰版爲破祖嘉興開法至歸川弘法之階段性記録，丈雪編輯，承上啓下；康熙雙桂版則爲祖師法語行事之完整總結，于破祖圓寂當年即行編輯，時任雙桂監院、本寺第二代住持雲嶠印水親主其事，堪爲信史，惜二者均未存世。但經張氏研究，謂我寺所藏乾隆本即康熙版之覆刻，新發現之順治本，實據萬峰版删改而來，由此，則二本雖佚而未佚，幸何如之！丈雪通醉之影響僅次乃師，一生豪氣干雲，未嘗輕易許人，然于破祖則死心塌地，若孝子之侍親，此書更將二祖聯璧、師徒攜手成就，一段因緣佳話重現人間，吾輩自是稽首稱慶、歡喜贊歎。

南南博士以書稿初成，請序于予。因之胡亂塗寫，潦草搪責。至于微言深義，仍請翻閱正文。此舉雖不免將二位老漢再次穿却，牽至十字街頭曝曬一番，然金鱗或因之破網、心力或由此圓澄，莫謂忤逆兒孫不肖，選佛場中，將現重重寶光矣。

身振理約

雙桂堂方丈

薰沐拜書于萬竹丈室

二〇二〇年九月

前言

破山海明禪師具戒于洞宗湛然座下，印心于天童密雲杖頭，而立之年開法嘉興東塔廣福禪寺，三載法鼓，響徹江南。業風吹拂，旋踵歸川，大弘臨濟正宗于巴山蜀水之間。九立剎杆，披剃百餘，心燈廣播，爲一時盛事。甲申之變，西川狼烟蜂起，師苟全性命于亂世，顛沛中以護生爲己任，不吝虚名，破戒止殺，堪忍能忍，真可謂覺有情之大菩薩。後于瓦礫堆中再建法幢，開山萬竹，肇始雙桂，惠風重扇，香飄滇黔。明末清初之際，四川佛教大放异彩，波及雲貴，流淌至今，誠師慈悲之力也。

師開法東塔，初編《語録》三卷，至圓寂仍有重修之舉，生前身後，《語録》編撰多達九次，時至今日大多佚失。此前所知，尚存三種歷史版本：

一、《嘉興藏》康熙朝二十一卷本。破山弟子蓮月印正禪師（1617～1694）[一]編輯，康熙十九年（1680）刻印。流傳極廣，學者研究殆爲此本[二]。

二、重慶梁平雙桂堂二十二卷重刻本。由當寺第六代方丈透月際旻禪師[三]重刻于乾隆二十五年（1760），編輯者爲破山弟子耶湘印伊、靈木印綬及侍者傳秘。此本所據祖本另有源頭，并非康熙《嘉興藏》版。其内容基本未作删改，相對而言，較爲忠實的保存了語録原貌。

三、成都昭覺寺民國二十年（1931）募刻本。此本或覆刻雙桂堂本，版式、行款、分卷一如其舊，内容未作改動，祇個別异體字代以當時之通行字。

此外，2007年釋道堅校注《破山海明禪師語録》出版[四]，首次將上述三版《語録》合校，嘉惠學人。

近年，筆者于日本東京大學總合圖書館（The University of Tokyo General Library）所藏《嘉興藏》中，發現破山高弟丈雪通醉禪師（1610～1693）順治十三年（1656）在嘉興主持刻印的十二卷本《破山明禪師語録》，後附康熙九年（1670）補入的《破山年譜》一卷，總成十三卷，離爲二册（即本書），這是該《語録》現存最早版本，其時破山禪師仍在世，或曾手校原稿。國内（包括臺灣）現存《嘉興藏》中未見此本，均被蓮月印正所刻康熙版替代。東大《嘉興藏》由日本黄檗宗了翁道覺禪師（1630～1707）[五]于延寶八年（1680、康熙十九年）轉贈武州紫雲山瑞聖寺[六]，其時住持此寺者爲鐵牛道機禪師（1628～1700）[七]，每册首頁均加蓋鐵牛道機正方形朱文跋語印[八]。此套《嘉興藏》後被田健次郎所得[九]，大正十三年（1924）整體捐贈東京大學圖書館，現存1896册。東大近年來逐步將其数字化并公布于網絡[一〇]，方使研究者一睹真容。至此，破山《語録》的歷史版本可增加爲四種，而丈雪版卷數雖少，但承上啓下，對研究破山《語録》最終面貌的形成具有極爲重要的學術價值。

《語録》編輯者丈雪通醉是破山衆弟子中最爲傑出者，四川内江人，俗姓李，童稚出家，早慧篤學，内典外籍靡不精通。崇禎十年（1637），二十七歲參破山于梁山萬峰，勇猛精進。曾隨師游觀梁平白兔亭瀑布，破山賦詩相贈，文曰：『畫斷蒼崖倒碧岑，紛紛珠玉對誰傾，擬將鉢袋横攔住，祇恐蟠龍丈雪冰。』通醉自此以『丈雪』爲號。未幾辭師出蜀，赴寧波天童寺參訪師翁密雲圓悟，棒喝交馳之下修爲日進。崇禎十三年（1640）十月十七日，晨起上天童山太白頂拖柴，竹篸傷足、血污滿地，徘徊之間忽聞寺中梆鳴，聲震山谷，豁然大悟。歸蜀後得破山印證，行脚川中各地弘法度衆，復興寺院無算，最著名者即成都昭覺寺，并長期擔任同寺方丈，八十四歲圓寂後塔于其處。佛學修爲之外，通醉能詩善書，與江南、四川兩地士大夫多有唱和交往，影響僅次于乃師。郭沫若（1892～1978）1955年于昭覺寺得見破山、丈雪師徒墨迹後大加賞贊，即興賦詩，其中『丈雪破山人已渺，幾行遺墨見薪傳。』更是膾炙人口的名句。

順治十一年（1654），丈雪自遵義禹門寺赴梁平雙桂堂省覲破山，奉師命遠赴天童代掃密雲圓悟塔。其時三峽烽烟未熄，水路不通，欲赴江南，衹能沿川東北陽平古道北上中原，經陝西、河南、魯南、江蘇而至寧波，如此迂回，路途實有萬里之遥。且江山易主，地方不靖，丈雪毅然前往，足見其尊師重道、堅忍不拔之品質。順治十三年（1656）終至天童完滿師願，此舉深得當地士大夫稱贊，譚貞默在本書序言中謂：『萬里餐風，三冬立雪，滴水滴凍，成始成終，醉上座其人也。』

此後丈雪前赴嘉興，在東塔前任典客清白常勤住持的白苧村古新庵開板刻印本書。然而丈雪起初并無刊印語録之計畫，破山也從無此種表示，此行目的明確，名義上衹爲掃塔。但也無法否認，暗含調查江南佛教現狀并與之進一步聯繫之意圖。丈雪當年曾在密雲門下參學，熟悉此地佛教人事狀况，且能力出衆，委其前去，深意或在于此。破山歸川、一去將近三十年，其間與江南佛教界雖有信函酬答，但畢竟遠離其地，特别是脱離了當時作爲佛教中心團體的密雲法派。自崇禎十五年（1642）密雲圓寂，這種地域上的分隔或許會演變爲真正意義上的分離。其時僧團内部確也産生此種傾向，即木陳道忞（1596～1674）獨霸天童、排擠同門事件，此事陳垣先生在《清初僧諍記》《明季滇黔佛教考》中已有論述，前因後果于此不再複綴。破山遠在西南，矛盾爆發時雖可抽身事外，但蒙冤之際却也無法面諍以定是非，派丈雪遠赴江南，或亦有當面陳情、據理力争之用意。果然，木陳很快將矛頭指向丈雪，放言丈雪并非破山門下。此意甚爲明顯，木陳雖無法否認密雲與破山之師承關係，却已不承認破山傳人，欲圖抹殺破山一系法統。丈雪聞後徑赴木陳暫住的嘉興三塔寺，在衆檀越圍觀下（其中便有本書序言作者譚貞默及助刻者孫起伯居士），痛斥木陳：『貧道有椿不平事，舉似衆護法，可爲千古高抬貴手。昔山翁法叔在天童職書記，號木陳，貧道寓藏堂，聚首數年，彼此同參，無何今日不認爲同參，而并不認爲法侄，種種詆刺，欺法門太甚！想昔撻隱元（日本黄檗宗初祖）二二爲不孝，今視丈雪爲假攀，法叔獨霸諸祖庭，欲抹殺破山、費隱兩家矣！』逼迫木陳當衆倒地，誓言絶無迫害之意，陳垣先生稱贊丈雪對木陳『還奉巨拳』。由此益見丈雪性情之豪邁、辭鋒之凌厲，更可見破山識人用人之高妙。

另一方面，在戰亂即將平復，四川受害嚴重之際，與先行安定的江南地區取得聯繫，再續同門情誼，也有實際意義。破山歸川弘法，二十餘年間雖已形成自身法系，但追根溯源，其出處仍在天童，保持與江南密雲一系同門之聯繫，增進法子法孫輩之交流，不因偏處遠地而自外于中心區域，力圖與其保持同步，這或許是破山的另一重願望。就破山自身而言，一生弘法，每入一寺拈香上堂，必先酬謝兩位前輩大德，一爲本師密雲圓悟，二爲曹洞宗湛然圓澄，前者有法乳之恩，後者則是破山授戒和尚。二人均在其歸蜀後圓寂，塔于江南，破山始終念念不忘親赴塔前瞻拜供養。甚至在圓寂之前聽聞三峽開通，第一件事就是備辦舟船，欲下江南祭掃恩師靈塔，惜俗事糾纏不得不轉赴重慶，歎息再三，望江惆悵。故此次委託丈雪赴浙，除上述目的外，懷念先師之情仍是重中之重。

此外，破山而立之年開法嘉興，深得當地士紳崇敬，雖時隔多年，衆居士大都健在，法子丈雪忽至，與諸檀越再續前緣。衆人極望破山二赴江南開法，曾聯名丈雪寫就《公啓》，志誠懇請：『恭迎福祉，仍掃東塔。』此種要求，一則出于衆士紳對破山佛法修爲之認可，再則，或源于對木陳住持天童後所作所爲之不滿，或許也暗含對這位新晉佛門領袖依附清庭行徑之厭惡。本書序言作者譚貞默（同時也是《公啓》署名最靠前者），在序後所書官職均爲前朝所賜，特意標明『前戊辰（崇禎元年，1628）二甲進士』，以此爲榮，政治取向昭然若揭，現實生活中拒絶洪承疇舉薦，終老家鄉，可見其氣節；本書卷首徑書『明成都府嗣法門人通醉等編』，也與譚居士文字异曲同工。丈雪至嘉興之際，四川尚未歸附新朝，仍奉南明正朔，破山所住雙桂堂更是由抗清將領姚玉麟襄助創建，昔日天府之國一變而爲大明殘山剩水，然衣冠禮樂畢竟未易；返觀檇李衆檀越，雖與破山師徒同處蒼天之下，却儼然兩朝之人矣！順治十六年（1659）木陳入京面君，手舞足蹈隱然以國師自居，江南佛教大佬似已全然忘却前朝之事；迎請破山并刻書之舉，或許飽含當地文人士大夫的家園故國之思；而在清朝統治已相對穩固之區域，敢于在新刻書籍篇首明目張膽冠以前朝名號，謂之『重梓』以爲遮掩，確實新穎别致，若無當地縉紳護持，或也難以實現，總之，刊刻本書大概就是在此種境况之下，丈雪與士紳們臨時商定的結果，换言之，是爲破山再赴江南所作的前期宣傳工作。丈雪曾在致破山信件中寫道：『值起伯孫居士，請就家庵清白師處重刻《全録》……《别集》俟和尚錫臨再梓。』此種意圖展露無遺。

刻印分爲兩個階段。順治十三年丈雪到達嘉興，第二年夏季雕版便已完成，進度極快，印刷後交由弟子送呈破山，此爲第一階段。破山收到成書，著手校改并補充内容，稿成後指派丈雪法孫蒼石雲赴嘉興遞送，故本書又曾改版，加入破山校補内容，完成後收入《嘉興藏》流通天下，此爲第二階段。破山之所以在第一次印成後仍然進行修改，主要原因有二：

其一，如上文所述，本書刻印是臨時決定，這就意味著并不存在先行編校的定稿。而開版所用文本極可能出自十餘年前四川萬峰太平禪寺印製的舊版語録（詳細考查見所附論文，以下簡稱萬峰版），旅途中丈雪或曾隨身携帶，或嘉興亦存此書，由此得以在極短時間内删改校勘而成本書。卷首譚貞默序言明確記載：『昔之掇拾壽梓于蜀之梁山萬峰者，今且奉持重梓于禾（嘉興）之白苧新庵（古新庵）。[一二]』足見二書緊密相關，這是最有力的證據；譚序之後的牟秉素[一三]序言事實上并非爲此次刊印所撰，而是保留下來的舊版原序，卷十二末尾附丈雪《後跋》一篇，作于十四年前的崇禎十六年（1643）佛誕日，顯然也是舊文，不過細讀跋文，其間文句在丈雪編印本書時似有所添改，却刻意保留前明年號未予删除，應存春秋褒貶之意，此不贅述。然而，雖有『重梓』之謂，但丈雪并非照搬萬峰文本，而是進行了一定程度的删改，破山對此舉表達過自己的態度：『删語録，因重繁、犯國忌則可，老僧分中，曾無一字，甚快！大都後人眼目，又不可不慎。其廣略在人之裁度，大以成大，小以成小，故如來以一音演説法，衆生隨類各得解者此也。』表面上并未反對，却也指出需要慎重其事，不可誤導後人。且丈雪削删取捨與破山本人標準定會有所差距，故審閲成書後勢必親自校改。此外，萬峰版編成于甲申之前，不包括此後講法内容，這一部分亦需適當補入，本書卷三『住梁山縣金城禪寺』五段上堂語録就應出自後期增補。『金城禪寺』位于今日梁平『金城寨』中，按《年譜》，順治九年（1652）冬破山入住金城[一四]，所宣法語自然不可能被收入萬峰版之内。

其二，書成後收入《嘉興藏》流通，爲鄭重其事，破山予以校定。《嘉興藏》又稱《徑山藏》，萬曆年間由紫柏真可（1543 ~ 1603）、密藏道開、袁了凡（1533 ~ 1606）等高僧、居士發起募刻，首次採用外典方册形式裝幀佛典，增入大量中土著述及明清兩朝禪僧語録。大規模刻印活動一直持續到雍正朝方告一段落，但遲至嘉慶朝仍有補刻，前後綿延210餘年[一五]，這是《嘉興藏》最大特色，也是其規模龐大、不易統計完整卷數的原因所在。起初在五台製版，北地苦寒，又南移徑山化城寺、寂照庵以及嘉興楞嚴寺等處。特别是紫柏尊者復興楞嚴（院），寺中般若坊也專門存儲《嘉興藏》板片，本書卷十二結尾有『楞嚴寺藏板』、《破山禪師塔銘》最末頁有『板附楞嚴』文字，均表明此書刻板曾存放于楞嚴寺中。語録入《藏》，對禪師本人而言自爲頭等大事，流通後傳播廣度及存世時間也絶非藏外單行本可比，因此破山親自修訂增補，亦爲情理中事。

至于改版一事，其痕跡在卷三末尾甚爲明顯。本卷最後一頁（第十八頁）二面共三段語録（49 ~ 51），起始一段（49）與第十七頁并不接續，亦非全文。此段殘文與卷二第41段後半部内容一致，其後的第51段與卷二第43段完全重複。饒有興味的是，第50段與卷二第42段同出一源，但文字取捨并不相同，可窺見編輯過程中削删角度的變化，而此種變化正是由于破山與丈雪分别修改所致。筆者認爲，卷三最後一頁就是本書第一次印刷、尚未經破山校核的原始狀態。而且，殘存的這三段語録之前是『住梁山縣金城禪寺』部分，上文已述，這是破山後期補入的文字，此種增補，無疑需要重新刻板，同時也必會打亂第一次印刷時的裝幀順序，不知爲何，卷三此頁仍然使用舊板刷印裝訂，這有待今後進一步研究。但據此可明，本書第一次印刷的分卷内容及部分文字，與改版後的現狀差异極大。

本書結構與習見宗門語録無大差异，以上堂、小參、晚參、開示、茶話等法語爲主，輔以偈、贊、頌古拈古等詩文，又有行實、序言等個人自傳及世俗類文書，正文部分總成十二卷。各文獻對卷數的記載也相當一致，譚貞默序言載：『東、西法會語録，合十二卷。……從此紫柏院中側理輕編[一六]，又放一層寶光矣。』雙桂本卷二十一《破山和尚塔銘》謂：『《語録》一十二卷，入嘉禾紫柏院，流通海内焉[一七]。』《破山年譜》：『先是丈雪醉編成十二卷，離爲二册，刊入嘉禾楞嚴藏室流通。』嘉本序一：『昔歲丁酉（1657），昭覺醉師至禾，曾刻本師《語録》十二卷行世。』《塔銘》寫于破山圓寂當年或稍後，即康熙五年丙午（1666）左近，作者巴縣居士劉道開（1601～1681）；《破山年譜》編輯于康熙八年己酉（1669）；嘉本序言最晚，寫于康熙十九年庚申（1680），作者爲嘉興約庵道人施博[一八]。上述資料作者均與破山、丈雪同期，當可憑信，可知最終收入《嘉興藏》者，應爲一十二卷兩册本（初印本）。

此外，今日書後所附《破山年譜》一卷與本書并非同時完成。《破山年譜》序言謂：『法孫竹浪、野月二上人，奉師丈雪和尚之命來禾，刊老和尚《年譜》、塔銘，補入《語録》。』可知《年譜》爲後補，亦出丈雪授意；《丈雪年譜》康熙八年（1669）己酉條載：『命青城生、野月奇下浙西刻破老人《年譜》入楞嚴寺，附《全録》流通。』本書及嘉本《破山年譜》卷末題記：『法孫正生對、常奇書，康熙庚戌（九年1669）冬日嘉禾楞嚴寺識』。可知《破山年譜》由丈雪命弟子赴嘉興刊刻，完成時間在康熙九年。其中『全録』一詞自指本書而言，這一別稱也出現在上文丈雪致破山的信件之中，但是否自萬峰版已如此稱呼則并不明確。上述文獻中『法孫竹浪』、『青城生』、『正生』，均指丈雪第子竹浪徹（正）生禪師，嗣法後常住青城山鳳林寺，《青城竹浪生禪師語録》[一九]卷四自述《行蹟》載：『己酉（康熙八年）冬，本師命下東甌，刊雙桂師翁《年譜》。』與上文所述正相吻合；《錦江禪燈》總目，丈雪弟子中有『野月奇禪師』[二〇]，即上引文獻中的『野月』『常奇』。綜上可證，丈雪曾于康熙八年冬，派竹浪、野月二弟子赴嘉興補刊《破山年譜》，二人曾對文稿進行校對及繕寫工作，翌年冬季完成刻印。此處需注意，《破山年譜》作者并非竹浪及野月，而是與丈雪同輩的破山法嗣雪臂印巒及靈木印綬，靈木更是現存雙桂本《語録》作者之一[二一]。破山康熙五年圓寂，三年後編寫年譜補入《嘉興藏》即有《語録》之末，使其綜合反映破山一生行事，具備更完整的文獻價值，丈雪功莫大焉。

就本書裝訂形式而論，《破山年譜》接續于卷十二正文之後，合訂爲兩册十三卷的規模，可證本書已非順治初印本，其時《破山年譜》尚未編寫，康熙九年（1670）補入再印之際才可能將二者合裝，因此本書印製上限當在康熙九年之後。由此亦可證，本書（或東大所藏《嘉興藏》）傳入日本之時代上限也應在康熙九年之後，下限則在延寶八年（1680、康熙十九年）了翁禪師將其贈送江户瑞聖寺之前，也就是1670至1680年之間。換言之，印製時期必定在此十年之内，考慮到東渡日本及傳播异國所需時日，下限還應提前，這就意味著本書印成後很快就被帶入日本。

隨之而來的問題是，爲何本書此後會被蓮月印正禪師所編者取而代之呢？據光緒《玉泉寺志》[二二]所記，康熙九年（1670）蓮月印正在湖北當陽玉泉寺開始編輯工作，同十年（1671）即告完成，但當時并未付梓，直至同十九年（1680）方才至嘉興刻板，印成後編入《嘉興藏》。按此版《語録》卷首施博及王庭序言所述，之所以再編《語録》，是由于丈雪所編『未全[二三]』、『芟逸頗多[二四]』。然而，若果如兩序所言，欲以嘉本替代此前的十二卷本（本書），何以在蓮月編成後未能即刻印行、反而蹉跎九年之久？若謂礙于丈雪，九年後丈雪仍然健在，又爲何不再顧忌？此中恐怕另有隱情。

最關鍵之一點，當在吴三桂與三藩之亂。康熙十二年（1673）亂起，同十七年（1678）三桂稱帝病死，叛軍就此瓦解，同二十年（1681）亂平。丈雪在順治年間代師掃塔，北上中原途中曾與吴三桂有所交涉。嘉興諸事完畢，歸川之際又受三桂禮請，第二次住持漢中静明寺。就史料而論，二人關係實非親密，然畢竟有所牽扯，口實之辭、欲加之罪，世法之常軌也，何况更有康熙二年（1663）《明史》一案成例在先。故蓮月印正于清庭行將得勝之際趕赴嘉興刊印《語録》，用以替换丈雪所編本書，此舉或出維護法脉之心、關愛同門之意，預爲提防。今日就此雖不宜驟下論斷，而丈雪刊印、破山『斟酌過』的十二卷兩册本《語録》，從此消失于國内《嘉興藏》中，亦爲事實，其原因恐非刻版破損、無法再印所可搪塞。

有鑒于此，筆者不揣鄙陋，將此十二卷本與前述三種歷史版本合校，希望整理出文字比較可靠且便于閲讀、利用的點校本，亦可呈現同語録前後各版言辭變化之軌跡，對于各版語録刊印次序問題，筆者專門撰文分析，抛磚引玉，附于書後，以資參考。而此次點校，以核對、校録文字爲中心，因時間所限，對語録中機鋒典故及大德法諱未遑一一出注，深以爲憾，仍盼讀者諒解。然語言文字若可指月，明月又在何方？所謂會取鉤頭意，莫認定盤星，世出世法哪有兩般道理？

張南南

二〇二〇年于北京

【注】

一 康熙《嘉興藏》所收《破山禪師語録》題作『當陽玉泉嗣法門人印正等編』，蓮月印（道）正禪師常住湖北荆州當陽玉泉寺，即天臺智者大師當年講法、北宗神秀大師曾經住持處，寂後塔于寺旁，故又稱『玉泉蓮月正禪師』。

二 多據臺灣版《中華大藏經》第二輯《明版嘉興大藏經》第26册所收177號二十卷本《破山禪師語録》，附《年譜》一卷（臺北：新文豐出版公司，1981年）。另，《中華大藏經》《禪宗全書》《嘉興藏》《徑山藏》等大型叢書也收有相同版本。

三 透月際（真）旻禪師于乾隆二十三年（1758）至乾隆三十八年（1773）任雙桂堂第六代方丈。

四 釋道堅校注《破山海明禪師語録》（釋身振主編《西南禪學研究叢書》），北京：宗教文化出版社，2007年。

五 了翁道覺禪師俗姓鈴木，羽後國（所轄相當于今日秋田及山形二縣各一部）尾勝郡八幡村人，日本黄檗宗僧，一生廣施藏經，助僧俗參學。具體可參見《望月佛教大辭典》（第3847頁『道覺』條）。

六 武州紫雲山瑞聖寺：武州即『武藏國』，屬東海道，日本古代關東八國之一，所轄範圍大體包括今日東京都、神奈川及埼玉兩縣。紫雲山瑞聖寺，位于今日東京都港區白金臺町，日本黄檗宗重要寺院。

七 鐵牛道機禪師，俗姓藤原，石見國（今島根縣西部）人，曾協助隱元禪師創建宇治黄檗山萬福寺，後于木庵性瑫座下嗣法，瑞聖寺第二代住持（以上參考同《望月佛教大辭典》第3849頁『道機』條）。據《勸學講院開祖了翁祖休禪師行業記》（了源、了觀、鈴木吉佑編，體例與年譜相同，手寫油印綫裝本，出版者不明，昭和十三年、即1938年印行）等書，了翁道覺于延寶二年（1674、康熙十三年）與鐵牛道機商議，爲便于僧衆披覽及存儲經典，特于同寺建立『勸學寮』，後于延寶八年（1680、康熙十九年），了翁禪師將此部《嘉興藏》贈與該寺。

八 文曰：『了翁上座請大藏及百」家書置之武州紫雲山」我微笑塔院庫府中永」爲學者不敢許出院内」當山二世鐵牛機謹志』（『」』表换行）。

九 書册末頁均有正方形陽文朱印，文曰：『田氏圖書之印』，或即田健次郎所鈐。此處之田健次郎，或即田健治郎（でんけんじろう1855～1930），1919～1923年曾擔任臺灣總督。

一〇 網址：https://dzkimgs.l.u-tokyo.ac.jp/kkz。題爲『東京大學総合図書館萬曆版大蔵経（嘉興蔵）デジタル版』，丈

雪版《語録》在『補第十一帙』。在此之前，同大學于2010年曾出版《東京大學総合図書館所藏嘉興大蔵経：目録と研究》二册（横手裕監修，末木文美士、渡邊麻裏子、菊地大樹共著，東京大學大學院人文社會係研究科，2010年。），然印量不多，流傳不廣，國内更鮮有所見。

一一 隱元隆琦禪師（1592～1673），破山法弟費隱通容（1593～1661）弟子，與丈雪通醉爲法門昆仲。後得鄭成功相助于順治十一年（1654，日本承應三年），也就是丈雪出川赴浙同年，東渡扶桑。抵達後受日本朝野敬信，後水尾天皇（1596～1680）皈依，京都府宇治黄檗山萬福寺開山，日本黄檗宗初祖（實爲臨濟密雲一脉），寂後賜號『大光普照國師』，歷代天皇均有追尊，直至明治十四年（1882）仍追贈『慧明國師』，在東瀛可謂家喻户曉之人物。本書原收藏地東京都（武州）紫雲山瑞聖寺也是此宗重要寺院之一，初任住持爲隱元弟子木庵性瑫禪師（1611～1684，破山爲其師伯祖）。丈雪所編破山語録借由隱元于异國開創之宗派收藏傳承，得以保存至今，也是一段因緣佳話。

一二 白苧新庵：『白苧』（音zhù，亦作『苎』）指嘉興南郊白苧鄉，『新庵』指位于白苧鄉的古新庵（古心庵）。嘉興庵室密布，查歷代地志，僅白苧鄉便有法華、寶華、慈竹、梅谿、芋香、選勝、琦堂、一舍、真際、一航、福田等庵，古心庵僅爲其中之一。按國家圖書館藏康熙《嘉興縣誌》卷二《寺觀》載：『古新庵，在白苧都二陽字圩，明季孫茂錫舍基，清白、林泉重構佛佛堂（原文如此，或爲堂名）。』但此前崇禎《嘉興縣誌》未載此庵，或因其時尚未建立。

一三 牟秉素：四川宜賓人，光緒《叙州府志》卷三十三《人士》牟道行條載：『歷文選司員外，歸裏後起爲監軍道，恢復叙城，以疾卒。』又引《高縣誌》：『字篤之，號秉素，宜賓人。明天啓乙醜（五年，1625）進士，授中書舍人。崇禎三年（1630）上《太平十四策》，擢稽勛司，已而告假歸。十七年甲申（1644），獻賊陷叙，道行由高入烏蒙，集夷兵攻賊，轉戰擒斬僞將貢萬年等，乘勢追。北旋，從官軍贊襄擒剿，賊懼奔潰。歲丙戌（南明隆武二年，清順治三年，1646），從永寧至建武，過高縣入叙城，明年復至高縣，遂家于高正洲，以壽終。』有弟名牟道顯。載《中國地方誌集成·四川府縣誌輯》第二十九册（成都：巴蜀書社，1992年），第162頁。同治《高縣誌》卷四十一《流寓》有牟道行條，與上引文大同，可參看。載《中國地方誌集成·四川府縣誌輯》第三十五册，第465頁。

一四 見《破山年譜》順治九年（1652年）壬辰條：『至冬，高樑聖瑞姚護法，請住金城寺，乃爲衆開爐。舊日參隨衲子，同聚法筵，大振頹綱，宛如昨日。』金城寨實爲姚玉麟抗清堡壘，遺址現存，在雙桂堂東北2公里左右的小山之上，依山爲寨，易守難攻。此地是破山晚年傳法的重要根據地，即便是雙桂堂建成後的相當一段時期内，破山仍往來于兩地之間。

一五 韓錫鐸《〈嘉興藏〉各本异同述略》，載《文獻》2008年4月第2期，第182頁。

一六 紫柏院指紫柏禪師復興的楞嚴寺；『側理』爲古紙之一種，據傳紋路傾斜，而方册裝《嘉興藏》較傳統梵夾裝輕便、易于流通，故『側理輕編』即指《嘉興藏》經本。

一七 昭覺本同，嘉本及本書此則《塔銘》附于《破山年譜》之後。

一八 施博：嘉興秀水人，光緒《嘉興府志》卷五十三《秀水文苑》有傳，載：『施博，字易修、爾志子。明季諸生，少篤學，不事進取，讀《易》至家人卦，悟聖道不離倫常，日用乃一。以務本爲學，教人躬行爲重，不尚空談，遠近有志斯道者，聞聲踵至，聽其講論，罔不感發平生。遠標榜，未嘗入社。著《姚江淵源》、語録講義若干卷。』載《中國地方誌集成·浙江府縣誌輯》第十三册，上海：上海書店出版社，2000年，第525頁。《小腆紀傳》補遺卷第三亦有傳，摘録如下：『施博，字約庵，嘉興人。精研理學，以知名處當爲獨慎切要功夫。與餘姚黄宗義善，有往復論學書，……乙酉後，寓東塔寺。終身儒冠博袖，晚乃講學放鶴洲，引接後進。……蓋其故國之思，耿耿不忘也。』

一九 《明版嘉興大藏經》第38册所收。

二〇 丈雪通醉《錦江禪燈目録》『卷十二……野月奇禪師』，載《卍續藏經》第145册，新文豐出版公司，1995年，第0512頁。野月奇還可稱作『野月常奇』。

二一 至于《破山年譜》與雙桂本之間可能存在的聯繫，可參見所附論文。

二二 光緒《玉泉寺志》卷四《蓮月印正禪師塔銘》：『庚戌（康熙九年，1670），耆舊照見，接住西禪堂編破老人《語録》；辛亥（同十年，1671）《録》成，遂出山矣。』載白化文、張智主編《中國佛寺志叢刊》第14册，揚州：廣陵書社，2011年，第399頁。

二三 嘉本施博序言：『昔歲丁酉，昭覺醉師至禾，曾刻本師《語録》十二卷行世……則初刻爲未全，兹玉泉正師裒（póu）集全稿，付梓入《藏》。』

二四 嘉本王庭序言：『予前在保寧，屢晤其門人離指，云：「丈雪刻行之書芟（shān）逸頗多，師意猶見少。」今師歿十餘載，門人蓮月從荆門來禾，復彙刻全録共二十卷，實承師之志。』

凡例

本書以丈雪通醉于順治十三年（1656）所刻十二卷本《破山明禪師語録》（日本東京大學總合圖書館藏）爲底本，使用《中華大藏經》第二輯《明版嘉興大藏經》所收之康熙朝《破山禪師語録》（臺北：新文豐出版公司，1981年）、重慶梁平雙桂堂所藏乾隆朝《破山明禪師語録》及成都昭覺寺民國二十年募刻《破山明禪師語録》（四川省佛教協會藏）三種版本，對十二卷本《語録》進行校勘、標點工作。

一　總則。對丈雪所刻十二卷本《語録》原文不作改動，在使用繁體字録入的情况下使録文盡可能與原書一致，便于學者直接利用，亦可滿足普通愛好者閲讀之需。十二卷本文字與其他三本同异之處均于注中説明，句讀使用現代漢語標點符號。

二　由于注脚衆多，每段語録注釋重新編號。注中康熙《嘉興藏》版簡稱『**嘉本**』，雙桂堂乾隆版簡稱『**雙桂本**』，昭覺寺民國版簡稱『**昭覺本**』。校勘中此三本均同而十二卷本獨异之處，統稱此三本爲『**諸本**』。

三　正文録文遵循以下原則：

（一）儘量保存原書頁面信息，如鈐印、題記等。

（二）原文异體字甚多，照録，常見者不再出注，稀見者首次出注，下文中不再重複出注。

（三）原文每條語録均呈自然段形式排列，爲便于查閲比對，録文每條語録起始處以阿拉伯數字標明此則語録爲本卷第幾條，其後括弧中以『頁××』標明此條語録在原書中所屬頁碼，原書頁碼并不連續，而是每卷重新編號，頁碼以原書版心所刻數字爲准，對折裝訂後位于書口中下側，一頁兩面。每條語録結尾處，在括弧中標明此條語録在其他三本中之位置。舉例如下：2.**（頁一～二）**伽藍殿炷香，云：『前三三、後三三，俱在者裏弘護。今日被山僧一瓣香，觸碎鼻孔，莫怪山僧麁造。』**（此段諸本均在卷一）**

（四）篇幅較長且尤为重要者，如卷十二所收《福城東塔開學業禪堂緣起》等文，原書中均未分段，不便閲讀，點校時特按文意分段，但此種劃分，每段起始不標數字，以示與原文區别。

四　各本《語録》均附《年譜》一卷，本書《年譜》與嘉本同版所印。但諸本中各朝年號僅于首次出現時標出全稱，後文均略去，以年數及天干地支標識，如崇禎元年寫作『崇禎元年戊辰』，同四年則變爲『四年辛未』，無『崇禎』二字，查閲頗爲不便，因此録文將年號補全并標注公元紀年，便于使用。

第一册

第一册卷首鈐印題記狀況

第一册封頁正面：

頁面題簽楷體墨筆縱書『破山禪師語録』下有小字書『卷一∟至六』四字（∟表換行）

第一册封頁背面：

鈐楷體陽文跋語方印『了翁上座[一]請大藏及百∟家書置之武州紫云山[二]∟我微笑塔院庴（『願』字异體字）府中永∟爲學者不敢許出院内∟當山二世鐵牛機[三]謹志』

鈐篆體陽文方印『東京帝國大學圖書印』

第一頁：

横跨天頭與板框鈐篆體陽文方印『大教院印[四]』

板框内右下側鈐篆體陰文方印『臨濟三十六世』及篆體陽文方印『鐵牛機印』

【注】

一　了翁上座：指日本黄檗宗了翁道覺禪師（1630～1707）。俗姓鈴木，羽後國（所轄相當于今日秋田及山形二縣各一部）尾勝郡八幡村人，日本黄檗宗僧，一生廣施藏經，助僧俗參學。具體可參見《望月佛教大辭典》（第3847頁『道覺』條）。

二　武州紫雲山：『武州』即日本『武藏國』，屬東海道，日本古代關東八國之一，所轄範圍大體包括今日東京都、神奈川及埼玉兩縣。『紫雲山』爲瑞聖寺山號，該寺位于今日東京都港區白金台町，是日本黄檗宗重要寺院。

三　鐵牛機：指日本黄檗宗鐵牛道機禪師（1628～1700）。俗姓藤原，石見國（今島根縣西部）人，曾協助隱元隆琦禪師（1592～1673）創建宇治黄檗山萬福寺，後于木庵性瑫（1611～1684）座下嗣法，瑞聖寺第二代住持（以上參考《望月佛教大辭典》第3849頁『道機』條）。據《勸學講院開祖了翁祖休禪師行業記》（了源、了觀、鈴木吉佑編，體例與年譜相同，手寫油印線裝本，出版者不明，昭和十三年、即1938年印行）等書，了翁道覺于延寶二年（1674、康熙十三年）與鐵牛道機商議，爲便于僧衆披覽及存儲經典，特于同寺建立『勸學寮』，後于延寶八年（1680、康熙十九年），了翁禪師將藏經贈與該寺。

四　『大教院』是日本明治時期爲弱化佛教影響、推進神佛合并、向民衆灌輸『尊皇愛國』思想而設立的『半官半民』式宣傳機構，宣揚所謂三條教憲，即『敬神愛國、明天理知人道、奉載皇上』。中央設大教院，府縣設中教院，各地設小教院。明治五年（1872）建立，引發神、佛二教激烈矛盾，外部對此機構亦多有貶斥，明治八年（1875）宣布神佛分離後旋即裁撤。但部分組織殘留下來，以神道事務局名義活動，培養神道團體，今日仍然存在，名爲『宗教法人神道大教・宗教法人神道大教院』。

序一[一]

譚貞默

大江以南，自天童密雲老和上[二]建立大法幢以來，墮地獅兒擺壞[三]韁鎖、自在游[四]行者，風馳電逐，輩出爭光。回視明代萬曆（1573～1620）初年前，早已另闢一佛法乾坤，眼底祖道全彰，活現滄桑世界。當破山和上向金粟[五]擔取衣鉢時，尚是金牛五丁、新開蜀道景象。而不慧之乘月邊槎、上支機石者[六]，固已久鑿[七]混沌矣。和上號從破頭山[八]得，地而號[九]；名仍初，薙染際派而名[一〇]，以志原原本本也。己巳（崇禎二年，1629）逮壬申（崇禎五年，1632）間，東塔[一一]一番爐鞲[一二]，憶[一三]得落草盤桓。甫畢千日之期，旋應銅梁張大金吾[一四]之請，自此而[一五]峊岳[一六]、大峨，遥埽[一七]故鄉之錦；萬峰、中慶[一八]，坐展曹溪之具。而鳳山、棲霊，而祥符、無際，而蟠龍、佛恩，自浙還蜀，歷[一九]癸酉（崇禎六年，1633）迄壬午（崇禎十五年，1642），九建刹竿，集檀信之皈依、膺[二〇]

（原文平抬）蜀王[二一]之隆供。龍象與嵋月齊輝，棒喝與曹源俱振，是謂『花開檇李、果熟蠶叢[二二]』。五葉西來，一枝西去，滴滴臨濟之幹孫，奕奕天童之肖子矣。亡何而十方虛空悉皆銷殞、亡何而刀割香塗了無有二。從上佛法中無義語，翻作世法中實事會。當甲申（崇禎十七年，1644）蜀變以來，胡現漢現，白刃春風，在和上分中，七嬰險難，衹當一頓家常茶飯耳。金城卓杖，引領再來，庶幾婆心切衆，垂手爲人，復見一番威音王那畔作畧。丈雪醉上座[二三]之間關[二四]跋涉而至，冷灰豆爆，其先聲也。東、西法會《語録》，合十二卷[二五]。眼筋舌骨，喝月拏[二六]雲，絶無半點文字語言氣息，蓋代超群，實爲希有。而醉上座感激法乳淵源，珍惜佛祖慧命，受天童埽壇[二七]之重寄，閱[二八]嶺關河洛之長途，抵茲吴越，了大機緣。昔之掇拾壽梓于蜀之梁山萬峰者，今且奉持重梓于禾之白苧新菴[二九]。萬里飡風，三冬立雪，滴水滴凍，成始成終，醉上座其人也。而新菴静主清白常公[三〇]，無忘東壇典客，親侍勝因，殫力將事，可謂同心同德。更得起伯孫居士，以夙契面承，倡緣畢願。從此紫柏院[三一]中側理輕編[三二]，又放一層寶光矣。世出世間，紙墨生涯，疊床充棟，未免被剞劂氏[三三]笑人。獨此入泥入水，無邊心力圓成，非比等閒公案，明眼自能勘取。

順治丙申（十三年，1656）長至月望，國子監司業兼掌祭酒事、前戊辰（崇禎元年，1628）二甲進士、工部虞衡司郎中、大理寺左寺副

（原文平抬）曹溪憨祖[三四]弟子、福徵道一居士譚貞默[三五]粲談[三六]撰。

文末鈐印：

篆體陰陽雙文方印『譚貞默印』篆體陰文方印『埽菴』

【注】

一　昭覺本亦收此序，雙桂本及嘉本未收。

二　天童密雲老和上：昭覺本『和上』作『和尚』，同，以下不出校。密雲圓悟禪師（1566～1642），明末臨濟宗高僧，幻有正傳法嗣。諱圓悟、字覺初、號密雲，江蘇宜興人，俗姓蔣。原以樵耕爲業，偶讀《六祖壇經》有省，二十九歲入龍池山禹門寺從幻有正傳出家，備嘗勞苦，參究不輟。三十八歲（1603）偶過銅棺山頂，徹然大悟，『情與無情焕然等現，覓纖毫過患而不可得』。萬曆四十五年（1617）主持禹門，天啓三年（1623）住天臺山通玄寺，後又相繼住持廣慧山金粟寺、黄檗山萬福寺、明州育王山廣利寺、天童山景德寺等，六住道場，説法二十六年，大振臨濟宗風，有『臨濟中興』之譽。崇禎十五年（1642）示寂于通玄寺，世壽七十七。嗣法者十有二人，破山禪師爲其中之一，位居第三（或二）。

三　昭覺本『壞』作『脱』。

四　昭覺本『游』作『遊』，同，以下不出校。

五　金粟：即浙江海鹽金粟寺。江南名刹，據傳由康僧會創建于孫吴赤烏年間（238～251）。北宋初年改稱『施茶院』，大中祥符元年（1008）賜額『廣慧禪院』。明初一度興盛，之後漸次衰落，宣德三年（1428）及正統六年（1441）分别由正傳、宗源禪師修復，嘉靖年間（1522～1566）倭寇襲擾，寺院毁壞嚴重。直至天啓年間（1621～1627）密雲圓悟自天臺來此，弘法六年，大力籌措，再度復興，名震一時，破山禪師于天啓四年（1624）至此初訪密雲。近代以來逐漸毁廢，近年得以重建。

六　乘月邊槎、上支機石者：此與『八月浮槎』傳説相關。謂一蜀人（或曰張騫）乘槎浮海，不自知而達河漢，遇牛郎織女，織女贈支機石，歸蜀問嚴君平方明所以之故事。明·陳耀文撰《天中記》卷二引《荆楚歲時記》：『楮機石，漢武帝令張騫使大夏尋河源。乘槎經月而至一處，見城郭如州府，室内有一女織，又見一丈夫牽牛飲河。騫問曰：「此是何處？」答曰：「可問嚴君平。」織女取楮機石與騫而還。後至蜀問君平，君平曰：「某年某月客星犯牛女。」楮機石爲東方朔所識。』再引《洞天集》：『嚴遵仙槎，唐置之于麟德殿，長五十餘尺，聲如銅鐵，堅而不蠹。李德裕截細枝尺餘，刻爲道像，往往飛去復來。廣明以來失之，槎亦飛去。』又謂：『元豐末，有人攜支機石頭投進者，廣可二斗許，不圓微峩而碧色。』總之此傳説與蜀地密切相關。

七　昭覺本『鑿』作『封』。

八　破頭山：又稱破額山、雙峰山、西山，位于湖北省黄梅縣西北。禪宗四祖道信禪師（580～651）于唐初武德四年（621）至此開法，直至圓寂。

九　昭覺本同爲『地而號』，但此三字或原爲小字夾注。

一〇　昭覺本同爲『薙染際派而名』，但此六字或原爲小字夾注。

一一　東塔：即嘉興東塔廣福禪寺，亦稱東塔寺、廣福講院。嘉興名勝之一，嘉禾八景之『東塔朝墩』即指寺中古塔。據傳唐代華嚴四祖澄觀國師（738～839）曾住此寺，崇禎二年（1629），破山禪師在此開始弘法生涯。文革期間寺院被徹底拆毁，舊址位于嘉興市東塔弄左近，近年曾進行考古調查。光緒《嘉興府志》卷十八《寺觀一》對此寺沿革記載較爲詳細，擇要摘録如下：『東塔講寺，在縣東六里，漢朱買臣故宅。梁天監中（502～519）建寺，隋仁壽辛酉（元年，601）建塔，塔前二池（夾注：傳清涼國師所鑿）分青白色，大業間（605～618）毁；唐武德甲申（七年，624）重建，廣德中（763～764）大理寺丞朱自勉新塔宇，奏請「報國禪院」額，會昌間（841～846）廢。大中（847～860）初重建，後黄巢焚毁；宋元豐己未（二年，1079）重建，賜名泗州大聖塔院，崇寧癸未（二年，1103）因在城聖壽教院改爲崇寧寺，以聖壽教院額就塔院立之。政和丙申（六年，1116）廢教院爲神霄玉清萬壽觀，宣和（1119～1125）中複額，後毁。壬子（紹興二年，1132），僧可觀重建于塔東。紹興三十二年（1162）改名東塔廣福教院，孝宗初，榜鐘樓曰「景龍」。淳熙戊申（十五年，1188），僧清雅重建，甯宗召講《華嚴經》，賜紫衣，號寂照，禦書「華嚴經閣」、「雷音」、「海印」二堂名賜之，旋遭兵火；元皇慶癸丑（二年，1313），僧德虔大構殿閣、輪藏、法堂，至元己亥（按上下文時間順序，『至元』或應爲『至正』之訛，至正十九年爲己亥年，1359），僧守良重建佛殿、僧寮；洪武（1368～1398）初殿塔毁，壬子（洪武五年，1372），僧若允重建，定爲東塔廣福華嚴講寺。永樂丁酉（十五年，1417），僧德祥經營普光明殿。洪熙乙巳（元年，1425），僧正猷修建殿堂門廡，複建一室，顔曰「環碧」。景泰壬申（三年，1452），僧守倫重建華嚴經閣。萬曆丁亥（十五年，1587），僧芳蕖重修清白池亭并舍利塔。辛亥（三十九年，1611）改置禪堂于買臣墓後，知縣陸獻明給帖免役（校注者：董其昌撰有《東塔寺免役碑》）。崇禎十年（1637）重新寶塔；國朝乾隆間（1736～1796）重修，道光間（1821～1850）僧正方重修禪堂，咸豐（1851～1861）兵毁，僅存寶塔，同治（1862～1875）僧正方重建山門、禪堂。』載《中國地方誌集成·浙江府縣誌集》第十二册，第462～465頁。

一二　爐鞲：「鞲」音bèi，鼓風皮囊，引申爲熔爐意。

一三　昭覺本「憶」作「恰」。

一四　大金吾：明代對錦衣衛掌印的别稱。

一五　昭覺本無「而」字。

一六　昭覺本同作「岊岳」，「岊」音jié，指山之角落。巴岳山爲巴渝名山，中有巴岳寺等廟宇，銅梁縉紳張大京似欲整修某寺并請破山主持，故邀其歸蜀。如此則「岊岳」應分寫爲「巴岳山」，抑或作者爲求文美，有意如此。按出身銅梁之張姓人物、官至錦衣衛掌印（大金吾）者，似乎以兵部尚書張佳胤（入清避世宗諱又寫作張佳允1526～1588）長子張叔琦最爲聞名，萬曆二十一年（1593）以錦衣衛南鎮撫司指揮僉事身份掌本司之印（《明神宗實録》）。張大京，或字振宇，銅梁地方誌無載，不知與張佳胤一族有無親緣關係。

一七　昭覺本「婦」作「歸」，同，以下不出校。

一八　昭覺本「中慶」作「中夢」，誤，此處實指「中慶寺」。

一九　昭覺本「歷」作「歴」，同，以下不出校。

二〇　昭覺本亦另起一行平抬。

二一　蜀王：破山禪師自崇禎五年（1632）入川弘法，此時至明亡，蜀王爲朱至澍，明太祖十世孫。崇禎十七年（1644）張獻忠占成都，攻王府，蜀王及嬪妃、宫女等投井自殺。

二二　花開檇李、果熟蠶叢：「檇」音zuì，「檇李」爲古地名，位于嘉興附近，代指嘉興。「蠶叢」爲蜀人祖先之一，古蜀國國王。此處用「花開」及「果熟」比喻破山禪師弘法事業始自嘉興、盛于巴蜀。

二三　丈雪醉上座：丈雪通醉禪師（1610～1695），破山門下最爲傑出者。號丈雪（破山禪師所贈），四川内江人，俗姓李。少年出家，後依破山禪師參究，又赴天童密云座下磨煉，最終大悟。順治十一年奉師命輾轉赴浙，代掃師翁密云圓悟塔，旋赴嘉興刊刻本書。康熙二年（1663）至成都，全力復興昭覺寺。博學强記、能書善詩，名著有《錦江禪燈》二十卷、《青松集》一卷等，并有《丈雪通醉禪師語録》行世。

二四　昭覺本「間關」作「閒關」。

二五 昭覺本「十二卷」作「二十一卷」，誤。昭覺本爲二十一卷，故筆者認爲這是昭覺本編校者有意修改所致。

二六 昭覺本「拏」作「挐」，均讀作ná，意與「拿」同，以下不出校。

二七 昭覺本「墖」作「塔」，同，以下不出校。

二八 昭覺本「閲」作「越」。

二九 白苧新菴：「苧」音zhù，亦可寫作「苎」，「白苧」指嘉興南郊白苧鄉，「新菴」指位于白苧鄉的古新庵（古心庵），本書在此刊刻。另，本書「庵」均作「菴」，以下不出校。嘉興庵室密布，瀏覽地志，僅白苧鄉便有法華、寶華、慈竹、梅谿、芋香、選勝、琦堂、一捨、真際、一航、福田等庵，古心庵僅爲其中之一。按國家圖書館藏康熙《嘉興縣誌》卷二《寺觀》載：「古新庵，在白苧都二陽字圩，明季孫茂錫捨基，清白、林泉重構佛佛堂（原文如此，或爲堂名）。」但此前崇禎《嘉興縣誌》（載《日本藏中國罕見地方志叢刊·〔崇禎〕嘉興縣志》冊，北京：書目文獻出版社，1991年）未載此庵，或因其時尚未建立。

三〇 清白常公：「清白」法名「常勤」，破山開法東塔時任同寺知客（典客），後住持白苧村古新庵，協助丈雪刊刻本書。據本書卷一第40條「清白爲覺凡業師入塔」及卷八第59條「覺凡監院舉龕」可知，清白業師法名覺凡，而覺凡圓寂後荼毗及入塔儀式均由破山住持。

三一 紫柏院：指明末「四大高僧」之一紫柏真可禪師（1543～1603）復興的嘉興楞嚴寺（院），其中有收藏經版、流通《嘉興藏》的般若坊。

三二 側理輕編：「側理」爲古紙之一種，據傳紋路傾斜。紫柏真可創刻《嘉興藏》，首次採用方冊裝形式，較傳統梵夾裝輕便，易于流通，故稱「輕編」，可知「側理輕編」即指方册版《嘉興藏》經本。

三三 剞劂氏：「剞劂」音jī jué，雕刻用的刀具，引申爲從事雕版印刷業的工匠或商人。

三四 曹溪憨祖：指憨山德清（1546～1623），明末「四大高僧」之一，臨濟宗云谷法會弟子。字澄印，號憨山，安徽全椒人，俗姓蔡。十二歲至棲霞山報恩寺從西林永甯習經論，兼修外典。十九歲至棲霞山從云穀法會受學禪法，從無極明信受具足戒及浄土法門。二十六歲游方參學，萬曆元年（1573）至五台，見憨山秀麗，遂以此爲號。萬曆二十三年被神宗充軍雷州，二十八年受請住曹溪寶林寺弘禪，四十二年遇赦還僧服。于廬山建法云寺，修浄土念佛，後示寂曹溪，謚「弘覺禪師」，倡禪、浄雙修。著述頗豐，弟子彙編爲《憨山老人夢游集》五十五卷行世。

三五　譚貞默（1590～1665），明末清初嘉興著名學者，崇禎元年進士。字梁生，又字福征，號埽，又號埽庵，别署髯道人。忠于前明，入清後拒絶洪承疇出仕推薦，終老家鄉。博覽群書，篤信佛教，與錢謙益、陳子龍、憨山大師（考中進士前既已拜其爲師）等人關係密切。著書甚多，因清代文禁森嚴，傳世者僅《埽庵集》《三經見聖編》（僅存序言，或言日本存有全本）、《譚子雕蟲》等。另有《憨山老人年譜自序實録》（貞默述、疏）及衆多序言散見于禪僧語録及佛學著述中。自康熙《嘉興縣誌》後，嘉興府、縣諸志均有傳，如光緒《嘉興府志》卷五十一《列傳・嘉興文苑》謂『吾鄉稱文學者自李太僕日華外，推貞默云。』評價甚高，載《中國地方誌集成・浙江府縣誌輯》第十三册，上海：上海書店出版社，2000年，第434頁。

三六　昭覺本作『譚』。『槃談』、『槃譚』，又稱『那謨悉羯羅』（namaskāra）、『槃那寐』『和南』『稽首』『我禮』等等，表致敬之意。

序二[一]

牟秉素

世尊説法四十九年，末後拈花，迦葉微笑，曰[二]：『吾以清浄法眼、涅槃妙心、實相無相、微妙正法，付囑[三]于汝，汝當護持。』更敕阿難，副貳傳化，無令斷絶，教外别傳，肇端于此。自迦葉[四]二十八傳至菩提達磨，是爲西天四七；達磨[五]航海而來，單傳直指，六傳至慧能，是爲東土二三。能祖門下有南嶽讓[六]、青原思[七]兩派，嶽[八]出臨濟、潙仰、雲門、法眼[九]，原[一〇]出曹洞[一一]，一花五葉，于茲益驗[一二]。傳至于今，法眼一宗流行高麗，雲門、潙仰，若滅若没，曹洞一宗不絶如縷。惟臨濟兒孫，寢昌寢盛，三十傳[一三]至今，現住[一四]天童悟，悟傳今[一五]破山明。此皆祖祖相傳，以心印心，正法眼藏，不至斷滅。師十九受具[一六]，徧[一七]參諸方。如博山[一八]、雲門輩[一九]，收拾不住，走入金粟[二〇]，兩手交付。開堂東塔，惑亂人天。馬祖一[二一]、昭覺勤[二二]莫之或先。會銅梁張大金吾，欲建[二三]巴岳山，特請[二四]歸蜀。時[二五]師亦動大峨[二六]、瓦屋之興，境風吹至梁山萬峰，不覺十載。某[二七]昔年奉差金陵，遇南中士大夫結社濟生菴[二八]，叨與同參[二九]。後因王程期迫，依[三〇]依難别。朝宗和尚[三一]告余：『天童衣鉢，正在破山，歸而求之，何用他覓？』自媿道念不切，三上九到[三二]，遠遜古人。年來屢向萬峰，略通消息，然浮沉者半。今年春，師開堂江安，拜見之後[三三]，真如象王回顧，野幹[三四]却走。又如真大火聚，直是近傍不得。然師垂手爲人，婆心切衆，棒頭有眼，惟接上根。古人云：『我若一向舉揚宗教，法堂前草深一丈。』癡頑眷屬，可痛可悲，匪獨癡頑已也三五。昔周金剛三六擔《青龍疏鈔》出蜀，直謂南方盡爲魔子，及到三七龍潭三八，《疏鈔》三九焚却。夾山上堂四〇，因四一道吾一笑，散衆直造船子四二。從上宗師，未有不知非便捨，執言我得我會，倔强到底四三。今破師覿面四四，龍潭、船子現在目前，趾相錯于道四五。又不得不笑周金剛、夾山輩，不善用霸道，真怵四六貨也。從今以後，惟願大地衆生，凡有緣得見四七《語録》者，作未曾有想，作難遇想，作祖祖相傳、以心印心、濃滴滴真血脉想，作正法眼藏不至斷絶想。道行四八雖繫籍祖師門下，然⿰監毛⿰監毛毿毿四九，不與天下自號有名知識搶行奪市，亦不掛龐道玄五〇、裴公美五一、張無盡五二扁額。直憑破師打則任打，罵則任罵，惟日拈香一瓣，合十頂禮，以表不相辜負一等毒氣云爾。

崇禎五三壬午（十五年，1642）佛生日，吏部尚書郎、前紫薇舍人、今菩薩戒弟子，古戎郡五四秉素牟道行五五薰沐拜書五六。

文末鈐印：

篆體陰文方印『秉素』篆體陽文方印『道行之印』

【注】

一 昭覺本有此序，雙桂本及嘉本無。

二 昭覺本「曰」前有「世尊」二字。

三 昭覺本「咐囑」作「將付」。

四 昭覺本「自迦葉」作「自迦葉後」。

五 昭覺本「達磨」後有「與震旦有緣」五字。

六 南嶽讓：南嶽懷讓禪師（677～744），唐代禪宗高僧，六祖慧能弟子，陝西安康人，俗姓杜。十五歲從荊州玉泉寺弘景律師出家，二十三歲赴曹溪參拜慧能，留侍八年。玄宗先天二年（713）入南嶽，住般若寺，世稱「南嶽懷讓」，圓寂後敬宗賜謚「大慧禪師」。

七 青原思：青原行思禪師（?～740），唐代禪宗高僧，六祖慧能弟子，江西吉安人，俗姓劉，幼年出家，後赴曹溪參拜六祖。得法後住青原山静居寺，世稱「青原行思」，圓寂後僖宗賜謚「洪濟禪師」。

八 昭覺本「嶽」作「南嶽」。

九 昭覺本此一段作「潙仰宗、臨濟宗、雲門宗、法眼宗」。

一〇 昭覺本「原」作「青原」。

一一 昭覺本「曹洞」作「曹洞宗」。

一二 昭覺本「騐」作「驗」，意同，以下不出校。

一三 昭覺本「三十傳」作「三十四傳」。

一四 昭覺本「現住」後之「天童悟」平抬。

一五 昭覺本「悟傳今」後之「破山明」平抬。

一六 昭覺本「師十九受具」前有「破山師，蜀産也」六字。

一七 昭覺本「偏」作「遍」，意同，以下不出校。

一八 博山：指無异元來禪師（1575～1630），明代曹洞宗高僧，無明慧經法嗣。安徽舒城人，俗姓沙，又名大艤（yǐ），字無异。十六歲出家，習天臺止觀，後轉學禪，入曹洞宗無明慧經座下，受印可。開法于江西上饒博山能仁寺，故又稱『博山無异』或『博山元來』。倡禪教一致、禪净合一，有《博山禪警語》二卷、《無异元來禪師廣録》三十五卷行世。破山禪師于天啓二年參訪。

一九 昭覺本『如博山、雲門輩』作『一時大佬如博山、瓶窯輩』。『瓶窯』指聞谷廣印禪師（1566～1636），明代臨濟宗高僧。字聞谷，別號掌石，浙江嘉善人，俗姓周。十三歲于杭州開元寺出家，在云棲袾宏座下受菩薩戒，獲益良多，後復興瓶窯真寂禪院。有《禪門警語》二卷、《語録》四卷行世。破山禪師于天啓二年參訪。

『雲門』二字，應指時住紹興雲門顯聖寺的湛然圓澄禪師（1561～1626），明末曹洞宗高僧，大覺（慈舟）方念弟子。字湛然，別號散木道人（一説『散水道人』或誤，訛木爲水），俗姓夏，浙江會稽人。二十歲于天荒山妙峰和尚處披剃，二十五歲于葉家山採茶，聞人誦傅大士《法身偈》有省。後赴云棲袾宏座下受具足戒，三十歲大悟，得大覺方念印可并傳曹洞衣缽。先後住持徑山興聖萬壽禪寺、嘉興東塔廣福禪寺、紹興雲門顯聖寺等名刹，天啓六年示寂于顯聖寺，世壽六十六，法嗣六人。有《慨古録》等著述多篇及《湛然圓澄禪師語録》八卷行世。破山禪師二十七歲時于其座下『頓圓大戒』。

二〇 昭覺本『金粟』作『天童』。

二一 馬祖一：馬祖道一禪師（709～788），唐代禪宗高僧，南嶽懷讓弟子。四川什邡人，俗姓馬，故又稱『馬祖』、『馬大師』。初禮資中處寂禪師出家，于重慶圓律師座下受具足戒。開元中（713～741）出川，至南嶽傳法院，終日坐禪。懷讓見之，知爲法器，磨磚誘之，馬祖起疑，問所以，答曰『欲磨磚成鏡』，馬祖否之，讓即謂『磨磚既不成鏡，坐禪豈能成佛？』馬祖言下即悟，追隨懷讓十載。後移住江西西里山及龔公山，弘揚禪法，天下聞名。大曆（766～779）中住江西南昌開元寺，寂後憲宗賜謚『大寂禪師』。門下弟子衆多，或謂得法者八十八人，以百丈懷海、西堂智藏、南泉普願三師爲最，號『三大士』。

二二 昭覺本『昭覺勤』之後有『之流』二字。『昭覺勤』即圓悟克勤禪師（1063～1135），宋代臨濟宗高僧，五祖法演弟子。字無著，四川彭州人，俗姓駱。幼年出家，具戒後于成都從圓明法師習經論，轉而隨昭覺勝禪師習禪，後出川參五祖法演，得印可。北宋崇甯元年（1102）歸川，住成都昭覺寺。徽宗政和年間（1111～1117）住夾山（碧岩）靈泉禪院，獲賜紫及『佛果禪師』號。後住金山，高宗幸揚州，賜號『圓悟』，故稱『圓悟克勤』。晚年複歸成都昭覺，故又稱『昭覺圓悟克勤』或『昭覺勤』，寂後謚『真覺禪師』。弟子衆多，以大慧宗杲、虎丘紹隆二師最爲著名。著述豐贍，于夾山集雪竇重顯禪師《頌古》百則，合爲《碧岩録》十卷，影響尤巨。有《圓悟佛果禪師語録》二十卷行世。

二三 昭覺本『建』作『修建』。

二四 昭覺本『請』後有『師』字。

二五 昭覺本『時』前有『是』字。

二六 昭覺本『大峨』後有『鷲中』二字。

二七 昭覺本『某』作『不佞』。

二八 昭覺本無『菴』字。

二九 昭覺本『叨與同參』前有『幸有夙緣』四字。

三〇 昭覺本『依』字之下無字，另起一行，原因不明。而次頁起首爲『難』字。按雙桂本、昭覺本及嘉本後附《年譜》崇禎十四年辛巳（1641）條，引用此文，均作『依依難别』。

三一 昭覺本『朝宗和尚』作『堂頭和尚』。朝宗和尚，或指朝宗通忍禪師（1604～1648），密雲圓悟法嗣，毗陵（江蘇省常州市）人，俗姓陳，弱冠出家，參密雲于金粟，開悟得印證。後住江西贛州寶華寺弘法，禪風淩厲，當者披靡，又稱『寶華忍』。順治五年（1648）十月初八，上堂説法畢，索水盥浴，端坐而逝，數日顔色如生。荼毗後頂骨、牙齒不壞，塔于龔公山右。有《朝宗禪師語録》三十卷、《迅雷指迷》等行世。

三二 三上九到：指雪峰義存禪師（822～908）爲求證悟，不辭辛勞，三上投子（投子山大同禪師）、九到洞山（洞山良價禪師）、嗣法宣鑒（德山宣鑒禪師），最終『鼇山悟道』的故事。

三三 昭覺本『拜見之後』作『一見之後』，且前有『解制抵敘』四字。

三四 野幹：獸名，又名『射干』，似狐略小，色青黄，群行，夜吠似狼。禪宗以此比喻實未證悟却狂言亂語者。

三五 昭覺本此句之後另有『狂波一浪，謗言叢起，老胡絶望之日，果將至矣』句。

三六 周金剛：即德山宣鑒禪師（782～865），唐代禪宗高僧，龍潭崇信法嗣。四川成都（劍南）人，俗姓周，少出家，學兼内外。擅講《金剛經》，作《青龍疏鈔》，時稱『周金剛』。後聞南方有宣講『頓悟成佛』者，師謂魔子，欲破之，挑《青龍疏鈔》出蜀。至澧陽龍潭山參崇信禪師，大悟，受印可。據傳悟後當衆焚毁《青龍疏鈔》，且謂：『窮諸玄辯，若一毫置于太虛；竭世樞機，似一滴投于巨壑！』住龍潭山三十餘年，遇唐武宗廢佛，避亂獨浮山。咸通元年（860），應武陵太守薛延望之請，住湖南常德德山，故世稱『德山宣鑒』。禪風駿急，以白棒接人，與臨濟義玄禪師并稱『德山棒、臨濟喝』，寂後謚『見性大師』。

三七　昭覺本『及到』作『及至親到』。

三八　龍潭：指唐代龍潭崇信禪師，天皇道悟法嗣。湖南人，據傳未出家前以售賣胡餅爲業，家鄰天皇寺，每送胡餅與道悟。師根性猛烈，道悟稍加提點便即開悟。嗣法後結庵澧州（湖南澧縣），創龍潭禪院，天下聞名。

三九　昭覺本『疏鈔』前有『遂將』二字。

四〇　昭覺本上堂前有『出世』二字。

四一　昭覺本『因』作『祇因』。

四二　昭覺本作『遂散衆束裝，直造船子』。此句指『夾山悟道』因緣，『夾山』爲唐代夾山善會禪師（805～881），『道吾』爲道吾宗（圓）智禪師（769～835），『船子』爲船子德誠禪師。夾山未悟時已聞名，上堂説法，道吾于下發笑，夾山問所以，道吾薦船子，夾山來參，葛藤猶不斷，船子將其打落入水，于是大悟。

四三　昭覺本『底』後多『者』字。

四四　昭覺本『今破師覿面』前有『就不佞耳目所見，現』諸字。『覿』音dí，見到、當面、直面意。

四五　昭覺本『現在目前』與『趾相錯于道』之間有『而居然自號有名知識，不肯死心參訪者幾，幾乎』一段。

四六　昭覺本『体』作『笨』，意同，以下不出校。

四七　昭覺本『見』字至『語録』之間多出『破山師、或見破山師』諸字。

四八　昭覺本『道行』作『不佞』。

四九　𣰆𣰆毿毿：『𣰆毿』音lán sān，破舊棉絮、敗絮。

五〇　龐道玄：龐蘊，字道玄，又稱龐居士，襄陽（一説衡陽）人，唐代著名居士。于貞元（785～804）間參石頭希遷，有省，後赴洪州參馬祖道一得悟。宗下龐居士公案甚多，有詩偈三百余篇傳世。

五一　裴公美：裴休（791～864），字公美，祖籍山西聞喜，唐代宰相、著名居士，兩《唐書》有傳。

五二　張無盡：張商英（1043～1121），字天覺，號無盡居士，四川新津人，宋代丞相、著名居士，《宋史》有傳。

五三　昭覺本『崇禎』後有『十五年』三字。

五四　古戎郡：即敘州，治所在今四川省宜賓市。

五五　秉素牟道行：光緒《敘州府志》卷三十三《人士》牟道行條載：『曆文選司員外，歸里後起爲監軍道，恢復敘城，以疾卒。』又引《高縣誌》：『字篤之，號秉素，宜賓人。明天啓乙丑（五年，1625）進士，授中書舍人。崇禎三年（1630）上《太平十四策》，擢稽勳司，已而告假歸。十七年甲申（1644），獻賊陷敘，道行由高入烏蒙，集夷兵攻賊，轉戰擒斬僞將貢萬年等，乘勢追。北旋，從官軍贊襄擒剿，賊懼奔潰。歲丙戌（南明隆武二年，清順治三年，1646），從永甯至建武，過高縣入敘城，明年複至高縣，遂家于高正洲，以壽終。』有弟名牟道顯。載《中國地方誌集成·四川府縣誌輯》第二十九册（成都：巴蜀書社，1992年），第162頁。同治《高縣誌》卷四十一《流寓》有牟道行條，與上引文大同，可參看。載《中國地方誌集成·四川府縣誌輯》第三十五册，第465頁。

五六　昭覺本『拜書』後有『于無師社中』五字。

破山海明禪師語録卷第一

明成都府嗣法門人通醉等編

住浙江嘉興府東塔禪寺語録[一]

崇禎己巳年（二年，1629）八月一日入院

【注】

一 諸本在此前有『上堂』（雙桂本、昭覺本）或『上堂一』（嘉本）標題。另，諸本此部分歸入正文，作：『住嘉興府東塔廣福禪寺。師在苕溪福山受請，崇禎二年八月一日入院。』後接大殿（佛殿）部分。東塔禪寺簡介可參考譚貞默序言注十一。

1.（頁一）師至大殿[一]，以坐具拂一拂，云：『八字打開，當陽拋出，坐斷報化。佛頭底人，正好不向佛求、不向法求、不向僧求，常禮如是。』便拜。**（此段諸本均在卷一）**

【注】

一 諸本『師至大殿』作『至佛殿』。

2.（頁一）伽藍殿炷香[一]，云：『前三三、後三三，俱在者裏弘護。今日被山僧一瓣香觸碎鼻孔，莫恠[二]山僧麁造[三]。』**（此段諸本均在卷一）**

【注】

一 諸本『伽藍殿』作『伽藍堂』，下無『炷香』二字。

二 『恠』同『怪』，以下不出校。

三　諸本『麁造』作『粗糙』，意同，以下不出校。

3．（頁一～二）祖師殿炷香[一]，云：『一花開五葉，至今狼藉不少，更要起模做様作麼？咄！[二]』

陞座告香[三]，云[四]：『此瓣香，秉兩儀之氣，借四序之威，幾經霜雪，幾受風塵，黒山鬼窟拾來，遊戲場中拈出，特申供養[五]：

（原文平抬）三世諸佛、歴代祖師[六]，惟冀廣長舌遍于[七]大千，爛折蘆撑于[八]巨海。』次拈云[九]：『喫盡國王水土[一〇]，養成一肚惡[一一]氣。放之則彌六合，卷之退藏于密。信手拈來，祝延

今上[一二]

（原文平抬）皇帝聖壽萬安。滿朝文武、闔國公卿、遠近檀那、現前大衆，惟冀同明般若，共證菩提。[一三]』再[一四]拈云：『此瓣香，斧斫[一五]不開，刀劈不破，一任風吹雨打，遂成乾屎橛，撞着忤逆兒孫，不辭拈出，爇[一六]向爐中，供養見住金粟山廣慧禪寺、傳曹溪正脉三十四世密雲本師大和尚[一七]，用酬法乳之恩。』斂衣坐云[一八]：『香已拈了，更要[一九]説個甚麼？山僧素志，本欲深棲巖竇，隱跡[二〇]過時，不意撞夥鐵面皮居士，善具辣手，慣會拏雲，拽入[二一]者保社，開張臭口，説幾句燥[二二]脾胃話，以光法門。山僧自揣愚劣，不會打葛藤，祇好舉則古人住院因縁，以塞來命。昔日訥[二三]禪師入院云：「圓通不開生藥舖，单单[二四]祇責死貓頭，不知那個無思筭[二五]，喫著通身冷汗流。」者老漢住院，還有個死貓兒頭，責弄腥羶，遂引蒼蠅成群作隊。山僧今日到院，也無死貓頭責，亦無生藥舖開。』以手[二六]作擎瓶勢，云：『单单祇有者個，大衆！且道者個是甚麼？曹山好顛酒[二七]！破山喫著曹山酒[二八]，醉得通身俱是口，瞎禿光兒罵上天，又來拈棒打顛狗。山僧恁麼告報，非是壓良爲賤，抑且法爾如然。未審衆中

還有傍不甘底衲僧麼？如無[二九]，更與諸人重下注脚。[三〇]』驀拈拄杖，卓一卓，云：『還知麼？知則途中受用，不知則世諦流布。』喝一喝，下座[三一]。**（此段諸本均在卷一）**

【注】

一　『祖師殿』諸本作『祖堂』，無『炷香』二字。

二　『咄』音duō，呵斥意。

三　『陞座告香』諸本作『衆請陞座，拈香』。『陞』同『升』，以下不出校。

四　嘉本無『云』字至『爛折蘆撐巨海』一段。

五　雙桂本及昭覺本自『幾受風塵』後至結尾處作『信手拈來，專申供養』。

六　雙桂本及昭覺本『三世諸佛、歷代祖師』作『西天東土、歷代祖師』。

七　雙桂本及昭覺本無『于』字。

八　雙桂本及昭覺本無『于』字。

九　雙桂本及昭覺本作『次拈香云』。

一〇　諸本在『喫盡國王水土』前均有『此瓣香』三字。

一一　諸本『惡』均作『豪』。

一二　諸本自『退藏于密』後并無『信手拈來，祝延今上』八字，均作『爇向爐中，恭爲』六字。

一三　雙桂本及昭覺本此段作：『「今上皇帝祝嚴聖壽，萬歲萬歲萬萬歲。」又拈香云：「此瓣香，奉爲闔朝文武、天下官僚，本山請主、護法、現前大衆，惟冀同明般若，共證菩提。」』嘉本與兩本同，但『又』作『次』，『護法』作『護法居士』，無『現前大衆』四字。雙桂本及昭覺本在此後又有供養湛然圓澄語：『復拈香云：「此瓣香，五分熏成，八法煉就。不可以知知，不可以識識。信手拈來，供養雲門堂上散木大師，用酬戒法之恩。」』嘉本無此段。破山二十七歲時于湛然座下具戒，特拈香以酬戒法之恩。『雲門堂上』指當時湛然圓澄住持之浙江紹興雲門顯聖寺。

一四　嘉本『再』作『又』。

一五　『斫』音zhuó，擊也。

一六　『爇』音ruò，燒也。

一七　嘉本自『一任風吹雨打』處寫作『雨灑風吹，遂成幹屎橛。此是第一回拈出，供養見住金粟山廣慧禪寺、傳曹溪正脉第三十四世密雲和尚』。

一八　嘉本無『斂衣坐云』四字，寫作『就坐，維那白椎云：「法筵龍象衆，當觀第一義。」師云』。

一九　諸本『更要』後有『山僧』二字。雙桂本及昭覺本『説個甚麼？』後有『和石孫居士率衆稽首，請開示，師云』一段，嘉本作『時和石孫居士稽首請垂語，師云』。

二〇　嘉本『跡』作『遁』。

二一　諸本『拽入』前有『將山僧』三字。

二二　諸本『燥』作『臊』。

二三　雙桂本及昭覺本『訥』作『圓通訥』，嘉本作『圓通』無『訥』字。『訥』指北宋雲門宗廬山圓通居訥禪師（1010～1071），洞山子榮法嗣。俗姓蹇，字仲敏，幼年出家，嗣法後住廬山圓通寺。歐陽修曾參訪，宋仁宗賜號『祖印禪師』。

二四　昭覺本『单』均作『單』，二者同，以下不出校。

二五　雙桂本及昭覺本作『筭』，同『算』，嘉本均用『算』字，以下不出校。

二六　諸本『手』作『兩手』。

二七　諸本『曹山好顛酒』前有『衆無對。師高聲云』七字。『曹山』指唐代曹山本寂禪師（840～901），洞山良價（807～869）法嗣，與師合稱『曹洞』。俗姓黄，莆田人，于福州靈石山披剃，參良價得悟，開法撫州吉水，後住曹山（江西省撫州市宜黄縣）。『曹山酒』爲宗下著名公案，一日僧問曹山：『靈衣不掛時如何？』師曰：『曹山孝滿。』云：『孝滿後如何？』師曰：『曹山好顛酒。』

二八　諸本『破山喫著曹山酒』前有『偈云』二字。

二九　諸本『如無』前有『出來相見』四字。

三〇　諸本『注脚』後有『去也』二字。

三一　嘉本在『喝一喝』與『下座』之間，有『複白椎云：「諦觀法王法，法王法如是。」』一句。

4．（頁二～三）開爐，上堂。問[一]：『大悲千隻手，那隻是正手？』師云：『四稜著地。』云[二]：『大悲千隻眼，那隻是正眼？』師云：『八面玲瓏。』[三]云：『手眼不勞重舉似，单傳意旨是如何？』師震威一喝[四]，云[五]：『雙手[六]劈開生死路，一眼覰[七]破是非關。』便拜[八]，師打，云[九]：『瞎！』師云：『瞎！瞎！』乃云[一〇]：『新開爐鞴辣鉗鎚，正打傍敲下下隨，本是幾團零落鐵，一回入火一回奇。大衆！還有一回奇底也未？』一僧出[一一]，喝一喝，師云：『好喝！』僧無語，師云：『此奇未足盡善，看木上座爲汝諸人弄奇去也。』擲下拄杖[一二]，復[一三]鼓掌呵呵，云：『也大奇！也大奇！』**（此段諸本均在卷一）**

【注】

一　雙桂本及昭覺本『問』前有『去凡嚴居士』五字，嘉本作『䡓轢（duó lì）嚴居士』。嚴居士（1590～1671）全名嚴仲愨（què），法名大參，自號䡓轢道人，嘉興著名居士。破山師弟費隱通容（1593～1661）法嗣，故嚴居士實爲破山法侄。居士與曹洞宗湛然圓澄門下亦有往來，圓澄弟子明聲重刻《趙州録》，嚴居士負責重校文本。居士有修有證，得大自在，康熙十年，齋後振威一喝，掀翻桌案，端坐從容歸去，世壽八十有二。《五燈全書》卷七十一、《居士傳》第五十四有傳。

二　諸本『云』作『進云』。

三　嘉本『云』前有『進』字。

四　嘉本『一喝』作『喝一喝』。

五　諸本『云』作『進云』。

六　雙桂本及昭覺本『雙手』前有『是則』二字。

七　昭覺本『覰』作『戲』，誤。『覰』同『覷』，音qù或qū，觀看、窺伺意。而『戲』同『戲曲』之『戲』，與文意不合。

八　嘉本無『便拜』二字。

九　諸本『師打，云』作『師便打，進云』。

一〇　嘉本『乃云』前有『士禮拜師』四字。

一一　嘉本『出』作『出衆』。

一二　諸本『擲下拄杖』作『以拄杖擲地』。

一三　嘉本無『復』字。

5.**（頁三）**孫弘祚、弘福、弘來[一]爲先祖簡肅孫公[二]請上堂[三]。『一念普觀無量劫[四]，非去非來亦非住，如是了知三世事，超諸方便成十力。』以拄杖卓一卓，喝一喝，云：『也甚奇怪，山僧適才舉首上場詩，引得尚書[五]孫公跳上[六]，現大人相，出廣長舌，道山僧眼花不少，被山僧一喝，依然向拄杖頭邊默默隱去。山僧所見如是，未審諸人同見也無？若也同見，便見三世諸佛、歷代祖師，并及人人生身父母、歷劫宗親，全體如是來、全體如是去、全體如是住。其或未然，更聽山僧與尚書安靈[七]題額去也。』以杖[八]畫一畫[九]，云：『昔日君王爲柱石，今朝佛法作金湯。』**（此段諸本均在卷一）**

【注】

一　諸本無『弘來』之名。

二　嘉本『先祖簡肅孫公』作『薦祖簡肅尚書』。

『簡肅孫公』指孫植，字斯立，祖籍平湖，常居嘉興。嘉靖乙未科（十四年，1535）進士，初授南京户部主事，秉公守正。嚴嵩掌權，植任光禄少卿，剛正不阿，不事奉迎，致九年不調，爲官清廉，毫髪無貪，有『鐵人』之謂。擢右僉都禦史，總理河道，轉刑部侍郎，曾奉勅守崇文門。隆慶（1567～1572）初，升南京刑部尚書，同三年（1569）因高拱迫害，罷官歸隱，居家十七年，召起工部尚書，上疏乞休不仕。逝後家徒四壁，僅足殮棺，賜祭葬，贈太子少保，謚『簡肅』，輿論稱快，鄉里建簡肅公祠。著作有《家訓》、《孫氏族譜》、《嘉言便録》、《嘉樂堂集》等。乾隆《浙江通志》卷一百五、光緒《平湖縣誌》卷十五、《兩浙名賢録》卷三十八、《明分省人物考》卷四十五等書均有傳。

三　諸本『上堂』作『升座』。

四　諸本『一念普觀無量劫』前有『師云』二字。

五　嘉本『尚書』作『簡肅』。

六　嘉本『上』作『在』。

七　嘉本無『安靈』二字。

八　諸本『杖』作『拄杖』。

九　諸本『畫一畫』作『劃一劃』。

6．**（頁三～四）** 上堂。『天得一以清[一]，地得一以寧，君王得一，天下太平，衲僧得一，海衆雲臻。雖然總之是一，争奈緇素分明。舉其緇也，兵隨令[二]轉；舉其素也，將逐符行。直饒不緇不素，未是輥芥投針[三]，大衆！正恁麼時，如何是針芥相投句？龍得水時添意氣，虎逢山處[四]長威獰。』**（此段諸本均在卷一）**

【注】

一　雙桂本及昭覺本『天得一以清』前有『云』字，嘉本爲『師云』。

二　嘉本『令』作『印』。

三　輥芥投針：『輥』音gǔn，滾動狀。又常寫作『針芥相投』、『芥子投針鋒』等，宗下常用語。北涼・曇無讖譯《大般涅槃經》卷二謂：『芥子投針鋒、佛出難于是』。唐代華嚴五祖圭峰宗密禪師（780～841）《圓覺經大疏鈔》卷一『《經》說，佛問迦葉：「從兜率天輥一芥子，于閻浮提竪一針鋒，使芥子投于針鋒，此事難易？」迦葉答言：「甚爲難也！」佛言：「正因正緣得相值遇更難于此。」』

四　嘉本『處』作『勢』。

7．**（頁四）** 上堂。『今朝正值臘月八[一]，釋迦原是小悉達。經行忽地面仰天，撞着[二]明星刺眼瞎。

阿耶阿耶[三]！相救相救！』驀拈拄杖，卓云[四]：『幸爾還有者個在，不然終是扶籬旁[五]壁漢。』（此段諸本均在卷一）

【注】

一　雙桂本及昭覺本『今朝正值臘月八』前有『云』字，嘉本爲『師云』。

二　諸本『着』作『著』，意同，以下不出校。

三　嘉本『耶』作『⿰口耶』，音xié 或yé。

四　雙桂本及昭覺本『卓云』作『卓一卓，云』，嘉本作『卓拄杖云』。

五　諸本『旁』作『傍』。

8．（頁四）送法衣至[一]，上堂。『大庾嶺頭提不起[二]，雞足山前成滯貨，衲[三]僧今日獲一披，如雲普覆華王座。大衆記取，三十年後切忌[四]不可動著，何也？動著則禍生。』（此段諸本均在卷一）

【注】

一　諸本『送法衣至』作『金粟專使送法衣至』。按《年譜》，此事發生于崇禎三年（1630）。

二　雙桂本及昭覺本『大庾嶺頭提不起』前有『云』字，嘉本爲『師云』。大庾嶺，位于江西、廣東交界處。六祖嗣法南奔，至此被慧明追及，六祖置袈裟于石上，慧明盡全力亦無法提起袈裟。

三　嘉本『衲』作『山』。

四　嘉本無『忌』字。

9．（頁四）上堂[一]。『天上月正圓[二]，人間道月半。撞着閻羅王，便把飯錢算。咄！休打算，且待山僧細細與你從頭判。天上月正圓，人間道月半，陝府鐵牛頭角攢，嘉州大像[三]皮毛換，撞著閻羅王，大蟲被犬傷，便把飯錢算。兩個五百是一貫，不管三七念[四]一、二五一十，挨

排算到臘月三十日，秖算得一半，設或完全，直待驢年。』卓拄杖，下座[五]。（此段諸本均在卷一）

【注】

一　諸本『上堂』作『望日上堂』。

二　雙桂本及昭覺本『天上月正圓』前有『云』字，嘉本爲『師云』。

三　諸本『嘉州大像』均作『嘉州大象』，嘉州即今四川樂山，有樂山大佛像。『趙州石橋』、『嘉州大像』、『陝府鐵牛』爲語録中常見語，諸本中『象』亦可作『像』。

四　嘉本『念』作『廿』。

五　諸本『卓拄杖，下座』前有『喝一喝』三字。

10．（頁四）上堂[一]。『爆竹一聲，蒼天兩字，草木昆蟲，全彰意氣。柳眼拖不價之金，梅梢吐不瑕之玉。龍兒鳳子，齊歌舜德堯仁。癩狗泥豬，同和祖風佛日。導群情而越死超生，普萬有而豐衣足食。當恁麼時[二]，還有不威而嚴、無爲而化者麼？』良久，云：『東風吹出林間去，惹得[三]遊蜂嚷舊新。』喝一喝[四]。（此段諸本均在卷一）

【注】

一　雙桂本及昭覺本『上堂』作『元日上堂』，嘉本作『歲旦上堂』。諸本『上堂』後多出一段。寫作『僧問：「今朝新年頭，百草頭上早已露公案，舊時底春風，花草滿園香。請問如何是不涉新舊一句？」師豎拂子云：「是新？是舊？」進云：「密密無蹤跡，相逢喜帶顔。」師云：「閑言語。」乃云』。其中『僧問』後一句，各本又微有差别，雙桂本作：『新年頭百草頭，早已露公案，舊時底春風，花草滿園香。請問如何是不涉新舊一句？』昭覺本作：『今朝新年頭，百草頭上早已露，公案舊時底，春風花草滿園香。請問如何是不涉新舊一句？』嘉本作『新年百草頭，早已露公案，舊時底春風，華放滿園香，如何是不涉新舊句？』

二　嘉本『當恁麼時』作『大衆！正當憑麼時』。

三　嘉本『惹得』作『引得』。

四 諸本無『喝一喝』三字。

11.（頁四～五）上堂[一]。『今朝正月十五[二]，處處敲鑼攂[三]鼓。將謂移苦爲樂，誰知翻樂爲苦。一念此界他方，却被風隔雨阻，放出鐵鷂流星，打殺街頭石虎。引得彌勒呵呵，笑到日輪當午。大衆！且道[四]笑個甚麼？皆[五]生大懽喜[六]，自知作佛祖。』（此段諸本均在卷一）

【注】

一 諸本『上堂』作『元宵上堂』。

二 雙桂本及昭覺本『今朝正月十五』前有『云』字，嘉本爲『師云』。

三 諸本『攂』作『擂』，意同，以下不出校。

四 諸本『且道』後有『他』字。

五 諸本『皆』作『心』。

六 諸本均作『懽喜』，同『歡喜』，以下不出校。

12.（頁五）解制，上堂。『東風解凍[一]，百草萌芽，行脚衲僧，如麻似粟[二]。拖泥帶水兮草鞋獰似虎，混[三]俗和光兮拄杖活如龍。向有佛處不可住，無佛處急走過，方稱英俊。衲家切不可向萬里無寸草處去，虛度生涯。大衆，且如山僧者裏，九旬白足，三月調心，今日解制，臨行慶賞一句作麼生道[四]？摘楊花，摘楊花。』（此段諸本均在卷一）

【注】

一 雙桂本及昭覺本『東風解凍』前有『云』字，嘉本爲『師云』。

二 嘉本『如麻似粟』作『似粟如麻』。

三 諸本均作『溷』，同『混』。以下不出校。

四　嘉本『大衆』之後一句作『且如今日臨行慶賞一句作麼生道？』

13.（頁五）佛誕日一，上堂。『山僧所患腹瀉二，撒屎不成屎橛，將此塗污諸人，諸人鼻孔未徹。徹不徹，一條白棒當頭楔。雖然三，怎奈事無一向，今四釋迦老人降誕之辰五，不無也要應個時節。大衆！且道應時及節六一句作麼生道？』時一僧七在衆，鼓掌作聲，師云八：『還要第二杓惡水麼？九』**（此段諸本均在卷二）**

【注】

一　嘉本『佛誕日』作『浴佛』。

二　雙桂本及昭覺本『山僧所患腹瀉』前有『云』字，嘉本爲『師云』。

三　嘉本『雖然』後有『如是』二字。

四　雙桂本及昭覺本作『今是』，嘉本作『今遇』。

五　嘉本『降誕之辰』作『誕辰』。

六　嘉本『應時及節』作『應時應節』。

七　諸本『一僧』作『破浪』。

『破浪』指破山弟子破浪海舟禪師。

八　雙桂本及昭覺本『師云』作『師卓拄杖，云』，嘉本『師卓拄杖』作『師拈起拄杖』。

九　嘉本此後有『卓一卓，下座』五字。

14.（頁五～六）上堂。『昔日龐居士將百萬家財一，一時傾向湘江，逢人便會誇經責紀，道：「不與萬法爲侶者是甚麼人？」』何如我存曾丘公二，也不一時恁麼，漸漸破慳囊、舍資帛，寧不出龐老一頭地也？是則也似，似則未是，何也？怎奈同途不同轍。大衆！且道那裏是他不同轍[三]處？試檢點[四]看。檢點得出，琉璃殿上騎金馬，明月堂前輥綉毬。其或未然，荊棘林中下脚易，月明簾外轉身難。』**（此段雙桂本及昭覺本在卷一，嘉本無）**

【注】

一　雙桂本及昭覺本『昔日龐居士將百萬家財』前有『云』字。

二　存曾丘公：丘存曾，嘉興敬佛士紳，名履嘉，字元禮。李日華（1565 ~ 1635）《跋陳眉公書贈丘存曾儀部散語》（《恬致堂集》卷三十七，載《四庫禁毀書叢刊》集部第65册，北京：北京出版社，1997年）謂：『丘元禮才品焯燦，如出匣幹將。』可知丘存曾即丘元禮，題目中之『陳眉公』即陳繼儒（1558 ~ 1639），可見丘存曾與江南名士有所交往。據此還可知，丘氏曾任職禮部，『儀部』爲禮部主事或郎中別稱。崇禎《嘉興縣誌》有目無傳，但卷十八《典籍七》載其著有《藩封郵政議》二卷（載《日本藏中國罕見地方志叢刊·〔崇禎〕嘉興縣志》，第726頁），光緒《嘉興縣誌》卷二十《列傳一》邱履嘉傳載：『邱履嘉，字元禮，民貴子。萬曆三十八年（1610）進士，知商丘縣，用計擒左道惑衆者所迷良家子女，盡釋歸。入爲禮部主事，出爲湖廣參議，曆四川参政，都督糧儲，革額外之征一十七萬有奇，勒之石。未幾乞養歸卒。』（載《中國方志集成·浙江府縣誌輯》第十五册，上海：上海書店，第479頁）縣志所載禮部職銜與上述李日華文字吻合，更可肯定爲同一人。此外，《年譜》崇禎二年（1629）破山入東塔開法條：『方伯元履丘公，并孫和石、茂錫（舍宅創建白苧村古新庵，本書刻板之處）、起伯（助刻本書者）諸護法，……縉紳居士請開堂演法。』此處之『元履丘公』應指丘存曾，或將其名、字合稱。

三　雙桂本及昭覺本『不同轍』前有『同途』二字。

四　雙桂本及昭覺本『檢點』作『簡點』，以下不出校。

15．**（頁六）**銅鍋至[一]，上堂[二]。『存曾丘方伯不識好惡[三]，布施一口大鍋子[四]，要山僧煮鐵釘飯、炊木楂[五]羹，供養盡大地人，個個張口齩嚼著[六]。所以，終日穿衣，不曾掛著一縷紗；終日喫飯，不曾齩著一粒米[七]。山僧今日開此無遮大會，豈肯私瞞，普欲是天是人、是僧是俗，受此食者，盡教同福同壽、同證同得，功超五果、行越三賢。未如是者，且向碗底筋頭，豁開

兩眼，切莫瞌睡，將木楂羹、鐵釘飯，細細皺嚼，看是甚麼滋味？參！』（此段諸本均在卷一）

【注】

一　雙桂本及昭覺本『銅鍋至』作『丘宅送銅鍋至』，嘉本與兩本同，但『丘宅』作『丘檀越』。

二　諸本作『師上堂』。

三　雙桂本及昭覺本『存曾丘方伯不識好惡』前有『云』字，嘉本爲『師云』。

四　嘉本『大鍋子』作『大鍋』。

五　雙桂本及昭覺本作『渣』，嘉本作『樝』，同『楂』，以下不出校。

六　雙桂本及昭覺本『皺嚼著』作『咬嚼著』，意同，以下不出校。且『咬嚼著』後多出『也未』二字，嘉本無『著』字。

七　嘉本無『所以……一粒米』一段。

16．（頁六～七）上堂[一]。『時當毒熱渾如火，逼得通身白汗流，祇爲諸人不肯薦，山僧特地一場愁。咄！愁個甚麼？莫是衣不足身，食不足口麼？然[二]衣不足身，不蠶而衣者，有也；食不足口，不耕而食者，有也。但住[三]世間，名利、富貴、榮辱種種，亦復如是，何足致愁？所愁[四]不愁別事[五]，单单祇愁生死交謝，寒暑迭遷，有物流動，捨死趣生，捨生趣死，如旋火輪，無有休息，所以愁耳。今日[六]金居士誕期，營齋供衆，山僧祇得因齋慶贊[七]。居士本意[八]，惟求壽命比南山、福德如東海。雖然如是[九]，不若將此馳求之心，用在生死際頭，行也如是求，住也如是求，坐也如是求，臥也如是求。求來求去[一〇]，求得生死二字，脱然無累，方知壽命福德，盡未來際不曾增，盡未來際不曾減，盡未來際不曾生，盡未來際不曾滅。淨躶躶[一一]、絶承當，赤洒洒[一二]、無回互。』驀拈拄杖，卓一卓，云：『還委悉麼？體取本來堅密身，永證金剛無量壽！』（此段諸本均在卷一）

【注】

一　雙桂本及昭覺本此段起始作：「金居士誕日，請升座，師云」，嘉本與兩本同，但「誕日」作「生日」，「升座」作「上堂」。
二　嘉本「然」作「若是」。
三　雙桂本「但」字之下空一格，原因不明，無「住」字。昭覺本及嘉本無空格，亦無「住」字。
四　諸本「所愁」前有「山僧」二字。
五　嘉本無「所愁不愁別事」六字。
六　雙桂本及昭覺本「今日」前有「幸喜」二字，嘉本作「今日幸我」。
七　諸本無「山僧」二字，且前有「强山僧舉揚」五字，嘉本與兩本同，但「舉揚」後有「個事」二字，無「祇得因齋慶贊」六字。
八　諸本「居士本意」前有「然」字。
九　嘉本無「雖然如是」四字。
一〇　嘉本無「行也如是求……求來求去」一段。
一一　嘉本「躶躶」作「裸裸」，意同，以下不出校。
一二　诸本「洒洒」作「灑灑」，意同，以下不出校。

17.（頁七）上堂。「昨日盆傾大雨[一]，今朝杲日麗天，連[二]累人衣乍乾乍濕，哄得草鞋增價增錢。忽地乾坤一色，宇宙同源，爲復是祖佛[三]誕生？爲復是神仙脱陰？問取柱杖子，柱杖子道：「是我施居士[四]八十老母高陞壽域，所以有如是無量無邊不可説不可説華藏莊嚴海，一一流出無量無邊不可説不可説福德智慧門，一一含容無量無邊不可説不可説壽命聚，一一聚中，或現大身、或現小身、或現男形、或現女形，凡有所爲，悉皆現之。」山僧聞已，入是三昧，洞見十方，無障無礙。」驀拈柱杖，卓一卓，召大衆，云：「還見麼？眼窺海屋添籌[五]

處，悟取中間不老人。』（**此段諸本均在卷一**）

【注】

一 雙桂本及昭覺本『昨日盆傾大雨』前有『云』字，嘉本爲『師云』。

二 嘉本『連』作『帶』。

三 嘉本『祖佛』作『佛祖』。

四 諸本『施居士』前有『敬云』二字。

五 海屋添籌：或出北宋·蘇軾《東坡志林》卷二：『嘗有三老人相遇，或問之年……一人曰：「海水變桑田時，吾輒下一籌，邇來吾籌已滿十間屋。」』另有传说谓海中有楼，以籌插于瓶中，貯世間众生壽數，若令仙鶴銜一籌入瓶，則延壽百年。故『海屋添籌』多爲頌壽之詞。

18．（**頁七~八**）輾轢[一]嚴居士送大悲菩薩進院[二]，請上堂[三]。士[四]問：『千僧拱侍，法海波騰。風恬浪静則[五]不問，如何是興波作浪事？』師云：『興波作浪了然乎。』云[六]：『如何是徹底掀翻事？[七]』師震威一喝，云[八]：『即今[九]大士歸禪院，手眼憑師爲點明。』師云：『瞎。』云[一〇]：『爲甚麼[一一]轉大士爲羅刹則易，化羅刹爲大士則難？非難非易一句，作速道來！』師云：『截斷葛藤。』云[一二]：『依然日午打三更。』師豎杖[一三]，士拂袖歸衆。師乃云：『福城東際烟[一四]水漲，大塔廟前樓閣開，千手大悲捫不住，無端放出善財來。大衆！且道善財來作甚麼？隨行踏斷流水聲，縱觀瀉出飛禽跡。』（**此段諸本均在卷一**）

【注】

一 雙桂本及昭覺本作『去凡』，嘉本作『輾轢』。

二 按《年譜》，嚴居士送大悲像入院發生于崇禎三年（1630）。

三 諸本『請上堂』作『請升座』。

四　嘉本『士』作『嚴』。
五　嘉本『則』作『即』。
六　諸本作『進云』。
七　嘉本無『師云……徹底掀翻事』一段。
八　諸本作『進云』。
九　嘉本『即今』作『今朝』。
一〇　諸本作『進云』。
一一　嘉本無『爲甚麼』三字。
一二　諸本作『進云』。
一三　嘉本『杖』作『拄杖』。
一四　嘉本『烟』作『煙』，意同，以下不出校。

19．（頁八）送靈骨入塔[一]，請上堂[二]。問[三]：『生滅去來即不問，亡僧立命是如何？[四]』師云：『主山前、案山後。』乃云[五]：『一葉落、天下秋，一塵起、大地收。所以道因緣和合，虛妄有生；因緣別離，虛妄名滅。殊不知我密化上座，性真常中，求于去來、迷悟、生死[六]，了無所得。既無所得，且道[七]即今在甚麼處安身立命？』驀拈拄杖，卓一卓，云：『還委悉麼？不離當處常湛然，覓則知君不可見。』**（此段諸本均在卷一）**

【注】

一　雙桂本及昭覺本作『克彬爲師祖送靈骨入塔』，嘉本與兩本同，但『克彬』作『克彬禪人』。
二　雙桂本及昭覺本作『請升座』。
三　嘉本『問』作『僧問』。
四　嘉本『亡僧立命是如何？』作『如何是密師安身處？』

五　嘉本『乃云』作『僧禮拜，師乃云』。

六　嘉本『生死』後有『涅槃』二字。

七　嘉本『且道』後有『伊』字。

20．**（頁八）**上堂。『秋風起[一]，秋夜長，未歸客，思故鄉。阿誰是未歸客？莫是三賢十聖是未歸客麽？西天四七、東土二三是未歸客麽？今日現前大衆、若僧若俗是未歸客麽？若然歸者，掉臂不顧。其或未然，且漫[二]躊躕，切不可終日塵勞汩汩，業識忙忙，蹉跎過去[三]。急須緊繫芒鞋，牢縛裙褲，慎勿思前算後，思後算前，中途懈退。必要猛著精彩，驀直歸到故鄉田地，方始住脚。』拈杖一卓[四]，云：『還有恁麽人麽？來到寶山須採寶[五]，莫教赤手又空回。』**（此段諸本均在卷一）**

【注】

一　雙桂本及昭覺本『秋風起』前有『云』字，嘉本爲『師云』。

二　雙桂堂及昭覺本『漫』作『謾』。

三　嘉本『過去』作『過日』。

四　雙桂本及昭覺本作『驀拈拄杖，卓一卓』，嘉本『驀』作『乃』。

五　雙桂本及昭覺本『來到寶山須采寶』前有『良久復云』四字，嘉本無『復』字。

21．**（頁九）**寂開薙髮[一]，請上堂[二]。『金鋤削盡千峰雪[三]，露出天涯星月孤，照得世間人廓徹，都來依樣畫葫蘆。大衆！未審[四]還有依樣畫得者麽？有，則不妨好手手中呈好手、紅心心裏射[五]紅心。其或未然，且待[六]山僧自畫去也。』以杖[七]打圓相，于中擲地，云：『層落落，影團團，千古萬古與人看。』**（此段諸本均在卷一）**

【注】

一　嘉本『寂開薙髮』作『受印開』。

『寂開』或『印開』應爲同一人，是破山某位弟子法名，事迹不明。『印』字是破山『萬峰法派』演字中第二字（『海印發光』），但開法東塔時期應尚未確定，故『寂開』或許是此位弟子最初之法名，『印』是演字確定後所改。《年譜》康熙五年（1666）條謂：『剃度弟子印開等凡百餘人』，可見此人有可能是破山禪師親自剃度的第一位弟子，故列居首位。

二　嘉本『請上堂』作『爲僧上堂』。

三　雙桂本及昭覺本『金鋤削盡千峰雪』前有『云』字，嘉本爲『師云』。

四　諸本無『未審』二字。

五　嘉本『射』作『中』。

六　嘉本無『且待』二字。

七　諸本作『拄杖』。

22·（頁九）開爐上堂。『盡空盡界惡爐鞴[一]，人與非人俱在內，烈火猛烟恒熾然，煅生煉死渾無礙。放行則瓦礫[二]生光，把住則黃金失色。正當此際，三緣未就，二俱不了。檀那添煤添炭，與之助力，山僧扇風扇火，與之激揚，大衆！還有當爐不避者麼？出來與拄杖[三]相見。』一僧不出衆[四]，喝兩喝[五]，師云：『焦頭爛額，似粟如麻。』（此段諸本均在卷一）

【注】

一　雙桂本及昭覺本『盡空盡界惡爐鞴』前有『云』字，嘉本爲『師云』。

二　『礫』字，昭覺本誤作『藥』，雙桂本及嘉本不誤。

三　諸本『拄杖』作『拄杖子』，且此前均有『山僧』二字。

四　雙桂本及昭覺本『一僧不出衆』前有『復卓一卓，云：「有麼？有麼？」』句，嘉本與兩本同，但無『復』字。

五　諸本『喝兩喝』作『連喝兩喝』。

23．**（頁九～十）**臘八，爲僧落髮上堂[一]。問[二]：『別愛祇爲超生死，鬚髮落地脱根塵。別愛則不問，如何是迴脱根塵句？』師云：『琉璃瓶子口。』云[三]：『鬚髮落地作麼生？』師便打。問[四]：『當時雲門[五]爲甚麼要打殺釋迦[六]與狗子喫？』師云：『智眼難容[七]。』云[八]：『倘有人打和尚，又作麼生？』師和聲便打，云[九]：『者一棒還[一〇]是打雲門？打弟子[一一]？』師云：『任你卜度。』乃云[一二]：『昨夜釋迦老子打翻漆桶，連累多少人頭破腦裂。今日忍俊[一三]不禁，也祇好是看孔著楔。』拈拄杖向空畫[一四]「〇」[一五]，云：『會麼？于此會得，説甚麼麻三斤、乾屎橛？要休便休，要歇便歇。所以道：「無邊刹海，自他不隔于毫端；十世古今，始終不離于當念。」其或未然，更聽山僧曲引旁通去也。』復舉世尊[一六]初出母胎，一手指天，一手指地，云：『天上天下，唯我[一七]獨尊。』及至雪山苦行六年，覩[一八]星悟道，亦云：『盡大地衆生，一時成佛了也。』『據此[一九]判斷，世尊一口兩舌，處處惹人情見，引得雲門大師道：「我當時若在[二〇]，一棒打殺與狗子喫，貴圖天下太平。」然雲門大師祇解騎虎頭，不解捉虎尾，遞[二一]相鈍置。山僧當時若聞此語，祇消掩耳而出。何也？「佛」之一字，吾不喜聞。」喝一喝，卓拄杖下座。**（此段諸本均在卷一）**

【注】

一　諸本作『臘八日，爲薙發僧上堂』。

二　諸本作『僧問』。

三　諸本作『進云』。

四　諸本作『士問』，嘉本無『臘八日……士問』一段，作『佛成道日，上堂，問』。

五　雲門：指唐末五代雲門文偃禪師（864～949），雲門宗開創者，又稱雲門匡真、匡真弘明等。浙江嘉興人，俗姓張，雪峰義存法嗣。同光元年（923）于廣東乳源縣雲門山創建光泰禪院，法化四播。乾和七年（949）入寂，世壽八十六，謚『大慈云匡真弘明禪師』。

有僧舉：『世尊初生下，一手指天，一手指地，周行七步，目顧四方，云：「天上天下，唯我獨尊！」』雲門曰：『我當時若見，一棒打殺與狗子吃却，貴圖天下太平！』琅琊慧覺禪師評曰：『雲門可謂「將此身心奉塵刹、是則名爲報佛恩！」』

六　諸本作『釋迦老子』。

七　諸本作『智眼難容俗漢』。

八　雙桂本及昭覺本作『士禮拜，起云』，嘉本無『士禮拜，起云』五字，作『進云』。

九　諸本作『進云』。

一〇　嘉本無『還』字。

一一　嘉本『打弟子』作『是打某甲？』

一二　雙桂本及昭覺本，『乃云』前有『士喝，師不理』，嘉本『士喝，師不理，乃云』作『僧喝一喝，師複打，僧禮拜，師乃云』。

一三　諸本『忍俊』前有『山僧』二字。

一四　諸本『畫』作『劃』，嘉本作『劃此』。

一五　諸本作『∴』。

一六　雙桂本及昭覺本『世尊』作『釋尊』。

一七　嘉本『我』作『吾』。

一八　『覩』音dǔ，同『睹』，以下不出校。

一九　諸本『此』作『山僧』。

二〇　嘉本『在』作『見』。

二一　諸本『逓』作『遞』，均音dì，與『递』同，以下不出校。

24·（頁十）上堂。『柴米油鹽事事空[一]，客來無計可融通，山僧昨夜動鐵火，燒得須彌走芥中。大衆！還救取得麼？試救取看。』時維那[二]舞坐具一喝便出[三]，師云：『祇好救取一半，然那一半，還須山僧自救[四]。何故？輸得自己，贏得他人。』**（此段諸本均在卷一）**

【注】

一　雙桂本及昭覺本『柴米油鹽事事空』前有『云』字，嘉本爲『師云』。

二　嘉本『維那』作『象崖維那』。

『象崖』指破山弟子象崖性珽禪師（1598～1651）。

三　雙桂本及昭覺本『便出』前作『時維那舞坐具一喝云：「和尚會麼？」遂喝一喝』，嘉本無『遂』字。

四　諸本『救』作『救取』。

25·（頁十）上堂。『有問有答[一]，鐵牛不怕獅子吼；無問無答，恰似木人見[二]花鳥。所謂「有物先天地，無形本寂寥，能爲萬象主，不逐四時凋。[三]」雖然如是，且道人畜龍仙，蜎飛蝡[四]動，魚鳥龜蛇，空散消沉，又作麼生聻？[五]』以拄杖卓一下，云[六]：『莫言四十今朝是，三萬場中少一年。』**（此段雙桂本及昭覺本在卷一，嘉本無）**

【注】

一　雙桂本及昭覺本『有問有答』前有『云』字；『答』均作『荅』，通假，以下不出校。

二　雙桂本及昭覺本『見』作『看』。

三　『有物先天地……不逐四時凋』語出南梁·傅翕（傅大士497～569）《法身頌》。

四　『蝡』音rú，同『蠕』，以下不出校。

五　『聻』音nǐ，意同『呢』、『哩』。另讀jiàn，傳説鬼死爲聻。

六　雙桂本及昭覺本『云』後有『還會麼？』三字。

26.（頁十～十一）元旦[一]，上堂。問[二]：『黄道初開，彩雲彌布，如何[三]是新年頭佛法？』師云：『恰好！』云[四]：『和尚還有爲人處也無？』師云：『有！』僧喝[五]，師正色一『噓』[六]。問：『天雨寶花，空現寶色；地隱山河，芥含塵刹。如何是芥含塵刹[七]？』師驀頭一棒，僧喝[八]，師打[九]，僧連喝，師連打，云[一〇]：『掠虚漢。』問：『新年原是舊年人，如何是新年人？』師云：『塗脂[一一]抹粉。』云[一二]：『如何是舊年人？』師云：『灰頭土面。』云[一三]：『新舊相去幾何？』師云：『看取上頭注脚。』乃云[一四]：『今朝新年頭，昨日舊年尾。新舊與尾頭[一五]，總較者些子。』遂呈拄杖，云：『大衆！且道者些子又作麼生較？』良久，擲地云[一六]：『從今抛擲[一七]春風堆裏[一八]，一任花開[一九]花落。』（此段諸本均在卷一）

【注】

一　嘉本『元旦』作『歲旦』。

二　諸本作『僧問』。

三　雙桂本及昭覺本『如何』前有『且問』二字，嘉本無此二字。

四　諸本作『進云』。

五　嘉本『喝』作『喝一喝』。

六　諸本作『噓一聲』。

七　諸本『塵刹』後有『句』字。

八　嘉本『喝』作『喝一喝』。

九　嘉本『師打』作『師又打』。

一〇　諸本『云』後多出「『胡喝亂喝作麼？』僧禮拜，師云」十一字。

一一　諸本『塗脂』作『搽胭』。

一二　諸本作『進云』。

一三　諸本作『進云』。

一四　雙桂本及昭覺本『乃云』之前有：『問：「我今爲汝保任此事，如何是此事？」師和聲便打，僧一喝，便出，師不理。問：「舊歲已去，新歲到來，新舊二歲，了然不涉時如何？」師以手向面摸兩摸，云：「會麼？」進云：「也要和尚相委悉。」師云：「爲汝兩次不薦，委悉個甚麼？」問：「舊歲臘月三十日，正當新春是初一。新舊即不問，如何是春到梅花撲鼻香？」師云：「汝鼻孔爲甚麼被他換却？」進云：「還在。」師云：「在甚麼處？」僧喝，師打，云：「且道是賞你？罰你？」僧無語，師』一段。

嘉本無『我今爲汝保任此事……師不理』一段及『舊歲臘月三十日，正當新春是初一』句，『且道是賞你罰你？』作『且道是賞你是罰你？』

一五　嘉本『新舊與尾頭』作『頭尾與舊新』。

一六　諸本作『良久，以拄杖擲地，云』。

一七　嘉本『擲』字後有『在』字。

一八　嘉本無『堆裏』二字。

一九　嘉本『開』字後有『與』字。

27.**（頁十一）**上堂。『山僧連日傷風[一]，佛法沒處起口[二]，檀越强逼陞堂，祇好畧揚家醜。』以拄杖卓一卓，云：『釋迦老子過十恒河沙等佛土，來山僧拄杖頭上，口喃喃地露題露目了也。汝等諸人還聽得麼？』顧視左右，云：『且道釋迦老子露個甚麼題目聻？落梅濺石青丸碎，臥柳臨波翠帶殘。』喝一喝[三]。**（此段雙桂本及昭覺本在卷一，嘉本無）**

【注】

一　雙桂本及昭覺本『山僧連日傷風』前有『云』字。

二　雙桂本及昭覺本『起口』作『啓口』。

三　雙桂本及昭覺本無『喝一喝』三字。

28·（頁十一）解制上堂。『解開布袋口[一]，放出一羣[二]牛，繞砌尋芳草，芒繩貫鼻頭。放去也，東觸西觸；收來也，山悠水悠。正恁麽時，不收不放一句作麽生道[三]？拏雲自可容收放，喝月誰能使去留？』**（此段雙桂本及昭覺本在卷一，嘉本無）**

【注】

一　雙桂本及昭覺本『解開布袋口』前有『云』字。

二　雙桂本及昭覺本『羣』作『群』，通假，以下不出校。

三　雙桂本及昭覺本此後有『時數僧齊下一喝，師云』一段。

29·（頁十一～十二）師誕日，上堂。問：『清白池[一]前蒼古柏，拈得彌盧作壽山。今日拈來，和尚如何受用？』師云：『子丑寅卯辰巳午、甲乙丙丁莫莽鹵。』云[二]：『恁麽則白雲片掛、根埋千尺[三]。』便[四]禮拜，師云：『莫眼花。[五]』乃云[六]：『三十五前一著子，本無生也本無死。釋迦狼藉[七]雪山頭，彌勒收歸布袋裏。』驀拈拄杖，云：『今日落在山僧手裏，逢人切莫錯舉。』

（此段諸本均在卷一）

【注】

一　清白池：東塔廣福禪寺中所鑿池塘，水色一青一白，據傳由唐代華嚴四祖澄觀法師開掘。

二　諸本作『進云』。

三　嘉本無『云：憑麽……根埋千尺』一段。

四　嘉本『便』作『僧』。

五　諸本無『師云：「莫眼花。」』五字。

六　諸本作『師乃云』。

七　雙桂本及昭覺本『狼藉』作『浪籍』，嘉本作『狼籍』，意同，以下不出校。

30·（頁十二）師剃頭[一]，上堂。『山僧昨日髮鬔鬆[二]，誰料今朝頭顱禿，個事從來[三]本現成，大都祇是人輕忽。不輕忽，咄咄咄，六六原來[四]三十六。[五]』**（此段諸本均在卷一）**

【注】

一　嘉本『剃頭』作『剃髮』。

二　雙桂本及昭覺本『山僧昨日髮鬔鬆』前有『云』字。

三　嘉本『從來』作『分明』。

四　雙桂本及昭覺本作『從來』，嘉本作『原來』。

五　諸本此後有『卓拄杖，下座。』五字。

31·（頁十二）佛誕日[一]，上堂。『問底也問四月八[二]，答底也答四月八，兩兩三三没傝㑃[三]，都盧祇逞口頭滑。引得釋迦老子一時惡發，指天指地獨尊已大，却被雲門一棒要打殺，撞著琅琊，道個：「將此深心奉塵刹！」今日山僧不解，暗裏[四]抽横骨，明中墮[五]舌頭，祇好輕輕道個：「活驚殺、活笑殺。」大衆！且道驚個甚麽？笑個甚麽？檢點得出[六]，强中更有强中手，惡人還有惡人磨。』**（此段諸本均在卷一）**

【注】

一　嘉本『佛誕日』作『浴佛』。

二　雙桂本及昭覺本『問底也問四月八』前有『云』字，嘉本『云』作『師云』。

三　『傝㑃』音tà sà，惡也。

四　嘉本『暗裹』作『明中』。
五　嘉本『明中墮』作『暗中坐』。
六　諸本『檢點得出』前有『試簡點看』。

32．（頁十二～十三）上堂。問[一]：『海乾日出時如何？』師打[二]，僧喝，師又打，僧又喝，師云：『三喝四喝後如何？』僧無語，師乃云[三]：『古佛與露柱相交，逢人且說三分話；金剛與泥人揩[四]背，未可全抛一片心。正恁麽時，是誰境界？』靠拄杖云[五]：『默默自知田地穩，騰騰誰謂肚皮憨？』復舉東印土國王請般若多羅齋[六]，王問：『諸人盡轉經，唯師爲甚不轉？[七]』祖曰[八]：『貧道出息不隨[九]衆縁，入息不居蘊、界[一〇]，常轉如是經，百千萬億卷。』『據[一一]山僧看來，本是一卷不斷頭經，却被尊者話爲兩橛[一二]，致使無人信受奉行。今我翼乾沈大人[一三]請陞座[一四]，山僧自忖口門窄，盡力道不出個元字脚，衹好將遠祖這卷不斷頭經，拈向人天衆前，下個注脚。』以拄杖卓一卓，云：『還會麽？下文繁長，付在來日。』**（此段諸本均在卷一）**

【注】

一　諸本作『僧問』。
二　諸本作『師便打』。
三　嘉本『僧無語』至『師乃云』之間，有『師云：「掠虛漢。」僧禮拜』一句。
四　『揩』音kāi，擦、抹。
五　雙桂本及昭覺本『靠拄杖云』前有『衆無語。師』四字，嘉本無。
六　諸本『請般若多羅齋』作『請齋』。
般若多羅（Prajñātāra）：禪宗所立西天二十八祖中第二十七祖，傳爲東印度人，婆羅門種姓，幼喪父母，二十余歲遇二十六祖不如密多，得法後至南印度行化，付法菩提達磨後化火焚身。

七　雙桂本及昭覺本自『東印土國王請齋』之後作『一衆俱誦經，惟二十七祖多羅尊者，默默晏坐，王問尊者：「何不誦經？」』嘉本與兩本同，但『多羅』前有『般若』二字。
八　雙桂本及昭覺本作『尊者曰』，嘉本缺『尊』字。
九　諸本『隨』作『涉』。
一〇　諸本『蘊、界』作『陰、界』，同義。且兩句位置相反，『入息』一句在前，『出息』一句在後。『蘊』、『陰』相通，如『五蘊』又作『五陰』，此處『蘊、界』應指五蘊、十八界而言。
一一　嘉本無『據』字。
一二　嘉本『橛』作『段』。
一三　雙桂本及昭覺本『今我翼乾沈大人』作『今日我一乾沈老大人』，嘉本作『今日我翼乾沈大檀越』。
一四　諸本『請升座』前有『來山』二字。

33

·**（頁十三）**上堂，『六月炎天傾大雨[一]，聲聲囫[二]地啓無生。洞知五十年前事，滿目飛埃不是塵。如是則截瓊枝而寸寸是寶[三]，析栴檀而片片皆香。其體也，奚四山之可恃；其用也，非五色之能媒。正恁麼時，不涉體用一句作麼生道？』以拄杖卓一卓，云[四]：『有時扶過斷橋水，依舊伴歸明月村。[五]』**（此段諸本均在卷一）**

【注】

一　雙桂本及昭覺本『六月炎天傾大雨』前有『云』字，嘉本爲『師云』。
二　『囫』音huò，擬聲詞，語録中常指開悟之際虚空粉碎、大地平沉一瞬間之狀態。
三　嘉本『寶』作『玉』。
四　諸本作『卓一下，云』。嘉本『作『卓拄杖云』。
五　嘉本此後還有『卓拄杖，下座』五字。

34．（頁十三～十四）解制[一]，上堂。『休夏自恣[二]，千古同規。諸佛歡喜，衆生皺眉。喜者甚喜，悲者甚悲。』以拄杖卓一卓，云：『惟我木上座，迥出悲喜之外，終日閒閒，倚[三]牆靠壁。却被山僧握在手中[四]，放之[五]則撑天拄地，收之[六]則七縱八横。發大機、顯大用，佛來也與一頓，魔來也與一頓。現前若僧若俗、若男若女來，也與一頓。過去七世父母、歷劫宗親、有主無主、乃貴乃賤來，也與一頓。』復卓拄杖[七]，云：『且道[八]山僧何故如此輩？不獨[九]聖制告圓，大家做個滿散。』喝一喝[一〇]。（此段諸本均在卷一）

【注】

一　嘉本『解制』作『解夏』。
二　雙桂本及昭覺本『休夏自恣』前有『云』字，嘉本爲『師云』。
三　雙桂本及昭覺本『倚』作『依』，嘉本作『倚』。
四　諸本『却被山僧握在手中』前有『今日』二字。
五　嘉本『放之』作『收之』。
六　嘉本『收之』作『放之』。
七　諸本『拄杖』後有『三下』二字。
八　諸本『且道』前有『大衆』二字。
九　諸本『不獨』作『祇因』。
一〇　諸本此後有『下座』二字。

35．（頁十四）地藏菩薩誕日[一]，上堂。豎拄杖[二]，云：『大衆！見麼？有眼必見。』復卓一卓[三]，云：『聞麼？有耳必聞。如是聞見分明，所以陞座[四]爲汝諸人證據。且道聞個甚麼？見個甚麼？莫是地藏菩薩捨其尊貴而降卑小，爲汝四衆發大誓云：「衆生度盡，方證菩提，地獄未空，誓不成佛！」麼？雖然汗馬功高，要且不是衲僧巴鼻。』以杖[五]敲香几，云：『不若山僧今日更爲諸人翻案去也，何故[六]？「衆生度盡，不證菩提，地獄已空，誓不成佛！」恁麼[七]告報，還知落處麼？』卓拄杖，下座。**（此段諸本均在卷一）**

【注】

一　農曆七月三十日爲地藏菩薩聖誕。

二　雙桂本及昭覺本『豎拄杖』作『師豎拂子』，嘉本作『師豎拄杖』。

三　雙桂本及昭覺本『復卓一卓』前有『復拈拄杖』四字。

四　諸本『陞座』前有『山僧』二字。

五　諸本作『拄杖』。

六　嘉本無『何故』二字。

七　諸本『恁麼』前有『山僧』二字。

36．**（頁十四～十五）**孫起伯請建大悲閣[一]，上堂[二]。『山僧住此二三秋[三]，拄杖芒鞋未徹頭。千手大悲來摸索，一莖草上現瓊樓。如是則塵塵垂手、剎剎現身。垂一手、則千手萬手俱備；舒一目、則千目萬目皆然。其慈也，與三世諸佛同；其悲也，與一切衆生共。玉殿瓊樓，因念而感；雲路丹霄，隨心而至。』問[四]：『古殿藏僧棒，巍樓顯法幢。法幢今大顯，棒頭旨未明，望師慈悲[五]，旁通一線。』師驀頭一[六]棒，云[七]：『謝師指示。』師云：『血滴滴地。[八]』云[九]：『直截根源如何道蹔？』師正色一喝，士亦喝，師云：『你也喝，我也喝，是甚麼意旨？』士笑云：『原來大悲閣推托不去。』師云：『要且未徹[一〇]，山僧拄杖芒鞋在，大衆！且道拄杖芒鞋作麼生徹去？』以杖[一一]卓一卓，云：『拄杖卓頻鶴膝短[一二]，芒鞋踏久蝦鬚長。』**（此段諸本均在卷一）**

【注】

一 雙桂本及昭覺本作『竪大悲閣』，嘉本作『孫起伯建大悲閣』，少一『請』字。按《年譜》，建大悲閣發生于崇禎四年（1631），孫起伯爲助刻本書之嘉興士紳。

二 嘉本『上堂』前有『請』字。

三 雙桂本及昭覺本『山僧住此二三秋』前有『云』字，嘉本爲『師云』。

四 雙桂本及昭覺本『問』前有『時去凡居士』五字，嘉本作『時轆轢居士』。

五 嘉本『慈悲』作『垂慈』。

六 嘉本『一』前有『打』字。

七 諸本『云』作『進云』，且此前有『云：「棒頭有眼。」』五字。

八 嘉本此後爲『卓拄杖，下座。』此段即告完結，無後文内容。

九 雙桂本及昭覺本作『進云』。

一〇 雙桂本及昭覺本『要且未徹』前有『雖然如是』四字。

一一 雙桂本及昭覺本作『拄杖』。

一二 雙桂本及昭覺本『拄杖卓頻鶴膝短』前有『還委悉麼？』四字。

37.**（頁十五）**結制，上堂。驀[一]拈拄杖，卓一卓，喝一喝，云：『會麼？若也會得，便知結制從此結，解制從此解。結、解本同源，桑田變滄海。其或未然，更聽山僧爲汝諸人説偈：注破福城，結制三冬，惟有今年最凶，捉敗五湖衲子，兼收四海獰龍。天人[二]尚未預數，佛祖[三]豈立上風。會得棒頭喝下，管教及第心空。』喝一喝，下座[四]。**（此段諸本均在卷一）**

【注】

一 嘉本『驀』字前有『師』字。

二 嘉本『天人』作『佛祖』。

三 嘉本『佛祖』作『人天』。

四 諸本『下座』前有『卓拄杖』三字。

38．（頁十五）送靈骨入墖[一]，請上堂。問[二]：『昨夜紫霞朝北闕，今朝瑞氣向南開。且道靈骨入墖後作麼生[三]？』師云：『魚行水濁，鳥飛毛落。』問：『諸行無常即不問，一命歸西事若何[四]？』師云：『東西不管，南北不收。』云[五]：『死去生來，不依本分，過在甚麼處？』師云：『脚跟下好與三十棒！』乃云[六]：『颮颮腥風撲面來，肩頭酸處口難開。分明一具黃金骨，東擲西抛經幾回？莫是一爲無量、無量爲一？得麼？且喜没交涉；莫是小中現大、大中現小？得麼？且喜没交涉；莫是菩提涅槃、真如佛性？得麼？且喜没交涉；莫是山河大地、明暗色[七]空？得麼？且喜没交涉；莫是四大本空、五蘊非有？得麼？且喜没交涉。既然未得，且道作麼生是覺然上座底黃金骨？百骸俱潰散[八]，一物鎮常靈。』**（此段諸本均在卷一）**

【注】

一 雙桂本及昭覺本此句作『浄心禪人爲先師祖覺然入塔』，嘉本無『先』字。

二 諸本作『僧問』。

三 嘉本此句作『且道靈骨入塔是何作用？』

四 嘉本此句作『覺公去後歸向何處？』

五 諸本作『進云』。

六 諸本作『師乃云』，且前有『僧禮拜』三字。

七 嘉本『色』作『塞』。

八 雙桂本及昭覺本『百骸俱潰散』前有『喝一喝，云：「還委悉麼？」』一段，嘉本無『還委悉麼？』四字。

39.（頁十六）上堂。問[一]：『虛空無背面[二]，八面絶玲瓏，向甚麼處安身立命？』師云：『懷州牛喫禾，益州馬腹脹。』乃云[三]：『十五日已前爲人，膿滴滴地；十五日已後爲人，血滴滴地；正當十五日爲人，乾暴暴地。朝打三千，暮打八百，畢竟落處如何？黄狗喫食，黑狗遭殃。』（此段諸本均在卷一）

【注】

一 諸本作『僧問』。

二 雙桂本及昭覺本『面』作『向』。

三 諸本此前有『問：「衲僧共住學無爲，誰是心空及第者？」師便打，僧喝，師複打，僧連喝，師連打。僧禮拜，師』一段，嘉本『僧喝』作『僧喝一喝』。

40.（頁十六）清白[一]爲覺凡業師[二]入塔，請上堂[三]。師云：『纖塵不染，凈躶躶地絶承當；寸絲不掛，赤條條地無回互。所以道：和合妄生、和合妄死。既生死都盧是妄，安有罣礙、染污而著其間[四]？今辰覺凡定公學徒[五]請山僧爲伊[六]陞座，露布葛藤者[七]，翻是無罣礙處立罣礙、無染污處成染污[八]。何故？我王庫内，無如是刀。金屑雖貴，落眼成翳[九]。大衆！且道[一〇]頓超一句作麽生道？南北東西收不得、天堂地獄孰能該？』（此段諸本均在卷一）

【注】

一 嘉本『清白』後有『知客』二字。『清白』法名『常勤』，此時任東塔知客（典客），後住持嘉興白苧村古新庵，本書即在此庵刻板。據此條可知清白之師法諱覺凡，本書卷八第59條又有『覺凡監院舉龕』（荼毗）事，應與此事相隔不遠。

二 嘉本『覺凡業師』作『受業師覺凡』。

三 雙桂本及昭覺本『上堂』作『升座』。

四 諸本『間』後多一『哉』字。

五　雙桂本及昭覺本『學徒』前有一『數』字，嘉本『學徒』作『門人』。
六　雙桂本及昭覺本作『伊』作『尹』。
七　嘉本無『者』字。
八　諸本『染污』後有『矣』字。
九　嘉本無『金屑雖貴，落眼成翳』八字。
一〇　嘉本無『道』字。

41.（頁十六）臘八[一]解制，上堂。『一點明星刺眼開[二]，輝天鑒地嘆奇哉。當時想是無禪客，若有和聲打落腮。大衆！且道釋迦老子有甚麽過，要與[三]和聲打落腮？試檢點看，若檢點得出，不枉在者裏朝參暮請之勤、長期短限之逼。其或未然，連山僧龜毛拂、兔角杖，亦[四]祇好擲向福城東際又東際去。何也？爲衆竭力，禍出私門。[五]』**（此段諸本均在卷一）**

【注】

一　雙桂本及昭覺本作『臘八日』，嘉本『臘八』作『佛成道』。
二　雙桂本及昭覺本『一點明星刺眼開』前有『云』字，嘉本爲『師云』。
三　嘉本無『與』字。
四　嘉本無『亦』字。
五　雙桂本及昭覺本此後有『擲拄杖，下座。』五字，嘉本與兩本同，但無『拄』字。

42.（頁十六~十七）師誕日，上堂。問[一]：『世尊生時，指天指地，和尚生時，有何祥瑞？』師云：『七縱八横。』云[二]：『恁麽[三]慶賞一句又作麽生道？』師打[四]，云[五]：『別有曇花一朵新。』便拜，師云：『莫眼花。』問：『三十六年前，行棒行喝；三十六年後，度人已畢；

正當三十六年，以何爲人？』師驀頭[六]一棒，士喝[七]，師連打兩棒，乃云[八]：『山僧久不陞座，想是舌頭爛却。四衆與吾慶生，震威痛下一喝。』乃喝一喝，云：『大衆！且道者一喝落在甚麼處？』時四維上座[九]以兩手掩耳，師復兩喝[一〇]，下座。**（此段諸本均在卷一）**

【注】

一　諸本作『僧問』。

二　諸本作『進云』。

三　嘉本無『恁麼』二字。

四　諸本作『師便打』。

五　雙桂本及昭覺本作『僧撫掌哈哈云』，嘉本與兩本同，但『哈哈』作『呵呵』。

六　諸本『驀頭』前有『便』字。

七　諸本作『僧喝』。

八　諸本『乃云』前有『僧禮拜，師』四字。

九　四維上座：指破山法嗣四維普寬禪師。

一〇　諸本『兩喝』作『喝兩喝』。

43.（頁十七）結夏[一]，上堂。『東塔今年結夏[二]，老牛老馬歸舍。雖無水草供看，且有鞭繩惡辣。正當恁麼時[三]，未審衆中還有擎頭戴角者[四]？試出來蹦跳[五]看。』時象崖西堂以兩手作擎空勢，師云：『且喜[六]相共拖犁拽杷。』下座。**（此段諸本均在卷一）**

【注】

一　按《年譜》，此則語録宣説于崇禎五年（1632）。

二　雙桂本及昭覺本『東塔今年結夏』前有『云』字，嘉本爲『師云』。

三　嘉本無『正當恁麼時』五字。

四　諸本此後有一『麼』字。

五　雙桂本及昭覺本『蹦跳』作『跳』。

六　諸本『且喜』後有『出來』二字。

44.**（頁十七～十八）**省覲天童[一]，過慈溪[二]馮宅祇園，請上堂。爾赤馮居士問：『一葉落、天下秋，秋即不問，如何是葉未落已前事？』師云：『體露金風。』云：『即今池竹千竿、庭花數朶，又向何處安身立命？』師云：『莫眼花。』乃云：『生老病死苦根源，徹得根源便豁然，此際閻羅難下手，誰將因果對君拈？如是則塵塵混入、刹刹圓融，應以宰官身得度者、即現宰官身而爲説法；應以童男童女身得度者、即現童男童女身而爲説法，凡有所爲，悉皆現之而爲説法。雖然，要且未徹向上關棙在，如何是向上關棙聻？山河心上影、佛祖眼中塵。』下座[三]。**（此段諸本均無）**

【注】

一　按《年譜》，此事發生于崇禎五年（1632）。

二　今慈溪市，明代寧波府屬縣，永樂中改稱慈谿縣。

三　此段諸本全無。按《年譜》崇禎五年壬申（1629）條載：『師三十六歲……是秋，師欲還蜀，複上天童辭悟和尚。出山到寧波，慈溪爾赤馮居士，延至家中請益。馮先世誤信邪術，師力爲拯撥，示以正知見，闔宅感悟，複請上堂。』本段語録即應發生于此時。至于諸本不載此段之原因，或與馮居士『先世誤信邪術』有關。馮居士與密云圓悟關係十分密切，爲大護法之一，所謂『邪術』是否與漢月法藏之事相關？仍待深入研究。

查光緒《慈谿縣誌》卷三十，當地崇禎間有名宦『大小馮君』兄弟，即馮元颺、馮元飈，《明史》有傳，字中均有『爾』字，元颺字爾賡、又字留仙；元飈字爾弢（同『韜』）、又字鄴仙，二馮與黃宗羲（1610～1695）友善，黃氏著《思舊録》中有二人小傳。『爾赤』應爲馮居士字，當與二馮爲兄弟。《密云禪師語録》卷三載：『師因事出山，至慈溪，馮留仙、爾赤、鄴仙……等留送入山，請上堂』，亦可見此中親緣關係。此外，馮居士與陳繼儒（1558～1639）亦有書信往復，《白石橋真稿》卷四有《答馮君爾赤》一文。

45.（頁十八）解夏，上堂。『今朝七月十五[一]，處處追宗薦祖，山僧總不恁麼，單牧一頭水牯。所謂法無定相，隨寓[二]即宗。以一事明，則千差萬別無不明事；以一理契[三]，則萬別千差無不契理[四]。然而，事耶理耶[五]，無不從此法界流[六]，究竟還歸此法界。所以道，實際理地、不受一塵；佛事門頭、不捨一法。大衆！正與麼時，德山棒、臨濟喝、麻三斤、乾屎橛、庭前柏樹子、青州布衫重七斤，還當得鬼神茶飯麼？當得本分草料麼[七]？試辨別看，若辨別得出，一任擎頭戴角、宇宙縱横。其或未然，莫將學解爲[八]知解，剔起眉毛仔細看。』

（此段諸本均在卷一）

【注】

一　雙桂本及昭覺本『今朝七月十五』前有『云』字，嘉本爲『師云』。

二　嘉本『寓』作『遇』。

三　諸本無『事』字。

四　諸本無『理』字。

五　嘉本『事耶理耶』作『事也理也』。

六　諸本作『流出』。

七　諸本『當得本分草料麼』前有『還』字；嘉本『草料』作『艸料』，意同，以下不出校。

八　諸本『爲』作『生』。

46．（頁十八）退院[一]，上堂。『山僧肚裹亂如麻[二]，伎倆無能盡爪牙。千日禪期今日畢[三]，杖頭卓處活龍蛇。』遂卓一卓，云：『還有恁麼人麼[四]？試出來現躍飛騰看[五]。』良久[六]，以[七]拄杖[八]横肩，云：『揤栗[九]横擔不顧人，直入千峰萬峰去。』下座[一〇]。**（此段諸本均在卷一）**

【注】

一　嘉本『退院』作『辭院』。按《年譜》，此事發生于崇禎五年（1632）。

二　雙桂本及昭覺本『山僧肚裹亂如麻』前有『云』字，嘉本爲『師云』。

三　原書此處破損，『禪期今日』四字不存，據諸本補。

四　嘉本無『還有恁麼人麼』六字。

五　嘉本作『還有現躍飛騰者麼？』

六　諸本『良久』作『衆無出』。

七　嘉本『以』字前有『師』字。

八　諸本『杖』作『拄杖』。

九　諸本『揤栗』作『揤摽』，『揤』音jí，抓住；『摽』音lì，以手理物。

一〇　嘉本無『下座』二字。

破山禪師語録卷第一終

破山海明禪師語録卷第二

明成都府嗣法門人通醉等編

住西蜀夔州府梁山縣萬峰山太平禪寺[一]語録[二]

崇禎癸酉年（崇禎六年，1633）四月初三日入院

【注】

一　萬峰山太平禪寺：梁山縣（今重慶市梁平區）萬峰山太平禪寺是破山歸川後初次開法之所在，甚爲重要，其法派也以『萬峰』命名，但遺憾的是寺院早已不存。國家圖書館藏同治《梁山縣志》及常見的光緒《梁山縣志》均未記此寺，僅見『破山堂』之名，亦未詳來歷。據熊少華《破山禪師評傳》（釋身振主編『西南禪學研究叢書』，北京：宗教文化出版社，2003年，第116頁），此堂前身即太平禪寺。據破山禪師《題復生柏有序》（本書卷十二），此寺爲『田氏之首捨，心海法師開山。』按《年譜》，崇禎六年（1633）心海法師與當地縉紳一同迎請破山住持太平禪寺，可見此寺在破山歸川時剛剛創建，寺周有『太平十景』，破山曾一一題詠。據梁平縣政協文史委員會編《梁平宗教紀要》載（内部資料，梁内字2011第23號，2011年），民國三十八年（1949）時，破山堂尚有三位僧人居住，住持法名照鏡，見同書第五章《寺廟勾陳》，第167～171頁。遺址位于重慶市梁平區城南鄉，僅存現代破敗瓦屋一間。

二　諸本在此句前有『上堂二』標題。

1.**（頁一）** 據室，云[一]：『萬峰山頂別人間，上有梧桐開合歡。不是假雞棲泊處，個中唯[二]許鳳凰參。』顧視左右，云：『有麽？有麽？』時一居士向前問訊，師云：『雞棲鳳巢，非吾同類。』**（此段諸本均在卷二）**

【注】

一　雙桂本及昭覺本自文首至此作『崇禎癸酉年四月初三日，春元馮善長、朱維豐及文學僧俗等，請住萬峰山太平寺，師至方丈』，嘉本自文首至此作『住夔州府梁山縣萬峰山太平禪寺，崇禎六年四月初一日入院。（另起一行）方丈云』。

二　嘉本『唯』作『惟』，以下不出校。

2．（頁一～二）開堂，上堂。師詣座前[一]，以杖擊云：『棒敲千樹梅梢月。』喝一喝，云：『喝散萬峰山頂雲，露出華王獅子座，當陽一著許誰登？大衆！見麼？』遂陞[二]。拈香云：『此瓣[三]香，形同枯木，狀似鐵牛，曾向十字街頭横行直撞。今在萬峰手裏，倒弄顛拈，爇向爐中，端爲祝延今上[四]

（原文平抬）皇帝[五]萬歲[六]萬萬歲。此瓣香，無聲無臭，非木非石，孔氏莫測其踪，諸葛奚窮其跡，爇向爐中，奉爲

（原文平抬）蜀王殿下[七]。此[八]瓣香，逢强即弱，遇柔則剛。統中外之權衡，樹是非[九]之赤幟，爇向爐中[一〇]，奉爲閫省文武官員[一一]，高登[一二]禄位[一三]。此瓣香[一四]，冤入骨髓，過[一五]犯彌天，自從親遭毒手，此是第二番[一六]拈出，爇向爐中[一七]，供養現住浙江寧波府鄞縣天童[一八]景德輝[一九]禪寺、傳曹溪正脉第三十四世密雲本師和尚[二〇]，用酬法乳之恩。』斂衣趺坐[二一]，上首白槌云：『法筵龍象衆，當觀第一義。』師云：『若論第一義，白槌上座已露了也，更要山僧鼓兩片皮、弄三寸舌，堪作甚麼？雖然如是，要且新萬峰不忍杜口去也，衹得向無言語處形言語、無機用處發機用。終不似三家村裏，裝啞賣聾，咳吐[二二]掉臂，以當宗乘中[二三]極則。我這裏禪道佛法，如山之高、似海之深，須具過量者來，畧較些子去[二四]，如或未然[二五]——』以拄

杖卓一卓，云：『且向這裏薦取[二六]，諦觀法王法，法王法如是。』（此段諸本均在卷二）

【注】

一　雙桂本及昭覺本此段作『結制，上堂。師詣法座前』，嘉本此句作『銓部文選郎中馮公善長、孝廉朱公維豐請開堂，師至法座前。』

二　諸本作『遂升座』。

三　嘉本作『一瓣』。

四　嘉本『今上』二字另起一行平抬。

五　雙桂本及昭覺本作『皇帝陛下』。

六　嘉本此後仍有『萬歲』二字。

七　雙桂本及昭覺本作『蜀王殿下千歲千千歲』，嘉本缺『萬萬歲』後『此瓣香……蜀王殿下千歲千千歲』一段。

八　嘉本『此』後有『一』字。

九　諸本『是非』作『文武』。

一〇　嘉本無『爇向爐中』四字。

一一　雙桂本及昭覺本此句作『奉爲本府梁山縣在任官員』，嘉本作『奉爲在任宰官』。

一二　嘉本『登』作『增』。

一三　雙桂本及昭覺本自『高登禄位』後多出『此瓣香，明歷歷、黑漆漆，本是戒定之倫，固非旃檀之匯。爇向爐中，供養浙江紹興府會稽縣雲門顯聖堂上，傳曹溪正宗第二十七代散木大師，用酬戒法之恩。』一段，

一四　嘉本『此瓣香』前多『末拈香云』四字。

一五　雙桂本自『冤入骨髓，過』後缺失一頁二面（缺書口處所刻頁碼爲第三頁者），或爲裝幀時錯失，内容直接跳至書口頁碼第四頁『即不問如何是鐵牛之機』處（即本書本卷第3條）。缺失内容可據昭覺本補。

一六　嘉本作『回』。

一七　嘉本無『爇向爐中』四字。

一八　諸本『天童』作『天童山』。

一九　諸本無『輝』字，此字或誤，天童景德禪寺，名中并無『輝』字。

二〇　昭覺本作『上密下雲本師和尚』，嘉本自『景德禪寺』後至此僅作『密雲老和尚』。

二一　嘉本無『斂衣趺坐』，僅爲『就座』二字。

二二　嘉本『吐』作『唾』。

二三　嘉本無『中』字。

二四　嘉本無『去』字。

二五　諸本『然』作『能』。

二六　昭覺本至此完結，嘉本此後尚有『復白槌下座』五字。

3.（頁二）上堂。問[一]：『生死關頭事如何？』師云：『七叉八篆。』云[二]：『正恁麼時，向甚麼[三]處安身立命？』師云：『蒲峽口[四]横説竪説，天龍峰[五]頭顛尾顛。』士喝[六]，師便打，士云[七]：『這向無情破屋，藏躲曠劫生死。今朝徹底掀翻，現出本來面目。』師徵云：『如何是你本來面目？』士云：『本來面目誰似他，水中浮月鏡裏花。蕩蕩空空無不是，歷歷分明更不差。』師云：『差也！差也！[八]』問：『石硅坪、萬峰山相見了也，即今陞座，更爲阿誰？』師云：『莫眼花。[九]』問[一〇]：『鐵牛不怕獅子吼，獅子即不問，如何是鐵牛之機？』師云：『怕殺人。』僧喝[一一]，師云：『者喝濟得汝甚邊事？』僧無語，師乃云：『太平寺裏新開堂，衲子齊來露所長。儘力吐無元字脚，有何佛法可商量？』（**此段諸本均在卷二**）

【注】

一　諸本作『玉川胡居士問』。

二　諸本『云』作『進云』。

三　嘉本無『麽』字。

四　蒲峽口：太平禪寺周邊景致之一，破山曾以《蒲峽口》爲名題詠：『兩岸藤花封峽口，中流一脉水聲香。茄瓢也解生天耳，擸下池塘掬起嘗。』（雙桂本及昭覺本在卷十四、嘉本在卷十九）

五　天龍峰：太平禪寺所在萬峰山之主峰，破山曾以《天龍峰》爲名題詠：『天龍高出萬峰中，耀日騰輝迥不同。四海波濤無處覓，源頭向此爲開通。』（雙桂本及昭覺本在卷十四、嘉本在卷十九）

六　嘉本『喝』作『喝一喝』。

七　昭覺本作『士復呈偈云』，雙桂本此頁缺，或與昭覺本同。

八　昭覺本及嘉本此處作『師摇手，士便出。』雙桂本此頁缺，或與昭覺本同。

九　昭覺本及嘉本此處作『你眼花』。雙桂本此頁缺，或與昭覺本同。

一〇　昭覺本『問』字前有『僧禮拜云：「這老漢也具這般眼。」師不理。』一句，嘉本同昭覺本，但無『僧禮拜』三字，徑作『進云』，『師不理』作『師便打』。雙桂本此頁缺，或與昭覺本同。

一一　嘉本『僧喝』作『僧喝一喝』。

4．**（頁二～三）** 上堂，問[一]：『如何是萬峰境？』師云：『青青翠翠山頭疊。』云[二]：『如何是境中人？』師竪杖[三]，云：『直直條條肩上横。』云[四]：『無境無人時如何？』師便打，僧連喝，師連打，乃云[五]：『春至百花開，秋來黄葉落，四時尚不遷，誰縛欲誰脱？如是則知天地同根，萬物一體，聖凡一心，古今一道，事理一揆，更無一絲毫强言巧詐處，而人向此[六]，轉生人我，妄計是非，輪迴[七]是中，自取流轉。今日山僧祇得向好肉上剜瘡，虚空裏掘洞。』舉拄杖召衆，云[八]：『還見麼？見月休觀指[九]，歸家罷問程。』**（此段諸本均在卷二）**

【注】

一　諸本作『僧問』。

二　諸本作『進云』。

三　諸本作『拄杖』。

四　諸本作『進云』。

五　嘉本此前尚有『僧禮拜，師』四字。

六　諸本『向此』後有『不悟』二字。

七　雙桂本及昭覺本『輪廻』作『輪迴』，嘉本作『輪回』，均同，以下不出校。

八　諸本作『以拄杖舉起，召衆云』。

九　雙桂本及昭覺本『見月休觀指』前有『士作禮，師云』五字。

5．(頁三) 朔日，上堂[一]。『識得一[二]，萬事畢。南山起雲，北山下雨。』震威喝一喝，云：『娑竭羅龍王[三]，被山僧一喝，駭[四]得倒退三千里。大地降了一夜濃霜，個個凍得腰腃[五]熟睡。大衆！且道醒來受用一句，作麽生道？乾坤老我一頭雪，歲月消磨百甕虀[六]。』**(此段諸本均在卷二)**

【注】

一　諸本『朔日，上堂』作『冬月一日，上堂』。

二　雙桂本及昭覺本『識得一』前有『云』字，嘉本爲『師云』。

三　娑竭羅龍王：嘉本『竭』作『羯』。梵文羅馬字轉寫：sāgaronāgarājā，中文又作『娑伽羅龍王』、『娑羯羅龍王』等，『娑竭羅』爲『大海』意。佛教護法神，共有八大龍王，此爲其中之一。

四　諸本『駭』作『嚇』。

五　腃：音juàn，身體彎曲意。

六　虀：音jī，又寫作『齑』或『齏』。膾酢也，搗辛物（薑、蒜、韭菜等）爲之；又有細碎、混亂意。

6．(頁三) 上堂。『十五日已前爲人[一]，前不構村；十五日已後爲人，後不抵店；正當十五日，

棒如雨點，喝似雷迸[二]。大衆！且道是甚[三]麼意旨？作何話會？一馬生三寅。』**（此段諸本均在卷二）**

【注】

一 雙桂本及昭覺本『十五日已前爲人』前有『云』字，嘉本爲『師云』。

二 嘉本『雷迸』作『雷奔』，均同『雷奔』，以下不出校。

三 嘉本作『什』，以下不出校。

7．（頁三～四）上堂。問[一]：『如何是諸法實相？』師便打，僧佇思，師云：『死漢。』僧禮拜，云：『假饒劫壞時，實相在甚麼處？』師云：『合取狗口。』乃云[二]：『山僧纔上蒲團，正在做夢，忽遇尹居士作禮[三]，請陞座[四]，山僧[五]自揣世出世法，渾然是夢，妻財子禄也是夢，真如佛性也是夢，田園屋宅也是夢，菩提涅槃也是夢，爲官爲吏也是夢，成佛成祖也是夢，所以道：「一切有爲法，如夢幻泡影，如露亦如電，應作如是觀。」此是閉眼的[六]夢，還有開眼的夢，待大衆禮拜了，即向伊道。』尹居士跪乞説破[七]，師驀頭一棒，下座[八]。**（此段諸本均在卷二）**

【注】

一 諸本作『僧問』。

二 嘉本『乃云』前有『僧禮拜，師』四字。

三 諸本作『忽遇尹、戴二居士到榻前作禮』。

四 諸本作『請山僧升座』。

五 諸本『山僧』前有『爲衆説法』四字。

六 嘉本作『底』，以下不出校。

七　諸本『尹居士跪乞説破』前有『衆無出，師下座。』六字。
八　諸本『下座』作『歸方丈』。

8．（頁四）上堂。問[一]：『如何是异類中事？』師云[二]：『這畜生！』云[三]：『也須還我話頭來。』師打[四]，僧喝[五]，師復[六]打，進云：『棒頭縱有真消息，也落時人第二機。』師云[七]：『如何是[八]第一機？』僧擬議，師打[九]，云：『不識痛癢[一〇]。』問：『朔風凜凜即不問，梅花燦爛事如何？』師云：『你[一一]鼻孔爲甚被他换却？』僧喝，師便打[一二]，問：『如何是打死人的棒？』師便打，僧作死勢仆[一三]地，云：『如何是活人的棒？』師高聲云：『將者死屍拖出去！』僧即起，趨出。師乃云：『山前山後雨濛濛，就裏渾無一竅通，惟有山僧拄杖子，撑天拄地活如龍。大衆！且道朝打三千、暮打八百，成個甚麽邊事？』衆無語，喝一喝[一四]，下座。**（此段諸本均在卷二）**

【注】

一　諸本作『僧問』。
二　諸本作『師打云』。
三　諸本作『進云』。
四　雙桂本及昭覺本作『師便打』，嘉本作『師又打』。
五　嘉本作『喝一喝』。
六　嘉本『復』作『又』。
七　雙桂本及昭覺本『師云』前有『便拜』二字。
八　諸本『是』後有『你』字。
九　嘉本無『打』字。

一〇　諸本『痛癢』後有『在』字。
一一　雙桂本及昭覺本『你』後有『的』字。
一二　嘉本無『問：朔風凛凛……師便打』一段。
一三　諸本『仆』作『倒』。
一四　嘉本作『師喝一喝』。

9.（頁四～五） 臘八日[一]，上堂。問[二]：『有物先天地，正恁麼時，是先是後？』師云：『待天龍峰點頭，即向汝道』。問[三]：『世尊拈花，迦葉微笑，未審笑個甚麼？』師云：『笑汝不薦。』僧禮拜[四]，師乃云：『今辰柳居士[五]爲我釋迦老人成道[六]，來山辦太平齋[七]，山僧祇得因齋慶讚。』以拄杖畫[八]『○』，云：『大衆！會麼？』士作禮[九]，卓然而立，師云：『此處會得，虚空粉碎、大地平沉，心佛衆生，三無差別。』士展兩手，師復以柱杖畫[一〇]『⊙[一一]』，云：『六年[一二]冷地[一三]無人問，一點明星是禍胎。』**（此段諸本均在卷二）**

【注】
一　嘉本作『佛成道日』。
二　諸本作『僧問』。
三　雙桂本及昭覺本『即向汝道』與『問』之間多出『問：「學人與和尚俱是賓，如何是主？」師以拄杖卓一卓，云：「會麼？」僧無語，問：「滿眼滿耳，非色非聲，是甚麼意？」師云：「滿眼滿耳，非色非聲。」僧無語，問：「海浪藏識，境界法身。如何是境界法身？」師云：「向前來即向汝道。」僧禮拜，師云：「猶未向汝道，禮拜個甚麼？」僧喝，師便打。』嘉本此間亦有文句，但與兩本相較，缺『問：「學人與和尚俱是賓……僧無語」』一段，『非聲非色』後缺『僧無語』三字，『向前來即向汝道』作『進前來向汝道』，『僧喝』作『僧喝一喝』。
四　諸本自『笑汝不薦』後至『僧禮拜』前多出『進云：「薦後如何？」師云：「世尊不拈花，迦葉不微笑。」』一段。

五　諸本『今辰柳居士』作『華緑柳居士』。
六　雙桂本及昭覺本『成道』作『今日成道』。
七　嘉本作『來山設齋』。
八　嘉本『晝』後有『此』字。
九　諸本『士作禮』作『時升吾張居士，出衆作禮』。
一〇　嘉本『晝』後有『此』字。
一一　嘉本『⊙』作『〇』。
一二　嘉本『年』作『季』。
一三　雙桂本及昭覺本『冷地』作『地冷』。

10．**（頁五）**上堂。『昨夜梅花[一]香宇宙[二]，今朝雪子攂[三]長空。就中一點真消息，拈向諸人鼻孔中。』驀呈拄杖，云：『未證據者，向此嗅嗅，看是甚麼意旨？』時一僧踣跳作舞而出[四]，師以拄杖擲地，云：『穿過骷髏。』**（此段諸本均在卷二）**

【注】
一　嘉本『花』作『華』。
二　雙桂本及昭覺本『昨夜梅花香宇宙』前有『云』字，嘉本爲『師云』。
三　雙桂本及昭覺本『攂』作『擂』，同，以下不出校。
四　諸本『時一僧踣跳作舞而出』作『時破浪在衆，作呵呵聲』。

11．**（頁五）**因雪上堂[一]。『颯颯風聲動林野[二]，飄飄雪片滿丹墀。當年有個龐居士，問著十人九不知。如是則陰陽造化從此始[三]，而人不覺[四]被寒暑境物熱瞞了也。』舉龐居士參一古德，命十禪客送至門外。士云：『好雪！片片[五]不落別處。』有泉禪客云[六]：『落在甚麼處？』士云：『恁麼語話，衹恐閻羅老子未敢放汝在。』『即今檢點將來[七]，二俱是個瞎漢，何故聻？居士雖解鍋中點水[八]，不妨竈裏添柴。者僧將爛稾[九]梁梗打狗，誰知有去無回。當時若是萬峰預數，待伊道「好雪片片，不落别處」，衹消握一雪團，驀口一擲，管取老大龐公[一〇]聞風[一一]結舌。大衆！還知檢點[一二]處麼？莫言清蚤起[一三]，更有不眠人。[一四]』（此段諸本均在卷二）

【注】

一　雙桂本及昭覺本作『上堂』。

二　雙桂本及昭覺本『颯颯風聲動林野』前有『云』字，嘉本作『師云』。

三　嘉本『如是則陰陽造化從此始』作『衹爲不識陰陽造化皆從此始』。

四　嘉本無『而人不覺』四字。

五　雙桂本及昭覺本『片片』作『偏偏』。

六　雙桂本及昭覺本『有泉禪客云』作『有全禪客問云』，且此句前有『一衆無語。少頃』六字。

七　雙桂本及昭覺本作『此語據萬峰檢點將來』。

八　雙桂本及昭覺本作『龐居士雖然鍋中點水』。

九　雙桂本及昭覺本『稾』作『稈』。

一〇　雙桂本及昭覺本『龐公』作『龐居士』。

一一　雙桂本及昭覺本『聞風』作『亡風』。

一二　雙桂本及昭覺本『檢點』前有『萬峰』二字。

一三　雙桂本及昭覺本『莫言清蚤起』前有『衆無語，師云』五字。

一四　嘉本自『熱瞞了也』後至結尾文本如下：舉藥山十禪客送龐居士至門外話雪因緣，師云：『萬峰當時若預數，待伊道：「好雪片片，不落别處。」便劈口與他一拳，直饒龐居士辯似懸河，塞斷咽喉而去。還知麼？莫言清蚤起，更有不眠人。』

12．（頁五～六）解制，上堂。問[一]：『如何是體中玄？』師打[二]，云[三]：『如何是用[四]中玄？』師亦打，云[五]：『如何[六]玄中玄？』師連打兩棒，乃云：『萬峰解制萬峰雪[七]，封住[八]聖凡人路絶。秖許獰龍躍碧空，横身天外摇長舌，説道：「一切法不有[九]、一切法不滅。」問取諸人，向此長期短限，就中者點徹不徹？徹則掉臂不顧，不徹，從前與眉毛廝結，何故？太平寺裏，原與諸方迥别』。**（此段諸本均在卷二）**

【注】

一 雙桂本及昭覺本作『僧問』。

二 雙桂本及昭覺本作『師便打』。

三 雙桂本及昭覺本作『進云』。

四 雙桂本及昭覺本『用』作『句』。

五 雙桂本及昭覺本作『進云』。

六 諸本『如何』後有『是』字。

七 嘉本此段缺『如何是體中玄？』至『師連打兩棒』一段，自『解制，上堂』後，直接作『師云』接續『萬峰解制萬峰雪』以下一段。

八 嘉本『住』作『著』。

九 雙桂本及昭覺本『不有』作『不生』。

13．**（頁六~七）** 上堂。問[一]：『峰巒挺秀，鶴不停機，未審夜來還許歸巢否？』師云：『松樹下一場懡㦬。』云[二]：『長飛去時如何？』師云[三]：『脚跟下好與三十棒。』乃云[四]：『昨夜濃霜舖[五]大地，今朝杲日麗長空。個中一點真消息，怒起泥牛吼萬峰。所以道，欲識佛性義，當觀時節因緣。時節若至，其理自彰，如迷忽悟。如我字水上座[六]，曾向三乘十二分教，已具一隻眼，猶未[七]得少爲足，親來[八]萬峰，痛爲激揚，正是時節因緣到也[九]』。復舉[一〇]周金剛自注《青龍疏鈔》畢，乃云：『三乘十二分教，畧頗麄知，終不聞南方一類魔子道：「直指人心，見性成佛。」』自此出蜀，途中遇一婆子賣點心，與之買喫。婆云：『我有一問，上座若答得，則與點心，如答不得，請別買。』曰：『試道看？』婆云：『《金剛經》云：「過去心不可得、現在心不可得、未來心不可得[一一]」。未審上座點那個[一二]心？』周無語[一三]，婆指參龍潭。及到[一四]，談及此事，夜深，潭云：『請歸單去。』周便出，却回，曰：『外面黑。[一五]』潭點一紙燭[一六]度渠，周擬接[一七]，潭與之吹滅，周于此大悟。次蚤[一八]，自點一火炬到法堂舉起云：『窮諸玄辯，似一毫置[一九]于太虛；竭世樞機，若一滴投于巨壑[二〇]！』便燒却。師云：『試看者著子，未悟時，以舌尖利辯[二一]認爲大海，殊不知似一毫而已。從吹滅紙燭[二二]時，方知小大不相容隱。且道[二三]未悟時云：「三乘十二分教，畧頗粗知」還知個甚麼？已悟後又悟個甚麼？還委悉也無？未到盡鷲山險峻，行[二四]來方識路高低。』**（此段諸本均在卷二）**

【注】

一　諸本作『僧問』。

二　諸本作『進云』。

三　雙桂本『師云』之後缺一頁兩面（缺書口處所刻頁碼爲第八頁者），至第13段結尾『悉也無』之前文字均缺失。

四　嘉本作『僧禮拜，師乃云』。

五　諸本『鋪』作『鋪』，同，以下不出校。

六　字水上座：指破山弟子字水圓拙禪師（1605 ~ 1645），四川岳池人，俗姓譙，父名聖功，母楊氏，參破山于梁山太平禪寺。《嘉興藏》中現存《夔州臥龍字水禪師語録》三卷。

七　嘉本『猶未』作『不以』。

八　嘉本『親來』作『遠來』。

九　嘉本『到也』作『至也』。自此後至『師云』之前，嘉本亦講述德山宣鑒悟道因緣，但與昭覺本詳略不同（雙桂本因缺頁無此段，但應與昭覺本同），文句差异極大，故將嘉本文字照録于此。『復舉周金剛云：三乘十二分教，略頗粗知，終不聞南方一類魔子，道直指人心、見性成佛。于是出蜀，澧陽路上，見一婆子賣餅，買餅點心。婆指擔曰：什麼文字？曰：《青龍疏鈔》。曰：講何經？曰：《金剛經》。曰：我有一問，你若答得，施與點心；若答不得，且別處去買。《金剛經》道過去心不可得、現在心不可得、未來心不可得，未審上座點那一個心？渠無語，婆指參龍潭。及到龍潭，談及此事，抵夜，潭曰：更深何不下去？周珍重便出，却回，曰：外面黑。潭點紙燈度與，周擬接，潭復吹滅，周于此大悟，便禮拜。潭曰：子見個什麼？周曰：從今向去，更不疑天下老和尚舌頭也！至來日，潭升座，謂衆曰：可中有個漢，牙如劍樹、口似血盆，一棒打不回頭，他時向孤峰頂上立吾道去在。周將《疏鈔》堆于法堂前，舉火炬曰：窮諸玄辯、若一毫置于太虛；竭世樞機、似一滴投于巨壑！遂焚之。』

一〇　昭覺本『復舉』作『如』，且在此之前多出『俗云：「小姑不會做鞋，嫂嫂有様子在。」』一句。

一一　昭覺本『未來心』在前，『現在心』在後。

一二　昭覺本作『那一個』。

一三　昭覺本『周無語』作『渠于此措詞』五字。

一四　昭覺本『及到』作『到龍潭』。

一五　昭覺本此一段作『渠到門外，復云：「黑。」』

一六　昭覺本『燭』作『燈』。

一七　昭覺本『周擬接』作『才接』。

一八　昭覺本『蚤』作『早』，以下不出校。

一九　昭覺本『置』作『至』。

二〇　昭覺本『巨壑』作『巨海』。

二一　昭覺本及嘉本作『利辯處』。

二二　昭覺本及嘉本『燭』作『燈』。

二三　昭覺本及嘉本『且道』前有『大衆』二字。

14．（頁七）師誕日，上堂。問[一]：『正睡著無夢時，主人當在何處？』師云：『待烏石峰點頭，即向汝道。』云[二]：『摸索不著。』師拂面云：『一摸便著。[三]』士無語。問[四]：『和尚誕生是有量，如何是無量？』師云：『耳朶原來兩片皮。』乃云[五]：『人人道我生，我生則我死。應知生死根，棒徹虛空髓。驚起石烏龜，能吞鐵鷂子。大衆！當恁麼時，不涉春秋一句，作麼生道？任汝[六]數到劫雲初，不識平天花甲子。』**（此段諸本均在卷二）**

【注】

一　雙桂本及昭覺本作『士問』，嘉本此段無『上堂』後至『士無語』一段。

二　雙桂本及昭覺本作『進云』。

三　雙桂本及昭覺本『師拂面云：「一摸便著。」』作『師云：「是你摸索不著。」』

四　嘉本作『僧問』。

五　雙桂本及昭覺本『乃云』前有『僧禮拜，歸位。師』六字，嘉本同，但無『歸位』二字。

六　嘉本作『饒伊』。

二四　諸本『行』作『曾』。

15．（頁七～八）四月八[一]，結制，上堂。問[二]：『從上諸[三]祖所傳正法眼藏、涅槃妙心，涅槃妙心即不問，如何是正法眼藏？』師云：『瞎！』進云：『瞎！』師云：『是你瞎？是我瞎？』僧鼓掌呵呵[四]，頂鞋而出。師云：『大似西施戴箬帽[五]。』乃云[六]：『今辰是我釋迦老人從摩耶[七]腹中走出，周行七步、目顧四方、一手指天、一手指地，云：「天上天下，惟吾獨尊！」起干戈之[八]時節也。後出[九]雲門賊[一〇]，道：「我當時若見，一棒打殺與狗子喫，貴圖天下太平！」亦是鈎[一一]賊破家，不免旁觀者哂。萬峰恁麼告報，未審衆中還有抱不平底衲僧[一二]麼？有，不妨推倒禪床、喝散大衆，寧不俊哉？如無，且向萬仞峰頭結夏，千軍隊裏安禪，平夷[一三]一并拈却，處處楊花吐烟[一四]。』（此段諸本均在卷二）

【注】

一 嘉本作『佛誕日』。

二 諸本作『僧問』。

三 嘉本『諸』作『佛』。

四 嘉本無『鼓掌呵呵』四字。

五 箬帽：箬音ruò，『箬帽』又稱『箬笠』，以箬竹之葉編就。

六 嘉本作『乃云』。

七 諸本作『摩耶夫人』。

八 嘉本無『之』字。

九 嘉本無『出』字。

一〇 嘉本『雲門賊』作『雲門老賊』。

一一 嘉本『鈎』作『勾』，通假，以下不出校。

一二 諸本無『衲僧』二字。

一三 嘉本『夷』作『陂』。

一四 嘉本『烟』作『煙』，同，以下不出校。

16．（頁八）上堂。『黑漆皮燈籠[一]，中間欠點紅。有人解挑撥，無處不光通。大衆！莫是三世諸佛横說竪說處是解挑撥麼？料掉没交涉；歷代祖師顛拈倒弄處是解挑撥麼？料掉没交涉；明宇趙居士施點長明光燈處是解挑撥麼？料掉没交涉；今日[二]營齋供衆處是解挑撥麼？料掉没交涉；香燈早晚般勤處是解挑撥麽？料掉没交涉。既總未是，畢竟是甚麽人解挑撥蹔？』以杖指燈云：『我見燈明佛，本光瑞如此。』（此段諸本均在卷二）

【注】

一 雙桂本及昭覺本『黑漆皮燈籠』前有『云』字，嘉本爲『師云』。

二 諸本『今日』後有『現前檀越』四字。

17．（頁八）上堂。問[一]：『和尚大開爐鞴，高舉鉗鎚，十方衲子，恁麽煅煉去？』師云：『祇有汝一個不薦。』云[二]：『推倒爐鞴時如何？』師打[三]，進云：『恁麽錦上添花？』師亦打，進云：『春風得意馬蹄疾，踏遍長安萬樹花。』師云：『閑言語。』乃云：『酸醯甕裏多蚊蚋，破驢脊上足蒼蠅。我這[四]裏没唼噉[五]、没棲泊，有扇打、有烟薰，貪生怕死漢，不用上吾門。』卓拄杖，下座。（此段雙桂本及昭覺本在卷二，嘉本無）

【注】

一 雙桂本及昭覺本作『僧問』。

二 雙桂本及昭覺本作『進云』。

三 雙桂本及昭覺本作『師便打』。

四 雙桂本及昭覺本『這』作『者』，同，以下不出校。

五 『唼』音shà，『噉』音dàn，『唼』爲水鳥食魚貌，『噉』同『啖』，爲吃食或予人食。雙桂本及昭覺本『唼』作『呞』，音bì，與『唼』通。

18．（頁八～九）上堂。『天晴日頭出[一]，落雨地下濕，人情所必然[二]，何用强分析。不分析，且道蹇棟宇到[三]者裏，牧一群水牯牛，痛添[四]草料。』驀豎[五]杖[六]云：『還會麽[七]？少間向碗底筋頭

上薦取。』卓柱杖，下座。**（此段諸本均在卷二）**

【注】

一 雙桂本及昭覺本『天晴日頭出』前有『云』字，嘉本爲『師云』。
二 嘉本『然』作『肰』，音rán，與『然』通假，以下不出注。
三 嘉本無『到』字。
四 雙桂本及昭覺本『痛添』前有『來此』二字。
五 諸本『豎』作『竪』。
六 諸本作『拄杖』。
七 諸本『還會麽？』後有『衆無語，師高聲云』七字。

19.**（頁九）**上堂[一]。『年年七月十五[二]，惟有今年最苦。田禾又被天收，人物盡遭賊擄。太平寺裏今朝解制，明上座不妨隨例顛倒。』以柱杖一時打散，歸方丈[三]。**（此段諸本均在卷二）**

【注】

一 諸本『上堂』前有『解制』二字。
二 雙桂本及昭覺本『年年七月十五』前有『云』字，嘉本爲『師云』。
三 雙桂本『丈』字漫漶，板片似破損。

20.**（頁九）**結制[一]，上堂。『舊年始[二]，今年末，爐鞲鉗鎚分外惡。任是銅頭鐵額來，頂門一擊傾湫嶽。如是則全殺全活，鑄利器于目前，半掩半開，運腐滓于腦後。千妖百怪，結舌藏鋒，十聖三賢，潛蹤絶跡。正[三]恁麽時，且道鳳泉黄居士祈嗣一句作麽生道？麒麟出而鳳凰現，金輪御而玉燭調。』下座[四]。**（此段諸本均在卷二）**

【注】

一　諸本作『開爐』。

二　雙桂本及昭覺本『舊年始』前有『云』字，嘉本爲『師云』。

三　嘉本作『正當』。

四　嘉本無『下座』二字。

21.（頁九～十）上堂，云[一]：『今辰[二]尼足上座[三]營齋供衆，請陞座[四]，露布者個消息。然者消息，自我釋迦老人初出母胎，一手指天、一手指地，云：「天上天下，唯吾獨尊！」已露了也；後出孔聖人道：「未知生，焉知死？吾無隱乎爾。」亦露了也，更要山僧露布個甚麼？雖然[五]事無一向，有條攀條，無條攀例[六]。』復[七]舉韓文公參大顛禪師[八]，問[九]：『春秋[一〇]多少？』顛[一一]舉數珠[一二]，云：『晝夜一百八。』公回[一三]，致疑。次早再來[一四]，至門前見首座[一五]，舉前話問意旨如何[一六]，座扣齒三下[一七]。及見，理前話，顛亦扣齒三下，公曰：『原來佛法無兩般！』顛云：『是何道理？』公曰：『適來問首座，亦如是對。』顛乃召首座，『是汝如此對否？』座曰：『是。』顛便打，趂[一八]出院。師云[一九]：『者個消息[二〇]，文公若不深入虎穴，爭得虎子？大顛雖有定亂之謀，且無安邦之計。大似打蠻子駭[二一]好人。大衆！大顛不肯首座則且置，秖如[二二]今時人與古時人春秋數目，畢竟是多少？還委悉麼？饒君晝夜一百八，數到驢年卒未休。』**（此段諸本均在卷二）**

【注】

一　諸本作『師云』。

二　雙桂本及昭覺本『辰』作『晨』。

三　諸本『尼足上座』前有『是我』二字。

四　諸本『請陞座』作『請山僧陞座』。

五　諸本『雖然』後有『如是』二字。

六　雙桂本及昭覺本『無條攀例』後有『引則古人因緣，聊酬所請。』十字。

七　嘉本『復』作『例』。

八　大顛禪師：指唐代大顛寶通禪師（732～824），俗姓陳（或楊），石頭希遷（701～791）法嗣。貞元（785～805）間于潮州創靈山禪院，韓愈謫潮州時曾參訪。

九　嘉本作『問曰』。

一〇　雙桂本及昭覺本『春秋』前有『近日』二字。

一一　雙桂本及昭覺本『顛』作『師』。

一二　諸本『數珠』作『念珠』。

一三　雙桂本及昭覺本『公回』作『公遂回』。

一四　雙桂本及昭覺本作『次早叩寺』，嘉本作『次日再來』。

一五　雙桂本及昭覺本此句作『撞著堂中首座』，嘉本作『遇堂中首座』。

一六　雙桂本及昭覺本無此句，描述更爲具體，寫作『云：「官人何來太早？」公舉其故，座云：「何不問我？」公乃問：「如何是晝夜一百八？」』

一七　雙桂本及昭覺本此句之後至『文公若不深入虎穴』處爲止，文字與本書大异，作：『公復造大顛之室，亦如是問，師亦如是答。公即鼓掌，呵呵大笑，云：「原來佛法是一樣！」師征其所以，公乃實告。師召首座問的，拈拄杖責二十，擯出院。』嘉本與本書類似，亦有小异，作『公復造大顛之室，理前問，顛亦扣齒三下，公曰：「原來佛法無兩般！」顛征其故，公曰：「適來問首座，亦如是答。」顛召首座，問曰：「是汝如此對否？」座曰：「是。」顛拈拄杖打二十，擯出院。』

一八　『趚』同『趁』，此處爲驅趕意。

一九　雙桂本及昭覺本無『師云』二字。

二〇　嘉本無『者個消息』四字。

二一　諸本『駭』作『嚇』。
二二　諸本『秖如』作『且道』。

22.（頁十）砌丹墀畢[一]，上堂。『復古太平寺[二]，淒然感廢興。寒灰八百載，破衲兩三僧。黠鼠居香積，妖狐吹佛燈。黄金重布地，不識有誰能？[三]』（此段諸本均在卷二）

【注】
一　嘉本作『修造畢』。
二　雙桂本及昭覺本『復古太平寺』前有『云』字，嘉本爲『師云』。
三　按《年譜》，此則語録宣説于崇禎七年（1634）。

23.（頁十）上堂。『昨夜冬瓜勸瓠子[一]，今朝瓠子勸冬瓜。分明曲直兩條路，去者[二]如何不到家？大衆！且道誰是途路客？誰是到家者？屋北鹿獨宿，溪西雞齊啼。』（此段諸本均在卷二）

【注】
一　雙桂本及昭覺本『昨夜冬瓜勸瓠子』前有『云』字。
二　諸本『去者』作『行者』。

24.（頁十）佛成道日，上堂。『天上明星突出[一]，釋迦打失一目。回觀六道四生，個個如蟲禦木。』（此段諸本均在卷二）

【注】
一　雙桂本及昭覺本『天上明星突出』前有『云』字，嘉本爲『師云』。

25 .（頁十） 上堂[一]。值放爆竹，乃云[二]：『一聲爆竹響元宵，露柱燈籠話寂寥。漆桶依然[三]還不快，青藜拄杖打驢腰。』卓拄杖喝一喝，云：『討甚麼碗[四]？』（此段諸本均在卷二）

【注】

一 諸本『上堂』前有『解制』二字。

二 嘉本作『師乃云』。

三 嘉本『然』作『肰』，同，以下不出校。

四 嘉本『碗』作『盌』，同，以下不出校。

26 .（頁十～十一） 師誕日，上堂。『此衆無枝葉[一]，唯有諸真實。』驀呈拄杖，召大衆，云：『且道者個是真實？是枝葉？試辨[二]別看[三]，若辨別得出，盡未來際不曾生，盡未來際不曾滅。净倮倮、絶承當，赤灑灑、無回互，到此唤作無生話、無縫墖、無底籃、無根樹。既一切俱無，現前槌[四]鐘擂鼓，雲集四衆，强山僧登曲录木牀[五]，弄鬼眼睛[六]，復是何物聻[七]？祇知事逐眼前過，不覺老從頭上來。[八]』（此段諸本均在卷二）

【注】

一 雙桂本及昭覺本『此衆無枝葉』前有『云』字，嘉本爲『師云』。

二 雙桂本及嘉本『辨』作『辯』。

三 雙桂本『看』作『看』，同，以下不出校。

四 諸本『槌』作『椎』，同，均音chuí，敲打意，以下不出校。

五 雙桂本及昭覺本『牀』作『床』，同，以下不出校。

六 嘉本『鬼眼睛』後有『底』字。

七 嘉本無『聻』字。

八　雙桂本及昭覺本此後有『下座』二字。

27.(頁十一) 結夏，上堂。『正仁張居士[一]，爲我釋迦老子降誕之辰，澆一杓惡水，要山僧痛爲雪屈。祇得驅天龍峰倒卓、蒲峽口横開，説幾句長言短語，應個時節。』遂高聲云：『世亂年[二]荒件件[三]微，道人行履白如圭。饑飡渴飲渾無事，煉得身輕同鶴飛。』**(此段諸本均在卷二)**

【注】

一　雙桂本及昭覺本『正仁張居士』前有『云』字，嘉本爲『師云』。

二　嘉本『年』作『秊』，同，以下不出校。

三　嘉本『件件』作『事事』。

28.(頁十一) 上堂。問[一]：『盡力道不出[二]句，分付阿誰？』師云：『猢孫[三]入布袋。』僧舞坐具而出[四]，師『嘘』一聲[五]，乃云：『十方同聚會，天龍八部、人非人等，個個[六]學無爲。』卓拄杖一下，云：『唯有者個，不墮諸數。此是選佛場，東邊牛攔，西邊馬棬[七]，前是山門，後是佛殿[八]，心空及第歸，淳底自是淳，暴[九]底自是暴，萬峰恁麼注脚，且道還有龐居士轉身吐氣句也無？』時破雪[一〇]一喝[一一]，師卓拄杖，下座。**(此段諸本均在卷二)**

【注】

一　諸本作『僧問』。

二　嘉本『出』後有『底』字。

三　嘉本『猢孫』作『猢猻』，同，以下不出校。

四　雙桂本及昭覺本作『僧舞坐具出』，嘉本作『僧即舞坐具出法堂』。

五　嘉本作『師喝一喝』。

六 嘉本『個個』作『箇箇』，同，以下不出校。

七 嘉本『棬』作『圈』，音quān，讀此音時可與『圈』通假，曲木所製飲器；亦音juàn，同『桊』，牛鼻環；又音quān，地名，西棬縣。以下不出校。

八 嘉本無『前是山門，後是佛殿』八字。

九 嘉本『暴』作『㬥』，同，以下不出校。

一〇 破雪：指破山弟子破雪道璽禪師，或稱鳳山道璽。

一一 諸本『一喝』前有『同衆齊下』四字；嘉本此後至結尾作『師「噓」一聲，卓拄杖，下座』。

29．**（頁十一）**上堂。云：『如何是諸佛出身處？東山水上行；如何是諸佛出身處？西河火裏[一]坐；如何是諸佛出身處？薰[二]風自南來，殿角[三]生微凉。咄！也是三人證龜成鱉[四]。』**（此段諸本均在卷二）**

【注】

一 諸本『裏』作『裏』，同，以下不出校。

二 諸本『薰』作『熏』，同，以下不出校。

三 嘉本『角』作『閣』。

四 嘉本此句作『咄！字經三寫，烏焉成馬。』

30．**（頁十一~十二）**上堂。『六月一[一]，毒熱極，路上人頂傘，田中人戴笠，此事極分明，何用强分析？咦？不分析，將爲赤鬚鬍，更有鬍鬚赤。』**（此段諸本均在卷二）**

【注】

一 雙桂本及昭覺本『六月一』前有『云』字，嘉本爲『師云』。

31．（頁十二）辭院，上堂。『逩東走西[一]，脚跟猶未點地，去[二]此就彼，鼻孔依舊遼天。龜毛拂子，刺瞎釋迦眼睛，兔角杖頭，敲破狸奴腦蓋。蒲峽口贊揚莫及，金鵝池[三]水洗不清。祇得撩起便行，亦是令行符到。正恁麼時，且道如何行履蹔？菊徑兩行烟淚落，引鞭一轡馬蹄黄。』

（此段諸本均在卷二）

【注】

一　雙桂本及昭覺本『奔東走西』前有『云』字，嘉本爲『師云』。

二　嘉本『去』作『厺』，同，以下不出校。

三　金鵝池：萬峰景致之一，破山曾以『金鵝池』之名題詠：『山頂有池天自開，無清無濁無塵埃。絲毫不放人間去，留與金鵝飛往來。』見雙桂本及昭覺本卷十四、嘉本卷十九。

32．（頁十二）上堂[一]。問[二]：『自見自心，情見便破時如何？』師云：『舌頭不出口。』云[三]：『和尚莫瞞我。』便拜[四]。師乃云：『大地分明一座爐，聖凡渾是火柴頭。挨挨擠擠[五]無他伎，一度生烟一度愁。大衆！且道那裏是他生烟處？莫是出生入死是生烟處麼？超凡越聖是生烟處麼？無明煩惱是生烟處麼？貢高我慢是生烟處麼？喜怒哀樂是生烟處麼？若也如是，則攀宇宋居士祈嗣設齋[六]，得非生烟而何？所以道，凡有所求，一切皆遂。將無明而證解脱[七]、即煩惱以[八]獲菩提。混作一話頭，朝也如是、暮也如是、行也如是、坐也如是，如是參、如是究[九]，參到情忘見絶、智泯心灰，囫地一聲，方得倒斷。還會這個麼[一〇]？覓火和烟得，擔泉帶月歸。』**（此段諸本均在卷二）**

【注】

一　諸本『上堂』作『開爐，上堂。』

二　雙桂本及昭覺本『問』作『僧問』，嘉本缺『上堂』後至『師乃云，大地分明一座爐。』之間一段。
三　雙桂本及昭覺本『云』作『進云』。
四　雙桂本及昭覺本『便拜』作『便禮拜』。
五　雙桂本及昭覺本『擠擠』作『濟濟』。
六　嘉本『祈嗣設齋』作『飯僧祈嗣』。
七　諸本『一切皆遂』後至『將無明而證解脱』之間多出『求官位得官位，求富饒得富饒，求長壽得長壽，求男女得男女。其或未然，且』一段。
八　諸本『以』作『而』。
九　嘉本無『如是參、如是究』六字。
一〇　諸本『還會這個麼？』前有『以拄杖卓一下，云』七字。

33．（頁十二～十三）上堂[一]。『長期短限[二]，不惜寸陰，暮請朝參，非圖蛙步，且如俊鷹快鷂，終登鳳子龍兒。人人氣宇吞空，個個光明含象，不因正打旁[三]敲，奚具銅頭鐵額？雖然如是，要且諸方大有人不肯[四]，何以故？開門放出郎當漢，腦後分明欠一鎚。[五]』（此段諸本均在卷二）

【注】
一　諸本『上堂』作『解制，上堂。』
二　雙桂本及昭覺本『長期短限』前有『云』字，嘉本爲『師云』。
三　雙桂本及昭覺本『旁』作『傍』，同，以下不出校。
四　嘉本『肯』作『肎』，同，以下不出校；且『肎』後多一『在』字。
五　嘉本『鎚』作『槌』，同，以下不出校。雙桂本及昭覺本『鎚』後多『下座』二字。

34．（頁十三）上堂[一]。問[二]：『不與萬法爲侶者，是甚麼人？』師云：『頭上漫漫，脚下漫漫。』

問：『萬法歸一，一歸何處？後高峰大師[三]道：「我當時打失一隻眼[四]。」且道那裏是他失眼處？』師云：『十字街頭碌磚[五]。』乃云[六]：『萬峰今歲强開爐，柴米油塩事事無，珍重兩堂雲水客，肚饑須用篾條箍。如是則知，馬祖囑[七]藥山云：「近日見處作麽生[八]？」山云：「皮膚脱落盡，惟有一真實[九]。」祖云：「汝既如是，何不拾取三條篾，箍著[一〇]肚皮，隨處住山去？」山云：「某甲是何等人物[一一]，敢言住山？」祖云[一二]：「未有常行而不住[一三]，未有常住而不行。欲益無所益，欲爲無所爲，宜作舟航，無久住此。」』師云：『藥山老漢，受恩深處便爲家，祇得恁麽去，馬大師憐兒不覺醜，祇得恁麽行。萬峰者裏，雖是與他同條生，不與同條死，也無真實處，那更有皮膚？以百日爲限，以徹爲期，各各放開肚皮，隨處鼓粥飯氣[一四]。何以故[一五]？男兒自有冲天志，不向他人行處行。[一六]』**（此段諸本均在卷二）**

【注】

一　諸本作『開爐，上堂。』

二　諸本作『僧問』。

三　高峰大師：指元代臨濟宗高峰原妙禪師（1238～1296），俗姓徐，雪岩祖欽禪師（1216～1288）法嗣。

四　諸本『眼』後有『也』字。

五　嘉本『碌磚』作『甋甎』，『甋』音lù，『甎』同磚，甋、甎均爲『磚』意。

六　雙桂本及昭覺本『乃云』前有『僧無語，師「噓」一聲』七字，嘉本作『僧無語，師「噓」一聲，僧禮拜，師』。

七　嘉本『囑』作『問』。

八　諸本『作麽生』作『何如』，嘉本『近日』前有『子』字。

九　雙桂本及昭覺本『一真實』作『真實在』。

一〇　嘉本『箍著』作『束取』。

一一　嘉本此句作『某甲何人』。

一二　雙桂本及昭覺本作『祖囑云』。

一三　嘉本『未有常行而不住』前有『不然』二字。

一四　諸本『飯』後有『去』字。

一五　嘉本作『何故』。

一六　嘉本此後有『喝一喝，下座。』五字。

35

．（頁十三～十四）上堂。問[一]：『如何是透關句[二]？』師云：『胡笳塞上知音少，羌笛城頭和者稀。』云[三]：『劒爲不平離寶匣，藥因救病出金瓶。[四]』師云：『閒言語。』問：『垂鈎千尺，意在深潭，離鈎三寸，意旨如何？』師云：『會取鈎頭意，莫認定盤星。』問：『金未出鑛時如何？』師云：『黑漆漆。』云[五]：『已出鑛後[六]如何？』師云：『耀天地。』云[七]：『還入鑛也未？』師一喝[八]。問：『燈燈續燄重拈舉，千指黃鸝聚杖頭。重拈即不問，如何是聚杖頭[九]？』師云：『知音不必頻頻舉，達者須教暗裏驚。』云[一〇]：『恁麼不恁麼，則[一一]鑽山透海幾鯤鯨[一二]。』師『啐』[一三]一聲，乃云[一四]：『兩又不成雙，獨又不成隻。曼殊三更三[一五]，長慶蒲團七[一六]，德山末後句[一七]，雲門顧鑒咦[一八]。萬峰者裏[一九]不恁麼，無孔鐵錘當面扶[二〇]。』擲拄杖[二一]，云：『參！』**（此段諸本均在卷二）**

【注】

一　雙桂本及昭覺本作『僧問』。

二　雙桂本及昭覺本此句之前有：『巴州僧懇請上堂，且道』九字。

三　諸本作『進云』。

四　嘉本自此句後作『師拈杖便打』，此後直接跳至『進云：「恁麼不恁麼」』處，缺少『師云：「閑言語。」』至『達者須教暗裏驚』之間文字。

五　雙桂本及昭覺本作『進云』。

六　雙桂本及昭覺本『後』作『時』。

七　雙桂本及昭覺本作『進云』。

八　雙桂本及昭覺本作『師震威一喝』。

九　雙桂本及昭覺本『聚杖頭』前多『黄鸝』二字。

一〇　諸本作『進云』。

一一　嘉本無『則』字。

一二　雙桂本及昭覺本『鯨』作『鰲』，嘉本作『鼇』；『鰲』、『鼇』二字同，以下不出校。

一三　雙桂本及昭覺本作『噓』。

一四　嘉本『乃云』前有『僧禮拜』三字。

一五　曼殊三更三：唐代無著文喜禪師游五臺，與文殊問答。文殊問：『近離甚處？』答：『南方。』問：『南方佛法如何？』答：『末法比丘，少奉戒律。』問：『多少衆？』答：『或三百，或五百。』無著問文殊：『此間如何住持？』文殊云：『凡圣同居，龍蛇混雜。』問：『多少衆？』文殊云：『前三三，后三三。』

一六　長慶蒲團七：指雪峰義存法嗣長慶慧稜禪師（854～932）參禪勇猛精進，坐破七個蒲團之事。

一七　德山末後句：指『德山托鉢』公案，一日德山托鉢下堂，雪峰謂：『者老漢，鐘未鳴、鼓未響，托鉢向甚處去？』德山便歸方丈。雪峰舉似岩頭（德山宣鑒法嗣岩頭全奯禪師），岩頭曰：『大小德山未會末後句。』德山聞知，令侍者喚岩頭來，問曰：『汝不肯老僧那？』岩頭密啓其意，德山乃休去。明日升座，果與尋常不同。

一八　雲門顧鑒咦：雲門經行，逢僧必特顧之，曰：『鑒。』僧欲酬之，則曰：『咦？』率以爲常，故門弟子録曰：『顧、鑒、咦』。

一九　嘉本無『者裏』二字。

二〇　諸本『抶』作『擲』，『抶』音chì，笞擊也。

二一　諸本作『以拄杖擲地』。

36．（頁十四）上堂[一]。『今日萬峰解制[二]，驢唇馬嘴齊出，渾如春燕喧梁，宛似秋蟬語樹。拄杖芒鞋致疑，石頭瓦塊瞥地，分明告報諸人，祇恐諸人不薦。』卓拄杖召大衆，云：『還薦麼[三]？草鞋脚底疑無路，拄杖前頭別有山。』下座。**（此段諸本均在卷二，嘉本此段與第37段順序顛倒）**

【注】

一　諸本作『解制，上堂。』

二　雙桂本及昭覺本此句前有『僧問：「有結有解，世諦流布，無結無解，未是全提。和尚到此，如何指示？」師豎拄杖默然。進云：「八角磨盤空裏走，脚頭不覺是春來。」師云：「脚跟下好與三十棒。」僧禮拜，師乃云』一段，嘉本與兩本同，但『師豎拄杖默然』作『師便豎起拄杖』。

三　諸本『還薦麼』之後多出『有兩僧齊喝，師云』七字。

37．（頁十四）上堂。『古人道[一]：「第一句薦得，與佛祖爲師；第二句薦得，與人天爲師；第三句薦得，自救不了。」雖然如是，要且[二]魚魯參差，刀刁相似。今日山僧又且不然，第一句薦得，好肉剜瘡；第二句薦得，虛空掘洞；第三句薦得，爛泥有刺。山僧恁麼告報[三]，且道與古人是同是別？』時一僧[四]鼓掌呵呵[五]，師『噓』一聲，下座。**（此段諸本均在卷二，嘉本此段與第36段順序顛倒）**

【注】

一　雙桂本及昭覺本『古人道』前有『云』字，嘉本爲『師云』。

二　嘉本無『要且』二字。

三　諸本『山僧恁麼告報』前有『大衆』二字。

四　諸本『一僧』作『字水』，指破山弟子字水圓拙禪師。

五　嘉本『鼓掌呵呵』作『鼓掌一下』。

住梁山縣中慶禪寺語録[一]

【注】

一　諸本無此標題。中慶禪寺，同治及光緒《梁山縣志》無載，其時或改作他名，或早已荒廢。但雙桂本及昭覺本卷二十有《疏文》一則，記載此寺概況，摘録如下：『適中慶寺，建自我朝嘉靖年間（1522～1566），祇一座具地，未得廣博隆盛，復獲咸骨道人開山，易寺爲菴，名「佛興」也。越梁邑西去五十餘里，其山林前後約千畝，殿閣新舊數楹……。復獻馮、朱二宅，目其山林溪壑盤旋深遠，可作一選佛場地。……謹疏。』據此可知，中慶寺創建自嘉靖間，又名『佛興庵』，在梁山縣城西五十餘里處，經馮士仁及朱維豐舍宅擴建，迎破山住持。梁平縣政協文史委員會編《梁平宗教紀略》亦引此文，見第五章《寺廟勾陳》，第194頁。按《年譜》，崇禎七年（1634）十一月，破山受請移住中慶寺，八年（1635）春三月，正式入寺。

38.（頁十五）上堂拈香畢，乃云[一]：『山僧向南方走一回，拾得幾個金剛圈，一籃栗棘蓬，今日向人天衆前，不辭拈出，與諸人共相吞跳。』以拄杖打圓相，云：『者是金剛圈，試跳看。』僧云：『跳。』師舉拄杖，云：『者是栗棘蓬，試吞看。』僧云：『吐。』師云：『多口阿師未在。』僧無語，師云：『不容跛鱉盲龜會，祇許通方作者知。[二]』**（此段諸本均在卷二）**

【注】

一　嘉本作『師乃云』。諸本此前尚有許多文字，記録破山入寺禪語，此本以『上堂拈香畢』五字一帶而過。現將省略文字抄列如下，以資參考：

雙桂本及昭覺本文字：

崇禎乙亥年（八年，1635）三月望日，請住中慶禪寺，至水口云：『云樹千重山鎖之，中分一派透曹溪。草鞋也解騎香象，截流直上翠微西。』山門云：『天王賜與華屋，要因門入，且道如何是門？』喝一喝，云：『從者裏入！』方丈云：『窮廝煎，餓廝炒，新中慶本分草料，令人喫著便飽。』結制上堂，師至法座，召大衆，云：『聲色二上座，已爲諸人露頭露面了也，還見麼？燭花光滿座，梁燕語留人。』遂升告香：『此一瓣香，端爲祝延今上（原文平抬）皇帝萬歲萬萬歲。欽願：雕弓已掛狼烟盡，萬里歌謠賀太平。此瓣香，奉爲（原文平抬）蜀王千歲千千歲。伏願：福同海闊山高，壽等天長地久。此瓣香，奉爲本省夔州府梁山縣當道尊官，并及合郡縉紳大檀越，伏願：風以時、雨以時，道安百姓，齊其家，治其國，德被萬民。此瓣香，奉爲得戒散木大和尚，伏願：生生常作度人師，世世恒爲善導者。此瓣香，威音那畔盤根，今世門頭秀實。第三番爇向爐中，供養天童山密云老人，用酬法乳。』斂衣趺坐，云：『鉤頭有餌，意外無私。擬泛扁舟，魚龍蹦跳。還有現躍飛騰者麼？』僧問：『釋迦老人今日生，是謂謗佛；釋迦老人未生，亦是謗佛。生與未生即不問，如何是瞿曇獨尊處？』師云：『將謂獰龍躍，誰知跛鱉來。』僧喝，師云：『此喝落在甚麼處？』僧擬測，師便打。（下接此本『乃云』）

嘉本文字：

住梁山中慶禪寺。三門云：『天王賜與華屋，要因門入，且道如何是門？』喝一喝，云：『從者裏入！』丈云：『窮廝煎，餓廝炒，中慶本分草料，喫著令人便飽。』指法座，云：『聲色二上座，已爲諸人露頭露面了也，還見麼？燭華光滿座，梁燕語留人。』遂升拈香，云：『此一瓣香，端爲祝嚴（原文平抬）今上皇帝萬歲萬歲萬萬歲。伏願：雕弓已掛狼烟息，萬里歌謠賀太平！』次拈香云：『此瓣香，奉爲闔國勳貴，當道宰官。伏願：風以時、雨以時，道安百姓，齊其家、治其國，德被萬民！』末拈香云：『此瓣香，威音那畔盤根，今世門頭秀實。第三回拈出，供養天童山密云老人，用酬法乳。』斂衣趺坐，上首白椎竟，師云：『鉤頭有餌，意外無私，擬泛扁舟，魚龍蹦跳。還有現躍飛騰者麼？』僧問：『釋迦老人今日生，是謂謗佛；釋迦老人未生，亦是謗佛。生與未生即不問，如何是瞿曇獨尊處？』師云：『將謂獰龍躍，誰知跛鱉來。』僧喝一喝，師云：『此喝落在甚麼處？』僧擬測，師便打，僧禮拜。（下接此本『師乃云』）

二　嘉本作『不是與人難共聚，大都緇素要分明。』

39.（頁十五）上堂。『撞到今朝五月一[一]，荒田瘦土[二]都栽畢，我儂有首洗泥歌，唱出令人笑尿滴。哩哩囉、囉囉哩，種田摶飯家常事，不是飽飡[三]人不知。』復舉[四]昔有數衲子[五]結盟行脚，中途值雨，投地藏院宿[六]，藏問禪客[七]：『從何方來？』一僧云：『南方[八]。』藏曰：『南方佛法近日如何？』云[九]：『商量浩浩地。』藏曰：『何如我者裏，種田摶飯喫。』云[一〇]：『怎奈三界何？』藏曰：『喚甚麼作三界？』僧無語。師云：『者飯袋子，大似逆風揚塵，自取撲面。若是個漢，待他問「南方近日佛法如何？」祇消當面便唾，更再如何若何？拂袖便行，不惟疑著地藏，亦且不玷行脚。山僧恁麼告報，未審衆中還有旁不肯底麼？』良久，云[一一]：『行脚不開如是眼，草鞋終被石頭欺。』（此段諸本均在卷二）

【注】

一　雙桂本及昭覺本『撞到今朝五月一』前有『云』字，嘉本爲『師云』。

二　諸本『土』作『地』。

三　諸本『滄』作『參』。

四　嘉本此後直接跳至『藏問禪客』處，作『復舉地藏問諸禪客』。

五　雙桂本及昭覺本『數衲子』前多出『昔有』二字。

六　雙桂本及昭覺本『宿』後有『時』字。

七　雙桂本及昭覺本作『地藏問諸禪客』，嘉本作『復舉地藏問諸禪客』。『地藏』指唐末五代地藏桂琛禪師（867～928），又稱羅漢桂琛、真應禪師、宣法大師等，玄沙師備法嗣。俗姓李，初參雪峰義存，再參玄沙師備，方得徹悟。

八　諸本『南方』作『從南方來』。

九　嘉本『云』作『僧云』。

一〇　嘉本『云』作『僧云』。

一一　諸本『云』作『師云』，雙桂本及昭覺本前有『衆無語』三字，嘉本作『衆無出』。

40.（頁十五～十六）上堂。『般若如大火聚[一]，四面不可入；般若如清涼池，四面俱可入。大衆！且道入底是？不入底是？試檢點看，若檢點得出，不妨到方丈裏通個消息。』（此段諸本均在卷二）

【注】

一　雙桂本及昭覺本『般若如大火聚』前有『云』字，嘉本爲『師云』。

41．（頁十六）上堂[一]。『今日四、明日五[二]，處處追宗薦祖，個裏衆生[三]自恣，都來脚蹈手舞[四]，爲復是妙用現前？爲復[五]業風飄鼓？今朝聖制告圓，試爲老僧分析看，若也[六]分析得[七]，大蟲原來是老虎。其或未然，蒼天中更添冤苦[八]。』**（此段諸本均在卷四）**

【注】

一　雙桂本及昭覺本此前有『住開縣舊城』五字標題，嘉本有『住開縣龍城山紫云禪寺，解制』十二字。嘉本『上堂』後有『師云』二字。

二　諸本『今日四、明日五』作『年年七月十五』。

三　諸本『衆生』作『衆僧』。

四　諸本『脚蹈手舞』作『足蹈手舞』。

五　諸本『復』後有『是』字。

六　嘉本無『也』字。

七　諸本『得』字後有『出』字。

八　諸本此句前有『將拄杖一時打散』，『蒼天』前有『亦是』二字，雙桂本及昭覺本此句後有『下座』二字。

42．（頁十六）上堂[一]。師云：『今朝七月十五，乃我禪和結制之辰，雖是兩彩一賽，要且不離這個。』以拂子打「○」，云：『還委悉麼？佛子住此地，則同佛受用。』復舉馬祖翫月次，一曰：『好供養。』一曰：『好修行。』一拂袖便出，祖云：『經歸藏、禪歸海、惟有普願獨超物外。』師高聲云：『馬大師板齒生毛，分星撥兩。恁麼道總是第二月，且道如何是第一

月？留待夜來江上落，照人無復冷湫湫。』**（此段諸本均在卷四）**

【注】

一　雙桂本及昭覺本此前有『住開縣鴉城』五字標題，嘉本有『住開縣鴉城山棲鳳禪院，結制』十二字。且諸本較此本多出部分内容，差别亦夥，故以下不出校，僅將原文開列如下：

雙桂本及昭覺本文字：

上堂，僧問：『世亂年久，群魔即恢即復，如何是太平消息？』師豎拂云：『會麽？』進云：『夷夏總歸王化裏，全提正令亦奚爲。』師云：『閑言語。』僧喝，師云：『此喝落在甚麽處？』僧擬開口，師震威一喝，乃云：『七月十五，舊城解制罷座，八月十五日鴉城結制升座。雖是兩彩一賽，要且不離這個。』以拂打圓相，云：『還委悉麽？佛子住此地，則同佛受用，常住于其中，經行及坐臥。』復舉馬祖玩月次，對二三子曰：『向此轉一語看。』一曰：『好供養。』一曰：『好修行。』一拂袖便出。祖正云：『經歸藏，禪歸海，惟有普願獨超物外。』師高聲云：『馬大師板齒生毛，分星撥兩。恁麽道總是第二月，且道如何是第一月？留待夜來江上落，照人無復冷秋秋。』

嘉本文字：

住開縣鴉城山棲鳳禪院，結制，上堂，僧問：『世亂年久，群魔即恢即復，如何是太平消息？』師豎拂，云：『會麽？』進云：『四海總歸王化裏，全提正令亦奚爲。』師云：『閑言語。』僧喝一喝，師云：『此喝落在什麽處？』僧擬開口，師震威喝一喝。僧禮拜，師乃云：『七月十五，龍城解制罷座，八月十五，鴉城結制升座。雖是兩彩一賽，要且不離者個。』以拂打圓相，云：『佛子住此地則是佛受用，常在于其中經行及坐臥。』復舉馬祖與百丈、西堂、南泉玩月次，祖曰：『正與麽時如何？』丈曰：『正好修行。』堂曰：『正好供養。』泉拂袖便行。祖曰：『經歸藏，禪歸海，惟有普願獨超物外。』師高聲云：『馬大師板齒生毛，分星撥兩，恁麽判斷總是第二月。且道如何是第一月？留待夜來江上落，照人無復冷秋秋。』

43．**（頁十六）**上堂[一]，一僧以[二]手掩師口，師打一拂，僧遂走，云：『休捏怪。[三]』師拈拄杖[四]打出。乃云[五]：『棲鳳今朝散水雲，縱横逆順任教行。破沙盆是正法眼，恐[六]逐腥膻污却盆。』震威一喝[七]，下座。**（此段諸本均在卷四）**

【注】

一　嘉本『上堂』前有『解制』二字。雙桂本及昭覺本『上堂』後有『維那白椎竟』五字。

二　嘉本『以』前有『出』字。

三　諸本『休捏怪』作『怪了』。

四　諸本『拈拄杖』作『拽杖』

五　雙桂本與昭覺本此後多出一段，原文如下：『龍城徹闍黎，前爲老僧送別，偈云：「吾師拄杖欲翻雲。」老僧道：「拗折了也。」「鳥道騰騰盡伴行。」老僧道：「一有多種，二無兩般。」「闔閣縱然無一物。」老僧道：「轉秘轉多。」「阿誰擔荷破沙盆？」老僧道：「且喜祇有徹闍黎一個。」老僧拈也拈了、斷也斷了，不惟我師徒互相唱和，且是聖制告圓，亦有兩句押韻而已。』（下接『棲鳳今朝散水雲』）嘉本與兩本同，但『龍城』作『本明』，『且喜祇有徹闍黎一個』作『且喜有個徹闍黎』，『押韻』作『壓韻』，『不惟我師徒』作『不惟我師從』。

六　嘉本『恐』作『莫』。

七　嘉本作『喝一喝』。

44．（頁十六～十七）上堂[一]。『煆煉幾團頑鐵[二]，入火爐[三]而出火細；療理一個[四]病人，吞藥易而吐藥難。祇須吞吐得宜，入出得所，慈悲下智之庸愚，成就上根之利器。若遇冷焠[五]熱燋[六]，牛溲馬溺，任是扁鵲盧醫，見之拱手，巧匠良工，聞而[七]吐舌。是以中慶今日開爐設鋪，未審衆中還有不經煆煉療理者麽？試出來相見。如無，巧匠爐邊多鈍鐵，良醫門首足病人。』**（此段諸本均在卷二）**

【注】

一　諸本作『開爐，上堂。』

二　雙桂本及昭覺本『煆煉幾團頑鐵』前有『云』字，嘉本爲『師云』。

三 諸本『麄』作『麤』，均同『粗』，以下不出校。

四 嘉本『一個』作『幾個』。

五 嘉本『焠』作『脆』。

六 嘉本『燋』作『焦』。

七 嘉本『而』作『之』。

45．**（頁十七）**上堂。『説心説性[1]，毒蛇頭上揩癢；舉古舉今，餓鷹爪下奪食。明上座不吐一詞，却違所請，秖得因齋慶贊去也。』以拄杖畫[2]「〇」，召大衆，云：『會麼？若也會得，東家牛滲卵，西家馬出鵜，羊擇乾處尿，驢揀濕處屙。其或未然，中和峰頂雲蒸飯，佛殿堦前狗尿天。』下座[3]。**（此段諸本均在卷二）**

【注】

一 雙桂本及昭覺本『説心説性』前有『云』字，嘉本爲『師云』。

二 嘉本『畫』後有『此』字。

三 嘉本無『下座』二字。

住夔州府開縣棲靈禪寺語録[1]

【注】

一 開縣棲靈禪寺：地方志無載，但咸豐《開縣志》卷九載當地有金瓶寺，破山曾住。『金瓶寺在縣西百餘里，前明古刹。相傳破山和尚曾寓此寺，遺牡丹一莖，其種不可分，分即變爲木本。每歲花開，白則歲旱，紅則歲豐。』不知與棲靈寺可有關聯。

46．**（頁十七）**上堂拈香畢[1]，乃云[2]：『一塵不立[3]，毘盧墜在凡[4]夫；十虛含吐[5]，普賢失其境界。縱横理事，收放主賓。納須彌于芥孔[六]，擲大千于方外。繇是大中現小、小中現大，一爲無量、無量爲一。正恁麼時，且[七]道福國祐民一句作麼生道？一旦氛埃清四海，垂衣王化自無爲。』復舉陸亘大夫[八]與南泉語[九]，云：『肇法師[一〇]也甚奇怪，解道「天地同根、萬物一體。」泉指庭前牡丹花[一一]，云[一二]：「時人見此一株花，如夢[一三]相似。」』師召大衆，云：『且道南泉此語是過譽語？是寓譏語？試辨[一四]別看，若辨別得出，玉堂金馬登科第，腐草[一五]殘花壯帝都。』下座[一六]。**（此段雙桂本及昭覺本均在卷三，嘉本在卷二）**

【注】

一　諸本此前尚有許多文字，記録破山入寺禪語，此本以『上堂拈香畢』一帶而過。現將省略文字抄列如下，以資參考，由于差别甚多，故不出校：

雙桂本及昭覺本文字：

結制，上堂。詣法座前，以杖指座云：『大衆會麼？即此座，非他座，三世諸佛從此轉法輪，歷代祖師從此傳心印。明上座又且不然，今日從此訶佛罵祖去也。何以故？鬼怕惡人難展掌，賊憑贓物易成頭。』喝一喝，遂登拈香，云：『此一瓣香，端爲祝延今上（原文平抬）皇帝陛下萬歲萬萬歲。欽願堯風吹一統，舜日炤三千。此一瓣香，奉爲（原文平抬）蜀王殿下千歲千千歲。伏願日降百福，時順千祥。此瓣香，奉爲本省夔州府開縣當道尊官，并及闔郡縉紳。伏願威鎮三峽，光耀九天。此瓣香，奉爲浙江紹興府云門顯聖堂上散木澄禪師，用酬戒法。此瓣香，名不得，狀不得，從黑山鬼窟裏得來，向人天衆前拈出，第四番爇向爐中，供養見住浙江寧波府鄞縣天童山景德禪寺、傳曹溪正脉三十四世密云老人，以酬法乳。』斂衣趺坐，上首白椎竟，師云：『水投水，澄源湛寂，空合空，恢豁洞然。就中能變化、吐風雷者，試出來相見。』問：『昔日瞿曇，今朝和尚，且道是同是别？』師打云：『是同是别？』進云：『即今已登獅子坐，單傳意旨是如何？』師亦打，僧舞坐具而退。師乃云。（下接此本『一塵不立』）

嘉本文字：

施主請開堂，師至法座前，以杖指座，云：『大衆見麼？即此座，非他座，三世諸佛從此轉法輪，歷代祖師從此傳心印。明上座又且不然，從此訶佛罵祖去也。何故？鬼怕惡人難展掌，賊憑贓物易成頭。』喝一喝，遂升座，拈香云：『此一瓣香端爲祝嚴（原文平抬）今上皇帝聖躬萬歲萬歲萬萬歲，伏願堯風吹一統，舜日照三千。』次拈香云：『此一瓣香奉爲本省當道尊官，伏願威鎮三峽，光耀九天。』末拈香云：『此一瓣香，名不得、狀不得，第四回拈出，供養天童山密云老和尚，以酬法乳之恩。』斂衣就座，上首白椎竟，師云：『水投水，澄源湛寂，空合空，恢豁洞然，就中能變化吐風雷者，試出來相見。』僧問：『昔日瞿曇，今朝和尚，是同？是別？』師打云：『是同？是別？』進云：『即今已登獅子座，單傳意旨是如何？』師亦打，僧舞坐具而退。師乃云。（下接此本『一塵不立』）

二　諸本作『師乃云』。

三　嘉本『一塵不立』作『一法若有』。

四　雙桂本及昭覺本『凡』作『九』，同，以下不出校。

五　嘉本『十虛含吐』作『萬法若無』。

六　嘉本『孔』作『中』。

七　嘉本無『且』字。

八　陸亘大夫：指唐代陸亘（764～834），字景山，吴郡吴縣（江蘇蘇州）人。元和三年（808）進士，補授萬年縣丞，歷任兗、蔡、虢、蘇四州刺史，浙東觀察使，户部郎中，太常少卿等職，兩《唐書》有傳。

九　嘉本作『語南泉』。

一〇　肇法師：指鳩摩羅什著名弟子僧肇法師（384～414），俗姓張，長安人。家貧好學，飽覽儒道典籍，未合心意，偶讀舊譯《維摩》，方知歸處。出家後遠赴涼州拜羅什爲師，又與師同入長安，精通三藏，尤詳羅什所傳龍樹一系大乘空宗，號『解空第一』，羅什門下有『四聖』『十哲』之謂，肇爲其一。所著篇章合爲《肇論》，影響中國佛教至深且巨，惜英年早逝，圓寂時年僅三十一歲。

一一　嘉本無『花』字。

一二　嘉本『云』後有『大夫』二字。

一三　雙桂本及昭覺本作『夢幻』。

一四　諸本『辨』作『辯』，下同。

一五　嘉本『草』作『艸』，同，以下不出校。

一六　嘉本無『下座』二字。

47.（頁十七～十八）上堂。卓拄杖一下[一]，云：『大衆！聞麼？木上座爲汝諸人轉根本法輪去[二]也。塵説、刹説、熾然説，無間歇。』復以柱杖擲地，云：『頻呼小玉原無事，祇要檀郎認得聲。』**（此段雙桂本及昭覺本在卷三，嘉本在卷二）**

【注】

一　嘉本『卓拄杖一下』前有『師』字。

二　嘉本『去』作『厺』，同，以下不出校。

48.（頁十八）病癒[一]，上堂。問[二]：『元徹生平不參禪、不學道，秖拾得一把[三]金剛劒，能截斷天下老和尚舌頭，今日舉向和尚前，未審如何抵敵？』師合掌云：『善哉！善哉！』云[四]：『不露鋒鋩時如何？』師云：『白鐵漢。』僧一喝[五]，師云：『再喝一喝看？』僧擬測，師云：『灼然！』乃云[六]：『病僧爲病極，説法乖法式，静地念摩訶，尋聲入福慧。所以道，我本無病，爲衆生病；衆生病除，我病亦無。未審[七]衆中還有病不病者麼？』良久，云[八]：『二十年來經藥餌，不知此疾是膏肓。』**（此段雙桂本及昭覺本在卷三，嘉本在卷二）**

【注】

一　嘉本『病癒』作『病起』。

二　雙桂本及昭覺本『問』作『本明問』，嘉本作『僧問』。

『本明』指破山法嗣本明元徹禪師，住四川開縣天封寺。

三　嘉本『一把』作『一柄』。

四　諸本『云』作『進云』。

五　嘉本『僧一喝』作『僧喝一喝』。
六　嘉本『乃云』前有『僧禮拜』三字。
七　嘉本無『未審』二字。
八　雙桂本及昭覺本此前有『衆無語，師』四字。

49.（頁十八）上堂。舉『海底泥牛啣月走、巖前石虎抱兒眠、鐵蛇鑽入金剛眼、昆侖騎象鷺鷥牽』，『此四句偈[一]內，有一句能縱能奪、能殺能活，檢點得出，一生參學事畢。此是高峰盡生平伎倆，驗盡天下衲僧，無一人出于上者，大約此偈不經檢點。山僧亦有四句，舉似大衆：螻蟻推起萬斛舟、蝦蟆唱遍楚天秋、烏龜跳上須彌頂、瑪瑙珊瑚盡害羞。大衆！試檢點看，檢點得出，來方丈裏通個消息。』（此段雙桂本及昭覺本在卷三，嘉本無）

【注】
一　雙桂本及昭覺本無『偈』字。

50.（頁十八~十九）上堂。云：『如何是佛？麻[一]三斤；如何是佛？乾屎橛；如何是佛？殿裏底三文大光錢，買一个[二]麻糍喫在肚皮裏，當下便不饑。』（此段雙桂本及昭覺本在卷三，嘉本無）

【注】
一　雙桂本及昭覺本『麻』作『蔴』，同，以下不出校。
二　雙桂本及昭覺本『个』作『箇』，同，以下不出校。

51.（頁十九）上堂。問[一]：『日用有見聞、夜夢無知覺，者個消息中，誰覺誰不覺？請和尚道一句看。』師云：『猢猻入布袋。』云[二]：『覓之不可得。』師卓柱杖，云：『毫釐有差，天地懸隔，擬心被心隔，擬法被法隔，擬禪被禪隔，擬道被道隔，擬佛被佛隔，擬物被物隔，擬事理被事理隔，擬是非被是非隔，擬生死被生死隔，擬涅槃被涅槃隔，不擬被不擬隔。正當恁麼時，不差不隔一句作麼生道？山頭白浪逐魚游，海底紅塵驚兔走。』**（此段雙桂本及昭覺本在卷三，嘉本無）**

【注】

一　雙桂本及昭覺本作『僧問』。

二　雙桂本及昭覺本作『進云』。

52

·**（頁十九）**上堂。問[一]：『不參禪，不念佛，祇學得一箇無心應萬物。』師云：『那裏是汝無心處？』云[二]：『無心豈有處？』師驀頭一棒，云：『者個聻？[三]』乃云[四]：『者個事，三乘[五]膽喪、十地魂驚；變大地作黃金，攪長河爲酥酪；拈一莖草作丈六金身，將丈六金身作一莖草；坐微塵裏轉大法輪。如是則古人道：「有一物，明歷歷、黑漆漆，上拄天、下拄地，常在動用中，動用[六]收不得」。大衆！既在動用中，爲甚麼收不得？速道！速道！』**（此段雙桂本及昭覺本在卷三，嘉本在卷二）**

【注】

一　諸本作『僧問』。

二　諸本作『進云』。

三　雙桂本及昭覺本自此下至『乃云』前多出『僧拜，云：「謝指示。」師云：「指示個甚麼？」僧擬議，師「噓」一聲』，嘉本與兩本同，但『僧拜』作『僧禮拜』。

四　嘉本作『師乃云』。

五　嘉本『三乘』作『三賢』。

六　嘉本『動用』後有『中』字。

53．（頁十九～二十）上堂。『眼若不睡[一]，諸夢自除；心若不异，萬法一如。所以道，我有時見山不是山，見水不是水，見僧不是僧，見俗不是俗，見男不是男，見女不是女，見人不是人，見畜不是畜[二]。有時見山是山，見水是水，見僧是僧，見俗是俗，見男是男，見女是女，見人是人，見畜是畜[三]，如是則全明全暗、雙放雙收一句作麼生道？下坡不走[四]，快便難逢。』

（此段雙桂本及昭覺本在卷三，嘉本在卷二）

【注】

一　雙桂本及昭覺本『眼若不睡』前有『云』字，嘉本爲『師云』。

二　嘉本無『見人不是人，見畜不是畜』句。

三　嘉本無『見人是人，見畜是畜』句。

四　諸本『下坡不走』前有『卓拄杖喝一喝，云』七字。

54．（頁二十）上堂。『昨日三[一]、今朝四，俄然不覺霜澆[二]地。朔風凜凜骨毛寒，吹起個中無孔笛。韻出漫游雲蘇[三]通。前後際、非五音、非六律，問取拄杖子[四]，道個[五]：「直條條，赤灑灑，終日倚牆靠壁。」參！』**（此段雙桂本及昭覺本在卷三，嘉本在卷二）**

【注】

一　雙桂本及昭覺本『昨日三』前有『云』字，嘉本爲『師云』。

二　嘉本『澆』作『鋪』。

三　嘉本『蘇』作『疏』。

四　雙桂本及昭覺本『問取拄杖子』前有『六種樂器所發音』七字。

五　嘉本『道個』前有『拄杖子』三字。

55．（頁二十）上堂[一]。舉世尊陞座，默然而坐。阿難白槌，曰：『請世尊説法。』尊云：『會中有二比丘犯律行，我故不説法』阿難以他心通觀是比丘，遂乃遣出，世尊還復默然。阿難又白：『適來二比丘已遣出，世尊何不説法？』尊云：『我誓不爲二乘聲聞人説法。』便下座。師云：『據山僧看來，世尊大似壓良爲賤，若是棲靈門下，要且不然。若有人代尊者云：「衆中有不清净者已出，請和尚爲衆説法。」祇向他道：「爲汝説法竟。」恁麼[二]告報，不獨辨魔揀异，且要流通正眼。』以拄杖卓一下，云：『還委悉麼？禍不單行！』**（此段雙桂本及昭覺本在卷三，嘉本在卷二）**

【注】

一　諸本此段至『據山僧看來』前，與此本大异，故不出校，將原文開列如下，以資參考：

雙桂本及昭覺本文字：

上堂。云：『默時説、驅耕夫之牛，説時默、奪饑人之食。就中有舌頭，談而不談，且道是甚麼人？』復舉世尊升座，默然不語，阿難云：『世尊何故不説法？』佛云：『會中有二比丘犯律，故不説法。』時阿難以其他心通觀是比丘，即叱出。復白佛言：『衆中不清净者已出，請世尊爲衆説法。』世尊云：『終不爲二乘人説法。』便下座。師云（下接『據山僧看來』）。

嘉本文字：

上堂，師云：『默時説驅耕夫之牛，説時默奪饑人之食，就中有舌頭，談而不談，且道是什麼人？』舉世尊一日升座，默然不語，阿難白佛云：『世尊何故不説法？』佛言：『會中有二比丘犯律儀，故不説法。』阿難以神通力觀是二比丘，立擯出，世尊還復默然。阿難又白佛云：『是二比丘爲我擯出，世尊何故不説法？』佛言：『吾誓不爲二乘人説法。』便下座。師云（下接『據山僧看來』）。

二　雙桂本及昭覺本『恁麼』前有『山僧』二字。

56．（頁二十）辭衆，上堂。『擺棹臨江走一頭一，絲綸纔展浪横舟。收來放去如何速，此處無魚别下鈎。』下座。**（此段雙桂本及昭覺本在卷三，嘉本在卷二）**

【注】

一　雙桂本及昭覺本此句前尚有文字，作：『僧問：「寸心不昧，萬古常明時如何？」師云：「天上有星皆拱北，人間無水不朝東。」問：「善惡不隨時如何？」師云：「腦後見顋。」僧禮拜，師乃云』（下接『擺棹臨江走一頭』）；嘉本與兩本同，但『寸心不昧，萬古常明時如何？』作『寸心不昧時如何？』，『問』作『進云』。

破山禪師語録卷第二終

破山海明禪師語録卷第三

明成都府嗣法門人通醉等編

住順慶府廣安州渠縣祥符禪寺[一]語録

【注】

一　祥符禪寺：民國《渠縣志》卷五《禮俗志中》載：『（東路）祥符寺，縣東隔江一里。舊名汧江寺，宋大中祥符三年（1010）勅賜今名。唐鄭谷有《退居詩》，明胡爣嘗訪張三豐于此并有詩。』載《中國方志集成·四川府縣志輯》第六十二册，成都：巴蜀書社，1992年，第475頁。

1.（頁一）上堂拈香畢[一]。乃云：『古岸灘頭擲釣臺，絲綸初展去還來。輕波[二]浮定有無意，負餌金鱗夢眼開。』以杖作垂釣勢，云：『有麼？有麼？』時有僧禮拜起[三]，一喝[四]，拂袖而退。師云：『領取鈎頭意，莫認定盤星。』良久，復云：『毛吞巨海，萬頃風濤鬧聒聒[五]；芥納須彌，十方世界浄躶躶。以大圓覺爲我伽藍，四生六道，盡集其中。行住坐卧，屈伸俯仰，迎賓待客，屙屎放尿，拈匙弄[六]筯，動静閒忙[七]，無不承此恩力。所以道，佛子住此地，則同佛受用，常在于其中，經行及坐卧。夫如是會，人人悟證平常，個個七穿八穴。不待啐地，折曝地斷，如紅爐點雪、冷灰爆豆，正與麼時，祝聖開堂一句作麽生道？雕弓已掛狼烟息，萬里歌謡[八]賀太平。』（本段諸本均在卷三）

【注】

一　諸本此段前均載破山禪師入院禪語，此本以『上堂拈香畢』一語帶過，削删過甚。現將被省略部分開列如下，以資參考：

雙桂本及昭覺本：

順慶府渠縣流長蘇公暨衆文學，請住祥符禪院。至山門，云：『昔日聞公遠祖從此出，今朝不肖兒孫從此入。雖然入出不同，要且門庭不別。大衆！且道那裏是不別處？』以杖指云：『十方薄伽梵，一路涅槃門。』佛殿炷香，云：『堂堂坐斷千差路，密密蘇通萬別疑。信手拈來無不是，當陽抛出大家知。雖然如是，也要公驗分明。』展具三拜。方丈，云：『據此室，行此令，勿問船來陸來，衹要頭正尾正。』喝一喝。結制升座，師謁座前，以杖指云：『八萬四千師子座，此當爲第一。縱廣正等八萬四千由旬，此座非大，于中座者，心包太虚，量周沙界，其身非小。以如是座，坐如是人，以如是人，坐如是座。大衆還見麼？舉頭天外望，誰是我般人。』遂升座告香云：『此一瓣香，端爲祝延今上（原文平抬）皇帝陛下萬歲萬萬歲。欽願皇風共山川而并扇，法輪同日月以齊推。此瓣香，奉爲本省（原文平抬）蜀王殿下千歲千千歲，伏願金枝傳萬世之春，玉葉吐千秋之瑞。此瓣香，奉爲順慶府廣安州渠縣當道尊官，并及合邑縉紳、檀越，伏願借當世而修出世，即凡心以證聖心。此瓣香，奉爲云門顯聖堂上散木澄禪師，以酬戒法。此瓣香，從東過西，從西過東，撞著一個老布衲，一椎粉碎，此是第五番拈出，爇向爐中，供養見住浙江寧波府鄞縣天童山景德禪寺、傳曹溪正脉三十四代密云老人，以酬法乳。』斂衣坐，上首白椎竟，師云

（下接『古岸灘頭擲釣台』）。

嘉本文字：

住順慶府渠縣祥符禪寺，師在棲靈受請，拈帖示衆云：『三張白紙，便謂千里同風；一個圓相，欽師却被馬師惑。棲靈者裏，車不橫推、理無曲斷，請維那剖露。』山門云：『昔日聞公遠祖從此出，今朝不肖兒孫從此入。雖然出入不同，要且門庭不別。大衆！且道那裏是不別處？』以杖指云：『十方婆伽梵，一路涅盤門。』佛殿云：『堂堂坐斷千差路，密密疏通萬別疑，信手拈來無不是，當陽抛出大家知。雖然如是，也要公驗分明。』展具三拜。方丈云：『據此室，行此令，勿問船來、陸來，衹要頭正尾正。』喝一喝。指法座，云：『八萬四千獅子座，此當爲第一。縱廣正等八萬四千由旬，此座非大，于中坐者，其身非小。以如是座坐如是人，以如是人坐如是座。大衆還見麼？舉頭天外望，誰是我般人？』遂升座，拈香云：『此瓣香，端爲（原文平抬）今上皇帝祝嚴聖躬萬歲萬歲萬萬歲，伏願皇風共山川而并扇，法輪同日月以齊推。』次拈香云：『此瓣香奉爲文武卿相、闔郡縉紳，伏願借當世而修出世，即凡心以證聖心。』末拈香云：『此瓣香從東過西、從西過東，撞著一個老布

衲，一椎粉碎，此是第五回拈出，供養見住浙江寧波府天童山密云老和尚，以酬法乳之恩。』斂衣趺坐，上首白椎竟，師云（下接『古岸灘頭擲釣台』）。

二　嘉本『輕波』作『清波』。

三　諸本『禮拜』前有『出衆』二字。

四　諸本作『喝一喝』。

五　雙桂本及昭覺本『聒聒』作『括括』。

六　嘉本『弄』作『放』。

七　諸本『閑忙』作『忙閑』。

八　嘉本『歌謡』作『謳歌』。

2.（頁一）上堂。『年年臘月八[一]，黑豆解生芽。水母因無眼，求食須仗蝦。明星射腦蓋，捏目便生花。此道如何會？瞿曇是釋迦。[二]』**（本段諸本均在卷三）**

【注】

一　雙桂本及昭覺本『年年臘月八』前有『云』字，嘉本爲『師云』。

二　雙桂本及昭覺本此後多出『「大衆還會麽？」時西堂喝一喝，師云：「已如是者，掉臂不顧。未如是者，請出付戒。」』一段。

3.（頁一～頁二）上堂。問[一]：『三界無法，何處求心？』師便打，僧喝，師復打，云[二]：『心包太虛，量周沙界。』師云：『重言不當吃[三]。』問：『杲日當空，大衆雲集時如何？』師云：『錯過[四]也不知。』『雲集後如何？[五]』師云：『前看後看。』僧禮拜，師乃云：『賊人却被狗子咬，牆洞荒忙補不好，補得好，長安幾個知天曉？』喝一喝[六]。**（嘉本無此段）**

【注】

一 雙桂本及昭覺本作『僧問』。

二 雙桂本及昭覺本作『進云』。

三 雙桂本及昭覺本『吃』作『乞』，或應與其後『問』字爲一組，作『乞問』，但此處似無『乞問』之意，若作『重言不當乞』，似乎亦可，權且標注于此。

四 雙桂本及昭覺本『錯過』前有『脚跟下』三字。

五 雙桂本及昭覺本『雲集後如何？』前有『進云』二字。

六 雙桂本及昭覺本『喝一喝』後有『下座』二字。

4.（頁二）上堂。『今日强登曲录木[一]，圓音一吼震山谷。人非人等驀相逢，彈指頓超煩惱窟。如是則知正堂禪師[二]，不離煩惱而證解脱，即[三]生死以般涅槃。來山僧柱杖頭上，倒駕慈航，現無邊神變、道兩句苦辭去也。大衆還聞否？且道是那兩句聻？耳邊多少閑題目，賺我光陰十萬程。』**（本段諸本均在卷三）**

【注】

一 雙桂本及昭覺本『今日强登曲录木』前有『云』字，嘉本爲『師云』。

二 雙桂本及昭覺本『正堂禪師』前有『顯教堂上，圓寂』六字，嘉本與兩本同，但無『堂上』二字。

三 嘉本『即』作『不離』。

5.（頁二）上堂。『天地未始[一]，父母未生，渾忘物我，撥擲渠誰。』以拂子一畫[二]，書[三]〇，云：『自此一畫一圈，而分兩儀、四象、八卦、六爻，以至吉凶否泰，交會岐殊，妙辯懸河，伯[四]城瓶瀉[五]，無出此一圈一畫之中，未始未生之際[六]。』復畫⏀，云：『若也[七]薦得，

改禾莖爲粟柄，易短壽作長齡，其或未然，有限身心時不待，無情寒暑日相催。』（本段諸本均在卷三）

【注】

一　雙桂本及昭覺本『天地未始』前有『云』字，嘉本爲『師云』。

二　諸本『一畫』作『畫一畫』。

三　雙桂本及昭覺本『書』作『書一圓相』，嘉本『書』作『復畫此』。

四　雙桂本及昭覺本『伯』作『百』。

五　嘉本無『伯城瓶瀉』四字。

六　嘉本無『未始未生之際』六字。

七　諸本『若也』後有『從此』二字。

6.（頁二）上堂。『潛水年年秀[一]，宕山歲歲青。祇因人不覺，剛自見遷更。』更[二]以拄杖卓一下，云：『擊碎蟠桃核，分明露本仁，圓成清淨智，即此是無生。』（本段雙桂本及昭覺本在卷三，嘉本無）

【注】

一　雙桂本及昭覺本『潛水年年秀』前有『云』字。

二　雙桂本及昭覺本『更』作『復』。

7.（頁二~頁三）除夕[一]，上堂。『今朝臘盡與年窮[二]，處處人燒松火蓬。惟有此間一種別，冷清清地鬧叢叢。』復舉昔有秀才請益趙州，曰[三]：『佛滿一切衆生願，是否？』州云：『是。』曰：『第子要和尚手中拄杖，可與否？』州云：『君子不奪人之所好。』曰：『我不是君子。』州云：『老僧亦非佛。』師云：『秀才雖有定亂之謀，且無安邦之計。趙州探竿在手，引[四]草隨身，不妨奇特中顯奇特、好手手中呈好手[五]，將謂本分，翻爲分外。山僧[六]正眼看來，纔啓口處，好與三十棒。何也？祥符門下，賞罰分明。』（本段諸本均在卷三）

【注】

一　嘉本無『除夕』二字。

二　雙桂本及昭覺本『今朝臘盡與年窮』前有『云』字，嘉本爲『師云』。

三　嘉本作『復舉秀才問趙州』。

四　嘉本『引』作『影』。

五　諸本作『好手中呈好手』。

六　雙桂本及昭覺本『山僧』前有『據』字。

8.（頁三）上堂。問：『萬法歸一，一歸何處？』師云：『宕山石開眼，潛水浪潑花。』僧禮拜，師乃云：『滿天和氣，帀地韶光，柳眼迸開，梅梢憋破，花枝似錦，鳥語如簧，七穴八穿，篆不雕之心印，千頭百緒，演不説之妙門，頭頭上顯，物物上明。』以拂子畫〇[一]，召大衆云：『還會麼？山川皆佛理，草木盡文章。』（此段雙桂本及昭覺本在卷三，嘉本無）

【注】

一　雙桂本及昭覺本作『㊉』

9.（頁三）追嚴，上堂[一]。『元宵正月半[二]，日月燈明現，即此爲亡靈，本光破諸暗，盞子撲落地，碟子成七片。露柱撞燈籠，山門騎佛殿。此意是如何？吾道以一貫[三]。』（本段諸本均在卷三）

【注】

一　雙桂本及昭覺本此句作『追嚴，請升座』。

二　諸本『元宵正月半』前有『師云』二字。

三　諸本『以一貫』作『一以貫』。

10.（頁三）師誕日，上堂。問[一]：『和尚跳出生死圈，如何又是今日降誕[二]？』師云：『被你疑著[三]。』僧禮拜，師乃云：『突出難難、難辨[四]別，擬之易易、易承當，一聲囫地盡生死。』下座云：『請續後句。[五]』（本段諸本均在卷三）

【注】

一　諸本作『僧問』。

二　嘉本作『如何今日又降誕』。

三　雙桂本及昭覺本作『却被你疑著』，嘉本作『大好疑著』。

四　嘉本『辨』作『辦』。

五　諸本『請續後句』前有『諸仁者』三字。

11.（頁四）上堂。問[一]：『月未圓時如何？』師云：『合。』進云：『月正圓時如何？』師云：『恰。』進云：『星月不現時如何？』師云：『劄。』僧禮拜，師乃云：『蓮胎未質，梅語[二]不萌，洞空劫之本有，盡今時之自得，到此則[三]人人常光現前，個個壁立萬仞。祇饒海屋添籌、南山增算，猶是化門邊事。且道[四]不涉延促一句作麽生道？一溪紅白桃李樹，四野青黃菜麥田。』（本段諸本均在卷三）

【注】

一　諸本作『僧問』。

二　嘉本『語』作『蕊』。

三　嘉本無『到此則』三字。

四　嘉本無『且道』二字。

12.（頁四）上堂。問[一]：『是法非思量分別之所能解，爲甚麽唯佛與佛乃能知之？』師云：『知音不必頻頻舉，八兩原來是半斤。』僧禮拜，師乃云：『施主强請升座，多説不如少説，少説不如不説。何以故？是法不可示，言詞相寂滅。』復舉藥山久不升堂[二]，院主白曰[三]：『大衆久思示誨[四]。』山曰：『打鐘著。』衆纔集，山便下座歸方丈。院主隨後問曰：『和尚許爲大衆説法，爲甚一言不措？』山云[五]：『經有經師，論有論師，怎怪得老僧。』師召大衆，云：『昔日藥山，今朝祥符，且道是同是别？』良久，云[六]：『旱地雷聲，晴天霹靂，兩個古錐，都來是賊。』**（本段諸本均在卷三）**

【注】

一　諸本作『僧問』。

二　諸本『升堂』作『升座』。

三　雙桂本及昭覺本『院主白曰』作『院主作禮云』，此前更多出『一日院主請上堂，藥山良久便下座。』句，嘉本僅作『院主白云』。

四　雙桂本及昭覺本此句作『大衆久思和尚慈誨，因甚麽一詞不措？』嘉本作『大衆久思和尚示誨。』

五　嘉本作『山曰』。

六　諸本作『復云』。

13．（頁四～五）上堂。『止止不須説[一]，葛藤遍野不爲多；我法妙難思，絆著幾個便賣弄。諸增[二]上慢者，冬瓜直儱侗，瓠子曲彎彎，聞必不敬信，祇緣無眼耳鼻舌身意。山僧恁麽判斷，且道釋迦老子還有轉身吐氣處也無[三]？祇怕衆生不是佛，是佛何愁不解語？』（本段諸本均在卷三）

【注】

一　雙桂本及昭覺本『止止不須説』前有『云』字，嘉本爲『師云』。

二　諸本『增』作『憎』。

三　雙桂本及昭覺本此句作『且道釋迦老子還向甚麽處轉身吐氣處？』

14．（頁五）上堂[一]，值驢鳴[二]，師云：『平地起孤堆，虚空墮地走。撞著瞎驢鳴，將謂獅子吼。』震威一喝[三]，下座。（本段諸本均在卷三）

【注】

一　雙桂本及昭覺本作『升座』。

二　雙桂本及昭覺本作『時值驢鳴』。

三　諸本『一喝』作『喝一喝』。

15．（頁五）追嚴，上堂[一]。『春日晴[二]，黄鶯鳴，聲聲韻出觀音門。有人向此活機括，刹刹塵塵現勝身。如是則徐氏夫人[三]，不離當處而遍沙界，不歷僧祇以獲法身，來山僧拄杖頭上，現一行三昧去也。』卓拄杖召大衆，云：『還聞麽？若將耳聽終難會，眼處[四]聞聲方始知。』（本段諸本均在卷三）

【注】

一　雙桂本及昭覺本『上堂』前有『請』字。

二　雙桂本及昭覺本『春日晴』前有『云』字，嘉本爲『師云』。

三　雙桂本及昭覺本『徐氏夫人』作『我等持滿公令先堂餘氏』，嘉本與兩本同，但『令先堂』作『先慈』。

四　諸本『處』作『底』。

16．（頁五）上堂[一]，『雲凝覺春盡，雨過知花殘。了達覺知處，恁忙亦是閑，忙閑即且置[二]，試道覺知處如何了達？不遇春風花不開[三]，花開又被風吹落。』（本段諸本均在卷三）

【注】

一　雙桂本及昭覺本『上堂』後多出一段，作：『僧問：「青天白日，昭昭靈靈。睡著時主人公在甚麼處？」師云：「向前來，與汝道。」僧遂前來一步，師云：「是甚麼？」進云：「不離當處。」師笑云：「大好睡著在。」僧禮拜，師乃云』（下接『雲凝覺春盡』），嘉本與兩本同，但『前來一步』作『進前一步』。

二　諸本『忙閑即且置』有『大衆』二字。

三　諸本『不遇春風花不開』前有『良久，云』三字。

17．（頁五）辭衆[一]，上堂。『今朝三月十[二]，百日禪期畢。衲子問如何，棒頭驀面挟[三]。曼殊前後三，長慶蒲團七。即此罷爐錘，幾能成大器。』擲拄杖[四]，云：『祥符解開布袋，放出一群猛虎[五]，不會獅子翻身，個個解打口鼓。』以手拍口云：『韼韼[六]。』（本段諸本均在卷三）

【注】

一　嘉本作『解制』。

二　雙桂本及昭覺本『今朝三月十』前有『云』字，嘉本爲『師云』。

三　諸本『扶』作『擲』。

四　諸本『擲拄杖』作『以拄杖擲地』。

五　嘉本『一群猛虎』作『出群角虎』。

六　韸韸，『韸』音pēng，鼓聲，諸本作『鼕鼕』，音dōng dōng，亦爲鼓聲。

住順慶府廣安州大竹無際禪寺語録[一]

【注】

一　無際禪寺：民國《大竹縣志》卷二《建置志》載：『無際寺，西九保，距城里許，無際禪師（民國《江安縣志》謂無際禪師爲明代江安縣人，住持江安毗盧寺）曾卓錫于此。明崇禎八年（1635）黃加明創建并奉無際像，有銅佛一尊、鐵佛一尊，鐵鐘一口。乾隆十六年（1751）重建，嘉慶十三年（1808）修經樓、兩廊，光緒十九年（1893）、民國五年（1917）兩次補修。』載《中國地方志集成·四川府縣志輯》第六十二册（成都：巴蜀書社，1992年，第72頁）。1940年于寺址創辦縣衛生院，解放後改爲縣人民醫院。

18.**（頁五）**上堂拈香畢[一]，乃云：『鳳山挺秀，燕水迢遥，鶴不停機，龍難湊泊。就中有現躍飛騰者麼？一機透徹，千途萬轍同歸，一道坦然，十聖三賢齊赴。』喝一喝，下座。**（本段諸本均在卷三）**

【注】

一　諸本此段均載破山禪師入院禪語，此本以『上堂拈香畢』一語帶過，文字截略太甚。現將諸本原文開列如下，以資參考：

雙桂本及昭覺本文字：

住大竹無際寺，至山門，云：『門庭施設，不如破山，入理深談，猶較無際百步。』以拄杖卓一卓，云：『且道是門庭耶？入理耶？』復卓拄杖，云：『拄杖卓頻鶴膝短，芒鞋踏久蝦須長。』佛殿云：『若向者裏禮拜，眼裏撒沙，不向者裏禮拜，佛頭著糞。試問諸仁者，且道禮拜底是？不禮拜底是？』遂展具，云：『不禮各自稱尊，禮則互相恭敬。』便拜。方丈云：『入門棒，入門喝，痛施惡辣鉗鎚，有時語，有時默，全彰本分草料。忽遇一個半個瞎驢，且作麼生管待？』遂喝一喝。師指座，召大衆云：『千聖向此證知，一衆從茲開悟。人人立地頂天，個個眼横鼻直。且道還有路可上也無？隨行踏斷流水聲，縱觀瀉出飛禽跡。』遂升，告香云：『此一瓣香，端爲祝延今上（原文平抬）皇帝聖躬萬歲，并及本省蜀王殿下千歲，欽願八方歌有道之聲，四海樂無爲之化。此辯香，奉爲順慶府廣安州大竹縣當道尊官，并闔邑縉紳、檀越，伏願常爲架海紫金梁，永作擎天碧玉柱。此瓣香，三登九上，撥草瞻風，受盡苦辛，一期印可，此是第六番拈出，爇向爐中，供養浙江云門散木澄禪師、天童密云老人，以酬法乳。』斂衣敷坐，上首白椎竟，師云：『鳳山挺秀，燕水迢遥，鶴不停機，龍難湊泊。就中有現躍飛騰者麼？』一僧出衆，喝一喝。師云：『跛鱉盲龜亂蹦跳。』僧無語，問：『今日結制聚喧喧，玄光照透境相還。玄光照透即不問，光境雙忘事若何？』師云：『十字街頭親見父。』進云：『乞和尚道光境未忘一句。』師征云：『汝喚甚麼作境？』僧佇思，師『嘘』一聲。僧禮拜，師乃云：『一機透徹，千途萬轍同歸，一道坦然，十聖三賢齊赴。火不待日而熱，風不待月而涼，鶴脛自長，鳧脛自短。衹饒未露，已前薦得，尤是半提，且道全提正令一句作麼生委悉，横按鏌鎁全正令，太平寰宇斬癡頑。』

嘉本文字：

住順慶府大竹縣無際禪寺，山門，云：『門庭施設不如破山，入理深談猶較無際百步。』以拄杖卓一卓，便入佛殿，云：『若向者裏禮拜，眼裏撒沙；不向者裏禮拜，佛頭著糞。試問諸仁者：且道禮拜底是？不禮拜底是？』遂展具，云：『不禮，各白稱尊；禮，則互相恭敬。』便拜。方丈，云：『入門棒，入門喝，痛施惡辣鉗錘。有時語，有時默，全彰本分草料。忽遇一個半個瞎驢，且作麼生管待？』喝一喝。指法座，云：『千聖向此證知，一衆從茲開悟，人人立地頂天，個個眼横鼻直，還見有路可上也無？』遂升座。拈香祝聖畢，末拈香云：『此瓣香三登九上，撥草瞻風，受盡苦辛，一期印可，第六回拈出，供養天童山密云老人，以酬法乳之恩。』斂衣敷坐。上首白椎竟，師云：『鳳山挺秀，燕水迢遥，鶴不停機，龍難湊泊，就中有現躍飛騰者麼？』一僧出衆喝一喝，師云：『跛鱉盲龜亂□跳。』僧無語，師云：『不通道。』問：『今日結制聚喧喧，心光照透境相還。心光照透即不問，心境雙忘事若何？』師云：『十字街頭親見父。』進云：『心境未忘時如何？』師征云：『汝喚什麼作境？』僧佇思，師『嘘』一聲。僧禮拜，師乃云：『一機透徹，千途萬轍同歸；一道坦然，十聖三賢齊赴。火不待日而熱，風不待月而涼。鶴脛自長，鳧脛自短。衹饒未露已前薦得，猶是半提，且全提正令一句作麼生道？横按莫邪全正令，太平寰宇斬癡頑。』

19.（頁五～六）上堂。『如何是祖師西來意[一]？庭前柏樹子，覰著則眼瞎。如何是祖師西來意？神前酒臺盤，吃著則口啞。如何是祖師西來意？簷前雨滴聲，聽著則耳聾。大衆！會麼？字經三寫，烏焉成馬。』（本段諸本均在卷三）

【注】

一　雙桂本及昭覺本『如何是祖師西來意』前有『云』字，嘉本爲『師云』。

20.（頁六）上堂。『三春已盡[一]，九夏初臨，山中茶老，田裏秧青。蠶婦采葉，農夫催耕，頭頭合道，法法皆真。所以道，世諦語言，資生業等，皆與實相[二]，不相違背。大衆！且道不[三]違背處如何履進？坐斷十方猶點額，密移一步看飛龍。』（此段雙桂本及昭覺本在卷三，嘉本無）

【注】

一　雙桂本及昭覺本『三春已盡』前有『云』字。

二　雙桂本及昭覺本『實相』後有『妙法』二字。

三　雙桂本及昭覺本『不』後有『相』字。

21.（頁六）上堂。『若以問答是禪[一]，禪非問答；若以坐臥是禪，禪非坐臥；若以動靜是禪，禪非動靜；若以生死是禪，禪非生死；若以憎愛是禪，禪非憎愛；若以取捨是禪，禪非取捨[二]；若以語默是禪，禪非語默。正當恁麼時，且道如何是禪？泥牛耕破波心月，木馬嘶通[三]劫外風。』復舉梁武帝前[四]爲[五]樵夫，打[六]柴次，忽值雨[七]，投破寺躲，見佛雨地[八]，以[九]自戴[一〇]笠與佛蓋之[一一]，後報爲王。所以道，不信但看梁武帝，曾將一笠蓋如來，是以不迷本因，五里一庵、十里一寺。又感初祖[一二]航海而來，迎內供養。問曰[一三]：『朕每嘗造寺度僧，未審有何[一四]功德？』祖云[一五]：『實無功德。』帝[一六]自此開悟，悔昔所作所爲[一七]，盡是有爲功用。『今日看來[一八]，一佛一祖，鼻孔各別，一個是荷葉團團、團似鏡，一個是菱角尖尖、尖似錐。』**（本段諸本均在卷三）**

【注】

一　雙桂本及昭覺本『若以問答是禪』前有『云』字，嘉本爲『師云』。
二　嘉本無『若以動靜是禪』至『禪非取捨』二句。
三　嘉本『通』作『回』。
四　諸本『前』作『前因』。
五　雙桂本及昭覺本『爲』後有『一介』二字。
六　諸本『打』前有『上山』二字。嘉本『打』作『斫』。
七　諸本『雨』作『猛雨』。
八　嘉本『見佛雨地』作『見佛亦被雨灑』。
九　諸本『以』前有『即』字。
一〇　雙桂本及昭覺本『笠』作『斗笠』。
一一　嘉本『與佛蓋之』作『蓋佛』。
一二　諸本『初祖』作『初祖達磨』。
一三　諸本作『一日問曰』。
一四　雙桂本及昭覺本『有何』前有『日後』二字。
一五　雙桂本及昭覺本作『磨云』。
一六　諸本『帝』作『武帝』。
一七　嘉本無『所爲』二字。
一八　諸本『看來』前有『山僧』二字。

22．（頁七）上堂。『有問有答[一]，踏著秤錘原是鐵；無問無答，鼻孔依然搭上唇。且道問的是？不問底是？[二]』卓拄杖一下，云：『參！』（本段諸本均在卷三）

【注】

一　雙桂本及昭覺本『有問有答』前有『云』字，嘉本爲『師云』。

二　諸本此後有『良久』二字。

23．（頁七）四月八，祈嗣[一]，上堂。『年年四月八[二]，處處浴悉達。者裏不恁麼，焚香活燒殺。何以故？是法平等，無有高下。』復舉世尊初出母胎，周行七步，目顧四方[三]，一手指天，一手指地，云：『天上天下，唯吾獨尊。』後出[四]雲門[五]道：『我當時若在[六]，一棒[七]打殺，與[八]狗子吃，貴圖天下太平。』師云：『一個意在東南[九]，一個志向西北。若是無際門下，二俱好與三十[一〇]，何故[一一]漖？山僧棒頭有眼。[一二]』復舉杖云[一三]：『試道祈嗣句子如何[一四]？昨夜九龍吞宇宙，今朝佛賜一麒麟。』（本段諸本均在卷三）

【注】

一　嘉本『祈嗣』作『浴佛』。

二　雙桂本及昭覺本『年年四月八』前有『云』字，嘉本爲『師云』。

三　嘉本『復舉世尊初出母胎，周行七步，目顧四方』作『復舉世尊初生』。

四　嘉本無『出』字。

五　諸本作『雲門大師』。

六　嘉本『在』作『見』。

七　諸本『一棒』前有『好與』二字。

八　雙桂本及昭覺本『與』作『喂』。

九　諸本「一個意在東南」前有「一佛一祖，手眼各別」八字。

一〇　雙桂本及昭覺本作「若是無際門下，二俱好與三十棒。」多一「棒」字，嘉本作「無際今日各與三十棒」。

一一　雙桂本及昭覺本「何故」後有「如此」二字。

一二　嘉本缺少自「山僧棒頭有眼」以下至結尾文字。

一三　雙桂本及昭覺本作「以拄杖舉云」。

一四　雙桂本及昭覺本作「何如」。

24．（頁七）上堂。「裔宇張居士祈嗣[一]，請特特舉揚宗教，續佛祖慧命。所以道[二]不孝有三，無後爲大，以生死涅槃，也是一大；山川社稷，也是一大；田園屋宅，也是一大；妻財子禄，也是一大。然[三]大之一字，總是無人替得，故曰爲大。山僧另有極小小事，亦無人替得。試問諸人，如何是極小小事蝨？」良久，云[四]：「祇有屎尿是個小事，也要人人[五]自去始得。」

（本段諸本均在卷三）

【注】

一　諸本「祈嗣」作「求嗣」。且諸本「上堂」後亦有文字，雙桂本及昭覺本作「云：「今日升座無他，爲（下接「裔宇張居士」）」」，嘉本作「云」作「師云」。

二　雙桂本及昭覺本「所以道」前有「則續兒孫宗嗣」，嘉本與兩本同，但「兒孫」作「人間」。

三　諸本「然」作「然而」。

四　雙桂本及昭覺本「云」作「復云」。

五　嘉本「人人」作「各人」。

25．（頁七～八）上堂。開示[一]，問[二]：「昔日李長者[三]，金磚布滿祇園[四]，今日李居士營齋供衆，其功是同是別？』師云：『鼻孔原來下頭大。』云[五]：『恁麼則[六]不直截道一句？』師驀頭一棒，僧禮拜，師云[七]：『自我初祖[八]觀東震旦國有大乘根器，得得[九]航海而來，直指人心，見性成佛，以言句露者[一〇]消息，易惹人情識，乖戾直指之旨。後出臨濟大師，以棒喝接機，則[一一]杜絶情識，痛與棒、熱與喝[一二]，如擊石火、似閃電光，直下令人無回避處，如將梵位直授凡庸，更不如何若何，謂是知痛癢漢[一三]。近來去聖時遥，情竇日鑿，又將棒喝處穿鑿不少，以打處云痛切，審痛底是誰？可憐生不獨不會吾祖棒喝之旨，且不會鼻祖西來之意[一四]。然[一五]鼻祖以言句定旨，蓋蘇通[一六]執心執性之謂；後以棒喝定旨，蓋蘇通[一七]嚼言嚼句之謂。豈是以打處痛處、云知痛癢耶[一八]！若如是會[一九]，則吾祖者條棒早已拗折了也，西來大意早已抹殺了也，又安繼于今日[二〇]？』復竪拄杖，召大衆云：『還會此意[二一]麼？千鈞之弩，不爲鼷鼠而發機。』**（本段諸本均在卷三）**

【注】

一　諸本無『開示』二字。

二　嘉本作『僧問』。

三　嘉本無『李』字。

四　嘉本『金磚布滿祇園』作『金磚布地』。

五　諸本作『進云』。

六　嘉本無『恁麼』二字，『則』諸本作『何』。

七　嘉本『師云』作『師乃云』。

八　諸本作『達磨初祖』。

九　諸本作『特特』。

一〇　嘉本作『者個』。

一一　嘉本無『則』字。
一二　嘉本無『痛與棒、熱與喝』。
一三　嘉本無『漢』字。
一四　諸本『意』後有『也』字。
一五　諸本『然』作『然而』。
一六　嘉本作『疏』。
一七　嘉本作『疏』。
一八　諸本『耶』前有『也』字。
一九　雙桂本及昭覺本『會』後有『去』字。
二〇　諸本『今日』後有『哉』字。
二一　嘉本無『此意』二字。

26.（頁八）追嚴，上堂。『苦雨盆傾下[一]，愛河長欲波，魚龍沉巨浸，狐[二]兔隱深坡。竹杖落塵少，芒鞋增價多，亡靈承此力，彼岸忽經過。所以道，處生死流，驪珠獨耀于滄海，居[三]涅槃岸，慧[四]輪孤朗于碧天。正恁麼時，且道不涉二途一句作麼生道？隨順世緣無掛礙，涅盤生死等空花。』（本段諸本均在卷三）

【注】
一　雙桂本及昭覺本『苦雨盆傾下』前有『云』字，嘉本爲『師云』。
二　嘉本『狐』作『孤』。
三　嘉本『居』作『踞』。
四　諸本作『桂』。

27·（頁八~九）上堂。竪拄杖[一]，云：『者個事明歷歷、黑漆漆，十聖三賢從此熱瞞，歷代祖師從此悟證，一切衆生從此摸索不著。所以香嚴道：「去年貧[二]，未是貧[三]，今日貧[四]，始是貧[五]」。去年[六]貧，猶有卓錐地，今年[七]貧，錐也無。』復卓拄杖，云：『大衆！且道如何是無底道理？』喝一喝，下座。**（本段諸本均在卷三）**

【注】

一　嘉本『竪拄杖』前有『師』字。

二　諸本『去』作『昔』。雙桂本及昭覺本『貧』作『窮』。

三　雙桂本及昭覺本『貧』作『窮』。

四　雙桂本及昭覺本『貧』作『窮』。

五　雙桂本及昭覺本『貧』作『窮』。

六　雙桂本及昭覺本『去年』作『昔年』。

七　雙桂本及昭覺本『今年』作『今日』。

28·（頁九）上堂，問[一]：『何火無烟而自明？』師云：『解打鼓。』云[二]：『何水無魚而蛟注[三]？』師云：『解打鼓。』云[四]：『何鏡非銅而光輝？』師云：『解打鼓。』云[五]：『頭頭盡是虛玄[六]趣，物物全彰處處[七]真。』師云：『閑言語。[八]』僧禮拜，師乃云：『學道之人不識真，祇爲從前認識神，無量劫來生死本，癡人認作本來人。此是古人一首上堝詩，山僧今日拈向[九]人天衆前，下個注脚。殊不知識神與本來人相去不遠，祇在就中辨別。若也辨別得出，處處緑楊堪系馬，家家有路透長安，其或未然，山僧更爲諸人曲引旁通去也。』復舉仰山問中邑[一〇]：如何是佛性義[一一]，邑云：『譬如室[一二]有六窗，中安一獼猴，外有人唤云：「猩猩。」

獼猴即應，如是六窗俱喚俱應。[一三]』仰云：『祇如彌猴睡著時又做麼生[一四]？』邑下禪床把住云[一五]：『猩猩與[一六]汝相見[一七]！』師云：『雖是饑逢美食，渴遇甘霖，不無齷嘴粘牙，連皮帶骨[一八]。若是破山門下，又且不然，待開口時，和聲便打，何故[一九]？殊相劣形同幻質，呼驢喚馬總虛名。』**（本段諸本均在卷三）**

【注】

一　嘉本作『僧問』。
二　諸本作『進云』。
三　諸本『注』作『住』。
四　諸本作『進云』。
五　諸本作『進云』。
六　嘉本『玄』作『靈』。
七　嘉本『處處』作『觸處』。
八　嘉本作『師云：「閑言語。」』作『師喝一喝』。
九　諸本『向』作『來』。
一〇　諸本『問中邑』作『參中邑禪師』二字。指唐代中邑洪恩禪師，馬祖道一法嗣。
一一　雙桂本及昭覺本此句作『如何是得見佛性去？』，嘉本作『如何得見性去？』。諸本此句前均有『問曰』二字。
一二　諸本『室』前有『一』字。
一三　雙桂本及昭覺本此段作『內獼猴叫，外獼猴應，如是六窗俱叫，六處俱應。』嘉本作『內有一獼猴，外有彌猴從東邊喚：「猩猩」，獼猴即應。』
一四　雙桂本及昭覺本此段作『和尚譬喻，無不了了，祇如內彌猴瞌睡時，外彌猴作麼生相見？』嘉本與兩本同，但『無不了了』作『無不明瞭』，『瞌睡』作『睡著』。
一五　雙桂本及昭覺本『把住云』作『搊住云』，『搊』音chōu，緊束意。嘉本作『把住山云』。

一六　嘉本『與』前有一『我』字。

一七　諸本『相見』後有『了也』二字。

一八　嘉本無『連皮帶骨』四字。

一九　諸本『何故』後有一『聻』字。

29.（頁九～十）辭衆，上堂。『漲水蝦蟆日夜催[一]，道人不薦渾忘歸，今朝解了忙閑結，嚴草溪頭絶是非。如是則知隨處作主，遇緣即宗。以一處透、千處百處一時透[二]；以一理明、千處百處一時明[三]。擬透不透之機關[四]，行超佛祖；測[五]明不明之理趣，位越人天。』以拄杖畫此※，云：『還透者個麼？還明者個麼？若也明透得去[六]，不枉檀信殷勤，山僧鋭志。』復呈拄杖，云：『會麼？嚴草溪頭休住脚，五巔山下莫横身。』下座。（本段諸本均在卷三）

【注】

一　雙桂本及昭覺本『漲水蝦蟆日夜催』前有『云』字，嘉本爲『師云』。

二　嘉本此句作『一機透，則無機而不透』。

三　嘉本此句作『以一理明，則無理而不明』。

四　雙桂本及昭覺本此句作『疑透不透之機關』，嘉本無『疑』字。

五　嘉本無『測』字。

六　嘉本『若也明透得去』作『若明得者個、透得者個』。

住瀘州江安縣蟠龍禪寺語録[一]

【注】

一　今日宜賓市江安縣下轄蟠龍寺鄉，或即當年蟠龍寺所在之地。嘉慶、道光、民國《江安縣志》對此寺均無載，但民國《江安縣志》卷二載東林寺有破山所書聯額（内容不詳），三版《縣志》均載縣南四十里安遠岩有集慶寺（安遠寺），破山曾題『宗風大振』四字。民國《縣志》更録集慶寺破山偈語一則：『吾儕幾次題安遠，多少龍蛇驗其頂，山吐風云韻孔明，令人來此發深省。』此偈不見于現存各版《語録》，可見破山于此確有影響。

30.（頁十）上堂祝聖畢[一]，白椎云[二]：『法筵龍象衆，當觀第一義。』師云：『若論[三]第一義，觀則落二落三，不觀則落七落八。釋迦到此計窮力極，謂之如來禪。達磨[四]到此攔腮劈脊，謂之祖師意[五]。雖然作用不同，要且瓦是泥做。山僧今日[六]到此，口似磉盤，眼如掣電，思索[七]幾句，聊酬所請。諸方此日同開爐，惟有蟠龍意致殊，不向此中求鍛煉，冷冰冰地自如如。』喝一喝，下座。**（此段雙桂本及昭覺本在卷四，嘉本在卷三）**

【注】

一　諸本此段均載破山禪師入院禪語，此本以『上堂祝聖畢』一語帶過，文字截略太甚。現將諸本原文開列如下，以資參考：

雙桂本及昭覺本文字：

崇禎辛巳年（十四年，1641）十月十三日，住瀘州江安縣蟠龍寺。至三門云：『千聖共遊，一衆履歷，進進出出，路頭不識。』以杖卓一卓、喝一喝，召大衆云：『還識麼？棒頭喝下皆消息，帶水拖泥即指歸。』佛殿云：『有佛處，不可住，無佛處，急走過。今日忤逆兒孫，一瓣香，禮三拜，行到水盡山窮，祇得將錯就錯。』方丈云：『佛耶？祖耶？據此證此。我亦如是，別無示指。仁者珍重，莫要龍頭蛇尾。咄！』開爐，師詣座前，云：『毒鼓初撾，慈航倒駕。渡之者浪静風恬，耳之者魂消魄散。今日新蟠龍，拈一瓣返魂香去也，未審衆中還有惜取鼻孔者麼？』遂升座，祝（原文平抬）聖畢，維那白椎云（下接『法筵龍象衆』）。

嘉本文字：

住瀘州江安縣蟠龍禪寺，三門云：『千聖共遊，一衆履歷，進進出出，路頭不識。』以杖卓一卓、喝一喝，召大衆云：『還識麼？棒頭喝下皆消息，帶水拖泥即指歸。』佛殿云：『有佛處不可住，無佛處急走過。今日忤逆兒孫，一瓣香禮三拜，行到水盡山窮，祇得將錯就錯。』方丈云：『佛耶？祖耶？據此證此，我亦如是，別無所指。仁者珍重，莫要龍頭蛇尾。

咄！』衆護法請開爐，師指法座云：『毒鼓初撾，慈航倒駕。渡之者浪静風恬，耳之者魂銷魄散。今日新蟠龍，拈一瓣返魂香去也，衆中還有惜取鼻孔者麽？』遂升座。拈香祝聖畢，維那白椎云（下接『法筵龍象衆』）。

二 諸本作『維那白椎云』。

三 嘉本無『若論』二字。

四 雙桂本及昭覺本作『達麽』，嘉本作『達磨』。

五 雙桂本及昭覺本『意』作『禪』。

六 嘉本無『今日』二字。

七 嘉本『思索』作『拈出』。

31.（頁十）上堂。『關門打睡[一]，接上上機。顧鑒頻呻，曲爲中下。據此[二]，山僧有口祇好掛[三]壁上。若以拈槌豎拂爲禪，病在持捉；若以裝聾害[四]啞爲禪，病在口耳；若以咳吐掉臂[五]爲禪，病在音韻；若以揚眉瞬目爲禪，病在顧視；若以手舞足蹈爲禪，病在蹦跳。既然未是，且道如何是禪？東瓜真儱侗，瓠子曲彎彎。』**（此段雙桂本及昭覺本在卷四，嘉本在卷三）**

【注】

一 雙桂本及昭覺本『關門打睡』前有『云』字，嘉本爲『師云』。

二 嘉本此後有『看來』二字。

三 諸本『掛』作『掛在』。

四 嘉本『害』作『賣』。

五 嘉本『咳吐掉臂』作『咳嗽涕唾』。

32.（頁十一）上堂。問[一]：『掬水月在手，未審水幹波盡、月歸何處？』師驀頭一棒，僧喝[二]，師連打兩棒，問：『金出礦時如何？』師云：『嚇殺人。』云[三]：『恁麽則横身踴躍。』師云：

『死逼逼地。』問：『父母未生前，如何是學人面目？』師云：『雨打梨花夾[四]蝶飛，風吹柳絮毛球走。』云[五]：『原來、原來。』師驀頭兩棒[六]，乃云：『一點雨，一點濕，居士辦[七]齋和尚吃。試問就中意若何？摩訶般若波羅密。』**（此段雙桂本及昭覺本在卷四，嘉本在卷三）**

【注】

一 嘉本『問』作『僧問』。

二 嘉本作『僧喝一喝』。

三 諸本作『進云』。

四 嘉本『夾』作『蛺』。

五 諸本作『進云』。

六 嘉本此後有『僧禮拜，師』四字。

七 辦，嘉興藏本作『設』。

33．**（頁十一）**上堂。問[一]：『蝦蟆丘蚓，尚解逃禪；跛鱉盲龜，却能知有。爲甚伶俐[二]衲僧，反道不會？』師云：『箍桶漢！』僧喝[三]，師云：『如法箍。』云[四]：『祇得恩深轉無語，懷抱自分明。』師打[五]，問：『二十年前被葛藤絆地[六]，滿眼生塵，如何[七]是不生塵處？』師云：『趙州道底。』云[八]：『又是甚麼光景？』師云：『薦取下句注脚。』乃云[九]：『凜凜朔風吹敝廬，人人凍裂個皮膚，就中有點天然別，分付梅花樹幾株？如是則知寒暑迭遷，生死交謝，有物于中流動，未獲天地同根[一〇]、萬物一體。[一一]』復召大衆[一二]，云：『還委悉麼？』維那云：『委悉則不堪。』師喝一喝，下座[一三]。**（此段雙桂本及昭覺本在卷四，嘉本在卷三）**

【注】

一　嘉本作『僧問』。

二　嘉本『伶俐』作『靈利』。

三　嘉本作『僧喝一喝』。

四　諸本作『進云』。

五　諸本『師打』後均有『云：「閑言語。」』四字。

六　嘉本『被葛藤絆地』作『葛藤遍地』。

七　雙桂本及昭覺本『如何』前有『請問』二字。

八　諸本作『進云』。

九　嘉本『乃云』前有『僧禮拜，師』四字。

一〇　雙桂本及昭覺本『同根』後有『也』字。

一一　雙桂本及昭覺本『一體』後有『也』字。

一二　諸本『復召大衆』作『卓拄杖，召大衆』。

一三　雙桂本及昭覺本無『下座』二字。

34．（頁十一～十二）上堂。問[一]：『庭前[二]露柱久懷胎，生[三]下嬰兒頗俊[四]哉，爲復是神通妙用，法爾如然？』師云：『橫開不在春枝上。』云[五]：『未解語時先作賦，一朝直取狀元才[六]。』師云：『別有風流一段奇。』問：『若論此事，三賢膽顫[七]，十地魂驚，未審利害在甚麽處？』師云：『脚跟下豎去橫來。』問：『大地山河歸一點，萬派乾坤一竅中，即今一竅在甚麽處？』師云：『腦後見腮，不與往來。』僧禮拜，師一喝[八]，乃云[九]：『今朝十一月初一，衲子齊來討巴鼻，厲色震威喝一喝，喫驚打怪聾兩耳，昔人擬作觀音門，今又翻爲鶖子智，祇此告報與諸人，惟要諸人信得及，信得及，無孔鐵鎚當面擲，不須擬議更尋思，信步羊腸驀直去。』（此段雙桂本及昭覺本在卷四，嘉本在卷三）

【注】

一 嘉本作『僧問』。
二 嘉本『庭前』作『堂前』。
三 嘉本『生』作『長』。
四 雙桂本及昭覺本『俊』作『儁』。
五 諸本作『進云』。
六 嘉本『一朝直取狀元才』作『一操便取狀元來』。
七 雙桂本及昭覺本『顫』作『戰』。
八 諸本『一喝』作『喝一喝』。
九 雙桂本及昭覺本『乃云』作『云』。

35

·（頁十二）上堂。『終日病魔廝結[一]，懶饒三寸綿舌，强登曲彔木床，一味喝風棒月。[二]』復舉臨濟行化[三]，至一家門首，曰[四]：『家常添鉢。』有婆曰[五]：『太無厭生。』濟曰：『飯也未曾得，何言太無厭生？』婆便閉却門[六]。師云：『據臨濟素有當仁不讓于師[七]，尚男不和女鬬，山僧[八]者裏也不行化[九]，施主也不掩門，日日喫齋喫茶，祇是當不得太無厭生。』（此段雙桂本及昭覺本在卷四，嘉本在卷三）

【注】

一 雙桂本及昭覺本『終日病魔廝結』前有『云』字，嘉本爲『師云』。
二 諸本『喝風棒月』後有『遂喝一喝，卓拄杖云：「若向者裏會得，了鬼神覷不破之機，超生死不相干之地。其或未然，更聽葛藤。」』一段。

三　諸本『化』作『乞』。

四　諸本『至一家門首，曰』作『遇一婆子，濟指缽云』。

五　諸本『有婆曰』作『婆子即轉身掩却門，云』。

六　諸本無『濟曰』至『婆便閉却門』一段。

七　嘉本作『臨濟素是當仁不讓于師』。

八　諸本『山僧』前有『今日』二字。

九　諸本『化』作『乞』。

36．（頁十二～十三）上堂。問[一]：『今日國令更嚴，不許向大明國裏[二]拋沙撒土。』師云：『山大多狐兔、水滿足魚龍。』問：『水明老蚌懷胎後，云重蒼龍退骨時，老蚌懷胎即不問，蒼龍退骨時如何？[三]』師云：『也是蠟人向火。』云[四]：『不是巨靈手，怎敢望華山？』師云：『不薦當陽句，徒來念詩章。』云[五]：『可惜連城璧，徒勞獻楚君。』師正色『噓』一聲，云[六]：『杜撰宗師，如麻似粟。』師云：『秖有你一個。[七]』乃云：『石頭瓦塊亂商量，癩狗泥豬罵上堂，翠竹黃花纔側耳，冬瓜瓠子便承當。此四句内，有一句能縱能奪，能殺能活，檢點[八]得出，一生參學事畢。』**（此段雙桂本及昭覺本在卷四，嘉本在卷三）**

【注】

一　嘉本作『僧問』。

二　雙桂本及昭覺本『大明國』作『大明朝』，嘉本無『向大明國裏』五字。

三　雙桂本及昭覺本『如何』作『何如』。

四　諸本作『進云』。

五 諸本作『進云』。

六 諸本作『進云』。

七 雙桂本及昭覺本『你一個』後有『「問盡大地，是沙門一隻眼，未審人人在何處下脚？」師云：「脚跟下好與三十棒。」乃云』一段，嘉本與兩本同，但『三十棒』後多出『僧禮拜，師』四字。

八 諸本『檢點』前有『有人』二字。

37．(頁十三) 上堂。『雲門一字關[一]，臨濟三玄要，潙仰擅門庭，曹洞别堂奥，法眼道不知，觸著便踣跳[二]，惟有蟠龍無剩[三]言，饅頭開口呵呵笑。大衆！且道他笑個甚麼？心生大歡喜，自知當作佛。』**(此段雙桂本及昭覺本在卷四，嘉本在卷三)**

【注】

一 雙桂本及昭覺本『云門一字關』前有『云』字，嘉本爲『師云』。

二 諸本『踣跳』作『蹦跳』，『踣』音bó，斃也，倒也。

三 嘉本『剩』作『賸』，同『剩』，以下不出校。

38．(頁十三) 上堂。『一聞千悟[一]，拗折弓箭，放下屠刀，九上三登，抛却甑箄，典當布單，更有牢籠，不住呼喚，不回者又作麼生指示？過蟻難尋穴[二]，歸禽易見巢。』**(此段雙桂本及昭覺本在卷四，嘉本在卷三)**

【注】

一 雙桂本及昭覺本『一聞千悟』前有『云』字，嘉本爲『師云』。

二 雙桂本及昭覺本『過蟻難尋穴』前有『良久，復云』四字，嘉本與兩本同，但無『復』字。

39.（頁十三）上堂。『日用事無别[一]，踏著秤錘原是鐵，唯吾自偶諧，十字街頭碌磚頭，頭非取捨，雞寒上樹，處處没[二]張乖，鴨寒下水，朱紫誰爲號，一任鑽龜打瓦，丘山絶點埃，惟有者裏瞞不得，神通并妙用，火官頭上風車子，運水及[三]搬柴，貓兒尾上系研錘，龐居士恁麼道，新蟠龍恁麼拈，非是與古人鬬勝，要且路見不平。[四]』**（此段雙桂本及昭覺本在卷四，嘉本在卷三）**

【注】

一　雙桂本及昭覺本『日用事無别』前有『云』字，嘉本爲『師云』。

二　雙桂本及昭覺本『處處没』作『物物勿』，嘉本作『物物弗』。

三　諸本『及』作『與』。

四　雙桂本及昭覺本『路見不平』後仍有：『「未審衆中有能于此緇素得出者麼？如無，引受戒者出衆受戒。」』嘉本『路見不平』後作『「衆中有具眼者，試于此中緇素看。」』

40.（頁十三～十四）上堂。問[一]：『山高不露頂，雲深不知歸時如何？』師云：『遠岫雲封壁，平溪水結澌。』云[二]：『未審意旨如何？』師卓拄杖[三]，云：『向此[四]薦取。』問：『冷心不動月澄潭，鴛鴦繡出白雲間，且道鴛鴦繡出時如何？』師云：『不把金針度與人。』問：『靈雲睹[五]桃花得悟，因甚玄沙不肯？』師云：『爲伊眼花不少。[六]』云[七]：『未審意旨如何？』師云：『瞎！[八]』僧禮拜，師乃云：『山僧今日上堂來，步步泥蹤點法臺，徹夜不妨霜與雪，西園猶放碧梅[九]開。』驀呈柱杖，召大衆，云：『見麼？見得徹去[一〇]，能銷億劫顛倒想，不歷僧祇獲法身。其或未然，有寒暑兮促君壽，有鬼神兮妬[一〇]君福。』**（此段雙桂本及昭覺本在卷四，嘉本在卷三）**

【注】

一　嘉本作『僧問』。

二　諸本作『進云』。

三　諸本此後有『一下』二字。

四　諸本『此』作『者裏』。

五　嘉本『靈云睹』作『靈云見』。『靈云』指唐代福州靈云志勤禪師，長慶大安禪師（793～883）法嗣。

六　嘉本無『不少』二字。

七　諸本作『進云』。

八　諸本作『睛漢』。

九　諸本『梅』作『桃』。

一〇　諸本『見得徹去』前有『若也向此』四字。

一一　嘉本『妬』作『妒』。

41.**（頁十四）**元旦[一]，上堂。問[二]：『相逢著眼，流水行雲，脱胎神化，嬰兒漸長，流水行雲即不問，嬰兒漸長事如何？』師云：『長長一個矮子。』云[三]：『恁麼則白花[四]兢秀，妙德家風，一亙晴空，普賢境界[五]。』師云：『爍天爍地。』云[六]：『金蓮照[七]奕千家樂，玉露回光萬象新[八]。』師云：『脚跟下好與三十棒。[九]』乃云[一〇]：『輕烟薄霧鼓風濤，吹徹梅花白樹梢，珍重諸人惜鼻孔，清香不對野狐飄。』擲柱杖[一一]，云：『狼籍不少。[一二]』**（此段雙桂本及昭覺本在卷四，嘉本在卷三）**

【注】

一　嘉本作『歲旦』。

二　諸本作『僧問』。

三　諸本作『問』。
四　諸本『白花』前無『恁麼則』三字，嘉本『白花』作『百花』。
五　雙桂本及昭覺本此後有『白花競秀即不問，一亙晴空事若何？』句，嘉本與兩本同，但『白花』作『百花』。
六　諸本作『問』。
七　嘉本『炤』作『照』，二字通假，以下不出校。
八　諸本此後有『即今合是甚麼人境界？』句。
九　嘉本『脚跟下好與三十棒』作『看取脚跟下』。
一〇　嘉本『乃云』前有『僧禮拜，師』四字。
一一　雙桂本及昭覺本此後有『下座』二字。
一二　嘉本此後有『下座』二字。

42.（頁十四）上堂。衆禮三拜，師云：『會麼？者裏倒身三拜，少林分骨分髓，今朝正眼看來，也是搓巴兜[一]鬼。』喝一喝，下座。**（此段雙桂本及昭覺本在卷四，嘉本在卷三）**

【注】

雙桂本及昭覺本『兜』作『桄』，『桄』音dōu，巴兜或爲俗語。

住廣安州大竹縣佛恩禪寺語録[一]

【注】

一　佛恩禪寺：此寺即破山禮大持法師出家處，原名姜家庵，崇禎十六年（1643）破山重建，易庵爲寺，改額佛恩。道光《大竹縣志》卷十八《寺觀》載：『破山寺，縣北七十里。破山和尚祝髮處，有瓷佛兩尊，古鐘一口。』應即古之佛恩寺，民國《大竹縣志》已不見此寺名号。

43．**（頁十四～十五）**掃大持師翁塔[一]，上堂。問[二]：『始別三巴去，終歸桑梓來。請問[三]還鄉曲[四]作麼生道？[五]』師云：『哩囉哩囉。』云[六]：『未審大持師向甚麼處安身去也？[七]』師卓拄杖，云：『會麼？』云[八]：『我則不然。』師打，僧拂袖出[九]。師乃云：『山自青兮水自緑，其中一具黄金骨。巍然坐斷長松村，日有風雲常拭[一〇]拂。如是，烏用忤逆兒孫拈帚堂前[一一]而爲祭掃者[一二]哉？蓋謂人人本具、個個不無，這具黄金骨[一三]，一向東擲西抛，出生入死，改頭換面，戴角披毛[一四]，不知生之來處，死之去處。所謂佛佛出世，唯爲一大事因緣[一五]。然祭掃者何如[一六]？世俗中，爲[一七]臣當盡其忠，爲[一八]子當盡其孝。則[一九]仁義道中，理不可無。吾教中亦有授受之源，燈燈相續，則師資之禮亦[二〇]。如是。總之，祭掃[二一]爲活計，不明一大事因緣[二二]，則祭掃何幹耶[二三]？畢竟二六時中，將生死二字參來參去，參到不疑之地[二四]，方可皇恩[二五]、國恩[二六]、三宗九族恩，一時報畢。大衆！且道[二七]「報恩」一句作麼生道？將此深心奉塵刹，是則名爲報佛恩！』喝一喝，下座。**（此段諸本均在卷二）**

【注】

一　雙桂本及昭覺本作『爲大持師翁掃塔』，嘉本『爲』後有『受業』二字。

二　諸本作『僧問』。

三　嘉本無『請問』二字。

四　嘉本『曲』作『曲調』。

五　嘉本『道』作『唱』。

六　諸本作『進云』。

七　嘉本此句作『大持師翁即今在什麼處安身？』

八　諸本作『進云』。

九　諸本『師打，僧拂袖出』句作『師打，云：「不然個甚麼？」僧拂袖便出。』
一〇　昭覺本作『試』。
一一　嘉本無『堂前』二字。
一二　嘉本無『者』字。
一三　嘉本自『祭掃哉』後至此作『蓋人人本有者具黄金骨。』
一四　嘉本無『改頭换面，戴角披毛』八字。
一五　諸本此後有『是也』二字。
一六　嘉本無『何如』二字。
一七　嘉本無『爲』字。
一八　嘉本無『爲』字。
一九　嘉本無『則』字。
二〇　嘉本『亦』後有『復』字。
二一　諸本『祭掃』後有『中』字。
二二　雙桂本及昭覺本此後有一『者』字，嘉本此句作『不明生死大事因緣。』
二三　雙桂本及昭覺本『幹耶』作『益耶』，嘉本『益耶』作『益也』。
二四　嘉本無『畢竟二六時中，將生死二字參來參去，參到不疑之地』句，而作『畢竟將大事因緣看到不疑之地。』
二五　嘉本作『君恩』。
二六　嘉本作『親恩』。
二七　嘉本無『道』字。

44．（頁十五～十六）豎佛殿[一]，上堂。問[二]：『如何是佛恩境？』師云：『長長短短千株樹。』云[三]：『如何是境中人？』師云：『落落零零幾百[四]僧。』云[五]：『人境已蒙師指示，如何是臨濟當陽句？[六]』師豎拂子云：『會麼？』云[七]：『恁麼則知恩有地去也。』師震威一喝[八]。

問：『古人拈一莖草建梵刹竟，且道[九]新佛恩今日又作麼生？』師云：『八方有道歸王化，四海歌謠[一〇]賀太平。』云[一一]：『恁麼則[一二]石花山畔金聲振，驚起丹林雙鳳兒。』師云：『著！[一三]』乃云：『佛恩殿上雙獅踞地，大持堂前孤鴻戾天。二水逢源，一山挺翠，高也、明也、悠也、久也，廣不替之松風[一四]；奇哉！俊哉！善哉！偉哉！多非遥之桂月。因如是也[一五]，産如是人，行如是事[一六]，利如是衆[一七]。非是地勝人賢，要且名成實就。大衆！且道新佛恩眉毛還在麼？』卓拄杖，云：『千千龍鳳從茲止，萬萬獅麟自此歸。』**（此段諸本均在卷四）**

【注】

一　雙股本及昭覺本無『豎佛殿』三字，但在此前有『住大竹縣豎佛恩禪寺大殿衆檀越請』標題，嘉本作『住大竹縣佛恩禪寺，豎大佛殿，衆檀越請上堂（下接『僧問』）』。

二　諸本作『僧問』。

三　諸本作『進云』。

四　諸本『百』作『個』。

五　諸本作『進云』。

六　諸本『句』作『一句』。

七　諸本作『進云』。

八　嘉本『一喝』作『喝一喝』。

九　嘉本無『且道』二字。

一〇　諸本『歌謠』作『謳歌』。

一一　諸本作『進云』。

一二　諸本無『恁麼』二字，嘉本無『則』字。

一三　諸本無『師云：「著！」』三字，雙桂本及昭覺本『雙鳳兒』直接接續『乃云』，嘉本在『雙鳳兒』後有『僧禮拜，師』

四字。

一四　諸本『松風』作『宗風』。

一五　諸本『也』作『地』，『也』或誤。

一六　嘉本『行如是事』前有『因如是人』四字。

一七　雙桂本及昭覺本作『利如是人』，嘉本無此四字。

住梁山縣金城禪寺語録[一]

【注】

一　金城禪寺：位于重慶市梁平区西南金帶鎮金城寨之上，距雙桂堂約2公里。金城寨原爲姚玉麟抗清要塞，平原之上孤峰突起，頂部平坦可居，四周峭壁直立，易守難攻。据《年譜》，順治九年（1652）破山入寨，姚玉麟爲其提供住所（醉佛樓）及講法場地，并非正規寺院。今日金城寨峰巒無恙，殘存遺跡若干。

45.（頁十六）上堂拈香畢[一]，維那白椎云：『法筵龍象衆，當觀第一義。』師云：『且道第一義作麼生觀？若以眼觀，觀處即瞎；若以心緣，緣處即乖。既不以眼見、心緣，試與[二]老僧話會看。』時二僧出衆，跳一跳、喝一喝，師云：『還有麼？』二僧無語，師以卓杖卓一卓，云：『今日與諸人撥轉關頭去也，還見麼[三]？杖頭日月光天德，照破山河瘴癘[四]開。』維那白椎云：『諦觀法王法，法王法如是。』下座[五]。**（此段諸本均在卷四）**

【注】

一　諸本此段均載破山禪師入院禪語，此本以『上堂拈香畢』一語帶過，文字截略太甚。現將諸本原文開列如下，以資參考。

雙桂本及昭覺本文字：

聖瑞姚將軍請住金城寺結制，弟天錫姚文學設齋。

上堂，師以拄杖指法座，云：『即此寶花王座，是我（原文平抬）崇禎先帝時，也曾七上八下，乃至（原文平抬）永曆聖主中興時，復升此座，一任百匝千重。大衆！老僧撥轉今昔關頭去也，還見麼？』遂升，告香云：『此一瓣香，自治而亂，自亂而治，非木石而莫能全其體，非水火而莫能發其用。爇向爐中，祝延今上（原文平抬）皇帝聖壽萬歲萬萬歲。此一瓣香，奉爲閫朝勳貴、本省東道夔州府梁山縣當道尊官及縉紳大檀越、現前僧俗等，伏願風以時，雨以時，道安百姓，齊其家，治其國，德被萬民。此一瓣香，非口所宣，非心所測，從月明簾外得來，荊棘林中特出。奉爲當山請主，欽授協理東北地方、掛佐明將軍印、都督府都督，聖瑞姚公，弟天錫姚文學及統理各寨勳鎮等。伏願始作春秋之關鎖，終爲東北之界牆。此瓣香，三登九上，七穴八穿，觸碎鼻孔歸來。乃第十三番拈出，供養浙江寧波府天童山景德堂上，上密下云先師大和尚，用酬法乳深恩。』

（下接『維那白椎云』）

嘉本文字：

住夔州府梁山縣金城禪寺。順治九年（1652）十一月初一日，聖瑞姚總戎、天錫姚明經暨閤郡衆檀越請開堂，指法座云：『此寶華王座，二十年前也曾七上八下，今日復升此座，一任百匝千重。大衆！老僧撥轉今昔關頭去也，還見麼？』遂升座，拈香云：『此瓣香自治而亂、自亂而治，非木石而不能全其體，非水火而莫能發其用，爇向爐中祝嚴（原文平抬）今上皇帝聖躬萬歲萬歲萬萬歲。此一瓣香非口所宣、非心所測，從月明簾外得來，荊棘林中拈出，奉爲在位宰官、當山請主，伏願始作春秋之關鎖，終爲東北之界牆。』末拈香云：『此瓣香三登九上，七穴八穿，觸碎鼻孔歸來，第十三回拈出，供養天童山景德堂上密云先師，用酬法乳。』（下接『維那白椎云』）

二　諸本『與』字前有『出來』二字。

三　諸本此句作『木上座更與諸人衆前話會去也，委悉麼？』

四　嘉本『瘴癘』作『烟霧』。

五　嘉本無『維那白椎云』以下至結尾文字。

46.（頁十六） 上堂[一]。『獨踞金城第一峰[二]，滿天星斗現穹窿，老僧高著青蓮眼，看得衆生與佛同。所以道[三]：火不待日而熱，風[四]不待月而涼。鶴脛自長，鳧脛自短。松直棘曲，鵠[五]白烏玄，本自現成，何假修證？大衆！正恁麼時，「修證即不無，染污即不得」一句作麼生道？一

點明星當午現，九蓮花果自芳妍。[六]』（此段諸本均在卷四）

【注】

一　雙桂本及昭覺本『上堂』作『臘八日，榮還趙居士追嚴請上堂，問答繁不録。師云』，嘉本作『佛成道日，上堂』。

二　諸本『獨踞金城第一峰』前有『師云』二字。

三　雙桂本及昭覺本『與佛同』至『所以道』之間尚有『如是則知我趙檀越追嚴飯僧請法，欲與佛同一成道，同一受用，同一悲仰。』一段，嘉本與兩本同，但『如是則知我趙檀越追嚴飯僧請法』作『榮寰趙居士，追嚴飯僧』，無『同一悲仰』四字。

四　雙桂本及昭覺本『風』作『水』。

五　雙桂本及昭覺本『鵠』作『鶴』。

六　雙桂本及昭覺本此後有『下座』二字。

47．（頁十六～十七）上堂[一]。問：『如何是金城境？』師云『寨[二]小規模大。』云[三]：『如何是境中人？』師云：『僧卑[四]世界寬。』云[五]『人境相去多少？[六]』師卓拄杖云[七]：『杖下薦取。[八]』乃云：『年年正月半，處處燈光現。個裏却無明，阿誰將眼見。』以拄杖畫「○[九]」，云：『還[一〇]委悉麼？我見燈明佛，本光瑞如此。[一一]』（此段諸本均在卷四）

【注】

一　諸本此段均載破山禪師其他禪語問答，此本截略太甚。現將諸本被削刪文字開列如下，以資參考。

雙桂本及昭覺本文字：

上元日，臨宇官居士設齋請上堂，僧問：『吾有一物，無頭無尾。常在動用中，乞師一接。』師云：『你眼瞎。』僧喝，師便打。問：『入門便棒，相見便喝，不知有過？無過？』師打云：『且道是甚麼所在，者裏覓過？』問：『如何是行脚事？』師云：『面面相看口如木。』問：『正月中旬是上元，請問和尚如何是缺，如何是圓？』師以拄杖打○，云：『且道是缺是圓？』問：『清淨本然，云何忽生山河大地？』師便打，問：『寶花王座，今日師登。護法韋馱，出將入相。學人上來，請師示現。』師拈杖卓一卓，云：『會麼？』問：『如何是學人生處？』師卓杖一下，進云：『如何是死處？』師亦卓杖一下，進云：『如何是不生不死處？』師復卓杖一下。（下接『問：「如何是金城境？」』）

嘉本文字：

上元日上堂。僧問：『吾有一物，無頭無尾，常在動用中，乞師一接。』師云：『你眼瞎。』僧喝，師便打，問：『入門便棒，相見便喝，不知有過？無過？』師打云：『是甚麼所在，還來覓過？』問：『如何是行脚事？』師云：『面面相看口如木。』問：『正月中旬是上元，請問和尚：如何是缺？如何是圓？』師以拄杖畫此○，云：『且道是缺？是圓？』問：『如何是學人生處？』師卓杖一下，進云：『如何是死處？』師亦卓杖一下，進云：『如何是不生不死處？』師復卓杖一下。（下接『問：「如何是金城境？」』）

二　嘉本『寨』作『城』。

三　諸本作『進云』。

四　嘉本『卑』作『貧』。

五　諸本作『進云』。

六　諸本此句作『人境與和尚差多少？』

七　諸本此句作『師云』。

八　雙桂本及昭覺本作『向杖頭下薦取』，嘉本作『拄杖頭上薦取』。此句後至『乃云』前雙桂本及昭覺本尚有『復卓一卓。問：「子牙下釣皤溪，不用鉤餌，和尚垂手娑婆，飲酒食肉，二老何其顛倒如是？」師以杖作釣勢云：「領取鉤頭意。」僧禮拜，師』，嘉本無『問：復卓一卓』至『領取鉤頭意』之間文字。

九　諸本『○』前有『此』字。

一○　諸本無『還』字。

一一　雙桂本及昭覺本此後有『下座』二字。

48.（頁十七）誕日，上堂[一]。卓拄杖[二]，召大衆，云：『會麼？這個與老僧同壽，從盡未來際[三]正月二十一[四]、乃至盡未來際二十一[五]，算數譬喻不可說不可說[六]，無量壽[七]不思議[八]福德海壽命聚。不獨老僧如是，三世諸佛亦如是，歷代祖師亦如是，天下老和尚亦如是，一切有情無情，非有情非無情非非情等亦如是[九]。』復卓柱杖[一〇]，云。『饒君數到劫雲初，不出平天花甲子。[一一]』（**此段諸本均在卷四**）

【注】

一　雙桂本及昭覺本『誕日，上堂』作『明宇彭居士，爲師誕辰設齋，請上堂，問答繁不録』，嘉本則爲『師誕日，明宇彭居士請』（下接『上堂』）。

二　諸本『卓拄杖』作『拈杖卓一卓』。

三　雙桂本及昭覺本『盡未來際』作『盡過去際』，嘉本作『無始來』。

四　諸本此後有『日』字。

五　諸本此後有『日』字。

六　嘉本少一『不可説』。

七　雙桂本及昭覺本『無量壽』作『無邊身無量壽』，嘉本無此六字。

八　諸本作『不可思議』。

九　雙桂本及昭覺本無『也』字，嘉本『一切有情無情，非有情非無情等亦如是』作『一切有情無情亦如是』。

一〇　雙桂本及昭覺本此後有『一下』二字，嘉本無此後『饒君數到劫云初，不出平天花甲子』一段，直作『復卓柱杖下座』。

一一　雙桂本及昭覺本此後有『下座』二字。

49.（**頁十七**）上堂[一]。問[二]：『大地平沉，微塵不納，是何人境界？』師豎杖云[三]：『直條條地絶承當。』云[四]：『原來是某甲境界。』師打[五]，僧喝，師復打[六]，僧拂袖出[七]，師云：『逐塊不少。[八]』問：『如何是佛？』師云：『你是僧。』云[九]：『如何是超佛越祖句？[一〇]』師云：『兩頭三面漢。』問：『學人幾番問話，幾番被打，今日復來乞師指示。』師便打[一一]。一僧繞一匝[一二]：『這裏得來，久埋海島。非古非今，即今拈出，剌破天下老和尚面門，未審作麼生回互？』師云：『羞殺！』云[一三]：『刺破了也。[一四]』師云：『重言不當吃。』乃云：『止！止！不須説！我法妙難思，諸憎上慢者，聞必不敬信。[一五]』下座。**（此段雙桂本及昭覺本在卷四，嘉本無）**

【注】

一　雙桂本及昭覺本『上堂』作『一字鄭居士請上堂』。

二　雙桂本及昭覺本作『僧問』。

三　雙桂本及昭覺本作『師驀豎拄杖云』。

四　雙桂本及昭覺本『云』前有『僧豎拳』三字。

五　雙桂本及昭覺本作『師便打』。

六　雙桂本及昭覺本『師復打』作『師打云：「好喝！」』

七　雙桂本及昭覺本『出』前有『便』字。

八　雙桂本及昭覺本此後至『問：「如何是佛？」』之間尚有：『問：「世界壞，和尚如何不壞？」師云：「世界法身中。」僧喝，師便打，僧又喝，師打云：「狂狗叫。」』一段。

九　雙桂本及昭覺本作『進云』。

一〇　雙桂本及昭覺本無『句』字。

一一　雙桂本及昭覺本此後至『一僧繞一匝』之間尚有『問：「未入門來先須知，有和尚爲破有法王。敢問和尚如何所破？」師打云：「恁麼破去。」問：「如何是學人瞎眼？」師云：「明暗不到處。」進云：「如何是學人不瞎眼？」師云：「光耀乾坤。」進云：「如何是瞎與不瞎？」師云：「拄杖頭邊别有天。」進云：「向何處安身立命？」師卓杖云：「者裏薦取。」』一段。

一二　雙桂本及昭覺本『一僧繞一匝』作『僧繞身一匝云』。

一三　雙桂本及昭覺本作『進云』。

一四　雙桂本及昭覺本此後至『師云：「重言不當吃。」』之間尚有『師云：「笑殺。」進云：「刺破了也。」』一段。

一五　雙桂本及昭覺本此後至『下座』之間尚有『所以藥山久不升座，一日院主請上堂，山默然良久，下座。主問：「大衆久思訓誨，今日如何一辭不措？」山云：「經有經師。論有論師，怎怪得老僧。」然而一佛一祖，説法恪慈。舉古舉今，事無一何。老僧亦有兩句，聊酬所請：曹山好顛酒，其毒過砒霜。來斷命根者，須將親口嘗。』一段。

點校者：

本卷至此出現裝訂錯誤，第『十八』頁（版心所刻頁碼）一頁兩面，即第三卷最後一頁，其内容與前頁并不接續，起始一段文字也并非全文，而是本書第二卷第41段後半部内容，其下各段亦如此。筆者照録之，仍按段編號，注明與何處重復，以資參考，重復且文字相同者不再出校。

丈雪通醉在嘉興刻成此書後，曾交弟子歸川進呈破山禪師，破山親自校改，復將手校稿送至嘉興，丈雪遵師命，或曾按稿改刻，由此造成排版混亂現象。第十八頁兩面之内容，或爲改版前原狀。饒有興味的是，第51段與本書卷二第42段同出一源，但文字取捨并不相同，據此可見編輯過程中破山與丈雪師徒二人削刪標準之差异。破山語録刻印狀況可參見本書所附筆者論文。

50.（頁十八）……都來脚蹈手舞，爲復是妙用現前？爲復是業風飄鼓？今朝聖制告圓，試爲老僧分析看，若也分析得，大蟲原來是老虎。其或未然，蒼天中更添冤苦。』**（此段與卷二第41段重復）**

51.（頁十八）上堂。七月十五[一]，舊城[二]罷座，八月十五，日雅城[三]升堂[四]。雖是兩彩一賽，要且不離這個。』以拂子[五]打〇[六]，云：『還委悉麽？佛子住此地，則同佛受用。[七]』復舉馬祖玩月次，一曰[八]：『好供養。』一曰：『好修行。』一拂袖便出。祖云[九]：『經歸藏，禪歸海，惟有普願獨超物外。』師高聲云：『馬大師板齒生毛，分星撥兩，恁麼道總是第二月，且道如何是第第一月？留待夜來江上落，照人無復冷湫湫。』**（此段與卷二第42段同源，但文字不盡一致，經校，與雙桂本及昭覺本更爲接近，與嘉本差別稍大）**

【注】

一　雙桂本及昭覺本『七月十五』前有『今朝』二字。

二　雙桂本及昭覺本『舊城』後有『解制』二字。

三　雙桂本及昭覺本『雅城』作『鵶城』，『雅』應爲『鵶』之誤。

四　雙桂本及昭覺本『升堂』作『結制升座』。

五　雙桂本及昭覺本無『子』字。

六　雙桂本及昭覺本『〇』作『圓相』二字。

七　雙桂本及昭覺本此後有『常住于其中，經行及坐臥』十字。

八　雙桂本及昭覺本『一曰』前有『對二三子曰：「向此轉一語看。」』一段。

九　雙桂本及昭覺本作『祖正云』。

52.（頁十八）上堂，一僧以手掩師口，師打一拂，僧遂走，云：『休捏怪。』師拈拄杖打出。乃云：『棲鳳今朝散水雲，縱橫逆順任教行，破沙盆是正法眼，恐逐腥膻汙污盆。』震威一喝，下座。**（此段與卷二第43段重復）**

破山禪師語録卷第三終

破山海明禪師語録卷第四

明成都府嗣法門人通醉等編

小参

1．（頁一）陞座[一]。『山河大地，明暗塞空，時人不識，强覓西東。存曾丘老大人[二]一生一死，恁麽來，恁麽去，還悟也無？悟則見山是山，見水是水，見明是明，見暗是暗，見空是空，見塞是塞[三]，見君是君，見臣是臣，見父是父，見子是子，見兄是兄，見弟是弟，見男是男，見女是女；其或未然[四]，見山不是山，見水不是水，見明不是明，見暗不是暗，乃至[五]見男不是男，見女不是女。總之夢幻空花，徒勞把捉。存曾丘公[六]，向山僧拄杖頭上七縱八横，口喃喃地所供如此，山僧所示亦如此。正恁麽時，如何委悉？[七]』卓拄杖[八]云：『即此見聞如幻翳，回觀三界若空花。』**（此段雙桂本及昭覺本在卷七，嘉本在卷五）**

【注】

一　諸本無『陞座』二字，起始均作『對靈小參。師云』六字。

二　嘉本『老大人』作『公』。

三　嘉本『見塞是塞』在『見空是空』前。

四　嘉本『其或未然』作『倘若未悟』。

五　諸本無『乃至』二字，雙桂本及昭覺本此處作『見空不是空，見塞不是塞；見君不是君，見臣不是臣，見父不是父，見子不是子，見兄不是兄，見弟不是弟』，嘉本與兩本同，但『見塞不是塞』在『見空不是空』前。

六 雙桂本及昭覺本『存曾丘公』作『存曾老大人』，嘉本作『丘公』。

七 嘉本『山僧所示亦如此。正恁麼時，如何委悉？』作『還委悉麼？』。

八 諸本『卓拄杖』作『以拄杖卓一卓』。

2．（頁一）陞座[一]。『雨落地下濕，過蟻難尋穴，天晴日頭出，歸禽易見巢。正當不晴不雨之際，非難非易之時，又[二]安任居士令先室[三]，即今[四]在甚麼處安身立命？』以拄杖卓一卓，云：『還會麼？若于此會得，便是[五]恩愛盡而生死盡，煩惱斷而佛道成；其或未然[六]，且向山僧拄杖頭上著眼[七]好，諸仁者，祇如山僧拄杖頭[八]作麼生著眼聻？極樂娑婆都并[九]却，棒頭喝下悟無生。』喝一喝，卓[一〇]拄杖下座。**（此段雙桂本及昭覺本在卷七，嘉本在卷五）**

【注】

一 諸本無『陞座』二字，起始均作『對靈小參。師云』六字。

二 嘉本『又』作『且道』。

三 諸本此後有『孺人』二字。

四 嘉本無『即今』二字。

五 嘉本『便是』前有『當下』二字。

六 嘉本『其或未然』作『若于此不會』。

七 嘉本『著眼』作『著隻眼』。

八 諸本『頭』作『頭上』。

九 『并』，同『并』，以下不出校。嘉本此字作『屏』。

一〇 嘉本『卓』前有『復』字。

3．（頁二）陞座[一]。『臘末春初萬象新，拖金垂柳弄啼鶯，乃聲乃色難遮覆，韻出令人悟本真。如是則我廣耆孫夫人，素所[二]念佛持經，操家訓子，還悟得本真也無？若也悟得，始知今日生死亦如是，苦樂亦如是，男女亦如是，恩愛亦如是，哀樂亦如是，乃至一切榮辱種種，悉[三]皆如是。』驀拈拄杖[四]，云：『既爾如是，且道即今安身立命一句作麼生道[五]？超聲越色隨他去，烏笑花吟[六]自在身。』**（此段雙桂本及昭覺本在卷七，嘉本在卷五）**

【注】

一　諸本無『陞座』二字。雙桂本及昭覺本此前仍有大段文字如下：『對靈小參。僧問：「一陽初動，天下皆春，一陽初動即不問，今沈門孫氏在甚麼處？」師云：「浩浩風波裏，明明絶去來。」進云：「如何是孫氏受用境界？」師震威一喝。進云：「恁麼則逢花遇柳逍遥去也。」師不理，乃云。』（下接『臘末春初萬象新』）嘉本無此一段，『陞座』作『對靈小參。師云』。

二　雙桂本及昭覺本『所』作『能』。

三　嘉本『悉』作『亦』。

四　嘉本『驀拈拄杖』作『拈起拄杖』。

五　雙桂本及昭覺本此後有『復卓一卓，云：「還委悉麼？」』一句，嘉本與兩本同，但『復卓一卓』作『復卓拄杖』。

六　嘉本『吟』作『唫』，通假，以下不出校。

4．**（頁二~三）**陞座[一]。『世出世法，渾無取捨，舉古舉今，了無延促，點燈籠而撞露柱，騎佛殿以跨山門[二]。昔龐居士道[三]「有男不婚，有女不嫁，大家團圞[四]頭，共説無生話。[五]」將入滅，謂靈照曰：「視日早晚，及午以報。」照遂報：「日已中矣，而有蝕也。」士出户觀次，靈照即登父座合掌坐亡，士笑曰：「我女鋒捷矣。」龐老次日亦去。其子務農，聞之，卓鋤立化。龐婆遂將夫兒骨骸荼毗畢，乃云：「者夥不唧嗰漢，都做模做樣，令人檢[六]點。我若去時，即不然也[七]。」以手指石即裂，隱身石中不見。山僧[八]看來，龐婆雖有纖塵不立之手段，而無萬法爲侣之瞥情[九]。不若我和石[一〇]孫居士，不下龐老之列，曾向妻兒老小翻龐老公[一一]案，云：「有男須婚，有女須嫁。也不團圞頭，無生豈有話？」故令先正黄氏孺人[一二]，暗會機宜，符合斯旨，脱灑灑地男也不顧、女也不憐、夫也不辭、孫也不戀，孤迥迥、峭巍巍，高出龐婆一頭地[一三]。汝等諸人，還知去處麼？若也知得，塵塵盡是寶王刹，刹刹無非選佛場。其或未然[一四]，更聽[一五]一偈：頓然了却兒孫債，忽地丢開[一六]夫婦情，撒手竟[一七]行渾不戀，曷[一八]同婆去石藏身。』**（此段雙桂本及昭覺本在卷七，嘉本在卷五）**

【注】

一　諸本無『陞座』二字，起始均作『對靈小參。師云』六字。

二　諸本此後有『者，其誰得歟？』五字。

三　雙桂本及昭覺本『昔龐居士道』作『昔龐居士夫婦，所生一男一女，家財足百萬餘，一夕志慕大道，盡情傾向湘江。深心内典，學識貫通。乃向妻兒老小道（下接『有男不婚』）』，嘉本作『昔龐居士家財百萬，志慕大道，盡情傾向湘江。深心内典，學識貫通，曾有偈云（下接『有男不婚』）』。

四　『圞』音luán，團聚意。

五　自此至『者夥不唧𠺕漢』之前，諸本差异極大，現將原文開列如下。雙桂本及昭覺本：『然而不覺緣已逮盡，告其靈昭女曰：「但且日當午，疾來報我。」靈昭應諾。見日當午，去哄父曰：「日已過矣。」父即下禪床，行至簷頭見日，其女端然晏坐而逝。父回見之曰：「者活賊，倒先我一著。」龐老次日亦去。其子務農田中，聞之卓鋤立化，單單衹剩得個龐婆一人，遂將夫兒骨骸荼毘畢，乃云（下接『者夥不唧𠺕漢』）』；嘉本作：『不覺報緣逮盡，告其女靈照曰：「視日當午，疾來報我。」靈照應諾。見日當午去哄父曰：「日已過矣。」父出户，行到簷頭視日，其女坐父座，端然而逝。父回見之曰：「我女敏捷，倒先我一著。」龐老更延七日亦去。其子務農田中，聞之，卓鋤立化。單單衹剩得龐婆一人，遂將夫兒骨骸荼毘畢，乃云（下接『者夥不唧𠺕漢』）』。

六　諸本『檢』作『簡』。

七　嘉本『即不然也』作『即不然』。

八　諸本『山僧』後有『據此』二字。
九　嘉本『瞥情』作『襟懷』。
一〇　雙桂本及昭覺本無『和石』二字。
一一　嘉本無『公』字。
一二　諸本『孺人』作『夫人』。
一三　諸本此後有『去也』二字。
一四　嘉本『其或未然』作『倘未如是』。
一五　諸本此後有『山僧』二字。
一六　嘉本『丟開』作『抛開』。
一七　嘉本『竟』作『便』。
一八　『曷』音hé，何、誰。

5．（頁三～四）孝子陳侍橋追嚴，請陞座。士問：『哀哀父母，生我劬勞，欲報深恩，昊天罔極，別有可報之門？請師的指。』師驀頭一棒，士云：『恁麼則四恩總報去也。』師云：『也要汝自肯。[一]』乃云[二]：『諸行無常，是生滅法，生滅滅已，寂滅爲樂。此四句，是我釋迦老人涅槃時說[三]，而文略義周，則包括一大[四]時教也。言諸行者何？廣則萬行，要之不出六種，即布施、持戒、忍辱、精進、禪定、智慧是也[五]。即謂之無常[六]，以何是常？莫是生滅滅已是常耶？寂滅爲樂是常耶？若以生滅滅已是常，又同有作有爲之諸行，則[七]頭上安頭[八]；若以寂滅爲樂是常，亦是無爲無作之定性，則斬頭覓活[九]。夫如是者[一〇]，殊非兩此[一一]，即寂滅而不妨熾然生滅、即生滅而不妨靈然寂滅。然寂滅者，一剎那間無生相可得、一剎那間無滅相可得，故曰寂滅。就中轉凡成聖，异世同風，無逾于此。所謂三世諸佛之所證，蓋[一二]證此也；一切衆生之所迷，迷此也。故寂滅之樂，非天上人間之樂而可喻。即今西橋長者[一三]，生前操家訓子，呼奴使婢，田園屋宅，夫婦兒女，悉是無常。及于自身眼耳鼻舌身意六根、六塵、六識，悉是生滅法。』以拄杖卓一卓，云：『正恁麼時，如何是常法？不離當處常湛然，覓則知君不可見。』**（此段雙桂本及昭覺本在卷七，嘉本在卷五）**

【注】

一　諸本缺自起始處至此之文字。

二　雙桂本及昭覺本『乃云』作『對靈小參，云』，嘉本作『小參，師云』。

三　嘉本『説』作『所説』。

四　嘉本『大』作『代』。

五　嘉本無『言諸行者何，廣則萬行要之不出六種，即布施、持戒、忍辱、精進、禪定、智慧是也。』一段。

六　嘉本『既謂之無常』作『既謂諸行無常』。

七　嘉本『則』作『則是』。

八　諸本此後有『也』字。

九　諸本句末有『也』字，嘉本『亦是無爲無作之定性，則斬頭覓活。』作『又同無作無爲之定性，則是斬頭覓活也。』

一〇　嘉本無『夫如是者』四字。

一一　嘉本『殊非兩此』作『殊不知』。

一二　嘉本無『蓋』字。

一三　雙桂本及昭覺本『西橋長者』作『祥符堂上』，嘉本作『祥符本寺』。自此後至結尾，雙桂本及昭覺本與此本完全不同，作：『「圓寂玉安禪師，圓修圓證。此個消息，今夜不妨舉似大衆，貴圖大家委悉，還委悉麼？不萌草解藏香象，無底籃能盛活蛇。」』嘉本與兩本同，但『玉安』作『玉庵』，『委悉』均作『知』。

6．**（頁四）**陞座。僧問：『如來爲破有法王，敢問和尚如何所破？』師打云：『破也。』復舉藥山久不陞座，一日院主請上堂，山默然便下座。主云：『大衆久思示誨，如何一辭不措？』山云：『經有經師，論有論師，怎怪得老僧？』『然而一佛一祖，說法豈肯恪慈？擧古擧今，事無一向。老僧亦有兩句，聊酬所請：曹山好顛酒，其毒過砒霜。來斷命根者，須將親口嘗。[一]』**（此段與本書卷三第48段同源，但取捨不同。完整文本在雙桂本及昭覺本卷四，因文本差异、削删極多，故不出校，將完整文本置于注中供參考。嘉本無此段）**

【注】

雙桂本及昭覺本卷四完整文本如下：

一宇鄭居士請上堂，僧問：『大地平沉，微塵不納，是何人境界？』師驀竪拄杖云：『直條條地絶承當。』僧竪拳云：『原來是某甲境界。』師便打，僧喝，師打云：『好喝！』僧拂袖便出。師云：『逐塊不少。』問：『世界壞，和尚如何不壞？』師云：『世界法身中。』僧喝，師便打。僧又喝，師打云：『狂狗叫。』問：『如何是佛？』師云：『你是僧。』進云：『如何是超佛越祖？』師云：『兩頭三面漢。』問：『學人幾番問話，幾番被打，今日復來乞師指示。』師便打，問：『未入門來先須知，有和尚爲破有法王。敢問和尚如何所破？』師打云：『恁麼破去。』問：『如何是學人瞎眼？』師云：『明暗不到處。』進云：『如何是學人不瞎眼？』師云：『光耀乾坤。』進云：『如何是瞎與不瞎？』師云：『拄杖頭邊別有天。』進云：『向何處安身立命？』師卓杖云：『者裏薦取。』僧繞身一匝云：『這是得來，久埋海島。非古非今，拈出刺破天下老和尚面門，未審作麼生回互？』師云：『羞殺。』進云：『刺破了也。』師云：『笑殺。』進云：『刺破了也。』師云：『重言不當吃。』乃云：『止！止！不須說！我法妙難思，諸憎上慢者，聞必不敬信。所以藥山久不陞座，一日院主請上堂，山默然良久，下座。主問：「大衆久思訓誨，今日如何一辭不措？」山云：「經有經師，論有論師，怎怪得老僧？」然而一佛一祖，說法恪慈，擧古擧今，事無一何。老僧亦有兩句，聊酬所請：曹山好顛酒，其毒過砒霜。來斷命根者，須將親口嘗。』下座。

7．**（頁四）** 金陵觀音庵，陞座[一]。師云：『觀音庵內打皷，文殊院裏上堂。塵說、刹說、熾說，無人向此承當。幸我姑蘇葉居士，爲嚴父鑒韋大人[二]春秋五十，來此營齋供衆，請山僧向人天衆前，播兩片皮，露者消息。擬欲説心、説性、説常、説斷，自有三乘十二分教，詮注不休，亦是座主露布了也。雖然[三]，畢竟山僧説些甚麼？天地玄黄、宇宙洪荒、日月盈昃、辰宿列張[四]。咦？將謂破山肚裏有甚奇特，原來祇是個《千字文》底鼻祖也。』**（此段雙桂本及昭覺本在卷六，嘉本在卷五）**

【注】

一　諸本『陞座』作『小參』。

二　雙桂本及昭覺本作『爲父鑒韋葉大人』，少一『嚴』字。嘉本無『葉大人』三字。

三　嘉本作『雖然如是』。

四　嘉本本段至此完結。

8．**（頁五）**陞座[一]。『即心即佛，頭上安頭；非心非佛，斬頭覓活。既以道恁麼也不得、不恁麼也不得、恁麼不恁麼總不得。既總不得，安有舍[二]生死而趣涅槃、離煩惱而獲解脱[三]？向者裏薦得，青青翠竹，無非般若，鬱鬱黄花，總是真如。其或未然，幾片白云横谷口，許多歸鳥盡迷巢。』**（此段雙桂本及昭覺本在卷六，嘉本在卷五）**

【注】

一　雙桂本及昭覺本『陞座』作『小參，僧問：「塵劫前事與今日事如何？」師打云：「且道是塵劫前？今日事？速道！」僧擬議，師打，乃云』，嘉本亦無此段，作『示衆，云』。

二　嘉本『安有』作『則』，無『舍』字。

三　雙桂本及昭覺本此後有『者哉』二字。此後至結尾，嘉本作『雖然如是，幾片白云横穀口，許多歸鳥盡迷巢。』

9．**（頁五～六）**陞座[一]。『者個活鱍鱍[二]處，阿誰不具那？在遺昏[三]敵散，瞠[四]眉努目，起蚤睡晚，長期短限，以了平生。所以佛祖無他，衹在動静忙閒，觸著磕著處，發明者個活鱍路頭。不見三祖到恁麼田地，便作[五]《信心銘》曰：「至道無難，唯嫌揀擇。但莫憎愛，洞然明白。」你們厭喧求静，得失取捨，死死生生，凡凡聖聖，總是揀擇[六]，如何是不揀擇底句？』良久，云[七]：『衹待來年蠶麥熟，羅侯羅兒與一文。』

（原文平抬，雙桂本及昭覺本未平抬）復舉：『玄沙[八]與保福[九]擇菜次，偶論佛法，不覺失聲一笑。沙[一〇]責云：「汝者一笑，損了許多利益。」何也？暫時不在，如同死人。保福自此確志不羣，果後[一一]聲名千古。我儂者裏，又且不然，每見兩堂雲水，終日鼓掌呵呵，也無許多損益，似[一二]超古人一頭地也[一三]。恁麼説話，也是爛泥中有刺。汝等[一四]既辦沖霄氣宇，來這裏同甘淡薄[一五]，秖欲究明生死，那有閑情作戲？得不太喪天日乎？其中縱有過量者，亦不可將人品不立，愈有高卓[一六]，愈要小心，豈不聞「如臨深淵、如履薄氷」？聖人尚爾，我安不然？必要尊乎其事，後勝于前，令人信而不誣也。苟圖活計，假衒雌雄[一七]，東去打一掌、西去築一拳，不惟自屎不覺臭，亦壞自己聲名。我儂非是有意尊大，來兄弟前作個狀頭，終日口喃喃告訴，無非衹要大家當件事做。所以[一八]玄沙坙[一九]指、香嚴擊竹、靈雲見桃花，遇境逢緣，千了百當，不是造作安排，亦非偶然特地，衹是一味胸頭礙膺處廝結不開，方有見色明心、聞聲悟道之局。不是爾輩今日三、明日四，説時似有，不説則[二〇]無，放參止静，隨境漂流，徒溷日子。我出家行脚二十年來[二一]，所作所爲，靡不受盡。雖依金粟老人往返六載，衹得一個老和尚暗識我敗闕[二二]處，其餘盡把我作個泥豬癩狗看待，終日憎嫌，終日障礙。每聞[二三]盲龜跛鱉，浩浩商量那個孤硬、那個柔弱，再不説起自己長短濶[二四]狹，爾我[二五]者裏切忌莫學者家[26]種草，了無結果之日。在我者裏祇説者裏話，雖然皃時做處，老也[27]知羞，定不是泥龍石虎，空獲其狀。但凡不倒斷處，畢竟[28]頻頻請問、數數提撕，當信時不待[29]，刹那异世。兄弟肯依我儂，結個驢年道友，何愁碓嘴不生花？還委悉麼[30]？』一衆稽首[31]，師合掌[32]，云：『道泰不傳天子敕，剛[33]刀奚取我儂頭。』**（此段雙桂本及昭覺本在卷六，嘉本在卷五）**

【注】

一　諸本『陞座』作『小參。師云』。

二　嘉本『鱍鱍』作『潑潑』，『鱍鱍』音bōbō，魚躍狀，此處應與『潑潑』同意，以下不出校。

三　雙桂本及昭覺本『昏』作『昬』，通假，以下不出校。

四　嘉本『⿰目掌』作『瞠』，『⿰目掌』音chèng，睁眼意，與『瞠』同，以下不出校。

五　嘉本無『到恁麼田地，便作』七字。

六　諸本此後有『正恁麼時』四字。

七　諸本『良久，云』作『師良久，顧視左右，云』。

八　指唐末五代玄沙師備禪師（835～908），雪峰義存法嗣。俗姓謝，三十餘歲始出家，至芙蓉山靈訓禪師處落髮，從鍾陵開元寺道玄律師受具足戒。常行頭陀，又稱『備頭陀』，咸通七年（866）參雪峰義存并嗣法，曾住福州玄沙院。

九　指唐末五代保福從展禪師（？～928），雪峰義存法嗣。俗姓陳，十五歲拜雪峰爲師，後嗣法，住漳州保福院。

一〇　諸本『沙』作『玄沙』。

一一　嘉本『果後』作『後果』。

一二　諸本『似』作『似乎』。

一三　雙桂本及昭覺本此後有『是則也似，似則未是』八字，嘉本此八字作『似則也似，是則未是』。

一四　諸本『汝等』作『兄弟家』。

一五　嘉本『淡薄』作『澹泊』。

一六　嘉本『卓』作『著』。

一七　嘉本『雌雄』作『雌黄』，『雌雄』似誤。

一八　諸本『所以』作『所以道』。

一九　『䞇』音zhì，阻塞意。

二〇　諸本『則』作『似』。

二一　諸本『二十年來』作『衹三十年』。

二二　雙桂本及昭覺本『闕』作『缺』。

二三　諸本『每聞』前有『耳邊』二字。

二四　同『闊』，以下不出校。

二五　諸本『兄弟』前有『爾我』二字。

二六　嘉本『者家』作『者般』。

二七　嘉本『也』作『來』。

二八　諸本『畢竟』作『必也』。

二九　諸本『待』後有『人』字，此句當作『時不待人，刹那昇世』。

三〇　嘉本無『還委悉麼』四字。

三一　雙桂本及昭覺本作『時西堂率衆一齊稽首』，嘉本與兩本同，但『稽首』作『禮拜』。

三二　諸本『合掌』前有『走起』二字。

三三　嘉本『剛』作『鋼』。

10.（頁七）小參。師遶禪床一帀[一]，陞座[二]，云：『會麽？于此會得便會。釋迦老人初出母胎，周行七步，目顧四方，一手指天、一手指地，云：「天上天下，唯吾[三]獨尊！」我儂今夜又且不然，雖是[四]周行一帀，何止七步？似超釋迦老人一頭地也，何則？天上天下，個個獨尊。所以道，男兒自有沖天志，不向他人行處行。其或未悉，更聽葛藤。』復云：『者個消息也，不在言端語端，說得花簇簇、錦攢攢[五]，以致無疑也。不在遇境逢緣，會得孤迥迥、峭巍巍，以當了事。惟貴二六時中，觸處生疑，有疑不決，千没奈何、萬没奈何，便是好處。然而此際或發一問、或示一機，自合搆汝到那不疑之地，始信從前恍恍惚惚、是是非非念子，都盧撇向他鄉外里去也。自然頭頭上現、物物上彰，復何難易而可較哉？寧不聞昔有一僧問巖頭[六]：「起滅不停時如何？」頭咄云：「是誰起滅？」其僧乃悟，而悟處便是不疑，不疑則是千了百當。猶香嚴之擊竹、靈雲之桃花，盡向聲色裏廓徹。如汝諸人眼底耳底，豈無如是聲色？因何不悟？觸若面牆？蓋爲祇要在別人嘴角頭吃些涕唾，胡[七]過日子。縱得飽參，智過鶖子[八]，辯似懸河[九]，亦濟得甚邊事[一〇]？』復以手拍口，云：『多說不如少說，少說不如不說，何也？諸法寂滅相，不可以言宣。』**（此段雙桂本及昭覺本在卷六，嘉本在卷五）**

【注】

一 同『匝』，以下不出校。

二 諸本無『陞座』二字。

三 雙桂本及昭覺本『吾』作『我』。

四 嘉本『雖是』作『既是』。

五 嘉本無此以下『以致無疑也。不在遇境逢緣，會得孤迥迥，峭巍巍。』一段。

六 指唐代巖頭全豁禪師（828～887），又稱清嚴禪師，德山宣鑒法嗣。俗姓柯，于長安西明寺受具足戒，曾與雪峰義存同參，後參仰山慧寂與德山宣鑒，悟後住鄂州巖頭院（洞庭湖畔臥龍山）弘法。

七 諸本作『餬』，音hú，與『糊』同，以下不出校。

八 指釋迦十大弟子之一的舍利弗（Śāriputra），又有鶖鷺子、秋露子、癀鴿子、鴝鴿子、大光等別稱。誕生時以眼似舍利鳥，取以爲名。形貌端嚴，入佛門前便已善諸技藝、通曉四吠陀、辯才無二。皈依釋迦後爲佛弟子上首，常代佛說法，在弟子中有『智慧第一」之譽。

九　諸本作『學辯懸河』。

一〇　諸本此後尚有『汝看釋迦老人道：「惟佛與佛，乃能知之。」且道他知個甚麼？衆無對。師以兩手掩面，云：「慚惶、慚惶，莫要夜長夢多。」時有僧不出衆，高聲云：「和尚莫瞞人好！」師云：「是你瞞我。」師』一段。嘉本與兩本同，且至此終結，無『師復以手拍口』一段。

11.（頁八）陞座[一]。云：『老僧撒砂撒土[二]，不覺過了百日[三]，爾等朝參暮請，恍惚又是一期。釋迦[四]尚有三七思惟，達磨[五]况乃九年面壁。今爲汝等解制[六]，且道參作麼生放？製作麼生解？還委悉麼？試看春風吹緑野[七]，應教龍象任縱横。[八]』**（此段諸本均在卷四）**

【注】

一　諸本無『陞座』二字。雙桂本及昭覺本作『譚大侯府設解制齋，師上堂』，嘉本作『解制上堂，師』。

二　雙桂本及昭覺本此句作『老僧醉生夢死』，嘉本作『老僧閑坐困眠』。

三　雙桂本及昭覺本此句作『不覺過了兩月』，嘉本作『不覺過了三月』。

四　諸本『釋迦』作『釋迦老子』。

五　諸本『達磨』作『達磨初祖』。

六　雙桂本及昭覺本此句作『今日是我譚大侯府，爲汝等諸人設放參解制齋。』嘉本與兩本同，但『今日是我譚大侯府』作『今日侯府西昆譚護法』。

七　雙桂本及昭覺本『緑野』作『埜緑』，『埜』同『緑』，以下不出校。

八　雙桂本及昭覺本此後有『下座』二字。

12.（頁八）陞座[一]。驀[二]豎拄杖，云：『者個物，明歷歷、黑漆漆[三]，上拄天、下拄地，常在動用中，動用中收不得。既收不得，且道濱源程居士，即今在甚麼處安身立命？』復[四]以拄杖卓一卓，云：『濱源居士被山僧拄杖頭[五]接引來也，汝等諸人還見麼？若也見得[六]，便見胎生、卵生、濕生、化生，有色無色、有想無想、非有想非無想，一切種中衆生安身立命處。其或未然[七]，更聽山僧[八]收因結果去也。』以[九]拄杖卓一下[一〇]，云[一一]：『擊碎惡魔諸苦趣，端然證入妙蓮心。』**（此段雙桂本及昭覺本在卷七，嘉本在卷五）**

【注】

一　雙桂本及昭覺本無『陞座』二字，作『對靈小參。師』。
二　嘉本無『驀』字。
三　嘉本無『明歷歷，黑漆漆』六字。
四　嘉本無『復』字。
五　嘉本無『頭』字。
六　嘉本此後有『便見伊安身立命處』八字。
七　嘉本『其或未然』作『其或未見』。
八　諸本『山僧』後有『與濱源居士』五字。
九　嘉本『拄杖』前多一『復』字。
一〇　雙桂本及昭覺本作『卓一卓』。
一一　諸本此後有『還委悉麼？』四字。

13．**（頁八）** 陞座[一]。『百千三昧，無量妙義，盡向一毫頭上[二]徹得根源去[三]，此是從上先德開門見山之機語[四]也。山僧今日舉似嵩環居士[五]，還徹也未[六]？若也徹去[七]，回觀三際，浩然大均。[八]』驀豎拄杖[九]，云：『見麼？』喝一喝，云：『聞麼？薦在見聞[一〇]，認賊爲子；如或不薦[一一]，將子作賊。恁麼也不得，不恁麼也不得，且道如何即得？』遂豎拂子[一二]，云：『即此見聞非見

聞，休將子賊較疎親，耳邊多少閑題目，賺我光陰十萬程。』（此段諸本均在卷六）

【注】

一　諸本無『陞座』二字，雙桂本及昭覺本作『鄒方晉追嚴。師云』。嘉本作『追嚴，小參』。

二　諸本無『上』字。

三　嘉本『徹得根源去』作『識得根源』。

四　嘉本『機語』作『語』。

五　雙桂本及昭覺本『嵩環居士』作『鄒鈞衡令先君嵩環老大人』，嘉本作『鄒方晉奉薦先嚴鈞衡老居士』。

六　嘉本『還徹也未？』作『還識也未？』

七　嘉本作『若也識去』。

八　此後雙桂本及昭覺本有『改禾莖而爲粟柄，易東土以作西方。鼻孔摩觸家風，骷髏橫于宇宙。三世諸佛得之如水投水，歷代祖師悟處似空合空。所以道在胎爲娠，出世爲人，在眼曰見，在耳曰聞。』一段，嘉本與兩本同，但『改禾莖而爲粟柄』作『變西方而爲東土』，無『所以道在胎爲娠，出世爲人』一句。

九　諸本『拄杖』作『拂』。

一〇　諸本『薦在見聞』作『若以見聞處薦』。

一一　雙桂本及昭覺本『如或不薦』作『不以見聞處薦』，嘉本與兩本同，但『以』作『于』。

一二　雙桂本及昭覺本作『遂豎拂』，嘉本作『遂豎拂子』，後尚有『喝一喝』三字。

14.（頁八～九）陞座[一]。『吾宗無語句，亦無一法[二]與人，縱有言句，不無是應病與藥。老僧[三]數次落堂，并無一個半個發問，想是其來成佛舊矣，何以故？原來佛不爲佛說。今日設齋，檀越[四]請山僧[五]爲衆露布葛藤，祇得厚著面皮，酬其所請。多說不如少說，少說不如不說，何也？是法非思量分別之所能解。』（此段雙桂本及昭覺本在卷六，嘉本無）

【注】

一　雙桂本及昭覺本無『陞座』二字，作『相宇冉居士設齋，請小參。師云』。

二　雙桂本及昭覺本『一法』作『實法』。

三　雙桂本及昭覺本『老僧』後有『前者』二字。

四　雙桂本及昭覺本『今日設齋檀越』作『今日是我設齋檀越冉居士』。

五　雙桂本及昭覺本『請山僧』作『强請老僧』。

15．**（頁九）** 陞座[一]。竪[二]拂子，云：『示[三]真實義，向此會得[四]，即我釋迦老子初出母胎[五]，一手指天，一手指地，周行七步，目顧四方，「天上天下，唯吾[六]獨尊。」乃至[七]説法四十九年，露布一大時教，亦此注脚。所以道「唯我一人而能救護，我爲法王于法自在，如我所得法，微妙最第一。」然[八]者一「我」字，的體露頭露面[九]，切莫推在聖賢分上，即人人動止施爲，非我而誰？』復拂一拂[一〇]，云[一一]：『葛藤[一二]有話無人説，付與隔林幽鳥啼。[一三]』**（此段諸本均在卷六）**

【注】

一　雙桂本及昭覺本無『陞座』二字，作『若也禪人設齋，請小參。師坐次，維那舉開經偈畢。師（下接『驀竪拂子云』）』。嘉本作『小參，若也禪人請師示真實義，師（下接『驀竪拂子云』）』。

二　諸本『竪』前有『驀』字。

三　諸本『示』作『若論』。

四　諸本『得』作『去』。

五　諸本此後有一『時』字。

六　雙桂本及昭覺本『吾』作『我』。

七　諸本『乃至』後有『成道後』三字。

八　諸本『然』作『然而』。

九　諸本此後有『了也』二字。
一〇　諸本『拂一拂』作『揮拂一下』。
一一　嘉本此後有『珍重、珍重』四字，本段即告結束。
一二　雙桂本及昭覺本『葛藤』前有『委悉麼？』三字。
一三　雙桂本及昭覺本此後尚有『下座』二字。

晚參

16．（頁九～十）師云[一]：『一向倚墻靠壁，乘虛接響，以當了事，古人不應有言「如無手人行拳，無舌人解語[二]。」所謂絶後再甦，方始欺君不得，豈非[三]心意識穿鑿卜度耶？損法財、滅功德，最惡無過心意識。大衆[四]！且道無手人作麼生行得拳？無舌人作麼生解得語？以是言之，大端教人大死一回，自薦自家境界，非借別人鼻孔出氣。如是則知，教外別傳一泒[五]好消息，盡從者裏流出，寧假墻壁影響邊熱瞞[六]？還委悉麼？過蟻難尋穴，歸禽易見巢。』（此段雙桂本及昭覺本在卷七，嘉本在卷六）

【注】

一　雙桂本及昭覺本『師云』前有『晚參』二字，嘉本無『晚參』二字、『師云』作『示衆。云』三字。
二　諸本此後有一『也』字。
三　嘉本『豈非』作『豈非爲』。
四　諸本無『大衆』二字，作『既謂無手人行拳，無舌人解語』。
五　『泒』同『派』，以下不出校。
六　諸本此後有『我也』二字，嘉本此段至此完結。

17．**（頁十）**晚參。『我儂無甚巧安排[一]，地自種兮田自栽。養了一堂禪和子，眼⿰目掌⿰目掌[二]地學癡獃[三]，所謂大智如愚，大巧若拙。咦！適才現前踣跳底是甚麼？』良久，顧視云：『不是盲龜，便是跛鱉。』**（此段雙桂本及昭覺本在卷七，嘉本無）**

【注】

一　雙桂本及昭覺本『我儂無甚巧安排』前有『師云』二字。

二　『⿰目掌』音『zhèng』，定视、直视，或作『瞠』、『⿰目掌』。

三　『獃』同『呆』，以下不出校。

18．**（頁十）**晚參。『十五日已前爲人[一]，佛所護念；十五日已後爲人，魔所攝持；正當十五日，是佛底是？魔底是？試道看。如無，莫將閑學解，埋没祖師心。』**（此段雙桂本及昭覺本在卷七，嘉本在卷六）**

【注】

一　雙桂本及昭覺本『十五日已前爲人』前有『師云』二字。嘉本『師云』作『示衆云』。

19．**（頁十）**復舉[一]『天寒人寒，大家在箇裏滴水滴凍，無甚閒工夫。庭際之人，況自覓心不得，衲衣下事，誰諳野火燒山？千重百帀没遮攔，漢去胡來絶回換。所以道「無邊刹海，自他不隔于毫端；十世古今，始終不離于當念。」大衆！且道不離當念一句，作麼生委悉[二]？鶴飛千點雪，龍起一團冰。』**（此段雙桂本及昭覺本在卷七，嘉本無）**

【注】

一　雙桂本及昭覺本無『復舉』二字，作『晚參，師云』。

二　雙桂本及昭覺本此後有『時有僧喝一喝，師云』八字。

20.（頁十）晚參[一]。『參禪無秘訣，祇要生死切，生死苟切，頭頭自是平貼。如聞報寇[二]相似，各各脅[三]次中忽起驚疑怖懼，使之于逃、動之于[四]竄，畢竟到那千里萬里無殃之地，不自平怗[五]，而自平怗矣。是以參禪之法，就中[六]不別，急于生死關頭討個活路。自然出言吐氣，定國安邦。』**（此段雙桂本及昭覺本在卷七，嘉本在卷六）**

【注】

一　雙桂本及昭覺本此後有『師云』二字，嘉本無『晚參師云』四字，而作『示衆云』。

二　諸本『寇』作『賊來』。

三　『脅』同『胸』，以下不出校。

四　嘉本『之于』作『之』。

五　雙桂本及昭覺本『怗』作『帖』，『怗』音tiē，平定、使服帖意，與『帖』通假，以下不出校。

六　嘉本『就中』作『與此』。

21.（頁十一）晚參[一]。『三世諸佛説不到處，月似彎弓，少雨多風；歷代祖師行不到處，五里一個亭，十里一個鋪。今夜[二]明上座者裏，總不恁麽。中和峰頂雲漫漫[三]，萬松關下水潺潺。』**（此段雙桂本及昭覺本在卷七，嘉本在卷六）**

【注】

一　雙桂本及昭覺本此後有『師云』二字，嘉本無『晚參師云』四字，而作『示衆云』。

二　嘉本無『今夜』二字。

三　雙桂本及昭覺本『漫漫』作『鬘鬘』，『鬘』音mán，瓔珞等裝身具（華鬘）或髮美貌。

22.（頁十一）晚參[一]。『若到親切處，莫將問來問。既不來問[二]，安知親切處？明上座又且不然，若到親切處，須將問來問，何故？從苗辨地，因語識人。』**（此段雙桂本及昭覺本在卷七，嘉本在卷六）**

【注】

一 雙桂本及昭覺本此後有『師云』二字，嘉本無『晚參師云』四字，而作『示衆云』。

二 諸本『既不來問』作『既莫將問來問』。

23.（頁十一）晚參。舉傅大士《法身頌》云：『「空手把鋤頭，步行騎水牛[一]，人從[二]橋上過，橋流水不流。」皓布裩云[三]：「此頌祇頌得法身邊事，未頌法身向上[四]。」亦頌云：「昨夜雨霶亨[五]，打倒蒲萄[六]棚，拄底拄、撐底撐，撐撐拄拄到天光，依舊可憐生。」明上座今夜喫茶，無可呈似，向我古人頌中[七]逐句下個注脚，聊酬所請。「昨夜雨霶亨[八]」，下雪又下霜；「打倒蒲萄棚」，樹動知風狂；「拄底拄、撐底撐」，賺錢不費力、費力不賺錢；「撐撐拄拄到天光」，杲日出扶桑；「依舊可憐生」，兩個是一雙。山僧恁麼注脚，也是叫屈抱贓[九]，試問衆中有理會得出者麼[一〇]？理會得[一一]，到方丈裏通個消息。』**（此段雙桂本及昭覺本在卷七，嘉本無）**

【注】

一 雙桂本及昭覺本『水牛』作『牯牛』。

二 雙桂本及昭覺本『從』作『打』。

三 雙桂本及昭覺本『皓布裩云』作『云門老人拈此頌』。『皓布裩』指北宋云門宗玉泉承皓禪師（1012～1092），俗姓王，曾于犢鼻裩（短褲）上書寫歷代祖師名諱而服之，故有此號。

四 雙桂本及昭覺本此後有一『事』字。

五 雙桂本及昭覺本『霶亨』作『霈霶』。『霶』音『pāng』，同『滂』字。

六 雙桂本及昭覺本『蒲萄』作『蒲桃』，意同，以下不出校。

七　雙桂本及昭覺本『古人頌中』作『云門老人頌中』。
八　雙桂本及昭覺本『霶亨』作『霡霶』。
九　『贜』同『贓』，以下不出校。
一〇　雙桂本及昭覺本此後尚有『現前與汝證據。如無，且將古人頌拈，理會一理會看』一段。
一一　雙桂本及昭覺本『理會得』作『理會得個下落處』。

24．（頁十一～十二）晚參[一]。『結制、解制，固是千古常規，祇以百日千日，便盡終始也。惟此脩行[二]一事，非同一説便休。但未始[三]初念、有所未契處，痛與生死二字，切之又切，便是結制。祇待將素所疑所礙物，豁然氷釋，到那不疑之地，便是解制之日[四]，詎[五]以長期短限而遂終始耶？然[六]天下叢林喧喧浩浩，以禮義者習禮義、以道德者習道德、以冤恨者習冤恨，肆口雜譚[七]以當叢林，驅賢養愚之可比耳[八]。還委悉結、解之意麼？啼得血流無用處，不如緘口過殘春。』**（此段雙桂本及昭覺本在卷七，嘉本在卷六）**

【注】

一　雙桂本及昭覺本此後有『師云』二字，嘉本無『晚參師云』四字，而作『示衆云』。
二　嘉本『修行』作『學道』。
三　雙桂本及昭覺本『但未始初念』作『但在使初念』，嘉本無『在』字。雖各有不同，但均可成立。就本書而言，『但未始初念、有所未契處，痛與生死二字』一句似可解作妄識分別陞起之前即痛下鉗槌、截斷生死瀑流。
四　諸本此後有『也』字。
五　諸本『詎』作『豈』。『詎』音jù，與『豈』同，以下不出校。
六　諸本『然』作『然而』。
七　嘉本『雜譚』作『雜談』。
八　嘉本『以當叢林，驅賢養愚之可比耳』作『驅賢養愚，莫之返耳』。

開　示

25．（頁十二～十三）僧問[一]：『弟子初入堂，乞師開示。』師云：『那裏是你初入處？』僧無語，師云：『父母未生已前、一念未舉已前是你初處？若是會得元初本體，其來成佛舊矣。』問：『十二時中，那裏是學人安身立命處？』師云：『前山後山。』僧頓足云：『在這裏。』師震威一喝[二]，僧亦喝，師云：『你也喝，我也喝，還是那個底是？』僧無語，師乃云：『此問答故所繇興[三]，則[四]扣機語也。所謂問在答處、答在問處，賓則始終賓，主則始終主，有時賓主互换，當面熱瞞。所以石頭遷禪師著《辨魔揀异偈》云[五]：「明中有暗，勿以暗相覩；暗中有明，勿以明相遇；明暗不相差，秖如前後步。」據此，以之爲問答、以之爲抑揚、以之爲縱奪、以之爲機鋒。機不活則見理未圓，鋒不利則神悟未徹。水乳相投，箭鋒相拄，非偶然事也[六]。然此事定不是今日一個問頭、明日一個問頭[七]，徒弄口唇以資談柄，必是工夫做到那極則處，轉不得身、吐不得氣，出一言、發一問，討個分曉，始適其志。又有一等[八]抱守静工，未得活鱍，將謂千了百當，以爲自得，却發一問，問雪峰[九]：「古澗寒泉時如何？」峰云：「瞪目不見底。」曰：「飲者如何？」峰云：「不從口入。」此僧不悟，更參趙州[一〇]，州云：「既不從口入，難道從鼻孔裏入？」此僧一釣便上，遂問：「古澗寒泉時如何？」州云：「苦。」曰：「飲者如何？」州云：「死。」峰聞得，乃曰：「趙州古佛！」遥望作禮，峰自此不答話。[一一]』師云：『此則公案，評量者極多，錯會者不少。都去勝負得失上較人長短，不惟埋没先聖，亦且辜負已靈。殊不知南院曾禮雪峰爲古佛，而雪峰今禮趙州爲古佛，亦是貧兒思舊債。就中諸訛，祇爲雪峰[一二]不答話處，令人難得著眼。檢點將來[一三]，二老初答話處，一個是順水推舟，一個是逆風把柁[一四]，共相維持，不外于是。衆中有具慚愧者，向雪峰[一五]不答話處著得隻眼，日食斗金非分外，其或未然，時飡粒米也難消。』

（此段諸本均在卷六）

【注】

一　雙桂本及昭覺本『僧問』前有『開示』二字，嘉本『僧問』前有『小參』二字。

二　嘉本『一喝』作『喝一喝』。

三　嘉本『此問答故所繇興』作『問答繇興』，『繇』可與『由』、『尤』通，以下不出校。

四　嘉本『則』作『乃』。

五　嘉本無『著《辨魔揀异偈》』六字。

六　諸本此後尚有『昔日南嶽讓禪師，初參六祖，祖問：「在甚處來？」曰：「嵩山來。」祖云：「甚麼物，恁麼來？」讓不契，仍歸嵩山八年。一日有個會處，復來叩六祖，祖云：「甚麼物，恁麼來？」曰：「説似一物即不中。」祖云：「還有修證也無？」曰：「修證即不無，染汙即不得。」祖云：「汝既如是，我亦如是，善自護持。」』一段。

七　諸本此後有『再一日一個問頭』七字。

八　雙桂本及昭覺本『等』作『僧』。

九　嘉本『却發一問問雪峰』作『却問雪峰』。

一〇　諸本此後有『州問：「在甚處來？」曰：「雪峰來。」州云：「雪峰有何言句？」僧理前話。』一段。

一一　諸本自『死』後作『僧後歸雪峰，舉此話，峰焚香禮趙州爲古佛，自此三年不答話。』

一二　諸本此後有『三年』二字。

一三　諸本『檢點將來』作『山僧簡點』。

一四　嘉本『柁』作『舵』，『柁』通『舵』，以下不出校。

一五　諸本此後有『三年』二字。

26．(頁十三~十四) 開示[一]。『者個事相，從者百，不如信向者一二；信向者百，不如徹證者一二；徹證者百，不如當此惡世行道者一二。然而行道者雖得一二，及乎究竟諦當處，鮮于一個半個[二]。尚未及乎古人履歷，近代且無上古䕺[三]林、上古師法、上古機會，吾儕入蜀，經今十載，雖䕺林理法不如上古，風俗漸移，稍通一線與人信、與人行，但久近之[四]，不恒篤信此道[五]，非謬也[六]。大約自負[七]本心，立志不善，往往詐名[八]頭，云[九]：「我是參禪者，我是學道者。」把句古人語，蘊在胷中，謂是本參話頭。及至登門歷户，有語無語，盡逐落花流水，抛擲腦後。故終身而無究竟[一〇]者，其病在心志之不善，非禪道之不靈驗[一一]也。若是一定有話頭與人參、有實法與人會，則初祖[一二]不知擔幾許話頭來今也[一三]。愚見[一四]，每對學人言：「遇境生疑、逢緣理會」，甚是捷當，甚是至要。胡不聞酒樓和尚[一五]聞客人唱曲云：「你便無心我也休[一六]。」忽然大悟；遠公社十八高賢内有一尊者[一七]，棄妻出家，夜夢與原妻行不净行，自揣：「彼又不曾來、我又不曾去，因何而有此事？」致疑，不待天明，忽然大豁。然[一八]從上先德如此悟證，難道定是參話頭、做工夫得耶？凡是遇境逢緣處，即是觸發，忽一觸發，便是大疑，有大疑必有大悟。參禪者務要致疑爲主[一九]，疑乃悟之因[二〇]，不疑則不悟。既是衆中信根稍具，即此不可錯過[二一]，珍重！』**(此段諸本均在卷六)**

【注】

一 雙桂本及昭覺本此後有『師云』二字，嘉本無『開示師云』四字，而作『示衆云』。

二 嘉本無『鮮于一個半個』六字。

三 『䕺』同『叢』，以下不出校。

四 諸本此後有『間』字。

五　昭覺本此後有『之故』二字。
六　諸本無『非謬也』三字。
七　嘉本『負』作『辜』。
八　嘉本『名』作『明』。
九　諸本無『云』字。
一〇　嘉本『究竟』作『成』。
一一　嘉本無『驗』字。
一二　諸本『初祖』作『達磨初祖』。
一三　諸本無『今也』二字，作『迄今也是有盡』。
一四　嘉本『愚見』作『山僧』。
一五　酒樓和尚：指樓子和尚，據傳爲平江（湖南嶽陽）人，俗姓楊，名善津，生平不明。一日偶至市肆酒樓，于其下整理襪帶，忽聞歌聲開悟。
一六　嘉本『你便無心我也休』作『你若無心我便休』。
一七　嘉本『尊者』作『高賢』。
一八　諸本『然』作『此』。
一九　嘉本無『參禪者務要致疑爲主』句。
二〇　諸本此後有『也』字。
二一　嘉本『錯過』作『蹉過』。

27．（頁十四～十五） 開示[一]。『個個眼横鼻直，人人鼻直眼横。若還取我求實，依舊可憐一生[二]。佛祖方便固多，要之不出兩種，則禪、佛是也。信得參禪及立志參禪，信得念佛及立志念佛，雖頓漸之不同，出生死心一也。苟生死心破，何容眼上更添眉、矢上更加尖[三]？勿勞久

立[四]。』**（此段諸本均在卷六）**

【注】

一　雙桂本及昭覺本此後有『師云』二字，嘉本無『開示師云』四字，而作『示衆云』。

二　諸本此後有『所以道百姓日用而不知，良可悲夫！』

三　諸本此後有『矣』字。

四　諸本『勿勞久立』前有『時寒』二字，後有『珍重』二字。

28．**（頁十五）**開示[一]。僧問：『如何是悟中迷？』師云：『錢串井繩。』進云：『如何是迷中悟？』師云：『笊籬木杓。』僧禮拜，師乃云：『錢串井繩，笊籬木杓，迷悟兩關，聖凡一著。』驀呈拄杖，云：『莫是者一著麼？不遇春風花不開，花開又被風吹落。』**（此段諸本均在卷六）**

【注】

一　嘉本無『開示』作『小參』。

29．**（頁十五）**開示[一]。『風也大，雨也大，嚴寒施主請説法，不説如何并若何，人人薦取脚跟下。大衆！且道脚跟下作麼生薦取蹔？平地喫交，石頭路滑。』**（此段雙桂本及昭覺本在卷六，嘉本在卷五）**

【注】

一　雙桂本及昭覺本此後有『師云』二字，嘉本無『開示師云』四字，而作『示衆云』。

30．**（頁十五）**開示[一]。『學道貴乎明心見性，則爲究竟處也。然而初[二]做工夫，必須先發三種心：一者信心，信自心是佛故；二者精進心，遇境不退故；三者[三]遠大豎固[四]心，畢竟克果故。

如[五]具此三心[六]就素[七]所信[八]所疑，或念佛、或誦經[九]，念佛至一心不亂，浄念相繼爲則也。參誦有經義不明、語關未透處，是話頭、是巴鼻，不可終日因循，即[一〇]行住坐臥、茶裏飯裏，無容間斷，把作一件最要緊事做。以恒心爲主，不出一動一靜，忽地裏觸發，如貧得寶、如暗得燈、如饑得食，始信佛祖[一一]不欺人[一二]、不誑語也。』**（此段雙桂本及昭覺本在卷九，嘉本在卷八）**

【注】

一　諸本無『開示』二字，而代之以標題，均作『示文靖馬居士』。

二　諸本無『初』字。

三　諸本『三者』後有『發』字。

四　雙桂本及昭覺本『堅固』後有『志』字。

五　諸本『如』作『如是』。

六　諸本『三心』後有『期生死不相干之地，了鬼神覷不破之機，必此而得也。』一段

七　諸本『素』前有『中』字。

八　雙桂本及昭覺本『信』作『得』。

九　諸本此後有『日有定課，此是漸入之門。及以』一段。

一〇　諸本『即』作『即在』。

一一　雙桂本及昭覺本無『佛祖』二字。

一二　嘉本此後有『也』字，嘉本至此完結，無此後『不誑語也』四字。

31．**（頁十五～十六）**開示[一]。『這個事人人本具，不可以男女相拘、聖凡見隔。浄躶躶、赤灑灑，無可把，渾無一物當情。如過獨木橋相似，一直向前不可左顧右盼。若作一念，萬念逐生，不惟不到彼岸[二]，要且才一舉步[三]，尚生無限怯弱想[四]。然而佛祖種種法門，不出頓漸兩途，

亦是當機信不信故。若是信得及、把得住，漸亦頓也。即日用茶裏飯裏、事物當情處，一看看破是個甚麼道理，不[五]作道理會[六]、不[七]作玄妙會，如人飲水，冷煖自知。如此[八]做去，久久愈[九]覺從前得力不得力，自[一〇]有一段光景，向人吐露不得。當此之際，正是言論[一一]不足以辯[一二]，文字[一三]不足以載[一四]，惟證者方知[一五]。』（此段諸本均在卷六）

【注】

一　諸本『開示』作『覃總府牟夫人請開示。師云』。
二　諸本『不惟不到彼岸』作『不惟到彼岸不得』。
三　諸本『才一舉步』作『初舉步』。
四　諸本『想』作『也』。
五　諸本『不』前有『一』字。
六　嘉本『會』作『解』。
七　諸本『不』前有『一』字。
八　諸本『如此』前有『功夫』二字。
九　嘉本『愈』作『自』。
一〇　嘉本『自』作『别』。
一一　雙桂本及昭覺本『言論』作『文字』，嘉本『言論』作『名字』。
一二　諸本『辯』作『載』。
一三　諸本『文字』作『言論』。
一四　諸本『載』作『辯』。
一五　諸本此後有『也』字。

32.（頁十六）開示[一]。『勿論[二]久近參方[三]，見人不見人，祇要識法者，懼不在快口頭、資談柄、鬪百草機，多一句爲勝[四]。上古雖有施設，應病與藥[五]，總不是本分家作用。若是個[六]徹法源底，在言句，言句中痛快；在棒喝，棒喝中痛快，本一活物，何拘彼此？爲我濟北老古錐，見時人[七]在言句[八]，不根其旨，獨以棒喝接機，無容湊泊，如擊石火，似閃電光，當下要人瞥地。[九]』遂起身，拽杖歸方丈。（**此段雙桂本及昭覺本無，嘉本在卷六**）

【注】

一　嘉本『開示』作『示衆云』。

二　嘉本『勿論』前有『學道』二字。

三　嘉本此後有『不參方』三字。

四　嘉本此後有『也』字。

五　嘉本此後有『也』字，『也』後尚有『近日執藥而成病也』一句。

六　嘉本『若是個』作『若是個漢』。

七　嘉本『時人』作『人』。

八　嘉本此後有『中』字。

九　嘉本此後作『説及此，大休法師至，師起身云：「道也好個消息，何也？葛藤有話無人説，付與隔林幽鳥啼。」』無『遂起身，拽杖歸方丈。』一句。

破山禪師語録卷第四終

破山海明禪師語録卷第五

明成都府嗣法門人通醉等編

廣録

1.(頁一)『自我[一]鼻祖[二]一花五葉，雙桂[三]昌昌已來，竟無餘花鬪麗。今夜明上座不忍杜口去也，亦説兩句，聊爲點景。且道是那兩句聻？荷盡了無擎雨蓋，菊殘猶有傲霜枝。』**(此段諸本均在卷六)**

【注】

一　雙桂本及昭覺本『自我』前有『師入堂云』四字，嘉本有『示衆師云』四字，嘉本『我』作『當年』。

二　諸本無『鼻祖』二字。

三　嘉本『雙桂』作『二株嫩桂』。

2.(頁一)僧問[一]：『子啐母啄時如何？』師云：『哩囉、哩囉。』僧禮拜，師乃云：『打起精神莫放寬，一錐錐定衹教穿，若無疋[二]馬單刀力，一月工夫又枉然。』問：『如何是疋馬單刀句？』師驀面一掌，便出，歸方丈[三]。**(此段諸本均在卷六)**

【注】

一　雙桂本及昭覺本『僧問』前有『師入堂』三字，嘉本『僧問』前有『示衆，師入禪堂』六字。

二　諸本『疋』作『匹』，『疋』此處讀作『pǐ』，通『匹』，以下不出校。

三　嘉本『便出，歸方丈』作『便歸方丈』。

3.（頁一～二）師云[一]：『山僧連日病倦，不能依時及節爲衆打葛藤。今因衆居士乞開示生死關頭一著子，然[二]者著子千聖共遊，祇争迷悟，迷則爲凡、悟則成聖，有何難易而可較哉？昔龐居士捨了百萬家財學出世法，一日對妻云：「難！難[三]！十擔[四]油麻樹上攤。」妻云：「易！易[五]！百草頭上祖師意[六]。」女靈照云：「也不難、也不易，飢來喫飯困來睡[七]。」諸兄弟，看[八]此三人出手眼處，如鼎之[九]三足，缺一不可。渠謂[一〇]百草頭祖師意[一一]，非推之使易耶？飢來飯、困來眠[一二]，非推之使難耶？無非祇在就裏一著上悟徹。又如初祖[一三]，觀得此土有大乘根器，特特航海而來。見梁武帝素所好佛教[一四]，嘗對四衆講演，獨談第一義諦，以爲極則。所以問[一五]：「如何是聖諦第一義？」磨云：「廓然無聖！」帝曰：「對朕者誰？」磨云：「不識。」帝不契，吾祖自此折蘆渡江，面壁少室。後慧可大師立雪斷臂，問及安心之旨，謂之「教外別傳，直指人心，見性成佛。」據可大師問：「某甲心未寧，乞師安心。」祖曰：「將心來，與汝安。」大師道：「覓心了不可得。」祖曰[一六]：「與汝安心竟。」何曾直指個心來耶[一七]？六祖謂：「道個直，早已曲了。」蓋證[一八]人人本具、各各不無底一[一九]著子[二〇]。非[二一]有個別關頭、別歧路，使人分心取捨、分心欣厭，就是佛祖樹此多門，到家是一。而[二二]念佛念此心、持呪護此心、參禪悟此心、看教辨此心[二三]。此心此志，非不悟、非不固[二四]，爲[二五]因無始已來習氣薰染，障蔽本明，不得受用。故勞佛祖示一機、一境、一言、一句，要人當下氷釋，生死關頭不入輪迴，六道受胎，微形苦楚萬狀[二六]，祇得與爾我做個通事舍人，非是渠有不了之局。』以拄杖舉起[二七]，召大衆，云：『祇此一物，喚作甚麼？喚作拄杖[二八]則觸，不喚作拄杖[二九]則背，不可有言[三〇]，不可無語，畢竟喚作甚麼？[三一]』以拄杖[三二]擲地，云：『依舊。』（此段雙桂本及昭覺本在卷六，嘉本在卷五）

【注】

一　雙桂本及昭覺本『師云』作『師入堂云』，嘉本作『示衆云』。
二　諸本『然』作『然而』。
三　諸本均爲三個『難』字。
四　嘉本『擔』作『石』。
五　諸本均爲三個『易』。
六　諸本『百草頭上祖師意』均作『跳下床來脚踏地』。
七　諸本『饑來喫飯困來睡』均作『明明百草頭，明明祖師意。』
八　諸本『看』前有『汝』字。
九　諸本無『之』字。
一〇　諸本『渠謂』後有『明明』二字。
一一　諸本無『祖師意』三字。
一二　諸本『饑來飯困來眠』作『明明祖師意』。
一三　雙桂本及昭覺本『初祖』作『我碧眼初祖』，嘉本作『我達磨初祖』。
一四　諸本此句作『遇見梁武帝，帝素所好佛教』。
一五　諸本『所以問』後有『達磨大師云』五字。
一六　諸本『曰』作『云』。
一七　嘉本無『耶』字。
一八　雙桂本及昭覺本此後有『之』字。
一九　諸本『底一』作『者』。
二〇　諸本此後有『耳』字。

二一　諸本此後有『證之』二字。
二二　嘉本無『而』字。
二三　自『而』後雙桂本及昭覺本作『念佛亦念此心也、持咒亦護此心也、參禪亦悟此心也、看教亦辯此心也。』嘉本各句無『亦』字。
二四　嘉本無『此心此志，非不悟、非不固』一段。
二五　嘉本『爲』作『此心』。
二六　嘉本無『受胎微形，苦楚萬狀』八字。
二七　諸本『以拄杖舉起』作『以如意舉起』。
二八　諸本『拄杖』作『如意』。
二九　諸本『拄杖』作『如意』。
三〇　嘉本『不可有言』作『不可有語』。
三一　諸本此後有『倘衆中有會得者，與山僧通個消息。如未會得。』一段。
三二　諸本『拄杖』作『如意』。

4．（頁二~三）師云[一]：『打底不是坐，參底不是禪。快活日子不過，逐日思想成顛。所謂離心意識，參絶凡聖路。學爾輩所參，不能徹悟者，即[二]冬瓜禪，一味儱侗[三]。進堂將期[四]一月，東聽西聽[五]，胡思亂想，法法頭頭，没處著落。遂爾和身放下，又成黄楊[六]木禪，死墩墩地也。山僧不忍坐視，舉則古人機緣與諸兄弟作個啞迷猜猜看。昔鼓山[七]赴閩王請，雪峰門送回，曰[八]：「一隻聖箭[九]，直射[一〇]九重城裏去也。」時太原孚上座[一一]云：「待某去勘過始得[一二]。」遂[一三]趕至中路[一四]，問：「師兄向甚麼處去？[一五]」山曰[一六]：「九重城裏[一七]。」孚曰[一八]：「忽遇三軍[一九]圍繞時如何？」山曰：「他家自有通宵路。」孚曰：「恁麼則離宮失殿去也。」山曰：「何處不稱尊？」孚拂袖便回[二〇]，舉似峰[二一]：「好隻[二二]聖箭，中路[二三]折却了也。」峰曰：「奴渠語在[二四]。」孚曰：「老凍儂猶有鄉情在。」』師召大衆，云：『且道那裏是皷山折箭處？試猜猜看，猜得著，到方丈裏通個消息。』**（此段雙桂本及昭覺本在卷六，嘉本在卷五）**

【注】

一　雙桂本及昭覺本『師云』作『師入堂云』，嘉本作『示衆云』。

二　嘉本『即』作『爲是』。

三　『儱侗』與『籠統』同，以下不出校。

四　嘉本『期』作『近』。

五　嘉本『東聽西聽』前有『不肯自叩已躬下事，衹管』一段。

六　嘉本『楊』作『秧』。

七　皷，音『gǔ』，同『鼓』，以下不出校。皷山：指唐末五代皷山神宴禪師（860～936），又稱聖宴國師、興聖國師等，俗姓李，河南開封人，十三歲出家。行脚各地，參雪峰義存禪師，了然徹悟，嗣其心印。後應王延彬（886～930）請，住皷山湧泉禪院弘法。

八　諸本『門送回曰』作『上堂云』。

九　雙桂本及昭覺本『一隻聖箭』作『好失聖箭』，嘉本作『好一失聖箭』。

一〇　諸本『直射』作『射入』。

一一　太原孚上座：唐末五代高僧，雪峰義存法嗣。初在揚州光孝寺講《涅槃經》，受一禪僧指點，夜聞皷角聲契悟。後參雪峰，深受器重。

一二　諸本『待某去勘過始得』作『待某甲勘驗過始得』。

一三　諸本無『遂』字。

一四　諸本『路』作『途』。

一五　諸本作『師兄向甚麼處去？』作『師兄往那裏去？』

一六　諸本『山曰』作『山云』，此段後文同，不重復出校。

一七　諸本此後有『去』字。

一八　諸本『孚曰』作『孚云』，此段後文同，不重復出校。

一九　諸本『三軍』作『四兵』。

二〇　諸本『便會』作『而歸』。

二一　諸本『舉似峰』作『舉似雪峰云』。

二二　諸本『隻』作『矢』。

二三　諸本『路』作『途』。

二四　諸本『奴渠語在』作『他有後語在』。

5．**（頁三）** 師云[一]：『凡初做工夫，切不可忙舉話頭念來念去，念得疲勞厭倦便打退鼓，謂是禪道佛法没靈騐[二]。所以古人道：「休去歇去、寒灰枯木去、古廟香爐去、一條白練去。」然後發大疑情，此疑情者，或是經教有所未明，公案有所未透，即此不明不透處，便是本參話頭。頓在面前，微著眼覷，忽地裏覷破素所疑所礙[三]者，則不倒斷而自倒斷矣[四]，曷足著著問人[五]？然[六]爲初機說，久[七]經煆煉者，未若不繇此[八]。還會麼？不因樵子徑，爭到葛洪家？』

（此段雙桂本及昭覺本在卷六，嘉本在卷五）

【注】

一　雙桂本及昭覺本『師云』作『師入堂云』，嘉本作『示衆云』。

二　騐同『驗』，以下不出校。

三　嘉本『素所疑素所礙』作『素所礙素所疑』。

四　諸本『矣』作『也』。

五　諸本此後有『哉』字。

六　諸本『然』作『然而，雖是』。

七　諸本『久』前有『其』字。

八　諸本『此』后有『也』字。

6．(頁四～五) 師落堂。僧問[一]：『大道祇在目前，要且目前難覩。既在目前，爲甚麼難覩？』師舉起拄杖[二]，云：『是甚麼？』進云：『拄杖。』師云：『未夢見在。』進云：『和尚作麼生？』師云：『你眼瞎。』僧禮拜。師乃云：『者件事如金屎法相似，不會如金、會者如屎。所以當時有一僧問古德：「如何是佛？」德云：「我欲向汝道，祇恐汝不信。」僧云：「和尚誠言，安敢不信？」德云：「即汝便是。」其僧悟去。如高峰大師在學地時，盡平生伎倆一一搬弄，話頭換了多少？初淨寺掩關，立死限學禪，排昏擯散，無不經驗過來，祇是胸中没個灑落處。後因夢寐之際，忽然舉起「萬法歸一、一歸何處？」，似有疑情結構，偶于壁間見五祖演《真贊》[三]曰：「百年三萬六千日[四]，反覆[五]元來是者漢。」便有少分相應，就去與人機鋒轉語，被[六]雪巖欽[七]問著：「汝日間浩浩[八]作得主麼？」曰：「作得主。」「夢寐中作得主麼？」曰：「作得主。」「正睡[九]無夢時，主人公[一〇]在甚麼處？」峰無對。欽曰：「我也不要你參禪，不要你學道，但祇饑來喫飯，困來打眠，必要[一一]曉得者著子方休。」峰自此仍是五年，一日被鄰僧[一二]推枕子墮地，忽然[一三]大悟，方曉前非。而今兄弟家豈不如古人耶？斯時也有利者、也有鈍者，适才者一隊[一四]朗當漢，齊來問話，一個竪拳，一個彈指，似古人乎？不似古人乎[一五]？一個是冬瓜直儱侗，一個是瓠子曲彎彎。雖道目前無法，意在目前，祇如我與衆同處一堂，同一眼見，同一耳聞，同一寂静，祇是各人肚裏明白，所謂「如人飲水，冷暖自知。」就是三世諸佛、歷代祖師、天下老和尚遞相出興，千方百計，無非祇要各人曉得，如《法華經》云：「若人曉了此，諸佛世之師。」』（此段諸本均在卷六）

【注】

一　雙桂本及昭覺本『師入堂。僧問』作『師入堂。問』，嘉本作『小參。僧問』。

二　諸本『拄杖』作『念珠』，此段下文同，不重復出校。

三　真贊，指肖像之上的題贊文字。

四　嘉本『日』作『朝』。

五　雙桂本及昭覺本『覆』作『復』。

六　諸本『被』前有『却』字。

七　雪岩欽：雪岩祖欽禪師（1216～1287），宋末元初臨濟宗高僧，無准師範（1178～1249）法嗣，浙江婺州（金華）人，一説福建漳州人。五歲出家，十八歲行脚天下，遍参名宿，無所發明。後参無准師範禪師于徑山，嗣法座下。

八　諸本『浩浩』後有『裏』字。

九　嘉本『睡』後有『著』字。

一〇　嘉本『主人公』作『主』。

一一　雙桂本及昭覺本『必』作『畢』，嘉本作『畢竟要』。

一二　諸本無『被鄰僧』三字。

一三　諸本『忽然』作『豁然』。

一四　雙桂本及昭覺本『隊』作『對』。

一五　諸本此後有『似則也是，是則未似』八字。

7．（頁五～七）師入堂。默坐[一]，維那云：『有問話者麼[二]？』師驀拈鐘槌，云[三]：『者個棒棒見血。』復[四]良久，衆無出。師云：『打退不如駭[五]退好。』遂[六]舉秘魔禪師[七]終日擎一木[八]叉，凡有衲子來參，便一叉叉住，云：『道得也叉下死，道不得也叉下死，速道！速道！』如此數年，罕有契其機者。後一衲子先去將叉藏過，詣前作禮，師拈叉不見[九]，其僧呵呵云：『原來見解祇如此。』『據我儂判斷，秘魔老人原在者根[一〇]叉上作話計，幸[一一]者僧[一二]也善斑[一三]門弄斧。今[一四]我儂手中鐘槌亦是借底，倘有討去時，豈不是猢猻入布袋[一五]？』遂放下[一六]。驀竪拳，云：『還有者個不從人借。若論者個，人人本有、各各不無，祇緣一向被生言熟語縛定，不得自繇[一七]，甚是恍惚。欲做做他不上，欲放放他不下，寓[一八]喜被喜縛、寓怒被怒縛、寓哀被哀縛、寓樂被樂縛、寓聖被聖縛、寓凡被凡縛、寓生死被生死縛、寓涅槃被涅槃縛，總之聖解凡情，一向認爲實法。殊不知聖解凡情本一靈妙，活鱍鱍地，不見有生有死、有凡有聖；死逼逼地，亦不見有生有死、有凡有聖。這點靈妙所在，向汝諸人説來總是無用，須是各人二六時中自去看破始得，所謂「從緣悟入、永不退失。」我儂此説，亦不可無[一九]，何謂也？有一向用心，苦苦切切、無計奈何者，忽聞便覺安穩。如人負擔上山，到了十里二十里，亦復不知還有多少里數[二〇]，忽遇一人向伊道：「好了[二一]，秖有一里半里[二二]。」其人雖未到家，便覺胸頭肩上輕了一輕。我在學地時，甚是快活、甚是自在，不料做了今世後人[二三]之師[二四]，比做學者時愈難[二五]。願衆兄弟各各發大心、奮大志，盡此一期，將胸中者點恍惚處氷消瓦解，遍界光揚祖道，得不慶快平生[二六]？是則雖是，還有一種疑處，一發向汝諸人説破。自古聖人悟道者甚多，出世利生者間有幾人而已。定不是必要開堂説法方爲了事，豈不聞古人道「松花[二七]若有霑春日，根在深巖也著開。」然開堂説法，一要福緣偶湊、夙生願力，不期然而然者，永無他患。我儂雖在者裏，無奈一衆所推亦是牽强[二八]，幾欲尋把茆蓋頭以作逸老完事，蓋緣金粟老人之囑猶其不了，衹得在此鼓兩片皮遭人檢點，欲棄衆則棄諸佛也。雖然一番絡索，也是棒打石人頭，嚗嚗論實事。珍重！[二九]』（此段諸本均在卷六）

【注】

一　雙桂本及昭覺本『師入堂默坐』作『師一日入堂，惟坐不言』，嘉本作『示衆。師入禪堂坐次』。

二　諸本『有問話者麼？』作『有問話者出衆問話。』

三　諸本『云』前有『舉起』二字。

四　嘉本無『復』字。

五　諸本『駭』作『嚇』。

六　諸本『遂』作『復』。

七　指唐代木叉和尚（817～888），俗姓陰，荊州永泰靈湍禪師法嗣，居五臺山秘魔巖，常持一木叉，以此打斷參訪者葛藤。

八　諸本『木』作『鐵』。

九　雙桂本及昭覺本『師拈叉不見』作『師遂拈叉不見』，嘉本作『秘拈叉不見』。

一〇　嘉本無『老人原在者根』六字，作『原衹在』三字。

一一　雙桂本及昭覺本『幸』後有『喜』字，嘉本無『幸喜』二字。

一二　諸本『僧』前有『個衲』二字。

一三　諸本『斑』作『班』。

一四　諸本作『今日』。

一五　諸本此後有『雖然如是』四字。

一六　諸本無『遂放下』三字。

一七　雙桂本及昭覺本此後有『處』字。

一八　嘉本此段『寓』均作『遇』，以下不重復出校。
一九　嘉本『亦不可無』作『亦是隨宜方便』。
二〇　雙桂本及昭覺本此後有『到家一般』四字，嘉本與兩本同，但無『一般』二字。
二一　諸本此後復有『好了』二字。
二二　雙桂本及昭覺本此後有『便是了』三字，嘉本作『便是家了』。
二三　諸本『後人』作『後世人』。
二四　諸本『師』作『師範』。
二五　諸本『比做學者時愈難』作『亦如做學者時愈難』。
二六　諸本此後有『者哉』二字。
二七　諸本『松花』作『群花』。
二八　諸本此後尚有『所以是是非非，煩煩惱惱』十字。
二九　嘉本『珍重』後還有一『珍重』。

8.**（頁七）**衆作禮請開示[一]，時維那指一僧詣前[二]，禮一拜[三]，師驀頭一踏，云：『爲汝諸人開示了也。』便出，歸方丈。**（此段諸本均在卷六）**

【注】
一　雙桂本及昭覺本『衆作禮請開示』前有『師入堂』三字。
二　雙桂本及昭覺本『時維那指一僧詣前』前有『師座次』三字。
三　嘉本至起始處至此原文爲『師入堂坐次，時維那指一僧詣前作禮，乞開示』。

9.**（頁七）**示僧[一]：『參禪與念佛，殺人并劫物，善惡總繇之，惟是一心做。世人悟一心，不入二歧路。天堂尚偶然，地獄豈悠固？祇因取捨中，生起輪迴處。咦[二]！試看山僧拄杖頭，

本無迷也本無悟。』（此段雙桂本及昭覺本在卷六，嘉本在卷五）

【注】

一　雙桂本及昭覺本無『示僧』二字，作『師至嘉善縣大勝寺，居士等請念佛參禪法要，遂示偈曰』，嘉本與兩本同，但此段作『到嘉善縣大勝寺，衆居士請教念佛參禪法要，師曰』。

二　嘉本無『咦』字。

10．（頁七～八）師[一]舉：『臨濟在黄檗處[二]，三度問佛法的的大意，三度被打，于中放不過處，氣悶殺人。指參大愚[三]，輕輕點破，忽地揑拳揮掌，誰當其鋒？方是知痛癢漢。若今兄弟家被我棒頭打處[四]，不根其旨，亂去卜度。言知痛癢，目在打處爲痛[五]，單看痛底是誰？可憐生將我祖者根[六]棒委曲如是。若以此[七]打處言知痛癢者，古德有言：「未跨船[八]舷，早與三十棒了也；未動脚根，早喫棒了也；未開口前，早與三十棒了也。」且道者個痛癢又作麼生？知之難道也好，去打處痛處云知痛癢耶？所謂知痛癢者言，識法者懼，凡在言語上、機境中識得根源處，謂是知痛癢漢。所以黄蘗參馬祖，不料祖遷化，旁[九]參百丈，問曰：「馬大師生前有何言句示人？」丈舉自[一〇]參馬祖因緣：「與我一喝，祇得三日耳聾。[一一]」蘗當下吐舌，丈曰：「子莫承嗣馬祖去？」蘗云：「今日因師舉，得見馬祖大機之用，我若承嗣伊，則喪我兒孫。」丈云：「智與師齊，减師半德；智過于師，方堪傳授。」兄弟，你看者個榜樣，還是從打處痛處參究知痛癢耶？不從打處痛處參究知痛癢耶？還是從喝處耳聾處知痛癢耶？不從喝處耳聾處知痛癢耶？試卜度看。今日不禁口業，分疏長短，蓋緣我輩做禿居士者[一二]不識好惡、錯會猶甚[一三]，下底注脚耳。還有一等，不惟不達此意，反生毀謗者[一四]，想是輩[一五]難恠其愚，豈不聞「真銀不通世用、真人難以應跡、真言不無逆耳？」古德[一六]云：「我若[一七]一向舉揚宗乘中事[一八]，法堂前草深一丈。」良有以也[一九]。」**（此段雙桂本及昭覺本在卷六，嘉本在卷五）**

【注】

一　雙桂本及昭覺本『師』作『師入堂』，嘉本作『小參。師云』嘉本無『舉』字。

二　嘉本無『處』字。

三　大愚，指唐代洪州高安大愚禪師，歸宗智常禪師（765～870）法嗣，臨濟曾往參問。

四　嘉本『處』作『著』。

五　嘉本『爲痛』作『痛處』。

六　嘉本『根』作『條』。

七　嘉本無『此』字。

八　雙桂本及昭覺本『船』作『舡』，『舡』與『船』同，以下不出校。

九　嘉本『旁』作『遂』。

一〇　嘉本『舉自』作『自舉』。

一一　嘉本作『我被他一喝，秖得耳聾三日。』

一二　嘉本無『者』字。

一三　嘉本『甚』有『者』字。

一四　嘉本無『者』字。

一五　嘉本『想是輩』作『此輩』。

一六　雙桂本及昭覺本『古德』前有『所以』二字。

一七　雙桂本及昭覺本無『若』字。

一八　嘉本『宗乘中事』作『宗教』。

一九　雙桂本及昭覺本作『良有是也』。諸本此後尚有『珍重！珍重！』四字。

11．(頁八～九) 師云[一]：『古人道「三朝一七，克期取證。」你們在堂七日過矣[二]，曾取證也未？』一衆無語。師云：『八十翁翁入場屋，真誠不是小兒戲[三]。而今你[四]輩不得自繇者，其過有三：一者，自恃聰明，法法頭頭一覽便會，及至臨機目瞪口呿[五]，過在依他作解，塞自悟門；二者，硬枯枯[六]地盡力主張，逢人便逞口頭滑，以爲千了百當，及至遇一智人，面前却云不會，過在見識不清，意志恍惚；三者，領一話頭當座靠山相似，總不信人長言短語，祇以自謂是做工夫者，見別人喧喧鬧鬧，恨不得深藏遠遯，世不面人，及至搬弄數十年來，依然是個村夫俗子，過在執著取勝，易便信受。如是種種説心説性、説常説斷、説道理自契、説玄妙自證者[七]，盡是野狐精見解，須向三千里外盡淨吐却，方來東塔門下吃痛棒也。』**（此段雙桂本及昭覺本在卷六，嘉本在卷五）**

【注】

一 雙桂本及昭覺本『師云』作『師入堂，云』，嘉本作『示衆。云』。

二 嘉本作『你們在堂七日矣』。

三 諸本『戲』作『嬉』。

四 嘉本『你』作『爾』。

五 『呿』音qū，張開意，以下不出校。

六 嘉本『硬枯枯』作『硬赳赳』，『赳』音jiū，與『赳』同，武勇有力狀，以下不出校。

七 嘉本『説道理自契，説玄妙自證者』作『説道理説玄妙，自契自證者』。

12．(頁九) 師云[一]：『言無展事，句不投機，承言者喪，滯句者迷。此是古人板齒生毛，痛爲今時分星撥兩下底注脚。山僧曾恁麼分疏一上，始得不承言、不滯句，活鱍鱍地如珠走盤，更無留礙[二]。大衆！且道[三]還有商量也無？』衆無語[四]，師顧視[五]云：『赤眼撞著火柴頭。』**（此段雙桂本及昭覺本在卷六，嘉本在卷五）**

【注】

一　雙桂本及昭覺本『師云』作『師入堂，云』，嘉本作『示衆。云』。

二　嘉本無『更無留礙』四字。

三　諸本『且道』後有『山僧恰古人處』六字。

四　雙桂本及昭覺本作『一衆無語』。

五　諸本作『顧視』後有『左右』二字。

13．**（頁九）**師云[一]：『齩[二]定牙關捏定拳，非思量處自蕭[三]然，諸人個裏合如是，誰懼閻羅算飯錢。大衆！還有恁麼人麼？如無，有寒暑兮促君壽，有鬼神兮妬君福。[四]』復云[五]：『個個脚跟點地，驢前馬後；人人鼻孔遼天，馬後驢前。堂中坐底心冷，門外立底腿酸。參！』

（此段諸本均在卷六）

【注】

一　雙桂本及昭覺本『師云』作『師入堂，云』，嘉本作『示衆。云』。

二　『齩』音『yǎo』，同『齩』，以下不出校。

三　嘉本作『蕭』作『瀟』。

四　嘉本無『如無，有寒暑兮促君壽，有鬼神兮妬君福。』一段。

五　嘉本『復云』前有『良久』二字。

14．(頁九～十一) 師寓金陵觀音庵。有松谷禪者持聚雲吹萬《小參》[一]，謂從上古人，單教明心見性便是的當，次叱五家宗旨、污却古人面目，爲自屎不覺臭。又叱今時有據者[二]妄行棒喝等事。『病僧披覽過，不覺痛淚如雨，孰料老胡絶望之日近矣。嗚呼[三]！法本無弊[四]，蓋[五]羊鹿牛馬[六]之器不一也，固不得不饒舌以救將來，害及不細，誠非彼此人我之謂歟[七]！渠謂明心見性爲當，試問心是何形？性是何物？或[八]以心性是無，則不應言飯是米做；心性是有，則法法頭頭不外于是[九]，如是則知米飯、心法一也，達一而不外五家者明矣。又[一〇]謂行棒行喝以至五位君臣者盡是窠臼、是分别、是取捨，敢保渠未夢見也。若夢見，必不謂棒者拄杖子也，如是古人不應曰：「先照後用，先用後照，照用同時，照用不同時。」又云：「喚作拄杖子則觸、不喚作拄杖子則背。」又云「你有拄杖子，與你拄杖子；你無拄杖子，奪你拄杖子。」又僧參一老宿，入門便棒，進云：「打豈慈悲耶？」忿然而[一一]去，老宿云：「你作打會那？[一二]」其僧乃悟。然古人縱奪非止一端[一三]，有持木叉者、有持竹篦者、有持弓箭者、有持刀劍者，難道盡是六祖擊碓頭三下始當？時擊碓頭[一四]乃杖，非弓箭刀劍之種種。渠謂是窠臼、是分别、是取捨，則古人大機大用、脱羅籠出窠臼、虎驟龍驤、星馳電激、轉天關、回地軸，負衝天意氣，用格外提持，悉成剩語[一五]。又謂拂者，先儒譚經麈尾也，如是馬祖不應召百丈云：「與我拿拂子來。」丈拿至，遂舉起云：「即此用、離此用。」丈于是悟去[一六]。儒之所用麈尾，意有辨[一七]别然，麈鹿在群鹿中居尊，以尾東拂，則群鹿隨之于東，以尾西拂，則群鹿隨之于西，故儒者用表指揮群徒，亦繇[一八]是也。然而儒家用、祖家用，尚隔天淵，寧混同一意[一九]耶？又謂喝者「咄咄聲」也，如是古人不應有言：「我有時一喝，如金剛王寶劍；有時一喝，如踞地師[二〇]子；有時一喝，如探竿影草；有時一喝不作一喝用。」又云：「一喝分賓主[二一]、一喝分五教。」難道也是馬祖一喝之[二二]始？當時百丈被喝則[二三]耳聾三日，其餘一喝分賓主、五教、寶劍、師[二四]子、探竿者何耶？又謂圓相者馬鳴所現日輪也，如是古人不應變爲九十七種，目爲圓相、暗機、義海、字海、意語、默論，種種不一者，難道也是馬祖送道欽書始？當時祇有馬鳴所現日輪，何得又有各樣差別者？何耶？如渠實未夢見，自是弄精魂漢，何冤先代爲窠臼、爲分別、爲取捨？悲夫！先代立意，各從悟證處，百計千方直指迷流，圓契此事，不可執一而無餘、執餘而無一，所謂「一有多種，二無兩般」者是也。渠意以一而不餘，餘則爲窠臼、爲分別、爲取捨，正是一眼之龜值浮木孔，千聖尚訶，安用病僧今日如是口業耶？祇因渠是師子身中蟲、反喫師子身中肉，恐[二五]去聖時遥，中渠毒[二六]而上辜先聖、下負已靈，不得不以是告[二七]。』**（此段雙桂本及昭覺本無，嘉本在卷二十）**

【注】

一　嘉本字起始處至此作『松谷禪人乃忠南聚云吹萬徒也，持聚云《小參》紙一幅，中有數言』。

二　嘉本『有據者』作『授受有據，明眼行道者』。

三　嘉本『嗚呼』後有『此害不細，不得不饒舌，以救將來。』一句。

四　嘉本『法本無弊』作『蓋法要無弊』。

五　嘉本無『蓋』字。

六　嘉本無『馬』字。

七　嘉本無『固不得不饒舌以救將來，害及不細，誠非彼此人我之謂歟。』一句。
八　嘉本『或』作『若』。
九　嘉本此後有『信夫，飯出于米，米豈外飯乎？法出于心，心豈外法乎？』一段。
一〇　嘉本『又』前有『而』字。
一一　嘉本『而』作『欲』。
一二　嘉本『那』作『耶』。
一三　嘉本『然古人縱奪非止一端』作『上古目爲道具在人，持捉非止一端』。
一四　嘉本此後有『三下』二字。
一五　嘉本此後有『也』字。
一六　嘉本自『先儒談經麈尾也』至『儒之所用麈尾』之間作『如是則百丈再參馬祖，祖不應舉起拂子，丈云：「即此用、離此用。」祖掛拂舊處，祖又問丈曰：「子已後將何爲人？」丈取拂子舉起，祖曰：「即此用、離此用。」丈掛拂子，祖便喝，丈大悟。』
一七　嘉本『辨』作『辯』。
一八　嘉本作『猶』。
一九　嘉本『意』後有『也』字。
二〇　嘉本作『獅』。
二一　嘉本『賓主』後有『又云』二字。
二二　嘉本無『之』字。
二三　嘉本無『則』字。
二四　嘉本『師』作『獅』字。
二五　嘉本『恐』字後有『將來者』三字。
二六　嘉本『毒』後有『藥』字。
二七　嘉本『不得不以是告』作『切以是而告諸云』。

問答機緣

15.（頁十二）石帆岳司馬[一]問法臈[二]多少，師竪一拳，岳頓然赤色，曰：『我東南水窟地方，人民老實，莫在這裏惑亂人！』師云[三]：『貧道行脚十五年，今日惑亂著一個。』岳曰：『惑亂我則可，祇恐惑亂愚人。』師云：『阿誰是愚人？』岳瞪目視之曰：『我也是路見不平，見你年幼，未是你做底時節。』師云：『釋迦老子初出母胎[四]，指天指地[五]，難道也是年幼未是時節麼？』岳曰：『所以雲門要一棒打殺，我今日一棒打殺你，且作麼生？』師作怕勢云：『貧道性命幾乎喪在門下。』岳躍然拜別。**（此段雙桂本及昭覺本無，嘉本在卷七）**

【注】

一 石帆岳司馬：岳元聲（1561～1632），字之初，晚號石帆，明嘉興（秀水）人，岳武穆十八世孫，此前家族以『樂』爲姓，至元聲始復本姓。萬曆癸未（十一年，1583）二十二歲中進士，崇禎五年（1632）卒，年七十二；一説逝于崇禎元年（1628），但其時破山尚未赴嘉興開法，且《年譜》明記此事發生于『崇禎二年已巳（1629年）』，故本書遵《檇李往哲續編》所記中舉年齡及壽數推導其生卒年。岳公一生正直，剛毅明快，嫉惡如仇，敢言直諫，由此屢遭貶斥，然百折不撓，不爲濁流所汙。初任旌德（今安徽省宣城市屬）知縣，即已不畏豪强。此後歷任大名府教授，國子監博士、監丞，工部主事、員外郎，南京光禄少卿、太常少卿、太僕卿，南京兵部右侍郎、左侍郎，有《潛初子集》傳世。《罪惟録》卷十三下、《明人小傳》、《嘉禾征獻録》卷七等書有傳。

二 『臈』，此處同『臘』。

三 嘉本『師云』作『師曰』，本段均如此，凡『師云』，嘉本均作『師曰』，以下不重復出校。

四 嘉本『初出母胎』作『初生便言』。

五 嘉本『指天指地』作『天上天下，惟吾獨尊！』

16.（頁十二）士問[一]：『道本無言，因言顯道，且道是言顯？是默顯[二]？』師驀頭[三]一棒，云：『是言？是默？』士無語，師連打兩棒，士復來，卓然而立，師復打，云[四]：『且將你家茶飯問你，百姓日用而不知，不知個甚麼？』士擬開口，師又打[五]。（此段雙桂本及昭覺本在卷八，嘉本在卷七）

【注】

一 諸本『士問』作『居士問』。

二 嘉本『且道是言顯是默顯？』作『且道言底是？默底是？』

三 嘉本『頭』後有『打』字。

四 嘉本『士復來卓然而立，師復打，云』作『士出少頃，復向師前立，師云』。

五 雙桂本及昭覺本『師又打』作『師打一棒，歸方丈。』嘉本作『師復打一棒』，無『歸方丈』三字。

17.（頁十二）僧問：『破山堂内[一]有僧否？』師拈杖，云：『向前來與汝道。』進云：『執杖者誰？』師驀頭一棒[二]，僧無語，師連棒打出。（此段雙桂本及昭覺本在卷八，嘉本在卷七）

【注】

一 嘉本『破山堂内』作『萬峰堂内』。

二 嘉本『師驀頭一棒』作『師驀頭打一棒』。

18.（頁十二）僧問[一]：『不患人之不己知，患不知人也。如何是患不知人處？』師云：『你且知我是凡是聖？』僧無語[二]。（此段雙桂本及昭覺本在卷八，嘉本在卷七）

【注】

一 嘉本『僧問』後有『《魯論》云』三字。

二　嘉本此後尚有『師云：患不知人也。』一句。

19.（頁十二）僧問：『如何是一六開天？』師云：『竹密山齋冷。』進云：『如何是二五成性？』師云：『荷開水殿香。』**（此段諸本均無）**

20.（頁十三）僧問：『達磨西來，爲甚[一]隻履西去？』師曰[二]：『長安雖樂，不是久居。』**（此段雙桂本及昭覺本在卷八，嘉本在卷七）**

【注】

一　嘉本『爲甚』作『爲甚麼又』。

二　諸本『師曰』作『師云』。

21.（頁十三）僧問：『迷者迷，醒者醒，如何是獨脱一句？』師云：『八角磨盤空裏走。』進云：『不會。』師云：『不會別[一]參。』進云：『參個甚麼？』師云：『八角磨盤空裏走。』**（此段雙桂本及昭覺本無，嘉本在卷七）**

【注】

一　嘉本『別』作『則』，『別』或誤。

22.（頁十三）問：『如何是本來面目？』師以兩手掩面，僧禮拜，師便打。**（此段諸本均無）**

23.（頁十三）僧問：『乞和尚開示。』師以手拭額，云：『髮長僧像醜。』**（此段諸本均無）**

24.（頁十三）僧問：『弟子不會做功夫，乞和尚開示。』師合掌，云：『善哉！善哉！』僧禮拜，師便打。（此段諸本均無）

25.（頁十三）僧問：『如何是塵中能作主？』師云：『舌頭不出口。』進云：『如何是化外自來賓？』師打，云：『拄杖權爲答話人。』進云：『賔[一]主相見事如何？』師連打兩棒。（此段諸本均無）

【注】

一『賔』與『賓』同，以下不出校。

26.（頁十三）僧問：『生滅無常，如何是常？』師云：『東塔又過東。』僧竪拳，云：『在這裏。』師便打，僧喝，師又打，進云：『不生不滅事如何？』師連打兩棒。（此段諸本均無）

27.（頁十三）僧問：『雙劍斬眉毛，一槌番白面，是甚麼人行履？』師云：『仔細着。』進云：『直入千峰内，横身荒草中。』師云：『脚下蹔？』僧禮拜，師『啐』一聲。（此段諸本均無）

28.（頁十三）問：『萬法從心生，萬法從心滅，不生不滅，心在甚麼處？』師曰[一]：『謝三娘不識四字。』僧禮拜，師曰：『虧汝當面懺悔。』（此段諸本均無）

【注】

一『師曰』兩字所在處，頁面破損，點校者據文意補。

29.（頁十四）僧問：『如何是當機句？』師曰：『東塔廟前。』（此段諸本均無）

30.（頁十四）士問[一]：『山盡水窮，如何是轉身處？』師曰[二]：『布袋裏老鴉。』士禮拜，師云：『還是會也拜？不會也拜？[三]』士擬測，師喝出[四]。（此段雙桂本及昭覺本在卷八，嘉本在卷七）

【注】

一　雙桂本及昭覺本『士問』作『俗士問』，嘉本作『居士問』。

二　諸本作『師云』。

三　嘉本『還是會也拜？不會也拜？』作『會得禮拜？不會禮拜？』

四　諸本『師喝出』作『師云：「去。」』

31.（頁十四）問[一]：『透綱金鱗時如何？』師云：『到頭霜夜月，任運落前溪。』（此段雙桂本及昭覺本在卷八，嘉本無）

【注】

一　雙桂本及昭覺本作『僧問』。

32.（頁十四）師問座主[一]：『平日所習何業？』主云：『祇解《牧牛》。』師云：『牛在甚麼處？』主云：『山中[二]。』師云：『還我牛來。』主喝[三]，師云：『恁麼却犯人[四]苗稼也。』主舌[五]辯，師叱云：『一等是個[六]强牛。』（此段雙桂本及昭覺本在卷八，嘉本在卷七）

【注】

一　雙桂本及昭覺本『師問座主』作『師云』，此二字前尚有一段，作：『座主至，師即客（自此至『方丈作禮』止，字跡漫漶，似版片損毁所致）堂相見，復至方丈作禮。師云：「已相見過。」主云：「先是人情，此是佛禮。」師云：「人情、佛禮，且道是同？是別？」主云：「是同。」師云：「即同，何必多此起倒？」主罔措。』嘉本作：『座主參，師即客司相見，主復至方丈作禮，師云：「已相見了。」主云：「先是人情，此是佛禮。」師云：「人情、佛禮，是同？是別？」主云：「是同。」師云：「既同，何必多此起倒？」主無語。』

二　諸本作『牛在山中』。

三　嘉本作『主喝一喝』。

四　諸本無『人』字。

五　諸本『舌』作『强』。

六　雙桂本及昭覺本無『個』字。

33.（頁十四）念佛僧乞開示，師云：『念佛也落地獄，不念佛也落地獄。』**（此段雙桂本及昭覺本在卷八，嘉本無）**

34.（頁十四）僧問：『登山涉水即不問[一]，不涉程途一句作麼生道？』師云：『脚跟下好與三十棒。』進云：『學人有甚麼過？』師云：『甚麼[二]所在，説有過無過？』僧喝[三]，師云：『猶嫌少在。』**（此段雙桂本及昭覺本在卷八，嘉本在卷七）**

【注】

一　諸本無『即不問』三字。

二　諸本『甚麼』前有『者是』二字。

三　嘉本作『僧喝一喝』。

35.（頁十四）僧問：『透出青山外，目前渾是空，空目相對時，不墮目空中，是某甲疑處[一]。』師云[二]：『如何是汝不墮處？』進云：『正在此疑。』師云：『疑則别參。』**（此段雙桂本及昭覺本在卷八，嘉本無）**

【注】

一 雙桂本及昭覺本此後有『乞和尚指示』五字。

二 雙桂本及昭覺本作『師征云』。

36.**(頁十四)** 僧問：『靈樹封盒子意如何？』師云：『且道裏許是甚麼？』進云：『不封盒子意如何？』師云：『恁[一]從滄海變，終不與君通。』**(此段雙桂本及昭覺本在卷八，嘉本在卷七)**

【注】

一 嘉本『恁』作『任』。

37.**(頁十四)** 僧問：『不可無心得，不可有心求，不可言語造，不可寂默通，正恁麼時如何？』師云：『你在那裏得者消息來？』僧擬測[一]，師驀頭一棒[二]。**(此段雙桂本及昭覺本在卷八，嘉本在卷七)**

【注】

一 諸本『僧擬測』後有『師噓一聲，僧禮拜』七字。

二 諸本『棒』作『踏』。

38.**(頁十四～十五)** 僧問：『門裏出身易，門外轉身難，難易即不問，如何是轉身句？』師云：『六月炎天氷似火。』進云：『不會。』師云：『冷熱也不知。』進云：『知個甚麼？』師驀頭一棒[一]。**(此段雙桂本及昭覺本在卷八，嘉本在卷七)**

【注】

一 嘉本『一棒』作『打一棒』。

39．（頁十五）僧問：『和尚未生時如何？』師云：『氷糖出在福建。』進云：『已生後如何？』師云：『地頭貨也不識。』（此段雙桂本及昭覺本在卷八，嘉本在卷七）

40．（頁十五）僧問：『不用卜度時如何？』師云：『千思百想。』進云：『卜度時如何？』師云：『百想千思。』（此段雙桂本及昭覺本在卷八，嘉本無）

41．（頁十五）僧問：『學人二六時中，見色聞聲，如風過樹時如何？』師云：『蠟[一]人向火。』（此段雙桂本及昭覺本在卷八，嘉本無）

【注】

一 『蠟』同『臘』，以下不出校。

42．（頁十五）僧問：『世尊爲一切衆生開方便門，設一大時教[一]，如何向和尚者裏半字用不著？』師云：『你説底是甚麽？』（此段雙桂本及昭覺本在卷八，嘉本在卷七）

【注】

一 雙桂本及昭覺本『設一大時教』作『設一大藏時教』，嘉本作『設一代時教』。

43．（頁十五）僧問：『還丹一粒，點鐵成金，至理一言，轉凡成聖，至理不言，可成聖否？』師云：『你喚什麽作至理？』僧轉身[一]一匝，師云：『掠虚漢。』（此段雙桂本及昭覺本在卷八，嘉本在卷七）

【注】

一 嘉本『身』後有『繞』字。

44.（頁十五）問[一]：『此事如一個鐵丸子相似[二]，吞也吞不下，吐也吐不出，吞吐不出[三]又作麽生？』師打[四]，云：『者是吞是吐？』僧無語[五]。（此段雙桂本及昭覺本在卷八，嘉本在卷七）

【注】

一 諸本作『僧問』。

二 嘉本無『相似』二字。

三 嘉本作『吞吐不得』。

四 嘉本作『師打一棒』。

五 嘉本此後有『師又打一棒』五字。

45.（頁十五）僧問：『欲参個中個，何處用工夫？』師云：『蘇州有。』（此段雙桂本及昭覺本在卷八，嘉本無）

46.（頁十五）僧問：『四大之中如何作主？』師作聽不清勢，僧復舉前問，師驀面一掌，云：『你欠伶[一]利。』（此段雙桂本及昭覺本在卷八，嘉本在卷七）

【注】

一 嘉本作『靈』字。

47.（頁十五）僧問[一]：『學人終日喫飯，不曾齩著一粒米時如何？』師云：『一個斑鳩九隻鳥。』

（此段雙桂本及昭覺本在卷八，嘉本在卷七）

【注】

一　雙桂本及昭覺本『僧問』作『柴泉問』。

48.（頁十六）僧問：『有苦有樂，途路中事，無苦無樂，亦是途路中事，如何是到家消息？[一]』師驀口一拳，僧禮拜，師與一踏，僧歸位，師云：『適才苦樂到那裏去了？』僧一喝[二]，師休去[三]。**（此段雙桂本及昭覺本在卷八，嘉本在卷七）**

【注】

一　雙桂本及昭覺本作『未審到到家消息如何？』

二　嘉本作『僧便喝』。

三　雙桂本及昭覺本作『師便休』。

49.（頁十六）僧問：『臨濟吒三聖「瞎驢」是甚麽意？』師便掌，僧亦掌，師云：『我掌自有意，你掌是什麽意？』僧復掌，師連掌打出門外，云：『與你相打耶？』僧禮拜，師驀頭一踏，僧起擬開口，師咄云：『何方瞎驢！來[一]者裏討草料喫。』**（此段雙桂本及昭覺本在卷八，嘉本在卷七）**

【注】

一　雙桂本及昭覺本『來』作『到』。

50.（頁十六）僧問：『如何是鼓山折箭處？』師便打[一]，僧禮拜，師云：『見個甚麽道理？[二]』

進云：『不會。』師云：『棒頭有眼明如日。』（**此段雙桂本及昭覺本在卷八，嘉本在卷七**）

【注】

一　嘉本作『師便打一棒』。

二　雙桂本及昭覺本此後有『聻』字。

51．（頁十六）僧問：『如何是學人本分事？』師云：『布袋裏老鴉。』進云：『不會。』師云：『汝去參取不會底來。』（**此段雙桂本及昭覺本在卷八，嘉本無**）

52．（頁十六）問[一]：『弟子姓萬，未審父母未生前姓甚麼？』師云：『我向者裏道不出。』士禮拜，師云：『汝且道我答你也未？』士云：『不會。』師云：『不會還姓萬？』（**此段雙桂本及昭覺本在卷八，嘉本在卷七**）

【注】

一　諸本『問』作『萬居士問』。

53．（頁十六）僧問：『盡大地是法身，和尚[一]在何處安身立命？』師云：『金剛與泥人[二]指背。』僧禮拜，師云：『見個甚麼？[三]』（**此段雙桂本及昭覺本在卷八，嘉本在卷七**）

【注】

一　雙桂本及昭覺本『和尚』前有『請問』二字。

二　嘉本『泥人』作『泥神』。

三　諸本此後尚有『僧嗚指一下，師「噓」一聲。』一句。

54．（頁十六）士問[一]：『不是心、不是佛、不是物，畢竟是個甚麼？』師云：『百花叢裏過，片葉不霑身。』士問訊[二]，師驀面一掌[三]，士云：『痛！』師復打兩掌，士云：『痛！痛！』師云：『稍知痛癢。』士禮拜，師驀頭一踏。**（此段雙桂本及昭覺本在卷八，嘉本在卷七）**

【注】

一　諸本『士問』作『居士問』。

二　嘉本『士問訊』作『士擬測』。

三　嘉本作『師驀面打一掌』。

55．（頁十七）士問[一]：『和尚是活佛，如何拜死佛？』師驀面一掌[二]，云：『且道[三]是死是活？』士佇思，師云：『擬議思量，白雲萬里。』**（此段雙桂本及昭覺本在卷八，嘉本在卷七）**

【注】

一　雙桂本及昭覺本『士問』作『俗士問』，嘉本作『居士問』。

二　雙桂本及昭覺本『師驀面一掌』作『師驀拈拄杖』，嘉本作『師拈拄杖』。

三　諸本『且道』後有『者個』二字。

56．（頁十七）問[一]：『本來無一法可得，爲甚不合圓通？』師云：『祇爲分明極，翻令所得遲。』進云：『過在甚麼處？』師云：『疑則別參。[二]』**（此段雙桂本及昭覺本在卷八，嘉本無）**

【注】

一　雙桂本及昭覺本『問』前有『安然上座參』五字。

二　雙桂本及昭覺本此後尚有『然即以素所行履盡云，師云：「從門入者，不是家珍。從胸湧出，方始蓋天蓋地。」然猶不契，師舉岩頭雪峰因緣，然亦措詞而別。』一段。

57.（頁十七）朱婆子問：『一切時參究，念佛底是誰[一]？』師云：『你這一問從甚[二]處來？』婆云[三]：『朝夕不離。』師云：『不離個甚麼？』婆[四]轉身繞一帀，云：『不離者個。』師云：『也是赤土塗牛奶。』**（此段雙桂本及昭覺本在卷八，嘉本在卷七）**

【注】
一　雙桂本及昭覺本作『弟子請問和尚，一切時參究，念佛是誰？』嘉本作『弟子念佛的是誰？乞師指個落處。』
二　雙桂本及昭覺本『甚』作『甚麼』。
三　諸本作『進云』。
四　雙桂本及昭覺本『婆』後有一『便』字。

58.（頁十七）僧辭[一]，師云：『鐵蛇横古路，你向那裏去？』進云：『横行竪去。』師云：『則[二]喪身失命了也。』僧遂不去[三]。**（此段雙桂本及昭覺本在卷八，嘉本在卷七）**

【注】
一　嘉本『僧辭』作『僧告辭』。
二　嘉本無『則』字。
三　諸本『僧遂不去』作『僧無語，遂不去』。

59.（頁十七）婆子問[一]：『弟子現是女身，父母[二]未生前還是男是女[三]？』師卓拄杖，云：『還識者個麼？』婆云[四]：『無去無來。』師云：『是甚麼所在？説來説去。[五]』云[六]：『即今如何抵敵？』師云：『好與三十棒。[七]』**（此段雙桂本及昭覺本在卷八，嘉本在卷七）**

【注】
一　諸本『婆子問』作『朱婆子問』。

二 諸本『父母』前有『未知』二字。

三 雙桂本及昭覺本『還是男是女？』作『還是男？還是女？』，嘉本作『是男？是女？』。

四 諸本作『進云』。

五 諸本此後有『説男説女？』四字。

六 諸本作『進云』。

七 雙桂本及昭覺本此後尚有『婆禮拜，便去』五字。

60.（頁十七）問[一]：『如何是佛祖向上事？』師云：『脚跟下薦取。』進云：『此是向下，如何是向上事？』師云：『不顧脚跟三尺水，衹貪縱步上高岑。[二]』**（此段雙桂本及昭覺本在卷八，嘉本在卷七）**

【注】

一 諸本作『伯玄徐居士問』。

二 諸本此後尚有『士大悦』三字。

61.（頁十七）和石孫居士問：『那吒太子析骨還父，割肉還母，又爲父母説法，未審如何説得[一]？』師召居士，士應諾，師云[二]：『會麽？』士佇思，師云：『粘皮帶骨漢。[三]』**（此段雙桂本及昭覺本在卷八，嘉本在卷七）**

【注】

一 雙桂本及昭覺本無『法』字。

二 雙桂本自『師召居士』至『師云』前漫漶不清，似版片破損所致，查昭覺本相同位置文字爲『問居士，士無語，師云』但『問居士』三字于句中不通，鄙意，如昭覺本據雙桂本翻刻，此處或爲猜測所補，故需謹慎對待。本書及嘉本作『師召居士，士應諾，師云』似爲本來面貌。

三　諸本此後尚有大段文字，開列如下，以供參考。雙桂本及昭覺本：

士歸。次日呈頌：『骨肉是何法，因析名爲説，剖斷生死根，父母立解脱，身相即不存，誰爲説法者？通體悉皆真，不借廣長舌。』師看畢，書頌復之云：『叫一聲，應一聲，忿怒那吒覿面呈，逐色隨聲情未瞥，粘皮帶骨句來親，句來親，落藤花鳥不知春。』士復偈云：『六十年來父母生，齒黄髮白是誰身？無勞那吒重拈出，花落空山鳥不驚。』師以偈答之云：『個事從來本不生，是誰黄白受誰身？那吒昨夜傳消息，析骨堆頭達者驚。』士復呈偈云：『才説無生即是生，無生生出此生身。生即無生生自了，無生無了又誰驚？』士又值師爲僧祝發上堂，有依樣畫葫蘆語，士以偈呈正，師逐句判之。偈曰：『畫出葫蘆也大奇。』師云：『謾誇好手。』『無根無葉又無枝。』師云：『且是太多。』『曾經多少描空手。』師云：『汝是第幾個？』『千古傳來樣不移。』師云：『却移了也。』士復偈云：『透水葫蘆無定樣，杖頭畫出亦何依。欲覓葫蘆真種子，往到西方又過西。』師舉大梅與龐居士語詰居士，士呈頌云：『是非心佛原無二，梅子黄時味自賒，百雜碎來還吐核，江南五月發梅花。』師接來擲地，復索云：『還有麼？』士擬議，師展兩手，云：『總是閑言語。』

嘉本：

士歸。次日呈頌：『骨肉是何法？因析名爲説，剖斷生死根，父母立解脱。身相既不存，誰爲説法者？通體悉皆真，不假廣長舌。』師看畢，書頌復之云：『叫一聲，應一聲，忿怒那吒覿面呈，逐色隨聲情未瞥，黏皮帶骨句來親，句來親，落藤華鳥不知春。』師又舉大梅與龐居士語詰之，士呈頌云：『是非心佛原無二，梅子熟時味自賒，百雜碎來還吐核，江南五月發梅華。』師接來擲地，復索云：『還有麼？』士擬議，師云：『總是閑言語。』

62．（頁十七～十八） 士問[一]：『金粟和尚[二]送法衣與師[三]，是否？』師云：『是。』進云：『師[四]可付與弟子得否？[五]』師云：『得即得，祇是要會衣線下事，汝可會麼？』士云：『不會。』師云：『不得，不得。[六]』**（此段雙桂本及昭覺本在卷八，嘉本在卷七）**

【注】

一　諸本作『徐居士問』。

二　嘉本『金粟和尚』作『聞金粟老和尚耑人』。『耑』音zhuān，同『專』，以下不出校。

三　諸本『師』作『老師』。

四　諸本『師』作『老師』。

五　嘉本『否』作『麼』。

六　諸本此後尚有『士禮拜，師云：「汝見個甚麼道理便禮拜？」士罔措，師劈面一唾，歸方丈。』一段。

63．（頁十八）士問[一]：『如何方契本來人？』師云：『待烏石峰點頭即向你道。』士云[二]：『烏石峰點頭也，請師道。[三]』師云：『道即不無，你喚甚麼作烏石峰？』士無語[四]。**（此段雙桂本及昭覺本在卷八，嘉本在卷七）**

【注】

一　諸本作『吴居士問』。

二　諸本作『進云』。

三　諸本『請師道』作『請師向我道』。

四　嘉本無『士無語』三字。

64．（頁十八）僧問：『和尚起期，還是爲人？爲己？』師云：『一個瓜子兩瓣殼。』進云：『没滋味。[一]』師云：『看者鈍根阿師。』**（此段雙桂本及昭覺本在卷八，嘉本在卷七）**

【注】

一　諸本此後爲『師「嘘」一聲』四字，無『師云：「看者鈍根阿師。」』一句。

65．（頁十八）僧問：『喚作竹蓖則觸、不喚作竹蓖則背，畢竟喚作甚麼？』師驀口一拳，云：『還作觸、背得麼？』**（此段雙桂本及昭覺本在卷八，嘉本在卷七）**

66.（頁十八）僧問：『三世諸佛不知有，狸奴白牯却知有，未審有何差別？』師云：『飯袋子，你知個甚麽？』進云：『不知。』師云：『不知，位同諸佛。』（此段雙桂本及昭覺本在卷八，嘉本在卷七）

67.（頁十八）僧問：『有無即不問，如何是狗子佛性？』師劈面一掌，云：『是甚麽？』進云：『學人不會。』師云：『一掌一握血。』（此段雙桂本及昭覺本在卷八，嘉本在卷七）

68.（頁十八）行脚僧乞開示。師舉起脚云：『會麽？』進云：『不會。』師云：『草鞋脚底疑無路，拄杖前頭別有山。』（此段雙桂本及昭覺本在卷八，嘉本無）

69.（頁十八）問[一]：『世尊拈花、迦葉微笑，且道他笑個甚麽？』師云：『笑你不薦。』云[二]：『薦後作[三]麽生？』師云：『世尊不拈花、迦葉不微笑。』（此段與卷二第9段部分重復；雙桂本及昭覺本在卷八、亦與卷二者部分重復；嘉本祇在卷二）

【注】

一　雙桂本及昭覺本作『僧問』。

二　雙桂本及昭覺本作『進云』。

三　雙桂本及昭覺本『作』前有『又』字。

70.（頁十八）僧問：『臘月三十到來，乞和尚通個消息。』師云：『頭上漫漫，脚下漫漫。』進云：『莫不踏空了也？』師『啐[一]』一聲。（此段雙桂本及昭覺本在卷八，嘉本無）

【注】

一 雙桂本及昭覺本『啐』作『噓』。

71.（頁十八～十九）僧問：『某甲作菜頭，有一株[一]不知根在何處？』師云：『知恩者少，負恩者多。』（此段雙桂本及昭覺本在卷八，嘉本無）

【注】

一 雙桂本及昭覺本『有一株』作『菜有一株』。

72.（頁十九）僧問：『「一雨普潤」[一]，未審還有潤不到處麼？』師云：『有。』云[二]：『如何是潤不到處？[三]』師云：『就是你者個焦芽敗種。』（此段雙桂本及昭覺本在卷八，嘉本在卷七）

【注】

一 雙桂本及昭覺本『一雨普潤』前有『《法華經》云』四字。

二 諸本作『進云』。

三 雙桂本及昭覺本此後有『師高聲云：「恒輝！恒輝！」進云：「我耳聾不聽得。」』一段。

73.（頁十九）僧問：『盡大地是沙門一隻眼？』師云：『看脚下。』進云：『意旨如何？』師云：『瞎。』（此段雙桂本及昭覺本在卷八，嘉本在卷七）

74.（頁十九）僧問：『作家相見事如何？』師連咳嗽兩聲，進云：『猶未在。』師打云：『大好作家相見！』（此段雙桂本及昭覺本在卷八，嘉本在卷七）

75．（頁十九）僧問：『文殊乃七佛之師，因甚作釋迦弟子？』師云：『一語下揚州。』**（此段雙桂本及昭覺本在卷八，嘉本無）**

76．（頁十九）僧問：『如何是佛？』師云：『前三三。』進云：『如何是法？』師云：『後三三。』僧休去，師云：『分身兩處看。』**（此段雙桂本及昭覺本在卷八，嘉本無）**

77．（頁十九）爾赤馮居士[一]舉子湖狗子[二]話乞開示，師云：『仔細[三]。』士頌曰[四]：『子湖隻狗恁鍥厲，開口吞人莫迴避，取却兩頭并中間，没頭没尾殊恠异。咄！莫恠异[五]，須仔細，直饒驚出汗渾身，那時來喫棒頭意。[六]』師對虛舟姚居士[七]云：『馮居士[八]被子湖狗子齩一口了。』**（此段雙桂本及昭覺本在卷八，嘉本在卷七）**

【注】

一　雙桂本及昭覺本『爾赤馮居士』作『爾赤馮居士請師齋，士』。

二　子湖狗子：子湖指唐代子湖利蹤禪師（800～880），或稱紫湖和尚，南泉普願法嗣，澶州（河南濮陽）人，俗姓周，于幽州開元寺出家，受具後依南泉嗣法。後至浙江衢州隱修，受請于當地子湖開法。『子湖狗子』爲宗下著名公案，子湖禪師于門下立牌，上寫：『子湖有一隻狗，上取人頭、中取人心、下取人足，擬議即喪身失命。』臨濟座下二僧來參，方揭簾，師便喝：『看狗！』僧回顧，師便歸方丈。或謂僧問子湖狗，師曰『嗥！嗥！』僧無語，師便歸方丈。

三　嘉本『仔細』作『子細』，此段均如此，不重復出校。

四　雙桂本及昭覺本『士頌曰』作『士書頌敘云』，此後尚有『此系和尚具大慈悲，刺人血淋淋地，令人刻入心腑。頌曰』一段。嘉本『士頌曰』作『士有省，頌曰』，其後無雙桂本及昭覺本一段。

五　嘉本無『咄！莫怪异。』四字。

六　諸本此後有『呈師看』三字。

七　虛舟姚居士：指明末清初虛舟省禪師（1600～1668），慈谿人，俗姓姚，費隱通容法嗣。幼年習儒，稍長參禪，遍訪江南名宿。破山住杭州金鼓洞時二人即相識，開法東塔後仍常參問，『虛舟』之號便是破山所贈。四十六歲老母逝後方出家，有《虛舟省禪師語録》傳世。

八　諸本『馮居士』前有『昨夜』二字。

78.**（頁十九）**月潭法主問：『還是悟有？悟無？』師云：『放下有無來，即向你道。』主作聽勢，師云：『慣會裝聾害啞。』主云：『我是真龍。』師云：『真龍何不上天去？』**（此段諸本均無）**

79.**（頁十九～二十）**僧參，云[一]：『有一事相借問，得否？』師云：『祇怕鼠口無象牙。』僧擬測，師驀拈拄杖，僧以頭就之，師云：『我偏不打你。』僧云：『棒頭有眼。』師云：『且道眼在甚麼處？』僧豎起拳，師劈拳打，云：『還有麼？』僧云：『撲破泥團子，透出青山外。』師徵云：『如何是你透底道理？』僧擬議，師驀頭一棒[二]。**（此段雙桂本及昭覺本在卷八，嘉本在卷七）**

【注】

一　雙桂本及昭覺本『僧參，云』作『僧惺如參，云』，嘉本作『僧參，便云』。

二　諸本此後尚有『僧云：「好！」師連打，云：「是甚麼所在，説好、不好？」直打出。』一段。

80.**（頁二十）**師不安，維那問云：『和尚尊候如何？』師云：『七七八八。』那云[一]：『七七八八，還是好耶？不好耶？』師云：『一任你卜度。[二]』**（此段雙桂本及昭覺本在卷八，嘉本在卷七）**

【注】

一　雙桂本及昭覺本『那云』作『旁僧云』，嘉本作『那便出，傍僧問云』。

二　雙桂本及昭覺本此後尚有『少頃，維那遂去。師云：「維那問疾，七七八八。一場懡㦬，端的不恰。」』一段。

81．（頁二十）僧問：『「佛耶祖耶[一]，據此證此。」且道[二]證個甚麼？』師[三]打云：『會麼？』僧佇思，師連棒打出[四]。**（此段雙桂本及昭覺本在卷八，嘉本在卷七）**

【注】

一　諸本『佛耶祖耶』前有『承聞和尚有言』六字。

二　諸本『且道』後有『據個甚麼？』四字。

三　諸本『師』後有『驀拈拄杖』四字。

四　雙桂本及昭覺本此後尚有『僧禮拜，師劈脊一棒。』句。

82．（頁二十）僧問：『佛未出世、祖未西來，未審者個在甚麼處？』師拈拄杖，歸方丈。**（此段雙桂本及昭覺本在卷八，嘉本在卷七）**

83．（頁二十～二十一）師避秦石柱司[一]，偶部院[二]東川呂居士[三]致請書云：『時無禪機[四]，不孝畧有禪心，咫尺崇光，瞻挹心切，便擬单騎榻前一瀉夙心，山深道棘，偲[五]滋地方之驛騷也。不棄愚忱，惠然一賁，可勝懸企爲禱。』師拽杖而赴。士[六]出欲作禮，師云[七]：『你是呂居士[八]麼？』士曰：『不敢。』師云：『父母未生前還姓甚麼？』士擬開口，師便打，士怒色，師復打，士趨進[九]，師呵呵大笑，云：『將謂！將謂！原來！原來！』遂占一偈[一〇]：『無端平地起孤堆，駭得虛空顛倒走，痛打金毛人不識，幾乎翻作跳牆狗。』士怒出，掩門，大張威令相勘，師又占一偈：『父母未生前句子，等閒棒著發無明，猛然省得非他物，十八女兒不繫裙。』遂歸。司主馬嵩山以扭繚拒師，又復占一偈[一一]：『拄杖芒鞋荊棘路，沾沾滯滯無回互，通身泥水尚未乾[一二]，又穿一雙鐵脚褲。』士再請，焚香，始拜爲弟子。師曰[一三]：『五年未剖荊山玉，忽得渠來秘不住，拄杖蔴繩密密通，雷門布鼓明明[一四]露，泥豬癩狗打驚憧，跛鱉盲龜生恐怖，獻與楚王人不識，衹當一個大蘿蔔。』（此段雙桂本及昭覺本在卷八，嘉本在卷七）

【注】

一 本段文字與雙桂本及昭覺本同，與嘉本差异極大，故點校未用嘉本，于此列出嘉本原文，以資參考：

師避秦石柱司。東川吕相國督師到司，馳書請師就署中相見，師至吕出，師云：『你是吕相公麽？』吕曰：『不敢。』師云：『父母未生前還姓甚麽？』吕擬議，師便打一棒，吕怒色，師復打一棒，吕趨進，師呵呵大笑，云：『將謂！將謂！原來！原來！』司主馬公問其故，師曰：『父母未生前句子，等閒棒著發無明，猛然省得非他物，十八女兒不系裙。』吕復請師至，掩門大張威令相勘，師又説偈曰：『無端平地起孤堆，駭得虚空顛倒走，痛打金毛人不識，幾乎翻作跳牆狗。』吕送歸三教寺，衆請問何故，師曰：『五年未剖荊山玉，忽得渠來秘不住，拄杖麻繩密密通，雷門布鼓明明露。泥豬癩狗打驚憧，跛鱉盲龜生恐怖，獻與楚王人不識，衹當一個大蘆菔。』後吕有省，呈偈通弟子書，師乃付偈并拂子一枚。

二 雙桂本及昭覺本無『部院』二字。

三 雙桂本及昭覺本『吕居士』作『吕相國』。

四 雙桂本及昭覺本『禪機』作『禪風』。

五 雙桂本及昭覺本『愳』作『懼』，兩字通假，以下不出校。

六 雙桂本及昭覺本『士』作『國』，此段均以吕居士之『士』代吕相國之『國』，以下不重復出校。

七 雙桂本及昭覺本此後有『承命召』三字。

八 雙桂本及昭覺本『居士』作『相國』。

九 雙桂本及昭覺本『士趨進』作『國直趨而進』。

一〇 雙桂本及昭覺本『遂占一偈』前有『司主馬嵩山請至衙内問其故』一句，『遂占一偈』作『師口占一偈』。此下兩本文字順序差距較大，雙桂本及昭覺本原文如下：

（前接『師口占一偈』）『父母未生前句子，等閒棒著發無明。猛然省得非他物，十八女兒不系裙。』午後復請。至掩門，大張威令相勘。師又占一偈：『無端平地起孤堆，駭得虚空顛倒走。痛打金毛人不識，幾乎翻作跳牆狗。』歸至本司，司遂以扭繚，師復占一偈（下接『拄杖芒鞋荊棘路』）

一一　雙桂本及昭覺本「又復占一偈」作「師復占一偈」。

一二　雙桂本及昭覺本「尚未幹」作「未曾幹」。

一三　雙桂本及昭覺本自「一雙鐵脚褲」至此處作「歸三教寺，衆作禮，請問何故，師再占一偈」。

一四　雙桂本及昭覺本「明明」作「昭明」。

84.（頁二十一）師與元陽張道士[一]話及病中有不死的，師徵云：「不死的[二]在甚麼處？」士云[三]：「遠在[四]咫尺，近則千里[五]。」師休去[六]。**（此段雙桂本及昭覺本在卷八，嘉本在卷七）**

【注】

一　雙桂本及昭覺本「元陽張道士」作「師一日赴檀越齋，忽元陽張道人至」。嘉本作「師與元陽張道人坐次」。

二　諸本「不死的」前有「有個」二字。

三　雙桂本及昭覺本「士云」作「道人云」，嘉本作「張云」。

四　雙桂本及昭覺本「在」作「則」。

五　雙桂本及昭覺本此後尚有「萬里」二字。

六　雙桂本及昭覺本「師休去」作「師一笑休去」，嘉本作「師呵呵一笑」。

85.（頁二十一）僧問[一]：「黑白未分時如何？」師云：「禮拜甚麼？[二]」僧擬問[三]，師叱云：「兩重公案。」又問[四]：「進前逢短岸，退後值深坑，如何是轉身處？」師拈杖直打出[五]。**（此段雙桂本及昭覺本在卷八，嘉本在卷七）**

【注】

一　雙桂本及昭覺本「僧問」作「覺幻僧作禮起問」。

二　諸本「禮拜甚麼？」作「汝禮拜的是甚麼？」

三　雙桂本及昭覺本「僧擬問」作「僧擬別問」，嘉本作「僧又別問」。

四　諸本『又問』作『僧又問』。

五　雙桂本及昭覺本『師拈杖直打出』作『師驀拈拄杖，僧佇思，師向脚跟直打出。』嘉本作『師拈拄杖向脚跟直打出。』

86.（頁二十一）僧問：『若能轉物，即同如來。學人轉物，同個甚麼？』師驀頭一棒[一]，僧喝，師連棒打出[二]。**（此段雙桂本及昭覺本在卷八，嘉本在卷七）**

【注】

一　嘉本『一棒』作『打一棒』。

二　諸本『師連棒打出』作『師連打兩棒』。

87.（頁二十一）問[一]：『一口吸盡西江水時如何？』師云：『近前來。[二]』僧佇思，師云：『立地死漢。』進云：『相隨來也。[三]』師云[四]：『甚麼物恁麼來？』僧無語，師連棒打出[五]。**（此段雙桂本及昭覺本在卷八，嘉本在卷七）**

【注】

一　諸本『問』作『僧問』。

二　諸本『進前來』後有『向汝道』三字。

三　雙桂本及昭覺本此後有『師驀拈拄杖』五字。

四　雙桂本及昭覺本『師云』作『云』。

五　雙桂本及昭覺本此後尚有『復正色訶之』五字，而嘉本『僧無語』後作『師正色訶之，連棒打出』。

破山禪師語録卷第五終

破山海明禪師語録卷第六

明成都府嗣法門人通醉等編

法語

1．（頁一）象崖西堂[一]

金風遍野之時，萬木凋零之際，象崖長老索法語，歸閩掩關[二]。時破道人[三]：『以虛空爲關，行住坐臥也在裏許；著衣吃飯也在裏許；屙屎放尿也在裏許；迎賓待客也在裏許，祇到千日事畢，猢猻伎倆、鬼家活計，都盧抛向威音那邊又那邊，方買草鞋，尋山問水也[四]。』**（此段雙桂本及昭覺本在卷九，嘉本在卷八）**

【注】

一 諸本作『示象崖西堂』，指破山弟子象崖性珽禪師（1598～1651），福建福清人，俗姓陳，母林氏，《嘉興藏》現存《象崖珽禪師語録》四卷。

二 諸本『象崖長老索法語，歸閩掩關』作『破道人閑坐林中，正起歸鄉之念，忽值象崖長老稽首于前，曰：「歸閩掩關，索法語。」』

三 諸本『時破道人』作『時破道人曰』。

四 諸本無『也』字，且此後尚有『覓著破道人，了汝後頭一段公案。』句。

2．（頁一）破浪禪人[一]

學道人志須堅、心須固[二]，不被境風所動，以一念萬年、萬年一念[三]，任是魔來佛來、逆來順來，亦直就中分曉，當下便是[四]。自此舍一具骨，負舂汲水，三十年、二十年，肩頭脚底，苦趼[五]重生，方到破山門下喫棒有分也[六]。**（此段雙桂本及昭覺本在卷九，嘉本在卷八）**

【注】

一　諸本作『示破浪禪人』，指破山弟子破浪海舟禪師。

二　嘉本『志須堅、心須固』作『心須專、志須固』。

三　諸本『念』後有『消之也』三字。

四　諸本『是』後有『平沉』二字。

五　諸本『趼』（jiǎn）作『繭』，二字通假，以下不出校。

六　嘉本『有分也』無『有分』二字，諸本『也』後尚有『勉旃！勉旃！』四字。

3．（頁一）琢璞主人[一]

者個事須真參實悟，法法頭頭，無一絲毫不從本地風光上廓徹，安[二]作人中之龍象也。故[三]以琢璞號之，非石中無玉，玉之不琢而成器焉[四]？成器則知龍象、玉石[五]不相昇耳。**（此段雙桂本及昭覺本在卷九，嘉本在卷八）**

【注】

一　雙桂本及昭覺本作『示琢璞主人』，嘉本『主人』作『禪人』。按《年譜》，此偈或寫于崇禎五年（1632）歸川途中暫游南京之時，琢璞爲當地准提庵僧人。

二　嘉本『安』作『方』。

三　嘉本『故』作『然』。

四　嘉本『非石中無玉，玉之不琢而成器焉』。作『以石中有玉，玉必琢而成器焉』。

五　嘉本『龍象、玉石』作『人中龍象、石中之玉』。

4.**（頁一～二）** 清白禪人[一]

參學漢須了辨，不可沉吟將日算，剔起眉毛著力看，看渠定不隨方便，渠是誰兮直[二]恁麽，有時位坐空王殿[三]。**（此段雙桂本及昭覺本在卷九，嘉本在卷八）**

【注】

一　諸本作『示清白禪人』，指清白常勤禪師，破山開法東塔時，清白曾任該寺典客，後住持嘉興古新庵，本書即在此刊刻。

二　諸本『直』作『真』。

三　諸本『空王殿』後有『勉旃！』二字。

5.**（頁二）** 又（嘉本原題『示清白禪人』）

細細山頭雨，飄飄不見蹤。
有時風送樹，和葉落庭中。
山中不得閒，共隨雲雨住。
草鞋脚底忙，踏破青苔路。**（此段雙桂本及昭覺本無，嘉本在卷十六）**

6.**（頁二）** 百城禪人[一]

住山行脚，本不爲別事，衹緣生死關頭一著子。每于捕風捉影邊偷安取適處，忽地裏覷破，原來和尚是人做底。**（此段雙桂本及昭覺本在卷九，嘉本無）**

【注】

一 諸本作『示百城禪人』，指破山弟子百城印著禪師。

7．（頁二）梵埜行者[一]

橫寫豎寫[二]，無一個元字脚，寫得著長篇短篇，無一言盡這張紙，祇有這寫説不到處是個甚麼？咄！也是烏龜向火。**（此段雙桂本及昭覺本在卷九，嘉本在卷八）**

【注】

一 諸本作『示梵埜行者』。『埜』音『yě』，同『野』，以下不出校。

二 諸本『豎寫』作『順寫』。

8．（頁二）翠融禪人[一]

脚跟下七縱八橫，頂門上兩頭三處，無非祇要個中分析得來，頭頭皆我捨身命處也。且道融禪人曾恁的一回也未？若然[二]，草鞋踏破，穩坐長安。其未如是[三]，㕣[四]元殿裏切莫迷頭認影。**（此段雙桂本及昭覺本在卷九，嘉本在卷八）**

【注】

一 諸本作『示翠融禪人』。

二 嘉本『若然』作『若恁麼』。

三 嘉本『其未如是』作『苟未如是』。

四 『㕣』同『含』，以下不出校。

9．〔頁二～三〕荊獻羅居士[一]

居士參禪，貴圖契悟佛祖機關，徹透今時露布，與衲僧家同長連牀上行住坐臥，了此餘生。畢竟巴鼻處，請著眼看是個甚麼？參！**（此段雙桂本及昭覺本在卷九，嘉本無）**

【注】

一　諸本作『示荊獻羅居士』。

10．〔頁三〕紹儀何居士[一]

做工夫，如急水灘頭撑篙相似，撑得一篙，退却十篙，拚[二]命捨死撑去，撑得無可用力處，撥轉船頭，處處皆岸也[三]。**（此段雙桂本及昭覺本在卷九，嘉本在卷八）**

【注】

一　諸本作『示紹儀何居士』。

二　嘉本『拚』作『拌』。

三　嘉本此後尚有『勉之！』二字。

11．〔頁三〕獻南張居士[一]

終日向文不加點處卒難下手；一畫未有時，真宗默契。始于無説無形之際，則河馬負圖、洛龜呈書，稍露一著子也[二]，呵呵！**（此段雙桂本及昭覺本在卷九，嘉本在卷八）**

【注】

一　諸本作『示獻南張居士』。

二　諸本無『也』字，雙桂本及昭覺本此後至『呵呵』間尚有『是我獻南張先生一刀兩斷也。』一段，嘉本與兩本同，但『張先生』作『張公』。

12．（頁三）徧拙禪人[一]

樹下墳間，一食一宿，味盡甜辛酸苦，到處播弄唇皮，與佛祖捃[二]拾餘機，是我法門中龍象事也。**（此段雙桂本及昭覺本在卷九，嘉本在卷八）**

【注】

一 諸本作『示遍拙禪人』。

二 『捃』音jùn，拾取。

13．（頁三～四）恒範禪人[一]

禪和子樹精進幢，披忍辱鎧，無論凡之與聖、智之與愚、勞之與勤[二]、生之與死，單單貴稟此心此志，將這些子恍惚處要明白[三]究竟，決了終身之志。豈如做個潔白漢子[四]，浩浩[五]來天地間[六]，辜人負已、虛生浪死者[七]。如此[八]則銅枷鐵鎖、鋒刀劍戟，無時不在、無時不臨，欲逃無地、欲竄無門，正所謂毫釐繫念，三塗業因，瞥爾情生，萬劫羈鎖[九]。**（此段雙桂本及昭覺本在卷九，嘉本在卷八）**

【注】

一 諸本作『示恒範禪人』。

二 嘉本『勤』作『逸』。

三 諸本『明白』後有『要』字。

四 嘉本無『豈如做個潔白漢子』。

五 嘉本『浩浩』前有『豈可』二字。

六　雙桂本及昭覺本『天地間』作『天間地上』。

七　雙桂本及昭覺本『虛生浪死者』作『作一場虛生浪死者哉』，嘉本作『作一場虛生浪死人哉』。

八　嘉本『如此』作『若如此』。

九　諸本此後尚有『果是個漢，向未舉念之先一覷破去，再來東塔門下索取草鞋錢，亦未遲在。』

14.**（頁四）**參白禪人[一]

禪和子志于行脚，涉水登山、瞻風撥草，飲氷[二]茶、喫餕[三]飯、棲雲堂、臥霜榻，受種種苦心[四]，祇爲各人衣[五]線下一點恍惚處。然[六]者點恍惚欲從自決，則頭上安頭；欲從人決，則斬頭覓活，如是二邊互起互倒，渾無決者，故曰恍惚。所以溈山問仰山云：『子之所得，還是自性得？從人得？』仰云：『雖是自性宗通，亦假禀受師承。』吾觀二老酬醋[七]良有深意，定不是從自己乾爆爆地不假他人，亦不是向他人水漉漉地不假自己。針芥相投、水乳相合、啐啄同時、師資緣契[八]，的非一日而器之者耶[九]。偶一僧問：『和尚眉毛還在麼？』復掌[一〇]云：『吾因病筆，葛藤雖覺許多[一一]，爾更躊躕，漆桶子依然不快。』**（此段雙桂本及昭覺本在卷九，嘉本在卷八）**

【注】

一　諸本作『示參白禪人』。

二　諸本『氷』作『餕』。

三　諸本『餕』作『臭』。

四　嘉本『心』作『辛』。

五　雙桂本及昭覺本『衣』作『衲衣』。

六　諸本『然』作『然而』。

七　嘉本『醋』作『酢』。
八　嘉本『契』作『合』。
九　嘉本『器之者耶』作『契之者也』。
一〇　雙桂本及昭覺本『復掌云』作『師掌云』，嘉本作『予便打一掌，云』。
一一　嘉本『吾因病筆，葛藤雖覺許多』作『山僧因病筆，許多葛藤。』

15．（頁四）隱輝待者[一]

佛祖以心印心之法，無論智之與愚、凡之與聖、僧之與俗、男之與女，貴在知有個事，畢竟不從人得。雖[二]是猛著精彩、壁立萬仞，契取不疑之處方買草鞋，徧參知識，遭人唾罵也[三]。

（此段雙桂本及昭覺本在卷九，嘉本在卷八）

【注】

一　諸本作『示隱輝待者』。
二　諸本『雖』作『須』。
三　雙桂本及昭覺本『唾罵也』作『唾罵有日也』。

16．（頁四～五）古淑沈居士[一]

山有奇峰，峰有奇松，松濤日吼，音穿洞口，古淑坐中，悟耳圓通，手持拄杖[二]，經行沼上，看白鷺鷥，疑是雪飛，以杖逐魚，渾忘我殊，疑此信此，非人不爾，夢之覺之，吾何汝師。

（此段雙桂本及昭覺本在卷九，嘉本在卷十九）

【注】

一　雙桂本及昭覺本作『示古淑沈居士』，嘉本作『題古淑沈居士行樂圖』。

二　雙桂本及昭覺本『手持拄杖』作『手執竹杖』，嘉本作『手持竹杖』。

17.（頁五）佛掌侯居士[一]

人迷生死[二]，不識生死之苦，若鳥不識空、魚不識水。然猛出是者，即在當念觸一事、犯一法[三]、生一計，便是好消息、好時節、好意思。人多于此忽略、于此蹉過、于此自棄，如鳥空魚水不相别也。是以病僧見是輩，痛與棒、熱與喝、佛與掌，令人頓出生死窠臼，不留一元字脚，教人招萬劫系驢之橛[四]。**（此段雙桂本及昭覺本在卷九，嘉本在卷八）**

【注】

一　諸本作『示佛掌侯居士』。

二　諸本『死』後有『中』字。

三　嘉本『犯一法』作『遇一境』。

四　雙桂本及昭覺本『教人招萬劫系驢之橛』作『教人如何若何招萬劫驢橛之禍胎，故號佛掌。』嘉本『萬劫驢橛之禍胎』作『萬劫系驢橛之禍』。

18.（頁五）問津禪人[一]

行脚衲子，肩[二]擔日月，踏遍雲山，入一門[三]、到一處[四]、問一機、轉一語，看人動静、識人好惡，放下蒲團、拗折拄杖。三十年、二十年[五]，如王氣宇、口吞乾坤，方去孤峰頂上盤結草庵，訶佛罵祖[六]。**（此段雙桂本及昭覺本在卷九，嘉本在卷八）**

【注】

一 諸本作『示問津禪人』。

二 嘉本『肩』作『杖』。

三 嘉本『入一門』作『到一處』。

四 嘉本『到一處』作『見一人』。

五 嘉本『二十年』後有『具』字。

六 諸本此後有『也』字。

19．（頁五） 淑雲禪人[一]

子[二]曾向三峰觸背關頭橫行直撞，挨拶些子氣宇[三]，吐向福城。棒頭喝下，意欲[四]千了百當，臨行索病叟草鞋錢，而[五]合掌受之三拜[六]，待渠遍禮諸方，再來痛與瞎禿光兒一頓好罵[七]，勉旃[八]！**（此段雙桂本及昭覺本在卷九，嘉本在卷八）**

【注】

一 諸本作『示淑云禪人』。

二 諸本『子』作『淑云子』。

三 嘉本『氣宇』作『氣息』。

四 雙桂本及昭覺本『意欲』作『意謂』，嘉本作『自謂』。

五 雙桂本及昭覺本『而』作『然而』。

六 嘉本自『臨行』至『三拜』作『一日告辭，病叟合掌受渠三拜。』

七 諸本『罵』後均有『也』字。

八 雙桂本及昭覺本作兩『勉旃！』，嘉本無『勉旃！』，至『好罵也』即終結。

20．（頁六）百拙禪人[一]

禪和子擔囊負鉢，入一菆林、進一保社，祇以此事爲懷，更無別般伎倆，方是人中之龍、獸中之師[二]也，故以龍象[三]稱之，豈比羣獸中無獅象，師象中無羣獸矣。然而師獸之不同，形威爪牙[四]一也[五]，祇此一處同，則知佛祖大機大用，通身是、遍身是，豈虛語哉！**（此段雙桂本及昭覺本在卷九，嘉本在卷八）**

【注】

一　諸本作『示百拙禪人』。

二　嘉本『師』作『獅子』，『師』、『獅』二字可通假，以下不出校。

三　嘉本『龍象』後有『獅子』二字。

四　雙桂本及昭覺本『爪牙』後有『皆』字。

五　嘉本自『豈比』至『一也』作『然而龍象、獅子形威不同，爪牙皆一也。』

21．（頁六）景山趙居士[一]

參禪、念佛二門，究竟生死爲極，了知生死，別無禪參、別無佛念。有佛念，則是生死中佛；有禪參，則是生死中禪。于是二中間，未夢生死在，還知麼？生從何來？死從何去？參！**（此段雙桂本及昭覺本在卷九，嘉本在卷八）**

【注】

一　諸本作『示景山趙居士』。

22．（頁六）萍止禪人[一]

歇狂子參方行脚，眼高四海，氣壓十方，與佛祖[二]結死生冤家，值人天開[三]邪正耳目[四]。惟萍止禪人在破山門下[五]、柱杖頭邊，薦取[六]『誰縛汝』三字，則一生參學事畢矣。**（此段雙桂本及昭覺本在卷九，嘉本在卷八）**

【注】

一　諸本作『示萍止禪人』。

二　諸本『佛祖』作『祖佛』。

三　雙桂本及昭覺本『開』作『分』。

四　嘉本『值人天開邪正耳目』作『與人天邪正眼目』。

五　嘉本無『門下』二字。

六　雙桂本及昭覺本『薦取』後有『得』字。

23．（頁六）默融禪人[一]

禪和子爲生死行脚，切忌石頭路滑，轉眄[二]則蹉過脚跟，直前則撞斷眉目。如是行脚[三]，畢竟作麼生？看脚下[四]！**（此段雙桂本及昭覺本在卷九，嘉本在卷八）**

【注】

一　諸本作『示默融禪人』。

二　『眄』音『xì』，有怒目而視、觀看之意；又讀『pǎn』，目美之意。

三　雙桂本及昭覺本『行脚』後有『事』字，嘉本無『如是行脚』四字。

四　諸本此後有『咄！』字。

24．（頁六～七）應如禪人[一]

參禪打坐，透露鼻祖家風，勿論僧俗男女[二]，都盧將生死二字貼在額頭上，行也如是參，坐也如是參。參來參去，參到心識不行、言思路絶處，把生死二字向那早晨淨面時一摸摸掉[三]，永不疑生疑死、疑聖疑凡。横身天外，舉步大方，奮獅子威，潛行密運[四]，皷老婆舌，開導[五]群迷，庶不枉他方行脚，踏遍雲山，處處欠草鞋帳[六]。**（此段雙桂本及昭覺本在卷九，嘉本在卷八）**

【注】

一　諸本作『示應如禪人』。
二　嘉本『僧俗男女』作『根器利鈍』。
三　雙桂本及昭覺本『摸掉』作『摸著』。
四　嘉本『奮獅子威，潛行密運』作『奮獅子吼，潛行密用』。
五　雙桂本及昭覺本『導』作『道』。
六　諸本此後有一『也』字。

25．（頁七）聞修禪人[一]

割愛辭親，負沖天意氣，把生死二字貼在額頭上，行也如是參，坐也如是參。參來參去，參到心識不行處，如槁木寒灰[二]，直[三]有一念。怖生死之心靈靈蠢蠢、欲了未了，恍恍惚惚、當斷不斷，凝然似有物礙，此是聖解凡情縛脱兩橛之所使然也，就中急討巴鼻，始有少分相應，卜度長短，則雲月是同，溪山各异耳。**（此段雙桂本及昭覺本在卷九，嘉本在卷八）**

【注】

一　諸本作『示聞修禪人』。

二　諸本此後有『之際』二字。

三　嘉本『直』作『衹』。

26.（頁七）　寇門蔡夫人[一]

參禪本要了生死，生死了時却放參。欲了須知下手處，揚眉瞬目刹那間。不隨喜怒哀樂轉，不被貪嗔癡愛瞞。不著聖凡情見解，不忘行往坐臥看。眼耳鼻舌身意識，六門六賊緊牢關。即此便是真精進，即此便是脱危安。如是了知法界性，水是水兮山是山[二]。**（此段雙桂本及昭覺本在卷九，嘉本在卷九）**

【注】

一　雙桂本及昭覺本作『示寇門蔡夫人』，嘉本作『示蔡夫人』。

二　嘉本『水是水兮山是山』作『水是兮水山是山』。

27.（頁七~八）　唯心禪人[一]

法法頭頭，不離當處，舉念即覺，便是放身捨命之時節也。而人不悟，强去節外生枝，數番顛倒，極至臨頭，一場無益。蓋是自生分別，非怨聖賢有所未説耶[二]。如我所説名正説[三]，不如説者[四]即邪外可知也，勉之！**（此段雙桂本及昭覺本在卷九，嘉本在卷八）**

【注】

一　諸本作『示唯心禪人』。

二　嘉本『耶』作『也』，嘉本此段至此完結。

三　雙桂本及昭覺本『正説』後有一『者』字。
四　雙桂本及昭覺本『不如説者』作『不如此説』。

28·（頁八）圓融禪人[一]

踏荊棘、破風塵，畢竟以生死爲極[二]。若或不爾，縱是一副鐵心肝，祇恐三日風、四日雨，終不免是[三]要生銹也。**（此段雙桂本及昭覺本在卷九，嘉本在卷八）**

【注】
一　諸本作『示圓融禪人』。
二　雙桂本及昭覺本『極』作『極務』，嘉本作『急務』。
三　嘉本無『是』字。

29·（頁八）離指禪人[一]

法道秋晚，祖風正替。望爾輩如急水灘頭撑篙，祇得拚[二]命著力，安云住山取適、偷安爲志？臨行欲吾儕惠草鞋錢，祇得信筆記個帳在壁上[三]，候[四]异日共爾打算[五]。**（此段雙桂本及昭覺本在卷九，嘉本在卷八）**

【注】
一　諸本作『示離指禪人』，指破山弟子離指方示禪師（1604～1663），俗姓陳，重慶人。
二　嘉本『拚』作『拌』。『拚』與『拌』通假，以下不出校。
三　諸本『在壁上』作『在壁頭上也』。
四　嘉本『候』作『待』。
五　諸本此後尚有『呵呵！』二字。

30·（頁八）丈雪禪人[一]

辭親割愛，浪跡江湖，披一絲、掛一綹[二]，赤條條地眼空諸方，將謂有幾個面目露遼天鼻孔。及至行脚遍，來親見佛恩，仍是痛罵痛打，連者一點氣息尚容不得。雲瓢雪笠、霜飯氷茶，復呑復吐，衹令冷心腸一付賣弄與人。猪嫌狗不欲，始到佛恩門下叫屈抱贓[三]。**（此段雙桂本及昭覺本在卷九，嘉本在卷八）**

【注】

一 諸本作『示丈雪禪人』，指破山得意弟子丈雪通醉禪師（1610～1695），俗姓李，四川内江人，編撰本書及主持刻印者。

二 雙桂本及昭覺本『綹』作『柳』，『綹』音liǔ，束狀絲線等物。

三 嘉本『叫屈抱贓』作『抱贓叫屈』。

31·（頁八～九）蒼松禪人[一]

幾過忠南，釣竿幾折，波澄月朗，金鱗始現。忽地別吾儕，索數語歸山。媿[二]吾竆[三]肚皮，無滴墨水，痛與一絡索，書之以及將來。泥佛、土佛互相勸發，向有佛處不可住、無佛處急走過，誅把茆蓋頭，待神差鬼使走出來，與佛祖争口氣也。**（此段諸本無）**

【注】

一 或指破山法嗣蒼松鶴禪師。

二 『媿』通『愧』，以下不出校。

三 『竆』同『窮』，以下不出校。

32.（頁九）法空上人[一]

雞足山[二]下帶一粒[三]粟，散[四]遍大千，亦能殺人、亦能活人。當暴日而愈毒，著踈[五]雨而愈芳。德澤恩輝，付千鐘而無盡[六]；忠肝義膽，盈萬斛而有餘[七]。語大[八]，而大也盡涯涘而莫見乎邊表；語細[九]，而細也空[一〇]微密而莫審乎中孚[一一]。變生作熟，杜[一二]餓人之飽參[一三]；點石[一四]成金，稅窮子之價直。其夢感也[一五]，惟竪一指；復其問也，驀築一拳[一六]，孰能疑之[一七]？子能參之[一八]，則不負大迦葉發一微笑[一九]。偈曰：簷前密布蜘蛛網，階下高堆曲蟮泥，碧眼胡僧不識字，將來讀作一聯詩[二〇]。**（此段雙桂本及昭覺本在卷九，嘉本在卷十一）**

【注】

一　諸本作『示云南法空上人』，或指聖可德玉（1628～1702）法嗣法空證禪師，又稱來鳳證，破山法孫。

二　諸本『山』作『之』。

三　雙桂本及昭覺本『粒』作『顆』。

四　嘉本『散』作『撒』。

五　雙桂本及昭覺本『踈』作『⿰足柬』，嘉本作『疏』，此三字互通，以下不出校。

六　雙桂本及昭覺本此後有一『藏』字。

七　雙桂本及昭覺本此後有一『思』字。

八　諸本『語大』前有『可以』二字。

九　諸本『語細』前有『可以』二字。

一〇　諸本『空』作『控』。

一一　嘉本『孚』作『藏』。

一二　嘉本『肚』作『足』。

一三　諸本『參』作『餐』。

一四　諸本「石」作「鐵」。

一五　嘉本「其夢感也」作「感其夢也」。

一六　諸本作「驀築一拳」作「驀口一築」。

一七　諸本「疑之」後有「悟之」。

一八　雙桂本及昭覺本「子能參之」作「及云南子參之」，嘉本作「云南子參之」。

一九　雙桂本及昭覺本「微笑」後有「而已」二字，嘉本無「而已」而有「也」字。

二〇　諸本缺失自「偈曰」以下之内容。

33．（頁九）繡石禪人[一]

打口鼓子，説禪説道，都是我衲僧家習氣，未是本分作家。若是本分作家，如愚如訥，隱隱地自是[二]不同。又不可不識一丁，粧[三]作如是，愈加[四]不本分。所謂本色住山人，亦無刀斧痕。

（此段雙桂本及昭覺本在卷九，嘉本在卷八）

【注】

一　諸本作「示繡石禪人」。

二　諸本「自是」後有「與人」二字。

三　雙桂本及昭覺本「粧」作「莊」，嘉本作「裝」，「粧」同「妝」，以下不出校。

四　雙桂本及昭覺本無「加」字。

34．（頁九～十）靡石禪人[一]

禪和子有志行脚，痛以生死爲念。到一知識[二]處，或發一問、或請益[三]，體取[四]話頭來歷，忽然會得此個話頭。或參[五]「生從何來、死從何去？」明得生處，死處亦然。那時節，囫地一

聲，始信茶條拄杖新行脚，葛葉蒲團舊話頭。**（此段雙桂本及昭覺本在卷十，嘉本在卷九）**

【注】

一 諸本均作『示云嶠禪人』，指破山弟子、雙桂堂第二代住持云嶠印水禪師（1626～1693），俗姓趙，四川巴州人。據筆者推斷，雙桂本語録就是由他主持編撰、刻印的（詳見後附論文）。但本書此段爲何以『靡石禪人』爲題、是否誤系、其名是否爲云嶠別稱等等問題仍有待研究。

二 諸本『知識』作『善知識』。

三 嘉本『或發一問、或請益』作『或請益、或發一問』。

四 諸本『體取』前有『正要』二字。

五 嘉本『或參』作『即知』。

35.**（頁十）** 禪源禪人[一]

出家志在參學，參而不透必學，學而不圓必參[二]。此兩者亦不可偏廢，若獨學而不參，秪益見聞；若獨參而不學，愈益我慢。正在不偏廢處，頭頭要了、法法要明，則不負出家之志也。**（此段雙桂本及昭覺本在卷十，嘉本在卷九）**

【注】

一 諸本作『示禪源禪人』。

二 嘉本『參而不透必學，學而不圓必參』作『參不透必學，學不圓必參』。

36.**（頁十）** 雪瀾法孫[一]

參禪打坐是我衲僧家分内事[二]也，詎[三]假以文章學問巧妙尖新、説鐸鐸句、弄套套語[四]以資談柄？揚眉瞬目以當機鋒？真獅子兒[五]，衹要咬人。然咬人者正是直截根源，不同逐塊。近來多見禪流[六]初不務此，先去學滿一肚皮，然後參禪[七]。殊不知禪何所取意也[八]，本要離名字相、離心緣相、離四句、絶百非，豈是隨邪逐惡、不根其旨，妄將魚目作明珠、磁石爲至寶，到處去逞驢唇馬嘴、捧風喝雲以爲極則？老僧此個葛藤爲點禪病，倘禪若無病何用參爲[九]？

（此段雙桂本及昭覺本在卷十，嘉本在卷九）

【注】

一 雙桂本及昭覺本作『示雪灡禪人』，嘉本却題作『示若無禪人』，『雪灡』或爲丈雪通醉弟子，曾爲侍者（見《丈雪語録》卷九『雪灡侍者請題山水圖』），『若無』則不明，或爲此人别号，但純爲猜測。

二 諸本『分内事』作『本分事』。

三 諸本『詎』作『豈』，『詎』音ju，與『豈』通，以下不出校。

四 諸本『套套語』後有『誇會誇能』四字。

五 諸本『真獅子兒』前有『若』字，再前則有『若爾，誠然是韓盧逐塊』句。

六 雙桂本及昭覺本『近來多見禪流』作『近來多見禪家者流』，嘉本作『近來多見禪者』。

七 諸本『參禪』作『去學禪』。

八 雙桂本及昭覺本『何所取意也』作『何所意也』，嘉本作『何意也』。

九 雙桂本及昭覺本此後尚有『即汝便是，尚涉廉纖。如將梵位直授凡庸，亦如擲劍揮空，匆論及之不及，此貴承當也。』嘉本與兩本同，但『此貴』作『祇貴』。

37.**（頁十～十一）**寒暴書記[一]

流離苦世，將謂老僧殘羹餿飯盡傾無剩，豈料忍饑廝渇輩東尋西覓[二]，災木出吾[三]醜也。則老僧又悲又喜，幸[四]愚徒雪公收爲弟子，刊老僧《全録》，善書筆手[五]，點畫頗精，莫可贊嘆[六]。然布施一金[七]，又不如布施一言，以佳其志，俟异日相撞時，奉[八]三十棒，且道是賞伊罰伊？

（此段雙桂本及昭覺本在卷十，嘉本在卷九）

【注】

一　雙桂本及昭覺本作『示寒暴禪人』，嘉本作『示寒瀑禪人』。由此則語録可知，寒瀑擅于書寫印刷所用宋體字，刊印《語録》時（或即十二卷本）曾負責轉寫工作。

二　雙桂本及昭覺本此後有『稍得全半』四字，嘉本作『稍得全半法語』六字。

三　諸本『吾』作『老僧』。

四　諸本『幸』後有『老僧』二字。

五　諸本『筆手』作『手筆』。

六　嘉本無『莫可贊歎』四字。

七　諸本『然布施一金』作『然而老僧布施一金』。

八　諸本『奉』作『奉上』。

38．（頁十一）佛冤法孫[一]

做個禪和子，最要苦得喫不得，然後可談就中事。若是祇圖粉飾個模樣，內[二]不相應，乃形同沙門，未得法同沙門也。然苦[三]，非是以擔山填海、勞其筋骨、餓其體膚，不過是二六時中，此生死之心未覷破，終是爲礙。如何是怖生死的心[四]？參！**（此段雙桂本及昭覺本在卷十，嘉本在卷九）**

【注】

一　雙桂本及昭覺本作『示些些行者』，嘉本作『示佛冤法孫』，指丈雪通醉弟子佛冤徹綱禪師（1626～1693），俗姓李，四川内江人。王士禎（1634～1711）《隴蜀遺聞》謂其爲丈雪俗侄。丈雪晚年委佛冤任昭覺寺方丈，『些些行者』或爲佛冤始入佛門時之稱呼，有《佛冤禪師語録》十二卷行世。

二　諸本『內』作『內外』。

三　諸本『然苦』作『然而苦』。

四　諸本『生死的心』作『生死心』字，且此後尚有『囮！是誰縛汝？』五字，無『參』字。

39.（頁十一）心瞿禪者[一]

入一叢林[二]，進一保社，聽人處分，究竟自不知，肩頭脚底早已不唧嚁。肯從自己分中體取肩頭上輕重、脚底下高低，撞著磕著處會得此事不在別處[三]。**（此段雙桂本及昭覺本在卷十，嘉本在卷九）**

【注】

一　雙桂本及昭覺本作『示心衢行者』，嘉本作『示碧浪禪者』。

二　諸本『入一蘋林』前有『擔囊負鉢』四字。

三　諸本『會得此事不在別處』作『會得來。嘻！此事不在別處，衹在者裏。』

40.（頁十一）石雲禪者[一]

雪笠雲瓢，逍遥物外，與世不相侔。正好將生死二字時刻注在念頭上，朝也如是、暮也如是，忽地裏覷破、始知生死二字，方决疑也。**（此段諸本無）**

【注】

一　『石云』指丈雪通醉法孫蒼石云禪師（或稱蒼石真云），丈雪弟子竹浪徹生（1634～1693）法嗣。曾受破祖之命，携本書破山手校稿前赴嘉興（詳見後附論文）。

41.（頁十一）示耀泉丁居士

者事[一]如雲長刀[二]，非大力[三]者安能荷之？耀泉居士[四]身雖在家，而禀是刀，不怕不勝生死魔軍、剿絶[五]聖凡窠臼[六]。**（此段雙桂本及昭覺本在卷九，嘉本在卷八）**

【注】

一　諸本『者事』作『者個事』。

二　諸本『云長刀』後有『方天戟』三字。

三　諸本『力』作『力量』。

四　雙桂本及昭覺本『耀泉居士』前有『而我』二字，嘉本衹有一『我』字。

五　諸本『絶』作『滅』。

六　諸本此後有『也』字。

茶話

42.**（頁十二）**師寓金陵閲藏庵。曰：『茶話之説，盡是時人權設，的非歷祖有此謂也。非但病僧恪慈，自我天童老和尚每嘗亦向人天衆前諄諄道過。所謂説法，尚有儀式，或五時示衆，縱奪抑揚，匪可相混，不無拈舉，各人本具一大事因緣耳。今夜永覺上座設茶，欲病僧茶話，也是將蝦釣鱉。所言人人己躬下[一]一段大事，是我先佛説起，與我輩做個通事舍人，亦大家[二]瞌睡相似，畢竟有個先醒[三]，然先醒者非獨自醒，逐個教之令醒。《經》云[四]：「舍利弗，當知我本立誓願，欲令一切衆如我等無异。」極容易事而翻爲難[五]，不得不[六]從難處做去。然[七]有形段事則易[八]做，唯此事[九]没撈摸、没巴鼻，欲下手則無處下手，欲用心則無心可用[一〇]，到此則[一一]唯證乃知。不爾疑生疑死、疑佛疑祖，這些恍惚處實爲命根不斷。還委悉麼？不愁劒戟如星下，唯恐藕絲絆殺人。』**（此段雙桂本及昭覺本無，自『今夜永覺上座』至結尾之文字在嘉本卷六）**

【注】

一　嘉本『人人己躬下』作『蓋人人己躬下』。

二 嘉本缺少自『是我先佛』至此一段文字。
三 嘉本『醒』後有『者』字。
四 嘉本『經云』作『所以經文』。
五 嘉本『難』後有『事』字。
六 嘉本『不得不』前有『又』字。
七 嘉本『然』作『若是』。
八 嘉本『易』前有『可』字。
九 嘉本『此事』後有『大而無外，細而無内』八字。
一〇 嘉本『無心可用』作『無處用心』。
一一 嘉本無『則』字。

43．(頁十二) 茶話。師云：『東塔堂内喫茶，人人心亂如麻。山僧拄杖一擲，驚起井底蝦蟆。』以拄杖擲地，喝一喝。**(此段雙桂本及昭覺本在卷七，嘉本無)**

44．(頁十二~十三) 茶話[一]。『浄頭今夜設茶，大似井底推車。會得如麻似粟，不會似粟如麻，未審衆中有會得者麽？』時有僧不出衆，喝一喝，師云：『再喝一喝看。』僧無語，師云[二]：『莫道明上座向人天衆前撒土撒沙。』**(此段諸本均在卷六)**

【注】
一 雙桂本及昭覺本『茶話』作『茶語，師云』，嘉本作『示衆，云』。
二 師云，嘉興藏本作『師卓杖云』。

45．(頁十三) 茶話[一]。『小盡二十九，大盡有三十。内外諸禪和，齊來討巴鼻。一條短杖藜，打得

血滴滴。』喝一喝，云：『大衆謝茶！[二]』（**此段諸本均在卷六**）

【注】

一　雙桂本及昭覺本作『茶話，師云』，嘉本作『示衆，云』。

二　嘉本無『喝一喝，云：「大衆謝茶！」』八字。

46.（**頁十三**）茶話[一]。『雲門餅、趙州茶，一番施設一番嘉。有人就裏能如是，喫著通身是爪牙。未審衆中還有恁麽人麽？試出來呑吐看。如無，待山僧自呑吐去也[二]。一杯兩杯不濟渴，七個八個却知飽。』（**此段諸本均在卷六**）

【注】

一　雙桂本及昭覺本作『茶話，師云』，嘉本作『示衆，云』。

二　諸本此後有『舉茶杯，云：「會麽？」』六字。

47.（**頁十三**）茶話[一]。『諸方此夜極驕奢，惟我蟠龍善作家。燒上一鍋滾白水，逢人三盞釅擂茶。』

（**此段雙桂本及昭覺本在卷六，嘉本無**）

【注】

一　雙桂本及昭覺本作『茶話，師云』。

48.（**頁十三**）茶話[一]。『施主設茶請法，山僧微笑不答。各人肚裏明白，何用之乎者也？所以道「是法不可示，言詞相寂滅。」無言爲至言，無説乃真説。若然[二]不説，不妨熾然而説，有[三]塵説、刹説、熾然説，無間歇，天地從此位、萬物從此育。會得途中受用，不會世諦流布。』顧

視左右，云：『若向此中會得，管教生死心息。』（此段諸本均在卷六）

【注】

一 雙桂本及昭覺本作『茶話，師云』，嘉本作『示衆，云』。

二 嘉本『若然』作『雖然』。

三 嘉本無『有』字。

49.（頁十三）茶話[一]。『喫茶終日説茶話，惟有今朝話喫茶。皷著趙州道底句，筯頭碗底發漚花。』

（此段雙桂本及昭覺本在卷六，嘉本無）

【注】

一 雙桂本及昭覺本作『茶話，師云』。

50.（頁十三）茶語[一]。『設茶檀越到祥符，爲我兩堂雲水徒。喫得飽餐無剩物，歸單依舊嘴盧都。』

（此段雙桂本及昭覺本在卷六，嘉本無）

【注】

一 雙桂本及昭覺本作『茶話，師云』。

破山禪師語録卷第六終

頁末鈐篆體陽文方印『田氏圖書之印』

第二册

第二册卷首鈐印及題記狀況

第二册封頁正面：

楷體墨筆縱書『破山録』三字其下朱筆『七ノ」十二』四字（」表換行）

楷體墨筆縱書紙質題簽一方『破山禪師語録卷七之」十二』

第二册封頁背面：

鈐楷體陽文跋語方印『了翁上座請大藏及百」家書置之武州紫云山」我微笑塔院亘府中永」爲學者不敢許出院内」當山二世鐵牛機謹志』

鈐篆體陽文方印『東京帝國大學圖書印』

第二册第一頁：

横跨天頭與板框鈐篆體陽文方印『大教院印』

板框内右下側鈐篆體陰文方印『臨濟三十六世』、篆體陽文方印『鐵牛機印』

破山海明禪師語録卷第七

明成都府嗣法門人通醉等編

贊

1.（頁一）釋迦老人[一]

冷坐六年，頓空三際，號釋迦文，説波羅蜜。咄！不知老面皮厚了多少，來借山僧鼻孔出氣。

【注】

一 雙桂本及昭覺本作『釋迦老人贊』。

2.（頁一）不坐潔白地上，慣要落草盤桓，説去説來，末後自了，自是瞿曇。**（此二段雙桂本及昭覺本在卷十四，嘉本在卷十七）**

3.（頁一）彌勒[一]

這個彌勒，似同活賊，立向人前，不勝歡悦。打開布袋口，有收有放，露出胸襟頭，無巧無拙。本欲善取一文，誰料强生枝節。呵呵！施者受者意如何？總是當他笑臉不得。

【注】

一 雙桂本及昭覺本作『彌勒贊』，嘉本作『彌勒大士』。

4．（頁一）著甚麼急？討甚麼椀[一]？擬欲奉承一棒，祇是伸手不打笑臉。**（此二段雙桂本及昭覺本在卷十四，嘉本在卷十七）**

【注】

一 嘉本「椀」作「盌」，二字均與「碗」通假，以下不出校。

5．（頁一）白衣大士[一]

白衣大士，浄如滿月。坐盤陀石，遐邇圓徹。見者、聞者、供養者，總没交涉。**（此段雙桂本及昭覺本在卷十四，嘉本在卷十七）**

【注】

一 雙桂本及昭覺本作「白衣大士贊」，嘉本作「觀音大士」。

6．（頁一）初祖[一]

倒駕一葦，面壁九年。伎俩搬盡，别是壺天。**（此段雙桂本及昭覺本在卷十四，嘉本無）**

【注】

一 雙桂本及昭覺本作「初祖贊」，部分内容屬卷十七「達磨像贊」及「題握杖達磨」；嘉本無此題名，内容分屬卷十七「達磨大師」及「握杖達磨」。

7．（頁二）毛頭毛腦，懶剃鬚髮。撥無因果，不會佛法。形狀古古怪怪，言語兜兜答答。這個惓怪東西，如何畵得著他[一]？呵呵！若面羊皮鼓，不打自響，是甚麼？鼕鼕！**（此段雙桂本及昭覺本在卷十四，嘉本在卷十七）**

【注】

一　嘉本『著他』作『相恰』。

8．(頁二一)　一鉢浮空，千尋浪滾。脚跟踏着花，笑蘆影呵呵。堪笑老臊胡，合身就地輥。(此段諸本均無)

9．(頁二一)　者漢西來，虛頭賣弄。逢人駕蘆，遇水珍重。面壁嵩山，心安骨董。咦！恁[一]從天下縱横，一切魚龍攪[二]動。(此段雙桂本及昭覺本在卷十四，嘉本在卷十七)

【注】

一　諸本『恁』作『任』。

二　諸本『攪』作『擾』。

10．(頁二一)　者個老漢，全無計算。前不搆村，後不迭[一]店。捏[二]條拄杖，横打竪打。千古瞎驢，東賺西賺。(此段雙桂本及昭覺本在卷十四，嘉本在卷十七)

【注】

一　諸本『迭』作『抵』。

二　諸本『捏』作『握』。

11．(頁二一)　阿國羅漢[一]

天然椅上，古瓶古罏，中有何物？樹也珊瑚。黑面碧眼，手卷經書。咦！雍雍胡跪蒲團上，

讀斷海函一字無。**（此段雙桂本及昭覺本在卷十四，嘉本在卷十七）**

【注】

一　雙桂本及昭覺本作『羅漢贊』，嘉本作『羅漢』。

12．**（頁二）** 過海羅漢[一]

十六尊者，各逞奇能。振錫兮[二]虎嘯，捧鉢兮[三]龍吟。持杖兮攪長河爲酥酪，揮塵兮變大地作黄金。一任水鬼之伎倆，難寫羅漢之應真。**（此段雙桂本及昭覺本在卷十四，嘉本在卷十七）**

【注】

一　雙桂本及昭覺本作『過海羅漢贊』。

二　諸本『兮』後有『則』字。

三　諸本『兮』後有『則』字。

13．**（頁二）** 降龍羅漢[一]

明珠光相耀長空，非白非青非素紅[二]。引得毒龍降鉢内，莫言尊者弄神通。**（此段雙桂本及昭覺本在卷十四，嘉本在卷十七）**

【注】

一　雙桂本及昭覺本作『題降龍羅漢』。

二　嘉本『素紅』作『緑紅』。

14．**（頁二～三）**《臨濟三十四世語録》題辭[一]

三十四個老古錐，被忤逆兒孫一串穿却鼻孔，拽向十字街頭要人著價。白山[二]布公痛以龜毛繩、兔角杖，恨命捆打一頓，然後不作貴、不作賤，且諸人[三]作麼生著價[四]？出來道道看。**（此段雙桂本及昭覺本在卷十四，嘉本在卷二十）**

【注】

一　雙桂本及昭覺本作『集請臨濟三十四世語録題辭』，嘉本作『臨濟三十四世語録序』，後題小字『白山布公集成請序』。

二　雙桂本及昭覺本『白山』前有『惟我』二字。

三　雙桂本及昭覺本『且諸人』作『且道汝等諸人』。

四　雙桂本及昭覺本此後有『試著價者』四字。

15．**（頁三）** 金剛塔[一]

露布葛藤漫天漫地，葉葉真風層層秀氣。可中絆著一個半個，却也洞明死句活句。呵呵！金色頭陀夢眼開，珍重闍黎醒也未？**（此段雙桂本及昭覺本在卷十四，嘉本無）**

【注】

一　雙桂本及昭覺本作『題金剛塔』。

16．**（頁三）** 天童密老和尚像[一]

遠續曹溪，近嗣龍池。年將九九，鬚髮銀絲。婆心不歇，示外威儀。脱于紙上，命不肖題。欲贊欲駡，且信且疑。付之以焚，真報吾師。**（此段雙桂本及昭覺本在卷十四，嘉本在卷十七）**

【注】

一　雙桂本及昭覺本作『天童和尚像』，嘉本作『天童悟和尚』。按《年譜》，此則像贊有可能題寫于崇禎四年（1631）。

17．（頁三）雪嶠大師一

這個毛頭瞎禿，僧又不僧，俗又不俗。坐斷雙髻雙徑，道通天池天目。有時唱風棒月，有時神出鬼没。我昔曾遭魔魅，至今寃入髓骨。不打六十年前鼓笛，且向語風居裏，作個古佛。

（此段雙桂本及昭覺本在卷十四，嘉本在卷十七）

【注】

一　雙桂本及昭覺本作『雪嶠大師贊』，嘉本作『徑山雪嶠和尚』。按《年譜》，此則像贊題于崇禎四年（1631）。

18．（頁三）上熙老宿像一

既云是像，不必圖狀。狀亦是非，安容其像？狀兮像兮，元無二様。如是標爲大丈夫，一任兒孫來贊謗。**（此段雙桂本及昭覺本在卷十四，嘉本無）**

【注】

一　雙桂本及昭覺本作『題上熙老宿像』。

19．（頁四）蘊空上人像一

贊渠則觸，不贊則背。坐斷兩頭，中間莫位。呵呵！儼若面呈，祇少口氣。**（此段雙桂本及昭覺本在卷十四，嘉本無）**

【注】

一　雙桂本及昭覺本作『題蘊空上人小像』。

20．（頁四）梵儀上人像一

手持麈尾，身靠幽石。雖不在焉，儼然如是二。不向伯牙處知音，愛三打宗門中鼓笛。（此段雙桂本及昭覺本在卷十四，嘉本在卷十九）

【注】

一　諸本作『題梵儀上人小像』。

二　諸本『如是』後有『呵呵！也』三字。

三　諸本『愛』前有『衹』字。

21．（頁四）行圓上座像一

坐維摩牀，披忍辱鎧。持麈爲人，無人喝采二。堪笑丹青，恨不與渠描出個瀟瀟灑灑。（此段雙桂本及昭覺本在卷十四，嘉本在卷十九）

【注】

一　諸本作『題行圓珠上座小像』。

二　諸本『喝采』後有『呵呵！』二字。

22．（頁四）不二禪友像一

長松之下，瀟瀟灑灑。問是阿誰？不二道者二。經風經雨老春秋，然自不知幾年也。（此段雙桂本及昭覺本在卷十四，嘉本在卷十九）

【注】

一　雙桂本及昭覺本作『題不二禪友小像』，嘉本作『題不二禪人小像』。

二　諸本『道者』後有『呵呵！』二字。

23.（頁四）茂敘孫居士像[一]

者漢痛快，携僧物外。欲譚佛書，指聽天籟。悟是音聲，開茲情解。口耶耳耶？無在不在。咦，嘻嘻！雄心漫作冷灰然，健足且完山水債。**（此段雙桂本及昭覺本在卷十四，嘉本在卷十九）**

【注】

一　雙桂本及昭覺本作『題茂敘孫居士像贊』，嘉本作『題茂敘孫居士像』。

24.（頁四～五）超然居士像[一]

咄哉賢士，曰之超然。優遊物外，心性乃恬。可惜不曾遇著[二]毒手，至今猶欠落[三]草鞋錢。祇得[四]赤雙脚走，方又不方，圓又不圓。鈍置在紙畫上，山水間孤獨獨地，守到驢年。**（此段雙桂本及昭覺本在卷十四，嘉本在卷十九）**

【注】

一　雙桂本及昭覺本作『題超然先生圖贊』，嘉本作『題超然居士像』。

二　嘉本無『著』字。

三　嘉本無『落』字。

四　嘉本無『祇得』二字。

25.（頁五）西橋陳居士像[一]

紅塵堆裏藏身，白法門中著脚。賺去賺來，一生臨危，無得無説。復震威喝一喝云：『低聲低聲，切不可驚醒我孤松下底羸鶴。』**（此段雙桂本及昭覺本在卷十四，嘉本在卷十九）**

【注】

一　雙桂本及昭覺本作『西橋陳居士真贊』，嘉本作『題西橋陳居士像』。

26．（頁五）良玉施居士像[一]

若道是假，眉[二]目分明；若道是真，動静不形。真既真不得，假又假不成，真假俱不立，畢竟是何人[三]？堪笑本源自性天真佛，祇爲脂粉難脱身。（此段雙桂本及昭覺本在卷十四，嘉本在卷十九）

【注】

一　雙桂本及昭覺本作『良玉施居士真贊』，嘉本作『題良玉施居士像』。

二　『眉』同『眉』，以下不出校。

三　雙桂本及昭覺本『何人』作『何等樣人』。

27．（頁五）君錫程居士像[一]

一株松下一堆石，獨坐其中消白日。真個渠儂得自由，卷舒畢竟無踪跡。（此段雙桂本及昭覺本在卷十四，嘉本在卷十九）

【注】

一　諸本作『題君錫程居士像』。

28．（頁五）育吾金居士像[一]

松雲密密飛來去，來去無心無巴鼻。祇此分身兩處看，盤陀石上多兄弟。（此段雙桂本及昭覺本在卷十四，嘉本在卷十九）

【注】

一　諸本作『題育吾金居士像』。

29·（頁五）念中程居士像[一]

者個怪樣，畫來到像[二]。蒲團坐穿，一味倔强。（此段雙桂本及昭覺本在卷十四，嘉本在卷十九）

【注】

一　諸本作『題念中程居士像』。

二　諸本『像』作『相』。

30·（頁五）默台淩居士像[一]

髭鬚眉目儼然爾，是個赤窮好漢子。獨坐静聞山石中，一聲野鶴松濤起。（此段雙桂本及昭覺本在卷十四，嘉本在卷十九）

【注】

一　諸本作『題默台淩居士像』。

31·（頁六）瀛台吴居士像[一]

是一却成二，道二仍不是。放下兩頭機，松針錐滿地。問取老人意若何，吾知壽命等幽石。（此段雙桂本及昭覺本在卷十四，嘉本在卷十九）

【注】

一　諸本作『題瀛台吴居士像』。

32．（頁六）永真長老行樂圖[一]

手握金扇，瓶插桃花，始得渠力，香徧天涯。靈雲見而不疑兮，笑倒玄沙；鹽官[二]索而有意兮，惱殺渠家。以[三]此二物[四]格真兮，知音可佳[五]。咦！卷舒密密全生殺，開落明明示正邪。

（此段雙桂本及昭覺本在卷十四，嘉本在卷十九）

【注】

一 雙桂本及昭覺本作『永真上人像贊』，嘉本作『題永真上人像』。

二 鹽官：指唐代鹽官齊安禪師（745～843），江蘇海門李氏，唐宗室之後，幼年出家，馬祖道一法嗣。元和間（806～820）住鹽官（浙江海寧）海昌院，唐武宗會昌二年示寂，唐宣宗賜謚『悟空大師』。

三 諸本『以』作『拈』。

四 諸本『物』後有『而』字。

五 嘉本『佳』作『嘉』。

33．（頁六）碧虚長老行樂圖[一]

行住坐臥，人之威儀。松竹梅石，世之秀氣。器界根身，萬法歸一。爾鼻兮香金爐，爾足兮踏頑石，爾耳兮聲幽松，爾手兮執如意。尚餘梅與竹，堅節而素質。呵呵！堪笑爾碧虚，堂堂乎如[二]是。**（此段雙桂本及昭覺本在卷十四，嘉本在卷十九）**

【注】

一 雙桂本及昭覺本作『贊碧虚行樂圖二』，嘉本作『題碧虚禪宿行樂圖』。

二 諸本『如』作『若』。

34．（頁六）轆轢嚴居士行樂圖[一]

頭戴椶[二]笠，脚繫芒鞋，握條鋤柄，聲震如雷。祖翁田地兮何愁不辦，狐兔窠窟兮誰懼不摧。有時向三家村裏刈茅剗草，有時向萬壑雲中誅藥採菜，有時向孤峰頂上挖孔尋蛇打，有時向浩渺波中陶沙聚塔來。説甚麼佛魔孔老？論甚麼化濕卵胎？咦！都盧到者漢手裏，一坑活埋。**（此段雙桂本及昭覺本在卷十四，嘉本在卷十九）**

【注】

一　諸本作『題去凡嚴居士自謂輾轢道人』。但本書此段内容却非諸本相應題目下之文字，反而是諸本中『贊碧虚行樂圖』第二段（雙桂、昭覺）、『題碧虚禪宿行樂圖』（嘉）中之第二段，原因不明。

二　嘉本『椶』作『棕』，二字通假，以下不出校。

35

·**（頁七）**空外禪人行樂圖[一]

真空物外，物外真空。有口如啞，有耳如聾。問渠似木雕泥塑，打伊若電拂雷轟。今日却知些[二]痛癢，列在師子群中。咦！青松雲樹，參前參後。白棒麤拳，打雨打風。**（此段雙桂本及昭覺本在卷十四，嘉本在卷十九）**

【注】

一　雙桂本及昭覺本作『題空外禪人行樂圖』，昭覺本『樂』作『藥』，應誤；嘉本作『題空外門人行樂圖』。『空外』指破山法嗣空外大逵禪師。

二　諸本『些』後有『須』字。

36

·**（頁七）**華仲李居士行樂圖[一]

一具傲物骨，老高堆世上。爲人直稜稜，行事空蕩蕩。咦！莫是呵佛駡祖之流，做個出格在

家和尚？（**此段雙桂本及昭覺本在卷十四，嘉本在卷十九**）

【注】

一 諸本作『題華仲李居士行樂圖』。康熙《巢縣誌》卷十八載張應元所作《李華仲傳》，謂其人名芳春，字華仲，後改名錢（jiǎn）。曾參訪密雲圓悟，董其昌、陳繼儒等均推重之。

37．（**頁七**）玉可張居士行樂圖[一]

山邊水際暫跏趺，風送花聲落畫圖。兩耳圓通忽[二]悟得，呼童叉手罷琴書。（**此段雙桂本及昭覺本在卷十四，嘉本在卷十九**）

【注】

一 諸本作『題玉可張居士行樂圖』。清·馮金伯編著《國朝畫識》卷十三載嘉興有張琦，字玉可，善畫肖像，不知與此處者是否爲一人。

二 昭覺本『忽』作『忍』，或誤。

38．（**頁七**）洪宇黄居士行樂圖[一]

迥迥孤孤出小松，其中坐者亦于同。四時不怕經寒暑，誰肯低頭立下風。（**此段雙桂本及昭覺本在卷十四，嘉本在卷十九**）

【注】

一 諸本作『題洪宇黄居士行樂圖』。

39．（**頁七**）廣生費居士行樂圖[一]

聲和響順，形直影端。駡之贊之，亦無兩般。呵呵呵！堪笑七十餘歲底老漢，與同龜鶴齊

年。（此段雙桂本及昭覺本在卷十四，嘉本在卷十九）

【注】

一 諸本作『題廣生費居士行樂圖』。

40.（頁七～八）華字吴居士文會圖一

八個弟兄，兩個姊妹，共遊林園，各逞習氣。有者向花柳岸上，賞不盡底風流；有者向茶酒甕頭，飲不盡底滋味；有者向黑白盤中，搬不盡底伎倆；有者向竹石山間，譚不盡底妙義。咄！到此勿論僧俗男女，愚之與智，總是一番戲具。（此段雙桂本及昭覺本在卷十四，嘉本在卷十九）

【注】

一 諸本作『題華宇吴居士金蘭文會圖』。

41.（頁八）紫綬金章圖一

手握一錠金章，身隨幾個玉女。經行坐臥之中，念念得人便委。噫！夢有夢無五十春，花開花落麒麟子。（此段雙桂本及昭覺本在卷十四，嘉本無）

【注】

一 雙桂本及昭覺本作『題紫綬金章圖』。

42.（頁八）棧道圖一

山山有雲，樹樹有鳥，溪溪有橋，路路有草。唯我蜀道之更難，人馬平空而飄渺。（此段雙桂

本及昭覺本在卷十四，嘉本在卷十九）

【注】

一 諸本作『題棧道圖』。

43．（頁八～九）自贊一

者個川老蜀，渾無奇特處，問禪禪不知、問教教非熟，懶散三十年，人天忽推出，握條短杖藜，打佛兼打祖。

【注】

一 此段綜合諸本多條自贊而成，『玉泉蓮月門人請贊』、『石蓮馮居士請贊』、『念中程居士請』、『渭陽金居士請』、『東川吕居士請』、『侍橋居士請』、『昭覺丈雪門人』、『印戀請』。

44．（頁八）者個病和尚，生來古怪樣。撞著李次公，十畫有九相。髮際鬔鬔鬆鬆，眼界空空蕩蕩。住止東塔街頭，遊戲南海岸上。肚裏無滴墨水，慣要興波作浪。踏出虛空骨髓，横按一條拄杖。任他魔佛人天，都來喫頓痛棒。呵一呵呵！莫道破山本分草料，不成供養。（點校者：以下小字）石蓮馮居士請

【注】

一 雙桂本及昭覺本此『呵』作『阿』。

45．（頁八）身服藍衣，面如黄臘。無心世間，有志林下。問是阿誰？破山老衲。（點校者：以下小字）念中居士一請

【注】

一　諸本『居士』作『程居士』。

46．（頁八）烏髪碧眼，燕額虎鬚。爲人切處，拄杖不離。打得徹骨徹髓，莫教分骨[一]分皮。咄！（點校者：以下小字）渭陽居士[二]請

【注】

一　諸本『骨』作『肉』。

二　諸本『居士』作『金居士』。

47．（頁九）燕額虎鬚，眼深[一]螺髪。身披紫衣，拽杖擡[二]捺。呵呵！堪笑四川川老蜀，原來是個破[三]布衲。（點校者：以下小字）東川居士[四]請

【注】

一　嘉本『眼深』作『碧眼』。

二　『擡』同『抬』，以下不出校。

三　雙桂本及昭覺本『破』作『醉』。

四　雙桂本及昭覺本無『居士』二字，嘉本作『吕居士』。

48．（頁九）舌長口窄，語淺義深，説處難曉，令人易醒[一]，莫是個乾屎橛、荊棘林？嗅者腦裂，視者刺睛，無端惱殺丹青。咦！画虎画皮難画骨，知人知面不知心。（點校者：以下小字）侍橋居士[二]請

【注】
一 諸本『醒』作『惺』。
二 雙桂本及昭覺本無『居士』二字，嘉本作『程居士』。

49·（頁九）推不向前，拽不退後。画又不成，描又不就。惱殺丹青，出吾百醜。呵呵！且道是誰？破山老一叟。（點校者：以下小字）丈雪上座請二

【注】
一 諸本『老』作『病』。
二 雙桂本及昭覺本『丈雪上座請』作『覺無請』，嘉本作『昭覺丈雪門人請贊』。

50·（頁九）棒頭嬰嬰，不順人情。忽地禍一出，便捆一繩。咦二！從教破釜驚天下，賣弄高陽酒一瓶。（點校者：以下小字）雪臂上座請三（**第50段嘉本未收，其餘均在諸本卷十七**）

【注】
一 雙桂本及昭覺本『禍』作『禍』，二字通假，以下不出校。
二 雙桂本及昭覺本『噫』作『咦』。
三 雙桂本及昭覺本『雪臂上座請』作『印戀請』。

51·（頁九~十七）行實一

師于己巳（崇禎二年，1629）下金粟山，有湖州值致遠法師請住福山禪院二。一日，衆稽首乞行脚，師曰三：

吾之禍胎，醜不堪言，但佛佛授手、祖祖相傳以心印心之法，不獨我輩如此，是天是人、

是僧是俗、是男是女、是少是老，亦可爲得，何故？是法不是別人底，若是別人底，得罷便罷、得休便休，亦好推些乾滑[四]。都盧没人替得，所以道自作自受、自修自得耳。然山僧初始入道，逆順易難種種境界，無不歷過，的非偶然[五]。

山僧豈天生耶？地湧耶？本是西蜀[六]，父姓蹇，母姓徐[七]，命賦丁酉年（萬曆二十五年，1597）正月廿一日午時[八]，虚度三十有三。乃十九歲[九]時，因雙親去世，忽省身世無常[一〇]。見[一一]誌公禪師《勸世歌》，予讀至『身世皆空』處，不覺墮淚如雨，將妻室[一二]恩愛等事一時氷解。至夜獲一夢，如四山相逼，中間秖有一路，一僧[一三]對予誦偈云：『欲脱娑婆出苦纏，急須精進莫貪眠，聲聲秖把彌陀念，自有蓮華托上天。』當夜醒來[一四]，自此一心念佛，志願出家。

聞佛恩寺[一五]大持和尚精嚴戒律，高志有德，慕禮爲師，遂更諱『海明』[一六]。不[一七]數月，師圓寂[一八]，聞[一九]慧然法主講《楞嚴》[二〇]，往彼聽經。至『一切衆生，皆由不知常住真心、性浄明體，用諸妄想，此想不真，故有輪轉。』自謂[二一]：『我出家原爲生死，生死豈不是輪轉意？若不受輪轉，畢竟要知常住真心，知常住真心，則不受輪轉[二二]。』遂將[二三]十卷《楞嚴》[二四]熟讀[二五]，在『七處征心、八還辨[二六]見』文中，恍有入處，秖是一味道理印證。又聞達磨西來，『不立文字、直指人心、見性成佛。』謂之『教外別傳』，此旨幽微，卒難玄會[二七]。詣[二八]室中請益，主以因緣譬喻，種種開示，不決予疑[二九]，呈偈云[三〇]：『我爲生死來出家，何須更算海中沙，無常殺鬼卒然至，錦繡文章亂似蔴。』

禮辭[三一]出蜀。終日悶疑此事[三二]，每看古人公案語録[三三]，如銀山鐵壁[三四]。誓願住山，若不明此事終[三五]不落山。如此住楚之[三六]破頭山，草衣木食三載。一生伎倆，盡情搬弄[三七]，祇是胸中厮結不開，昏沉散亂，打并不下。看高峰語[三八]：『以七日爲限，刻期取證[三九]。』當時依他法子做了四五日，兩眼昏花，脚手無力，行路似雲浮空，也不驚、也不怖[四〇]，祇是者些無意味底語，疑不自決，如有氣死人[四一]。一日發極[四二]，到萬丈懸巖上立定，自誓云：『悟不悟，性命在今日了！』辰時[四三]立到未時之際，眼前惟有一平世界，更無坑坎[四四]。舉足[四五]經行，不覺墮落巖下，將足損了[四六]。至夜翻身忽痛，有省，密舉從前所疑所礙者，如獲故物，方放身命。睡到天明，高聲叫云：『屈！屈！』有一居士詣前，云：『師傅脚痛麼？』予[四七]劈面一掌，云：『非公境界！』將養百日[四八]，脚復如舊。

落山，參憨山師[四九]，問：『教[五〇]中道「汝身汝心，皆是妙明真心中所現物。」如何是「妙明真心」？』師云：『一切智清淨，無二無二分，無別無斷故。』云云，予曰：『大師方便，無不了了。當時世尊爲何不與阿難如此説破，直教阿難但將此心微細揣摩者，何也[五一]？』師云：『無非要他自去理會。』予曰：『理會即不無，要且不是祖師西來意。』拂袖便行。到博[五二]山，參無异和尚，問：『學人從偏位中來，請師向正位中接。』師即默然，予禮一拜出方丈，云：『千里聞名，老大一個善知識，被我一問祇得口啞。』傍僧云：『還是你不會和尚意。』予與一掌，云：『者掌要方丈和尚喫。』一日因論《警語》[五三]，謂疑情發得起發不起，每有十條。予曰：『甚不堪刻。』師聞[五四]，擯予出院。自此下浙江[五五]，參雪嶠大師，問[五六]：『你是那裏人？』予曰：『西蜀又過西。』師云：『我徑山八十一代祖師，也有幾個是你四川人，獨四川人最[五七]惡癩。』予叉手前云：『合蒙高鑒。』師遂留之。因同數衲子喫茶[五八]，師舉木香爐，云：『看看是個甚麼？』一衆不契[五九]，予[六〇]奪來作撲碎勢，師連忙[六一]托住，予震威一喝，便出[六二]。

落山[六三]，過杭州報國院[六四]，值雲門湛然和尚進京請《藏》。予問[六五]：『如何是喪本受輪？』師云：『你見那個受輪？』予曰：『爲甚四生不絶、六道牽連？』師云：『你者一辯，蚤已喪本。』予曰：『與麼得不喪本去？』師云：『割取老僧頭去。』癸亥（天啓三年，1623）冬，師[六六]顯聖寺開堂，予進堂，師晚參[六七]，云：『放下。』予急走師前，托一碗菓子，云：『者個聻？』師云：『放下著。』予曰：『和尚年尊，某甲代[六八]擔去散衆好。』便行，師云：『做定放不下，擔去也[六九]。』值普説，予問：『紅臉是關公，笑臉是彌勒，未審此二老出身處，請師决一决。』師云：『你看我麻臉是甚麼？』予曰：『不審[七〇]。』師云：『你圖口快。』予曰：『蒼天！蒼天！』師『咦』一聲，出法堂。又晚參，予作禮，起云：『學人得個小休歇，來禮謝和尚。』師合掌云：『争得底。』予曰：『婆兒原是小新婦。』師云：『前三後三相見，又作麼生？』予曰：『滚鍋不是養魚池。』師云：『白鷺下田千點雪，黄鶯上樹一枝花。』予曰：『和尚[七一]冷熱也不知。』師云：『好個「冷熱也不知」！』除夕，予入室[七二]禮拜，云：『臘月三十日到也，乞和尚道封印句子[七三]。』師默然，予拂袖便行，傍僧云：『轉來[七四]。』予曰：『出門三步路，別是一家風。』旁僧云[七五]：『封皮揭掉了也。』予曰：『相吐饒你潑水，相罵饒你接嘴。』師云：『據子説話，大有來歷，祇是老漢耳聾，不能與子證據。你[七六]將行脚寫來[七七]，我不幸汝。』予曰：『學人少蓄紙筆。』侍者送白紙一張，予接來兩手呈上，師接看無字[七八]，擲地，對傍僧云：『非我種草。』予叉手[七九]，云：『和尚莫瞞人好。』師云：『却是你瞞我。』予即掩耳而出。新正，安維那[八〇]，其年[八一]廿七歲，即師座下頓圓大戒。

過杭州，西山[八二]静室病[八三]一月，幾死。聞天台[八四]密雲和尚赴金粟請，予帶病過金粟[八五]。師問：『那裏來？』予曰：『雲門。』師云：『幾時起身？』予曰：『東山紅日出。』師云：『「東山紅日出」，與汝甚麼相干？』予曰：『老老大大，猶有者個語話。』師云：『我既如此，你者許絡索又是那來？』予震威一喝，便出。次日，同石車弟[八六]進方丈，師命坐裏首，予曰：『昨日走得，今日走不得了。』師云：『做賊人心虛。』予曰：『是賊識賊。』師頷之。車問[八七]：『聞和尚精于《肇論》，是否？』師應諾，車云：『「般若無知，無所不知」，乞和尚講講。』師云：『知不知且置，你喚甚麼爲般若？』車云：『餬餅。』師摇手，予曰：『今日天涼，不用下[八八]注脚。』師拈拄杖，予作怕勢，師便休。少頃，復翹一足，云：『喚作脚則觸，不喚作脚則背，你喚作甚麼？』予曰：『婆兒原是小新婦。』師云：『饒你道得是，我祇不肯你。』予曰：『用肯作麼？』便出[八九]。一日，師坐齋堂[九〇]，顧予云：『他們都頌《染牛偈》，你如何不頌？』予曰：『《頌》到有一首，祇是鋪堂事忙，未暇呈似。』師云：『試呈出看。』予詣師前，画一圓相，于中書一『牛』字，師云：『此是古人底。』予一喝便行。一日，師[九一]法堂前驗衆畢，欲行，予向前把住，云：『學人末後來，請師最先句。』師便打，予曰：『錯！』師又打，予曰：『錯！錯！』師連打兩棒。師一日坐佛殿前，看月初昇，予問：『如何是性天底蘊？』師云：『到頭霜夜月，任運落前溪。』予曰：『莫是學人安身立命處麽？』師云：『脚跟下好與三十棒！』一日，普請搬柴，予肩一摑[九二]，師以拄杖加柴上，云：『與汝更添一根。』予曰：『此[九三]是常住物，長老何得[九四]作人情？』師驀竪杖[九五]，云：『者是常住物那[九六]？』予走云：『賊！賊！[九七]』師上堂，予問：『上無佛道可成，下無衆生可度，即今和[九八]尚陞座，未審還有爲人處也無？』師云：『好與一棒。』予曰：『過在甚麽處？[九九]』師云：『猶嫌少在。[一〇〇]』予便喝，師云：『你再喝一喝看。』予拂袖出[一〇一]。師上堂[一〇二]，予問：『處處緑楊堪繫馬，家家有路透長安，既是男兒，爲甚麽不丈夫？』師云：『你爲甚麽刺腦入膠盆？』予曰：『恁麽則石女懷胎去也。』師云：『好與三十棒！』予曰：『蚤知燈是火，飯熟幾多時。[一〇三]』師坐法堂前，值猛雨轟雷，云[一〇四]：『假饒雷來打我，汝等如何支遣？[一〇五]』予曰：『用[一〇六]遣作麽？』遂頌曰：『囫地雷聲透骷髏，幾人歡喜幾人愁。吾師善自分身去，血濺懸河倒逆流。』師便歸方丈。

因湛和尚開法[一〇七]海鹽天寧寺，予過聽講畢[一〇八]。欲歸蜀，寫《辭啓》，師接之便問：『我唤作書，你唤作甚麽？』予[一〇九]奪來毁碎便行。次日，予往室前走過，師顧[一一〇]云：『那漢走來，喫些油糍去。』予曰：『美食不中飽人喫。』師召侍者云：『拿筋子來。』予才拈起[一一一]，師一筯打落，云：『既不中飽人喫，拈他作麽？』予連碗托過，云：『也要大家受用。』師笑之，復云：『我老漢雖做個善知識，喫盡多少苦楚，猶不能合古人大機大用，處世天然。你們纔入門，便要做個大老，就要去住山住静，不聞[一一二]古人道「離師太蚤」麽？我老漢當日在雲棲[一一三]十年、廿年，也不到者般田地。祇爲小人不足，自不慮遠，一時走出、便去住個所在，累到今日，亦未歇手。吾[一一四]老矣，全靠爾輩光揚法門，個個似你，都去住山住静[一一五]，那個是應得底？[一一六]』予曰：『學人非是愚見[一一七]，爲病軀負累長久[一一八]，方外叢林有[119]脚堅手健者[120]，似學人又病又懶，那有者等閒飯與人喫？』師云：『你有甚麼病？不過是要好喫底病，懶做功課底病。我有個天華寺、顯聖寺兩個藂林，難道養你這個病人不活[121]？金粟老密，祇管東打西打，我替他擔盡干[122]計。我老漢祇用三寸綿輭舌，尚被人寫帖送我，你們要習，還習我洞上宗好。』予曰：『和尚但放心，學人固是他家種草，正好拈條白棒，不順人情，打出禍來，大家受用。』便行[123]。

到金粟[124]，作禮次[125]，師云：『堂中少個[126]打磬底，送你進堂[127]去。』予曰：『諒才補職？』師云：『正是諒才補職。』予主其事[128]。師一日落堂[129]，惟默然，予問：『正恁麼時如何？』師云：『你可到恁麼地否？』予震威一喝，師便打，予復兩喝[130]，師云：『你再喝兩喝看？』予掀倒禪床，拂袖便行。師追上前[131]驀頭一棒，予曰：『恁麼爲人，瞎却[132]天下人眼在！』師舉三聖因緣，未畢，予又一喝，師『咦』一聲，出法堂去。至夜，予叩方丈作禮，云：『今日觸忤和尚。』師云：『屈打你。』予一喝便行，師趕至門外，云：『我到不恁麼，你到恁麼？』因祈雨，與師争論一番，辭行。師云：『你要去，不必懺悔；即懺悔，不必去。』予曰：『仁義道中即不無，去不去在我。』次蚤[133]便去。

到杭州西山，住[134]金鼓洞將一年，師往杭州昭慶[135]，予過[136]禮足，迎師到山，師又叮嚀[137]一番。予至冬復金粟[138]，師室中延茶，予來遲，師藏過鐘[139]，云：『你來遲了，茶鐘也没有[140]。』余將師前茶鐘舉起，云：『者不是？』師笑之拿出，命堂中西堂。一日[141]相撞，師云：『好新鞋與汝踏些泥。』予倒[142]與師一踏，師休去[143]，旁僧云：『和尚也好頑。』師云：『雙獅距爪，你作頑會？』一日，掛『入室』牌，予入[144]，師云[145]：

『内不放出、外不放入，政[一四六]恁麼時以何爲界?』予曰：『竿頭絲線從君弄，不犯清波意自殊。』便出[一四七]。呈《頌》云：『太平之世，野老風淳，内不放出兮，樂國樂民，外不放入兮，足食足兵。雖然正化無私謂，祇恐關頭暗渡津。』師看畢[一四八]，連打兩噴嚏，予與一推，師拈拄杖出方丈[一四九]，予曰：『者老賊又恁麼去也。』侍者寮留茶[一五〇]，師復來[一五一]，予曰：『者老賊又恁麼來也。』師[一五二]臥侍者單上，予[一五三]撫背一掌，云：『裝死賣活作麼?』便出。爲承當[一五四]造方丈，緣淺，寓昭慶竹院房静室，掩關一載。師每以書逼出關，將方丈造畢[一五五]，予辭[一五六]歸蜀。師遂書[一五七]《曹溪正脉來源》一紙并信金[一五八]，予再四却之，師云：『你《源流》不要，銀子拿去做盤纏。』予曰：『要則總要，不要則總不要。』師即付之。

『山僧者番醜態，每有人乞説，予自忖歷祖已來，無中生有説在紙上，魔魅後昆，故不敢説也。予之所説，無過與諸大老請益機緣耳，勿勞久立。』一衆稽首，踴躍而退[一五九]。**（本《行實》雙桂本及昭覺本在第二十一卷，嘉本未收）**

【注】

一 原題即如此。依文意，此爲破山禪師于崇禎二年（1629）、三十三歲時所作生平自述，其時尚未至嘉興開法，仍駐苕溪福山。雙桂本及昭覺本亦有此《行實》，嘉本未收。此文篇幅較長且不分段，爲便閲讀，校勘時依内容分段。再則，本《行實》出于破山自述，可謂研究禪師早年活動的根本資料，但本書所收文本有所削删，因此特將雙桂本及昭覺本較完整原文附于書後，以供參考。

二 福山禪院：成化《湖州府志》卷十二謂縣西南二十七里有福山禪寺。崇禎《烏程縣誌》卷二《水利》謂苕水自天目山南廣苕山發源，入縣境稱『龍溪』，余水亦名苕水，入縣後稱『山塘溪』，二溪入城霅（zhà）然有聲，故合稱『霅溪』，即現今之『東苕溪』；同卷《山墟》載烏程縣西北境有小敷山，又名『福山』。杜牧有『一夕小敷山下夢，水如環佩月如襟。』詩句；卷八《寺》有『福山禪寺』之名，在福山。乾隆《烏程縣誌》卷二載敷山在縣西南二十里，與福山（小敷山）相接。由此可知，福山（小敷山）、敷山自烏程縣西北蜿蜒至西南，福山禪寺以山得名，應位于小敷山左近，破山禪師開法嘉興前所住湖州『福山禪院』或即此寺。

三　此段或經削删，雙桂本及昭覺本作：『師于己巳夏離金粟山，過湖州值致遠法師，請住福山禪院。一日，衆居士稽首乞開示行脚，師笑曰：』

四　雙桂本及昭覺本『乾滑』後有『得也』二字。

五　雙桂本及昭覺本『偶然』後有『者也』二字。

六　雙桂本及昭覺本『四川人氏』作『本是西蜀』。

七　雙桂本及昭覺本『母姓徐』後有『因雙親去世，忽省身世無常。』一句。

八　雙桂本及昭覺本『廿一日午時』作『二十一日午時生』。

九　雙桂本及昭覺本『十九歲』作『十八九歲』。

一〇　雙桂本及昭覺本此處無『因雙親去世，忽省身世無常。』一句。

一一　雙桂本及昭覺本『見』後有『壁間有』三字。

一二　雙桂本及昭覺本『妻室』作『從前』。

一三　雙桂本及昭覺本『一僧』前有『有』字。

一四　雙桂本及昭覺本『當夜醒來』前有『誦畢不見，山僧』六字。

一五　雙桂本及昭覺本『佛恩寺』作『姜家庵』。

一六　雙桂本及昭覺本『遂更諱海明』作『不料取下容光長老爲徒，更名海明』。

一七　雙桂本及昭覺本『不』作『不上』。

一八　雙桂本及昭覺本『師圓寂』作『因師爺圓寂』。

一九　雙桂本及昭覺本『聞』後有『鄰水縣有』四字。

二〇　雙桂本及昭覺本『楞嚴』作『楞嚴經』，此後有『辭本師』三字。

二一　雙桂本及昭覺本『自謂』前有一『處』字。

二二　雙桂本及昭覺本此後有『則不懼生死』五字。

二三　雙桂本及昭覺本無「遂」字，「將」前有「如此」二字。
二四　雙桂本及昭覺本「楞嚴」作「楞嚴經」。
二五　雙桂本及昭覺本「熟讀」後有「一過」二字。
二六　雙桂本及昭覺本均作「辯」，亦可作「辨」。
二七　雙桂本及昭覺本此後有「一日」二字。
二八　雙桂本及昭覺本此後有「法主」二字。
二九　雙桂本及昭覺本「不決予疑」作「予祗是不決其疑」。
三〇　雙桂本及昭覺本「呈偈云」作「次日書一偈云」。
三一　雙桂本及昭覺本「禮辭」後有「法主」二字。
三二　雙桂本及昭覺本「終日悶疑此事」作「終日悶悶，疑著此事」。
三三　雙桂本及昭覺本此後有「一發」二字。
三四　雙桂本及昭覺本此後有「一般」二字。
三五　雙桂本及昭覺本「終」作「終世」。
三六　雙桂本及昭覺本無「楚之」二字。
三七　雙桂本及昭覺本此後有「曆驗過」三字。
三八　雙桂本及昭覺本「高峰語」作「高峰語録」。
三九　雙桂本及昭覺本此後有「語」字。
四〇　雙桂本及昭覺本「也不驚恐，也不怕怖」作「也不驚，也不怖」。
四一　雙桂本及昭覺本此後有「一般」二字。
四二　雙桂本及昭覺本爲「極」，似應爲「急」，但「極」似亦可用，表極限意。
四三　雙桂本及昭覺本此後有「立起」二字。
四四　雙桂本及昭覺本此後有「堆阜」二字。
四五　雙桂本及昭覺本「舉意欲」作「舉足」，無「欲」字。

四六　雙桂本及昭覺本此後有『一損』二字。

四七　雙桂本及昭覺本『予』後有『與』字。

四八　雙桂本及昭覺本『將養百日』作『足一百日』。

四九　雙桂本及昭覺本『憨山師』作『憨山大師』。

五〇　雙桂本及昭覺本『教』作『經』。

五一　雙桂本及昭覺本『也』作『耶』。

五二　雙桂本及昭覺本均作『慱』，音tuán，通『團』。

五三　《警語》：指《博山和尚參禪警語》。

五四　雙桂本及昭覺本『聞』作『聞之』。

五五　雙桂本及昭覺本此後有『參瓶窯聞谷大師，師問：「在甚處來？」予竪一拳，師云：「我者裏没有者個門庭，爲徑山往來者，作個盞飯店，你要弄嘴，諸方有者等知識。」予拂袖便行。上徑山』一段。

五六　雙桂本及昭覺本『問』作『師問』。

五七　雙桂本及昭覺本『最』作『最是』。

五八　雙桂本及昭覺本『因同數衲子吃茶』作『昆山來數衲子，至夜喫茶』。

五九　雙桂本及昭覺本此後有『師召予云：「四川老，來喫茶。」予至，師復舉起云：「是甚麼？」』

六〇　雙桂本及昭覺本『予』後有『便』字。

六一　『忚』同『忙』，以下不出校。雙桂本及昭覺本『連忙』後有『兩手』二字。

六二　雙桂本及昭覺本此後尚有『後因事追予落山，至化城寺休夏。』一句。

六三　雙桂本及昭覺本『落山』作『秋初』。

六四　報國院：明・吴之鯨撰《武林梵志》卷二載：『報國寺，在鳳凰山麓，即南宋垂拱殿基。……至元十一年（1274）賜額「禪宗大報國寺」，妙濟禪師開山，延祐六年（1320）毁，僧大訢重建，元末毁于兵。洪武二十四年（1391）立爲叢林，萬曆丙午（三十三年，1606）僧海音新葺。舊有大雄殿、大悲閣、碧梧軒、鳳舞軒，皆宋制，元廢。南宋大内五寺，而此獨存。』不知破山禪師參訪湛然之『報國院』是否指此寺。載白化文主編《中國佛寺志叢刊》第五十七册，揚州：廣陵書社，

1996年，第90頁。

六五　雙桂本及昭覺本『予問』前有『夜茶次』三字。
六六　雙桂本及昭覺本『師』前有『聞』字。
六七　雙桂本及昭覺本『予進堂，師晚參』作『予進堂一七，師落堂晚參』。
六八　雙桂本及昭覺本『某甲代』作『代某甲』。
六九　雙桂本及昭覺本此後仍有『擔去也』三字。
七〇　雙桂本及昭覺本此後仍有『不審』二字。
七一　雙桂本及昭覺本『和尚』後有『性命不顧』四字。
七二　雙桂本及昭覺本『予入室』作『入室中』。
七三　雙桂本及昭覺本無『子』字。
七四　雙桂本及昭覺本此後有『坐坐去』三字。
七五　雙桂本及昭覺本作『僧云』。
七六　雙桂本及昭覺本『去』後有『將』字。
七七　雙桂本及昭覺本作『叩實寫來看看』。
七八　雙桂本及昭覺本『師接看無字』作『師接來，看得無字』。
七九　雙桂本及昭覺本『叉手』後有『向前』二字。
八〇　雙桂本及昭覺本作『安爲副維那』。
八一　雙桂本及昭覺本『其年』後有『始』字。
八二　雙桂本及昭覺本『西山』前有『寓』字。
八三　雙桂本及昭覺本『病』後有『有』字。
八四　雙桂本及昭覺本爲『天台』，一般多以『天童』二字冠于密雲名號之前，此處亦不誤，密雲赴金粟山廣慧寺前，駐天台山通玄寺，可稱『天台密雲和尚』。
八五　雙桂本及昭覺本此後有『見師』二字。

八六　雙桂本及昭覺本『石車弟』作『車兄』。『石車』指石車通乘禪師（1593～1638），密雲圓悟法嗣。浙江金華人，俗姓朱（一説米），偶閱龐居士事迹有省，便即出家。于云門顯聖寺受具足戒，再赴海鹽金粟寺參訪密雲圓悟。密雲入主天童後，石車繼席金粟，故又稱『金粟石車』，崇禎十一年圓寂，世壽四十六歲，塔于寺旁。破山、石車均在云門受具，又均赴金粟參訪，嗣法亦在其處，二人軌跡相同，或非偶然，或許私誼甚篤，同參共證。

八七　雙桂本及昭覺本作『車兄問』。

八八　雙桂本及昭覺本『下』後有『者』字。

八九　雙桂本及昭覺本此後有『又去討鋪堂務，師允之。』一句。

九〇　雙桂本及昭覺本『堂』後有『裏』字。

九一　雙桂本及昭覺本『師』後有『坐』字。

九二　雙桂本及昭覺本此後有『撞著師』三字。

九三　雙桂本及昭覺本『者』作『此』。

九四　雙桂本及昭覺本『何得』作『何故』。

九五　雙桂本及昭覺本『杖』作『拄杖』。

九六　昭覺本『那』作『耶』。

九七　雙桂本及昭覺本『賊！賊！』作『者賊！者賊！』。

九八　此書『即今和』三字用墨書勾描，但『即』錯描爲『郎』字。

九九　雙桂本及昭覺本『過在甚麼處』前有『學人』二字。

一〇〇　雙桂本及昭覺本『猶嫌少在』前有『你』字。

一〇一　雙桂本及昭覺本此後有『法堂』二字。

一〇二　雙桂本及昭覺本『師上堂』無『師』字，前有『又值』二字。

一〇三　雙桂本及昭覺本此後有『師云：「閑言語。」一日』七字。

一〇四　雙桂本及昭覺本『云』作『示衆云』。

一〇五　雙桂本及昭覺本此後有『一衆下語不恰』六字。

一〇六　雙桂本及昭覺本『用』作『要』。
一〇七　雙桂本及昭覺本『開法』作『開法于』。
一〇八　雙桂本及昭覺本『畢』作『至畢』。
一〇九　雙桂本及昭覺本『予』後有『向前一把』四字。
一一〇　雙桂本及昭覺本『顧』作『顧予』。
一一一　雙桂本及昭覺本『拈起』作『舉筯拈起』。
一一二　雙桂本及昭覺本『不聞』前有『豈』字。
一一三　雙桂本及雙桂本此後有『住得』二字。
一一四　雙桂本及昭覺本『吾』後有『已』字。
一一五　雙桂本及昭覺本此後有『去了』二字。
一一六　雙桂本及昭覺本此後有『云云』二字。
一一七　雙桂本及昭覺本此後有『若是』二字。
一一八　雙桂本及昭覺本此後有『了』字。
一一九　雙桂本及昭覺本『有』作『雖有』。
一二〇　雙桂本及昭覺本此後有『容易』二字。
一二一　雙桂本及昭覺本此後有『「我往嘉興去就回，你同我去亦好。」予曰：「學人祇怕同和尚去不得，還有行李在金粟，祇到杭州報國院候和尚來，一同過江。」師應諾。又曰』。
一二二　此字雙桂本作『幹』，昭覺本作『千』。
一二三　雙桂本及昭覺本『便行』作『辭師便行』。
一二四　雙桂本及昭覺本此後有『收起行李，進方丈別和尚。師笑云：「你那裏去？」予曰：「云門去。」師云：「你要手卷，那去去不留你。」』一段。
一二五　雙桂本及昭覺本『作禮次』作『予欲作禮』。
一二六　雙桂本及昭覺本『少個』作『正少個』。

一二七　雙桂本及昭覺本此後有『打磬』二字。

一二八　雙桂本及昭覺本『事』作『執事』，後有『與衆休夏』四字。

一二九　雙桂本及昭覺本此後有『衆集久之，師』五字。

一三〇　雙桂本及昭覺本『復兩喝』作『連喝兩喝』。

一三一　雙桂本及昭覺本『前』作『前來』。

一三二　雙桂本及昭覺本『瞎却』作『要瞎却』。

一三三　雙桂本及昭覺本作『次早天明』。

一三四　雙桂本及昭覺本『住』作『至』。

一三五　雙桂本及昭覺本『昭慶』作『寓昭慶』，後有『問予』二字。

一三六　雙桂本及昭覺本『予過』作『予過昭慶』。

一三七　雙桂本及昭覺本『叮嚀』作『苦口叮嚀』。

一三八　雙桂本及昭覺本此後有『設齋』二字。

一三九　雙桂本及昭覺本『鐘』作『茶鐘』。

一四〇　雙桂本及昭覺本『没有』作『没了』。

一四一　雙桂本及昭覺本『一日』前有『偶爾』二字。

一四二　雙桂本及昭覺本『倒』作『到』。

一四三　雙桂本及昭覺本『師休去』作『師便休去』。

一四四　雙桂本及昭覺本『予』作『予同衆入室』。

一四五　雙桂本及昭覺本『師云』作『師舉云』。

一四六　雙桂本及昭覺本『政』作『正』。

一四七　雙桂本及昭覺本此後有『次日』二字。

一四八　雙桂本及昭覺本此後有『對予』二字。

一四九　雙桂本及昭覺本此後有『去』字。

一五〇　雙桂本及昭覺本『留茶』作『留予喫茶』。
一五一　雙桂本及昭覺本此後有『顧予』二字。
一五二　雙桂本及昭覺本此後有『便倒』二字。
一五三　雙桂本及昭覺本此後有『便』字。
一五四　雙桂本及昭覺本此後有『與和尚』三字。
一五五　雙桂本及昭覺本此後有『師留住。因小人不足』八字。
一五六　雙桂本及昭覺本『辭』作『辭師』。
一五七　雙桂本及昭覺本『遂出』前有『師』字。
一五八　雙桂本及昭覺本此後有『付予』二字。
一五九　雙桂本及昭覺本無『一衆稽首踴躍而退』一句，『勿勞久立』後作『珍重！珍重！』四字。

破山海明禪師語録卷第七終

破山海明禪師語録卷第八

明成都府嗣法門人通醉等編

拈古頌古

1．（頁一）舉世尊一日陞座，文殊白椎云：『諦觀法王法，法王法如是。』世尊便下座。
拈曰：『大小世尊便恁麼去，也是泥裏洗土塊。』
頌曰：『寒梅迥迥欲高吐，却被東風折倒樹。一旦馨香特地埋，遊蜂竟不知何處。』（此段雙桂本及昭覺本在卷十二，嘉本在卷十三）

2．（頁一）舉梁武帝問達磨：『如何是聖諦第一義？』磨云：『廓然無聖！』帝云：『對朕者誰？』磨云：『不識。』帝不契。
拈曰：『佛心天子，解死不解活，壁觀婆羅門，解放不解收。故將第一義諦置在今時，無人舉著。』
頌曰：『廓然無聖逕庭關，鐵額獰龍到此難。欲獲驪珠拏在握，須教大海幾回乾。』（此段雙桂本及昭覺本在卷十二，嘉本在卷十三）

3．（頁一）舉六祖大師云：『不思善、不思惡，阿那箇是明上座本來面目？』明即悟入。

拈曰：『者獦獠漢也解恁麼鼓粥飯氣，明上座鼻孔幸爾遼天，不然則忍餓[一]歸去。』

頌曰：『善耶？惡耶？之乎也者，本來面目，風吹雨灑。咄！』**（此段雙桂本及昭覺本在卷十二，嘉本在卷十三）**

【注】

一　嘉本『忍餓』作『忍饑』。

4.**（頁一～二）**舉僧問趙州：『狗子佛性有也無？[一]』州云：『有。』曰：『既有，因甚撞入者個皮袋？』州云：『爲他知而故犯。』又僧同前問，州云：『無。』曰：『一切衆生皆有佛性，因甚道無？』州云：『爲他有業識在。』

拈曰：『趙州古佛，廣長舌上善擺鎗旗，美則美矣，祇是有些驢糞氣。』

頌曰：『狗子佛性有，蟭螟眼裏翻筋斗[二]；狗子佛性無，汪洋水上捺葫蘆。趙州老，田厙[三]奴，裂破舌頭定有無。當時若遇獰龍客，一摑攔腮莫教麄[四]。』**（此段雙桂本及昭覺本在卷十二，嘉本在卷十三）**

【注】

一　嘉本『狗子佛性有也無？』作『狗子還有佛性也無？』

二　雙桂本及昭覺本『筋斗』作『觔鬥』，『筋』、『觔』二字通假，以下不出校。

三　『厙』音shè，村莊意，以下不出校。

四　『麄』音cū，同『粗』，以下不出校。

5.**（頁二）**舉南泉兩堂争貓，泉遇之[一]，拈起貓云：『道得即不斬，道不得即斬却。』衆無語，泉便斬之。趙州外歸，泉舉前話，州乃[二]脱草鞋頂頭上便出[三]，泉云：『子若在，却救得貓兒。』

拈曰：『王老師有獨超物外之懸記，却被一箇貓兒一迷迷倒。不遇趙州肘後靈符，幾乎蘿蔔頭徧地。』

頌曰：『揮霹靂手，奪虎口食。千古作家，天然有幾？花貓刀斷兮血盈海底，草鞋頭戴兮氣衝天企[四]。咦！大小南泉弄死貓，膿膿滴滴惹蠅蟻[五]。』**（此段雙桂本及昭覺本在卷十二，嘉本在卷十三）**

【注】

一 嘉本無『遇之』二字。

二 嘉本無『乃』字。

三 嘉本無『便出』二字。

四 嘉本『企』作『際』。

五 嘉本『蟻』作『蚋』。

6．**（頁二～三）**舉肅宗帝問忠[一]國師：『百年後所須何物？』師云：『與老僧造個無縫塔。』帝曰：『請師塔樣。』師良久，云：『會麽？』帝云：『不會。』師云：『吾有付法弟子躭源，却諳此事。』云云。

拈曰：『老大國師，猶作者個去就，幸爾是個慈悲天子，不然連根拔起，倒卓空中，未爲分外。』

頌曰：『四稜著地影團圞，擬欲捕[二]兮隔萬山。後被躭源開一縫，至今泥水亂翻翻。』**（此段雙桂本及昭覺本在卷十二，嘉本在卷十三）**

【注】

一　昭覺本『忠』作『中』。

二　嘉本『捕』作『描』。

7.（頁三）舉僧問趙州：『萬法歸一、一歸何處？』州云：『我在青州，做領布衫重七斤。』

拈曰：『漫[一]天説價、就地還錢，須具大方手眼始解翻騰者也。若是裁長補短，較重論輕，總是新奇，亦成滯貨。』

頌曰：『百尺竿頭進一步，踏翻海底蒼龍窟，活鷩活笑癩頭黿，咬住波斯尋屎骨。』**（此段所舉機鋒雙桂本及昭覺本無，但『頌曰』一段兩本均繫于卷十二『僧問趙州狗子佛性有也無』條下，嘉本在卷十三）**

【注】

一　嘉本『漫』作『謾』。

8.（頁三～四）舉趙州行脚，到一[一]菴主處，問云：『有麼？有麼？』主竪起拳頭，州云：『水淺不是泊舟處。』便去。到[二]下庵主處亦同前問，主亦竪起拳頭，州云：『能縱能奪，能殺能活。』便禮拜。

拈曰：『趙州八十行脚，步步拖泥帶水，專要污人門户，惹事招非。大衆！且道那裏是他招惹事非處？』衆無語，復合掌云：『我不敢輕于汝等，汝等皆當作佛。』

頌曰：『草王閫[三]外樹千秋，蕩蕩山河得自由。忽遇单刀直入者，干戈勇鋭莫能休。旗皷大張兮暗引機謀，沉陸私通兮明賣風流。誰知趙老生涯活，二虎雙雙一箭收。』**（此段雙桂本及昭覺本在卷十二，嘉本在卷十三）**

【注】

一　嘉本『二』作『上』。

二　嘉本『到』作『又到』。

三　『閫』音kǔn，門檻意。

9.（頁四）舉婆子供養一庵主經二十多[一]年，常令二八女子給侍[二]。一日，令女子抱定，云：『正恁麼時如何？』主曰：『枯木倚寒巖，三冬無煖氣。』女子歸，舉似婆，婆曰：『我二十年秪供養一個俗漢。』遂遣出，燒却庵。

拈曰：『大唐國裏少者僧與婆子不得，何也？暗含春色，明露秋光。』

頌曰：『落花流水漫同調，和者應須著眼高。莫被陽春轉新律，當頭錯過好風騷。』**（此段雙桂本及昭覺本在卷十二，嘉本在卷十三）**

【注】

一　嘉本無『多』字。

二　嘉本無『常令二八女子給侍』八字。

10.（頁四）舉雪巖欽詰高峰：『無夢無想，主人公在什麼處？』峰苦志五年，推枕子墮地，大悟。

拈曰：『日間浩浩，夢裏如如，且道是主人公？不是主人公？試簡點看。』復鼓掌，呵呵大笑[一]云：『也是逼牯牛生兒。』

頌曰：『無夢無想，劈面便掌。主人公惺惺著，莫學猢猻弄伎倆。』**（此段雙桂本及昭覺本在卷**

十二，嘉本在卷十三）

【注】

一 嘉本無『大笑』二字。

11.**（頁四～五）**舉三聖[一]問雪峰：『透網金鱗，未審以何爲食？』峰曰：『待汝出網來向汝道。』聖云：『一千五百人善知識，話頭也不識。』峰云：『老僧住持事繁。』

拈曰：『將謂淵源不別，誰知網網非同。雖弗能去甲批鱗，也惹一場氣悶。』

頌曰：『摇頭擺尾饑難禁，逐浪漂漂被網羅。擬欲翻身遊巨壑，誰知甲下更乾波。』**（此段雙桂本及昭覺本在卷十二，嘉本在卷十三）**

【注】

一 三聖：指唐代三聖慧然禪師，得臨濟義玄宗旨，住河北鎮州三聖院，曾參訪德山宣鑒、雪峰義存等人。

12.**（頁五）**舉九峰[一]在石霜作侍者，霜遷化，衆請堂中第一座接續住持，峰不肯。

拈曰：『逢强即弱，遇柔則剛。所以觀世音菩薩將錢買餬餅，放下手却是饅頭。』

頌曰：『碧珠簾外白雲封，非比尋常一色功。撞著盲龜并跛鱉，出頭來顯勢崢嶸。擬動步、便西東，千古萬古有奇風。』**（此段雙桂本及昭覺本在卷十二，嘉本在卷十三）**

【注】

一 九峰：指五代九峰道虔禪師，福州侯官人，俗姓劉。遍參各處，後得石霜慶諸（807～888）印證。

13．**（頁五～六）**舉仰山問中邑[1]：『如何得見佛性去？』邑曰：『譬如一室有六牕，內獼猴叫，外獼猴應，如是六牕俱叫，六處俱應。』山云：『和尚譬喻，無不明瞭。秖如內獼猴瞌睡時，外獼猴作麼生相見？』邑下禪床，把住云：『惺惺著[2]，與[3]汝相見了也！』

拈曰：『大小中邑，錯下名言，又喚作佛性，又喚作獼猴。』復鼓掌呵呵，云：『是何言歟？』

頌曰：『脚跟點地鼻遼天，一任獼猴內外喧，喚作惺惺留不住，阿誰共與打鍬钁？』**（此段雙桂本及昭覺本在卷十二，嘉本在卷十三）**

【注】

一　中邑：指唐代朗州（湖南常德）中邑洪恩禪師，馬祖道一法嗣。

二　嘉本『惺惺著』作『猩猩』。

三　嘉本『與』前有『我』字。

14．**（頁六）**舉南泉示衆云：『不是心，不是佛，不是物，畢竟是個甚麼？』

拈曰：『酒逢知己飲，詩向會人吟。王老師恁麼賣弄，也是赤土畫簸箕。』

頌曰：『擊塗毒鼓，灑甘露漿，不是心也；體之堂堂，不是佛也；相之光光，不是物也；用之昂昂，飲之者醉、耳之者狂，咦！幾欲不遭良將手，除非身帶返魂香。』**（此段雙桂本及昭覺本在卷十二，嘉本在卷十三）**

15．**（頁六）**舉馬大師不安，院主問：『和尚近日尊候如何？』大師云：『日面佛、月面佛。』

拈曰：『人之將死，其言也善。可惜飯袋子，不知時節。』

頌曰：『高枕繩牀舒兩足，夢魂魂地渾無物。措[一]然院主問如何，日面佛兮月面佛。』**（此段雙桂本及昭覺本在卷十二，嘉本在卷十三）**

【注】

一 諸本『措』作『卒』。

16.（頁六）舉靈雲見桃花悟入，述偈云：『三十年來尋劒客，幾回葉落又抽枝。自從一見桃花後，直[一]至如今更不疑。』玄沙[二]聞云：『諦當甚諦當，敢保老兄未徹在。』

拈曰：『一瞖[三]在眼，空花亂墜。不是玄沙善用金錍[四]，幾乎成個瞎漢。』

頌曰：『香滿枝頭，花滿溪流，靈雲一見，撫掌輕酬。咦！誰知更有桃園客，不放春風逸兩眸。』**（此段雙桂本及昭覺本在卷十二，嘉本在卷十三）**

【注】

一 諸本『直』作『秖』。

二 嘉本『沙』作『涉』。

三 嘉本『瞖』作『翳』，『瞖』音yì，與『翳』同，指眼球所生白膜，影響視力，以下不出校。

四 『錍』音pī，同『鈚』，箭簇之一種。

17.（頁六～七）舉鹽官一日喚侍者：『與我將犀牛扇子來。』者云：『扇子破也。』官云：『扇子既破，還我犀牛兒[一]來。』侍者無對。

拈曰：『侍者可[二]煞不伶俐，活卓卓個牛兒，不合[三]穿却鼻孔。』

頌曰：『咄！老面皮，詢之扇破覓牛兒，可憐不是當家子，辜負蒼蒼兩道眉。』**（此段雙桂本及昭覺本在卷十二，嘉本在卷十三）**

【注】

一　嘉本無『兒』字。

二　嘉本『可』作『太』。

三　嘉本『不合』作『不解』。

18.**（頁七）**舉潙山問香嚴：『我聞你[一]百丈先師處，問一答十，問十答百，此是汝之聰明學解，但向父母未生前道將一句看？』嚴進數語，不恰。歸白巖三年，一日出垢[二]拾瓦礫，擊竹作聲，豁然大悟。述偈呈潙山，山然之；仰山不肯。仍呈數偈酬答，仰亦然之。

拈曰：『潙山教人上樹，仰山逼人落水。大似一條拄杖兩人[三]扶，不是瓦礫荊棘，向香嚴露頭面了也。易分雪裏粉，難辨墨中煤。』

頌曰：『日前巧計百端，却被潙山折合。三年死志白巖，一擊蘇[四]通者著。呵呵！象被雷驚花入牙，犀因玩月紋生角。』**（此段雙桂本及昭覺本在卷十二，嘉本在卷十三）**

【注】

一　嘉本『你』作『你在』。

二　嘉本無『出垢』二字。

三　雙桂本及昭覺本『人』後有『共』字。

四　嘉本『蘇』作『疏』。

19．（頁七～八）舉瑞巖[一]問巖頭：『如何是本常理？』頭云：『動也。』曰：『動後何如？』頭云：『不見本常理。』巖佇思，頭云：『肯則迥脱根塵，不肯永沉生死。』巖即悟入。

拈曰：『將金博金，瓦罐不離井上破；以楔出楔，水母何曾離得蝦？縱使瑞巖漆桶子快，也是君子可人。』

頌曰：『本常理，無見聞，有何生死與根塵？肯兮不肯向吾道，劈脊還他三十藤。』**（此段雙桂本及昭覺本在卷十二，嘉本在卷十三）**

【注】

一 『瑞巖』：指五代瑞巖師彦禪師，俗姓許，幼出家，巖頭全豁禪師（828～887）法嗣，居浙江台州瑞巖院，後得錢武肅王皈依，寂後獲謚『空照禪師』。

20．（頁八）舉船子問夾山：『垂鉤千尺，意在深潭；離鈎三寸，子何不道？』山擬開口，子便打山落水。山纔起，子云：『道！道！』山擬開口，子又打，山豁然大悟，乃點頭三下。

拈曰：『老不歇心，少不努力，誠爲是難，祇饒將身命棄于水底，換個做羹湯飯主顧，猶是掩耳偷鈴。』

頌曰：『艇横渡口，月朗波沉。輕風浪裏，罕遇金鱗。垂鈎千尺兮，難吞易吐，離鈎三寸兮，易吐難吞。老華亭，老華亭，三十年來求負命，者回點首遂慇懃，離鈎三寸意如何？逐浪金鱗錯過多，忽解轉身雲路濶，連忙點首上清波[一]。』**（此段雙桂本及昭覺本在卷十二，嘉本在卷十三）**

【注】

一 嘉本缺自『離鉤三寸』至『上清波』一段文字。

21.（頁八～九）舉臨濟將示滅，囑三聖：『吾遷化後，不得滅却吾正法眼藏。』聖云：『爭敢滅却和尚正法眼藏？』濟云：『忽有人問，汝作麼生祇對？』聖便喝，濟云：『誰知吾正法眼藏，向者瞎驢邊滅却。』
拈曰：『每每事從叮囑生，臨濟將蜜果子𪎊作苦葫蘆，騙三聖入瞎驢隊裏，氣悶一上，方復人身。』
頌曰：『一喝如雷震太虛，大方獨步那能拘。正法眼藏分明也，莫道渠儂果瞎驢。』『覿面叮嚀正法眼，當陽一喝瞎驢滅。翻思今古有心人，留下爭端從此絶。』
（此段雙桂本及昭覺本在卷十二，但『頌曰』第二段獨立爲《頌瞎驢》一首，嘉本在卷十三，無『頌曰』第二段。）

22.（頁九）舉臨濟問黄蘗佛法的的大意，如是三度問，三度被打，不契，指參大愚。
拈曰：『頑皮癩肉，那知痛癢。不是大愚與他刀刀見血，焉解奪轉槍旗、惡聲播世？』
頌曰：『三頓痛棒，未深相委，轉參大愚，徹骨徹髓，拏龍捉虎兮〇，呵佛罵祖兮〇，從兹殃及兒孫，代代冤家到底。』**（此段雙桂本及昭覺本在卷十二，嘉本在卷十三）**

23.（頁九）舉陸亙大夫問南泉：『肇法師也甚奇怪，解道：「天地與我同根，萬物與我一體。」』泉指庭前牡丹花，云：『時人見此一株花，如夢〔一〕相似。』
拈云：『見境生情，托物比興，不妨就路還家，有何不可？若然如是，却被牡丹花笑殺。何也？横開不在春枝上，别有風流一段奇。』

頌曰：『古木林中枯槁者，鷓鴣啼出花悠悠。香風幾陣過東壁，換却許多人鼻頭。』（此段雙桂本及昭覺本在卷十二，嘉本在卷十三）

【注】

一　雙桂本及昭覺本『夢』作『夢幻』。

24．（頁九~頁十）世尊初生

纔出娘胎不作家，落湯螃蠏爪支吒。後來引得雲門怒，一棒添人眼裏沙[一]。

一番出世一番新，惟有今番立禍根。總爲慈悲冤債逼，指天指地得人憎。

曾聞種豆不生麻，種草偏能异作家。纔出娘胎獅子吼，從來弄巧便成差。（此段雙桂本及昭覺本在卷十二，嘉本無）

【注】

一　雙桂本及昭覺本『眼裏沙』作『一眼沙』。

25．（頁十）世尊拈花迦葉微笑

特地拈花猶自可，微微冷笑笑藏刀。人天百萬悚然失，此道從來聲價高。（此段雙桂本及昭覺本在卷十二，嘉本無）

26．（頁十）我[一]爲法王于法自在

單刀直入始爲奇，正眼看來却是遲。了得返常皆合道，淫[二]房酒肆不須疑。（此段雙桂本及昭覺本在卷十二，嘉本無）

【注】

一 雙桂本及昭覺本「我」字前有「頌」字。

二 雙桂本及昭覺本「淫」作「媱」，「媱」音yáo，嬉戲、美好意。

27.(頁十) 德山托鉢

破衲袈裟搭半肩，出遊無度惹人嫌。歸來獨演三更月，又被東風揭草簾。密啓意太廉纖[一]，活得三年期偶然。**(此段雙桂本及昭覺本在卷十二，嘉本無)**

【注】

一 此句雙桂本及昭覺本亦如此，或有脱漏處。

28.(頁十~十一) 四喝

一喝金剛寶劍揮，髑髏徧地血星飛。當時有個賣糟漢，聞著從教吐舌歸。

一喝金毛獅子吼，狐狸野干盡飛走。獨行獨距大雄峰，百億文殊難下手。

一喝竿頭探影草，長長短短知分曉。傾湫倒嶽迅雷機，擬議不來空自惱。

一喝不作一喝用，白拈賊慣偷糟甕。平民陷殺不爲冤，大抵門風千古重。**(此段雙桂本及昭覺本在卷十二，嘉本在卷十三)**

29.(頁十一) 水光童子[一]

通身是，徧身是，擊[二]水童兒非遊戲。動静莫作等閒看，殺活須教個瓦礫。**(此段雙桂本及昭覺本在卷十二，嘉本在卷十三)**

【注】

一　諸本作『月光童子』

二　嘉本『擊』作『激』。

30．（頁十一）産難因緣

古鏡埋塵碧碧，驪珠出水赤赤。白髮老婆争妍，滿頭滿臉歷歷。（此段雙桂本及昭覺本在卷十二，嘉本無）

31．（頁十一）南泉斬貓

刀下貓兒却活來，一聲痛快一聲哀。草鞋也解生涯別，蹦跳令人夢眼開。（此段雙桂本及昭覺本在卷十二，嘉本在卷十三）

32．（頁十一）臨濟行化

家常添鉢，太無厭生，兩個八兩，原是一斤。咦！曾憶大蟲裹紙帽，須知好笑又驚人。（此段雙桂本及昭覺本在卷十二，嘉本在卷十三）

33．（頁十一）吾常于此切

吾常于此切，萬里一條鐵。忽得太平時，紅爐飛片雪。呵呵！堪笑曹洞雪峰，三人證龜成鱉。（此段雙桂本及昭覺本在卷十二，嘉本在卷十三）

34.（頁十一~十二） 經首〈一〉

八不八兮以不以，癡人認作曲蟮屎。呵呵笑倒老瞿曇，我的聰明不如你。**（此段雙桂本及昭覺本在卷十二，嘉本無）**

【注】

一　此符號指『經首謳阿』，或讀作『阿優』、『阿嘔』，即經題最上左右兩側之符號。或曰表『有、無』之意，印土諸外道以此二字統攝萬法，佛教欲催破外道，故亦標之；或曰意表吉祥，古印度書寫傳統之一，佛教襲用而已，無他深意。但佛教傳入中國後，原意逐漸模糊，無人確知。昭覺本誤爲『火』字。

35.（頁十二） 本身盧舍那

淨瓶說法少人知，開口何如閉口時。欲對波斯舒一笑，本身盧佛也攢眉。**（此段雙桂本及昭覺本在卷十二，嘉本無）**

36.（頁十二） 馬祖不安

日面月面對人吟，胡現漢現少知音。就裏無生曲調古，等閒韻出意深深。**（此段雙桂本及昭覺本在卷十二，嘉本無）**

37.（頁十二） 法華琅邪二老宿因緣〈一〉

主賓驀劄地相逢，宛似雙獅距爪籠。莫道米中無有飯，那堪石上更栽松？珠走盤兮可羡，盤走珠兮莫窮。脚去拳來雖勝負〈二〉，玅〈三〉圓樞口轉靈通。**（此段雙桂本及昭覺本在卷十二，嘉本在卷十三）**

【注】

一　雙桂本及昭覺本『琅邪』作『琅琊覺』，嘉本作『法華舉訪琅琊覺相見因緣』。

二　諸本『勝負』作『互換』。

三　『玅』同『妙』，以下不出校。

38．(頁十二)　趙州勘[一]婆子

一錯過，二勘破，盡向阿婆圈裏坐。咦！別有胡笳一韻長，流來千古無人和。**(此段雙桂本及昭覺本在卷十二，嘉本在卷十三)**

【注】

一　諸本『勘』後有『破』字。

39．(頁十二~十三)　牧牛頌[一]

頭角崢嶸便吼哮，奔競烟水路迢遥，牧童草料渾無戀，孰肯平田犯稼苗。

牛兒鼻孔被繩穿，放去收來不假鞭，擬向東西兩處觸，一回入草一回牽。

年深日久懶奔馳，雲影溪光逐漸隨，任是上林花鳥過，聲聲難喚牧兒疲。

計窮力極喚回頭，漫[二]把鞭繩閒放柔，七縱八擒縛樹下，山童猶未肯停留。

山間林下水溪邊，一飽無餘慶快然，撒手童兒歸路晚，和牛急向遠村牽[三]。

穩眠露地意[四]如如，陽燄空花何所拘？松韻山頭弄鐵笛，輕輕吹醒樂無餘。

南北東西任運中，脚頭脚底草茸茸，飽餐衹剩些些意。留與山童瞌睡濃。

雲牛一片白其中，那有雌黄與异同？就裏欲分纖細子，騰騰運運[五]復西東。

牧童鼓掌自閒閒，始信牛踪没此間，遂得慇懃漫且喜，猶存星月照幽關。

人牛頓盡絶形踪，浩浩光吞宇宙空，明月蘆花來問的，東風吹起自叢叢。**（此段雙桂本及昭覺本在卷十二，嘉本在卷十九）**

【注】

一　嘉興藏本作『頌普明禪師牧牛圖并次韻』。

二　雙桂本及昭覺本『漫』作『謾』，本段下同，不重復出校。

三　嘉本『和牛急向遠村牽』作『牛相隨去渾忘牽』。

四　諸本『意』作『自』。

五　嘉本『運運』作『任運』。

40．（十三～十四）病中十二時歌[一]

病到子，熱退寒微起，取被加，誰覺誰生死？

病到丑，曉雞盡開口，聲縱横，幾穿人耳右。

病到寅，牕光射枕頻，眠不住，起聽烏[二]鴉聲。

病到卯，纓絡粥[三]熟了，滿鉢盛，衹要肚皮飽。

病到辰，斗室漫經行，鞋踏破，露出脚後跟[四]。

病到巳，焚香打鼓笛，誰知音，拍拍令如是。

病到午，坐究拈八苦，法安閒，何用强張主？

病到未，無米飯炊至，任飽飡，一種没意味。

病到申，烹茶活命根，渴可解，漫道趙州賓。

病到酉，落日驚霜叟，擬欲惺，蝦跳不出斗。

病到戌，黑風来迷目，度紙燈[五]，照破無明窟。

病到亥，衲被蒙頭蓋，忽醒[六]来，鼽鼾何處在？**（此段雙桂本及昭覺本在卷二十，嘉本在卷十九）**

【注】

一 雙桂本及昭覺本作『病十二時歌時大寧寺』。

二 『乌』與『烏』通，以下不出校。

三 雙桂本及昭覺本『粥』作『飯』。

四 雙桂本及昭覺本『露出脚後跟』作『露出脚頭跟』，嘉本作『露出個脚跟』。

五 雙桂本及昭覺本『紙燈』作『紙窗』。

六 雙桂本及昭覺本『醒』作『惺』。

佛事

41．**（頁十四）**乘空禪人火[一]。師以火炬打圓相，云：『會麼[二]？此是一把無名火，光前絶後赤躶躶，放出些來滿太虛，教伊驀地難推躲。』擲下火炬，云：『咦！』**（此段諸本均在卷二十）**

【注】

一 雙桂本及昭覺本有標題，作『爲乘空禪人舉火』，嘉本標題爲『爲乘空禪人下火』。

二 諸本『會麼？』前有『乘空上座』四字。

42．**（頁十四）**受庵静主火[一]。師以火把[二]指面，云：『者漢恁麼自在，向今世門頭洞明劫外。然[三]有聲色覿聞，更無一點留礙，祇鐃撩起便行，猶欠官錢私債。未審衆中可有人替彼了得者麼？』顧[四]左右，云：『山僧[五]替彼降下丙丁童子，與伊了却。』擲下火炬，云：『烈燄光中休貶眼，寒氷冷地莫存身。』**（此段諸本均在卷二十）**

【注】

一 雙桂本及昭覺本有標題，作『爲受庵静主舉火』，嘉本標題爲『爲受安禪人下火』。

二 嘉本『火把』作『火炬』。

三 嘉本『然』作『雖』。

四 諸本『顧』後有『視』字。

五 諸本『山僧』前有『如無，待』三字。

43．**（頁十四～十五）**味玄禪人火[一]。師以火炬打圓相，云：『味玄上座[二]，會麼？于此會得，便見來無影、去無踪。來時清風送明月，去時明月送清風。其或未然，生也恁麼，死也恁麼，不生不死，恁麼恁麼[三]。』擲下火炬，云：『從茲赤骨氷心去，自來[四]靈光獨湛然。』**（此段諸本均在卷二十）**

【注】

一 雙桂本及昭覺本有標題，作『爲味玄禪人舉火』，嘉本作『爲味玄禪人下火』。

二 嘉本『味玄上座』作『味上座』。

三 嘉本缺自『其或未然』至『恁麼恁麼』一段。

四 嘉本『自來』作『自在』。

44．**（頁十五）**念脩禪人火[一]。師以火炬舉起，喝一喝，云：『看！看！』擲下火炬，鼓掌呵呵大笑云：『秖是無人酬價[二]。』**（此段諸本均在卷二十）**

【注】

一　雙桂本及昭覺本有標題，作『爲念修禪人擧火』，嘉本作『爲念修禪人下火』。

二　嘉本『酬價』作『著眼』。

45.（頁十五）恒超禪人火[一]。師以火炬擧起[二]，云：『恒超！恒超！自秉吹毛，佛來不讓，祖來不饒。今日落在山僧手裏，與伊一把無名火，管教骨爛皮燋。』擲下火炬，云：『脱體頓超塵象外，靈光一點步青霄。[三]』**（此段諸本均在卷二十）**

【注】

一　雙桂本及昭覺本有標題，作『爲恒超禪人擧火』，嘉本作『爲恒超禪人下火』。

二　嘉本『師以火炬擧起』作『師擧起火炬』。

三　諸本此後有『咄』字。

46.（頁十五）半偈禪人火[一]。師擧起火炬喝一喝，云：『向道「無眼耳鼻舌身意、無色聲香味觸法」，正當此際，净躶躶、絶承當、赤灑灑、無回互，是我半偈禪人，親證親得底時節。大衆！且道他證得個甚麼？』擲火炬[二]，云：『要識真金火裏看。』**（此段諸本均在卷二十）**

【注】

一　雙桂本及昭覺本有標題，作『爲半偈禪人擧火』，嘉本作『爲半偈禪人下火』。

二　諸本『擲火炬』作『以火炬擲下』。

47.（頁十五）本無净頭火[一]。師擧起火炬，云：『風飄飄，雨灑灑[二]，涅槃山上寂寥寥。分付空中主火者，放鬆一著焰頭高。』擲下火炬，云：『急著眼覷，莫要燎却眉毛。』**（此段諸本均在卷二十）**

【注】

一　雙桂本及昭覺本有標題，作『爲本無淨頭舉火』，嘉本作『爲本無圊頭下火』。『圊』音qīng，清潔意。

二　嘉本『風飄飄，雨灑灑』作『雨灑灑，風飄飄』。

48.（頁十五）敏言禪人火[一]。師舉起火炬，云：『性火真空，性空真火，南北西東，無可不可。燒盡骷髏人不知，無根樹子花朵朵。』攛下火炬，云：『咦！』（此段諸本均在卷二十）

【注】

一　雙桂本及昭覺本有標題，作『爲敏言禪人舉火』，嘉本作『爲敏言禪人下火』。

49.（頁十六）悟圓禪人火[一]。師舉起火炬，云：『一二三四五，金木水火土，個中會得來，隨處打口鼓。咄[二]！逢人切莫莽鹵。』攛下火炬，便行。（此段諸本均在卷二十）

【注】

一　雙桂本及昭覺本有標題，作『爲悟圓禪人舉火』，嘉本作『爲悟圓禪人下火』。

二　諸本作『咄！咄！咄！』三字。

50.（頁十六）寶蓮行人火[一]。師舉起火炬，云：『細雨紛紛落翠微，涅槃山上冷凄凄。爐煨品字松根火，燒出摩天鐵鷂飛。』以火炬繞一匝，云：『大衆還見麽？九霄雲外，卓卓巍巍。』攛下火炬[二]。（此段諸本均在卷二十）

【注】

一　雙桂本及昭覺本有標題，作『爲寶蓮行人舉火』，嘉本作『爲寶蓮行人下火』。

二　嘉本此後尚有『云：「咦！」』二字。

51.(頁十六)無我庫頭火[一]。師舉起火炬，云：『觀汝風塵却有身，契之法性本無我，也曾幾跳金剛圈，今日當爐不避火。咦！光前絶後，蓮開朶朶。』遂擲火[二]，便行。**(此段諸本均在卷二十)**

【注】

一 雙桂本及昭覺本有標題，作『爲無我庫頭舉火』，嘉本作『爲無我庫頭下火』。

二 嘉本『遂擲火』作『擲火炬』。

52.(頁十六)含平禪人火[一]。師舉起火炬，云：『含平！含平！舍死趣生，撒手去處，火燄騰騰。』擲下火，云：『大衆！舉阿彌陀佛，送伊一程。』**(此段諸本均在卷二十)**

【注】

一 雙桂本及昭覺本有標題，作『爲含平禪人舉火』，嘉本作『爲含平禪人下火』。

53.(頁十六)慧光行人火[一]。師舉火炬，云：『一生破活計，苦守到今日，付與火柴頭，燒乾骷髏汁。』擲下火，云：『個個圓成，人人本具，慧光！慧光！何用取我求實？[二]』。**(此段諸本均在卷二十)**

【注】

一 雙桂本及昭覺本有標題，作『爲慧光行人舉火』，嘉本作『爲慧光行人下火』。

二 諸本此後均有『喝一喝』三字。

54.(頁十六)慧宗禪者火[一]。師云：『生從何來？馬腹驢胎。死從何去？刀山火聚。』喝一喝云：『却被山僧一喝，都盧氷消瓦解[二]。』以火炬打圓相，擲下[三]云：『南海岸、東塔頭，千

古萬古孰爲儔？』（此段諸本均在卷二十）

【注】

一　雙桂本及昭覺本有標題，作『爲慧宗舉火』，嘉本作『爲慧宗禪人舉火』。

二　諸本此後有『了也』二字。

三　諸本『擲下』前有『于中』二字。

55.（頁十七）樂安行人火[一]。『樂安！樂安！志已超九[二]，去投水火，光射溪山。』以火炬打圓相，云：『大衆見麼？始信去來無罣[三]礙，方知生死不相干。』遂下火。（此段諸本均在卷二十）

【注】

一　雙桂本及昭覺本有標題，作『爲樂安行人舉火』，嘉本作『爲樂安行人下火』。

二　『九』同『凡』，以下不出校。

三　『罣』同『掛』，以下不出校。

56.（頁十七）心通碓頭火[一]。『曹溪贈塊墜腰石，老宿記條蛀米蟲，惟有心通無所得，臨行端坐火蓮中。雖然如是，要且行門不別[二]，還會不別處麼？草鞋走破千差路，脚底終無一線通。』擲下火炬[三]。（此段諸本均在卷二十）

【注】

一　雙桂本及昭覺本有標題，作『爲心通碓頭舉火』，嘉本作『爲心通碓頭下火』。

二　諸本此後有『以火炬打圓相云：「心通！心通！」』一段。

三　諸本此後有『喝一喝』三字。

57．（頁十七）送淨空入塔[一]。『皮膚[二]脱落盡，唯有真實在。内外與中邊，無障亦無礙。咄！信手安在無縫塔裏，永同金剛不壞。』**（此段諸本均在卷二十）**

【注】

一　諸本有標題，作『送尼淨空靈骨入塔』。

二　諸本『皮膚』前有『師云』二字。

58．（頁十七）移静林師骨入塔[一]。『黄金一具骨，久蘊此山中，祇爲人希識，移來過別峰[二]。如是則層層落落、卓卓巍巍，四方八面，無所覷窺。』以杖[三]擊塔頂[四]，云：『静林師！静林師！塞却頂門者一竅，青松翠柏日皈依。』**（此段諸本均在卷二十）**

【注】

一　諸本有標題，作『爲静林禪師移骨塔』。

二　嘉本『過別峰』作『別過峰』。

三　諸本『杖』作『拄杖』。

四　諸本此後有『數下』二字。

59．（頁十七）覺凢監院舉龕[一]。『覺凢！覺凢！通身破殘，早知是苦，出入何難？』以杖[二]擊龕[三]，云：『拄杖頻敲開隻眼，一聲佛送涅槃山。』舉火炬[四]，云：『山僧示汝爛酸梨，向道相逢不識渠。今日翻然[五]變堆火，燒得渠儂没面皮。』遂下火。**（此段諸本均在卷二十）**

【注】

一　諸本有標題，作『爲覺凡監院舉龕』。

二　諸本『杖』作『拄杖』。

三　諸本此後有『數下』二字。

四　嘉本『舉火炬』前有『遂引至火場』五字。

五　嘉本『翻然』作『幡然』。

60.（頁十七～十八）覺知監院秉炬[一]。師舉起火炬，云：『苦骨勞筋住皂林，老婆真個老婆心。火神昨夜通消息，燒破闍黎鐵面門。』擲下火，喝一喝。**（此段諸本均在卷二十）**

【注】

一　雙桂本及昭覺本有標題，作『爲皂林覺知監院秉炬』，嘉本作『爲皂林覺知監院下火』。

61.（頁十八）無隱侍者火[一]。師云：『無隱老侍者，終日[二]尚不捨，欲吾火柴頭，燒破骷髏也。』以火炬打圓相，云：『颯颯真風滿地生，紛紛舍利如雨瀉！』**（此段諸本均在卷二十）**

【注】

一　雙桂本及昭覺本有標題，作『爲無隱侍者舉火』，嘉本作『爲無隱侍者下火』。

二　諸本『終日』作『終身』。

破山禪師語録卷第八終

破山海明禪師語録卷第九

明成都府嗣法門人通醉等編

書

1.（頁一）復伯井馮司列[一]諱士仁

溪山雖异，雲月是同[二]。門下肯[三]就中分曉，如擲劍揮空，勿論及之不及，貴承當而不貴推托也。苟是[四]，則世出世事，泮然無疑。不疑，曷容了當、不了當而兩其此[五]哉？來[六]諭云：『及身履其地，日夕百冗，那得半刻閒功？』者，是必不本而説焉，莫是爲不本者説也。論忙，莫忙于醉名、醉利之輩，尚經塵劫而易可挽。且[七]閒莫閒于躭空、耽寂者流，稍歷片刻而莫可化。誠哉，所見未嘗异而所造未嘗同耳。如[八]龐居士道：『但願空諸所有，切勿[九]實諸所無。』亦炙此病，諒門下患是[一〇]，待貧道誤加艾丸矣[一一]。**（此段雙桂本及昭覺本在卷十三，本段相當于雙桂本及昭覺本所録三封書信之第二封；嘉本在卷十二）**

【注】

一　雙桂本及昭覺本題目作『復善長馮居士諱士仁』，嘉本作『復伯井馮銓部』。『馮司列』指馮士仁，是破山歸蜀後的主要護法居士之一，本書多以『善長』呼之，如『馮司列善長』。《年譜》崇禎七年條載『復江陰馮縣令善長書』，查光緒《江陰縣誌》卷十一《職官》崇禎七年條，馮士仁此年任江陰縣令，『字允思，四川梁山人，進士。』（《中國地方誌集成·江蘇府縣誌輯》第二十五册，上海：江蘇古籍出版社，1991年，第282頁）崇禎《江陰縣誌》便爲馮士仁主修。光緒《梁山縣誌》卷八《選舉志》載，馮士仁爲崇禎甲戌（七年，1634）科進士，授文選司郎中，明代吏部文選司郎中擬唐制又可稱『司列大夫』，故本書

多稱其爲『司列』，『銓部』亦爲吏部別稱，

二　雙桂本及昭覺本此後有『也』字。諸本『溪山雖异，雲月是同』句前尚有一段文字，雙桂本及昭覺本録文如下（括號中爲嘉本相异文字）：

憶昔龐居士云：『十方同聚會，個個（箇箇）學無爲，此是選佛場，心空及第歸。』此語正合門下未動脚跟、選佛場中先有及第之兆，而兼（『而兼』作『若』）任萬峰法社，同貧道打這（者）鼓笛，莫若（『莫若』作『將見』）楊大年、張無盡輩又啓（起）于今日也，且喜且幸。大約彼何人耶（也）？我何人也？貧道未若昔時之禪老也（『禪老也』作『宗匠』），果是則（嘉本無『果是則』三字）門下望風趨遠，似與（嘉本無『似與』二字）脚跟下未獲倒斷，是貧道咎。然塵勞中人（『然塵勞中人』作『然今人』）易説而不易行，昔人易行而不易説，最難在如説而行也。爲來諭言：『何以教之？』祇得狐涎直吐，莫被沿途瓦礫荊棘重爲門下注脚耳。

三　嘉本『肯』作『可』。

四　嘉本『苟是』作『如是』。

五　嘉本『兩其此』作『二其説』。

六　雙桂本及昭覺本『來』作『讀』。

七　嘉本無『且』字。

八　嘉本無『如』字。

九　雙桂本及昭覺本『切勿』作『切莫』，嘉本作『慎勿』。

一〇　嘉本此後有『病』字。

一一　雙桂本及昭覺本此後有『囑囑』二字。諸本在此後仍有一段文字，內容不同，先録雙桂本及昭覺本文字如下：

恭維民社，五載勞心，始適天寵，一朝書債終償。兄步舞爲祥爲瑞，且外護或金或湯，奈何津路賊阻，佛弱魔强，草鞋高挂崖畔，雲鋤亂握手中，大地徹底掀翻，玉粒滿盤托出，一衆之飽，咸賴匡扶之德，三生之慶，皆從檀度之恩，則山野之腐，能莫罄拳拳之服膺也，是賀是感不盡欲言。

再録嘉本文字如下：

舊歲新春，曾奉艸柬二次，不知可到否？緬想門下德體清寧，化風舒泰，語道日有益也，是以覺民惺世不亦確細哉。令年家

得一快事，不以自私攀貧道，荷昔囑咐崗候門下，拂袖歸來，究竟末後一著，不識以爲何如？因鴻便附幾字上聞，未有逼生蛇化龍耳，須仗雲片片、雨霏霏，助新中慶現躍飛騰一上，何如？

2.（頁一～二）復昭覺惟一禪人[一]

吾儕忝圓悟老人後裔，而老人道場即昭覺也[二]，倏聞火廢[三]，致令不勝悽楚，幾欲走訪遺標，竟不晤昭覺一人。忽札遠頒，兼辱珠璣種種，始知價重連城而諸家自減寶色[四]。近代學人[五]，鼻孔稍[六]正，逐臭聞香錯過[七]香臭來處，宛如瞎驢趂[八]隊，亂隨其影響耳。如是[九]真正道流，必審其源、正其鼻，則源遠不替，安有[一〇]隨影響、逐香臭而[一一]爲哉？且足下固非此中種草，弟[一二]恐日深日厚，不啻[一三]從之，不得不[一四]直言説破[一五]。**（此段雙桂本及昭覺本在卷十三，嘉本在卷十二）**

【注】

一　嘉本「禪人」作「上人」。
二　嘉本「即昭覺也」作「聞兵燹廢」。「燹」音xiǎn，野火意。
三　雙桂本及昭覺本「倏聞火廢」作「聞寇火廢」；嘉本無「聞寇火廢」四字。
四　諸本此後有「也」字。
五　諸本「近代學人」前有「大約」二字。
六　嘉本「稍」作「少」。
七　嘉本「錯過」作「蹉過」。
八　「趂」此處與「趁」同，以下不出校。
九　諸本「如是」作「若是」。
一〇　雙桂本及昭覺本「安有」前有「如之」二字。

一一 諸本無『而』字。

一二 雙桂本及昭覺本『弟』作『苐』，『苐』音di，與『弟』同，以下不出校。

一三 嘉本『不啻從之』作『亦偶從之』。

一四 雙桂本及昭覺本『不得不』前有『則吾儕』三字。

一五 雙桂本及昭覺本此後有『諒足下非不具這隻眼也。呵呵！』嘉本與兩本同，但無『呵呵』二字。

3．**（頁二）** 復檇李廣原朱、石、倉、曹衆護法[一]

病質庸才，寧得赴緣趨世，隻芽敗種，匪[二]可塞壑填溝，是以[三]山緇素分，非强言肆志于其間哉[四]。恭惟諸檀越，不忘靈山付囑，遠念山緇，欲振象季之頹綱，克紹元初[五]之正體。玉帶鎮山門，機隨時變，衣鉢傳俗士，事在人爲，豈謂天地有古今，法道有僧俗耶？承教有言『美酒不妨深巷，唱歌本在帝鄉』者，誠然與[六]一劑清凉散也。大端[七]此舉自合有主，興廢自合有時[八]，待上[九]天童省覲時面悉，謝謝。**（此段雙桂本及昭覺本在卷十三，嘉本在卷十二）**

【注】

一 諸本題作『復檇李衆縉紳』。

二 諸本『匪』作『止』。

三 諸本無『以』字。雙桂本及昭覺本『是』字後空一格，下接『山』字。

四 嘉本『非强言肆志于其間哉』作『豈强言哉』。

五 嘉本『元初』作『古時』。

六 諸本『與』後有『山緇』二字。

七 嘉本『大端』作『大約』。

八 雙桂本及昭覺本此後有『山緇綿力曷堪任此？因竺微禪人預回，聊稍寸楮奉復。』一句，嘉本與兩本同，但『綿力』作『才力』，無『預』字，『聊稍』作『聊寄』，『奉復』作『奉復不宣』，且嘉本至此完結。

九　雙桂本及昭覺本『上』作『往』。

4．（頁二） 復嘉興衆紳衿[一]

接手教，知諸檀以鄉情話拔我、以文字禪益我、以師資禮盡我，誠然是靈山佛口所生之子也。我何敢辭？自愧一腐物，正不堪與諸檀[二]把臂，而諸檀尚不屑此腐物，竟[三]擲向何地，則彼此之念兩懸[四]，幾不[五]欲速就。恨萬峰造工未畢，俟秋買舟省覲天童[六]，過訪再商。**（此段雙桂本及昭覺本在卷十三，嘉本在卷十二）**

【注】

一　諸本題作『復嘉興衆孝廉』。

二　諸檀，嘉興藏本作『諸公』。下同。

三　嘉本無『竟』字。

四　則彼此之念兩懸，嘉興藏本作『則彼此懸念』。

五　嘉本無『不』字。

六　諸本『省覲天童』作『往天童省覲』

5．（頁二一～三） 復子穀蔡居士[一]

世治世亂，則名利皆禍根也。嘉[二]門下而不以名利爲活計，清貧自守，安逸自居，道德自盡，真可謂吾不如老農老圃也[三]。反欲山野入廛[四]出廛，得非名利[五]禍根哉？且江南法匠如林[六]，豈少我這腐物而見招乎[七]？尚容秋間往天童省覲，面悉，謝謝。**（此段雙桂本及昭覺本在卷十三，嘉本在卷十二）**

【注】

一　嘉本題作『復海鹽子穀蔡居士』。蔡子穀，又名聯璧、明暹，明代浙江海寧鹽官人，著名居士。天啓四年（1624）四月，迎請密雲圓悟入住金粟廣慧禪寺，并題寫『密雲彌布』四字匾額。順治二年（1645）爲《密雲禪師語録》作序，同九年（1652）爲《隱元禪師語録》作序，曾校正《五燈嚴統》。亦曾爲本書作序，但寫成後丈雪認爲多『世俗語』，未予收入。按《年譜》，此書信作于崇禎四年（1631）。

二　諸本『嘉』作『喜』。

三　雙桂本及昭覺本此後有『此之謂今日者，門下竟不謂山野作如是觀也。』一句，嘉本與兩本同，但無『此之謂今日者』六字，『如是觀也』無『也』字。

四　『廛』音『chán』，指一户所居之地，或市中空地，或一畝半地，又與『纏』通。

五　諸本『名利』後有『而』字。

六　諸本無『如林』二字。雙桂本及昭覺本此句作『且江南法匠枚枚、莫可數者』，嘉本作『且江南法匠莫可枚數』。

七　雙桂本及昭覺本『而見招乎？』作『不如數乎？』嘉本無此四字，僅爲『豈少我這廢物？』

6．（頁三）上天童老和尚[一]

時荒世亂，津路難通，物顯貨名，人心易變，是以寸敬之無方[二]，一來之[三]有愧[四]。恭維老和尚婆心不歇，作將來眼，駁辯若懸河，杜闢[五]如瓶瀉。則邪謬之風再盡[六]，公直之旨重揮。致令野狐涎三千里外，吐亦没交涉；師子乳大明國[七]裏[八]滴，亦盡承當。海明[九]，劣志丘壑，病骨弱倫，逢吞雲吐霧之士，匪可加頷點胸；遇捕風捉影之流，寧教放身捨命。以此之益，用報深恩，恐罪戾于法門，申[一〇]情悃于座右，諒允垂憫[一一]，寬宥下情[一二]，不勝惶悚之至，謹啓[一三]。**（此段雙桂本及昭覺本在卷十三，嘉本在卷十二）**

【注】

一　雙桂本及昭覺本題作『上天童老和尚啓』，嘉本作『上天童密雲老和尚』。
二　嘉本『寸敬之無方』作『寸敬無伸』。
三　嘉本無『之』字。
四　諸本此後有『也』字。
五　嘉本『杜闢』作『闢妄』。
六　嘉本『則邪謬之風再盡』作『邪謬之風既盡』。
七　嘉本『大明國』作『震旦國』。
八　諸本『裏』作『内』。
九　本書『海明』二字爲小字，諸本非小字，均作『不肖海明』。
一〇　嘉本『申』作『陳』。
一一　雙桂本及昭覺本『允』作『師』。
一二　嘉本無『諒師垂憫，寬宥下情』八字，作『乞師寬涵』。
一三　嘉本無『謹啓』二字。

7.**（頁三~四）**與瀑崖高中憲諱射斗[一]

白兔亭[二]邊一別，耳耳時布德音；蟠龍洞口雙趺，念念日拈宗旨。矧夫佛日西沉，祖燈夜寂，伏希檀越[三]，傲出烟郊雪野，忽地七花八裂，驚開老樹新枝，瞥爾千紅萬紫，則此日穿天下人鼻孔，其誰也歟？山緇仰慕，爲啓[四]已墜之光再燄，西沉之日重東[五]，王道佛道并行，天魔地魔拱伏，致令山緇輩脚下買草鞋，處處當秋風漢也[六]。**（此段雙桂本及昭覺本在卷十三，嘉本在卷十二）**

【注】

一 諸本題作『與瀑崖高居士諱射斗』。高射斗，四川梁山（重慶市梁平區）人，據光緒《梁山縣誌》卷八《選舉志》載，高射鬥爲崇禎丁丑（十年，1637）科進士，官至興化（福建莆田）知府。按《年譜》，此文或作于崇禎八年（1635），題作『復瀑崖高公問道書』。

二 白兔亭：梁山著名古跡，位于蟠龍山崖泉瀑布旁側，瀑布現乾涸。按國家圖書館藏嘉慶《梁山縣誌》卷十二《古跡》載，白兔亭位于縣東蟠龍山飛雪亭左。嘉靖壬辰（十一年，1532）獲白兔于此，巡撫宋滄表進，禮部尚書夏言請獻宫廟，作《頌》以進。命建亭并勒石竪坊亭當孔道，有詩碑四。此處今日尚有題刻及建築遺址殘存，近年當地發展旅遊，古道、題刻多有修復，不復衰草荒山之景。

三 諸本『檀越』作『大檀越』。

四 嘉本『啓』作『起』。

五 嘉本此後作『天魔地魔拱攫，王道佛道并行耳。』且至此完結。

六 雙桂本及昭覺本此後尚有『呵呵！』二字。

8．（頁四）復林文學送字畫

蕎箚相逢，傾湫倒嶽，知居士[一]夜明珠錯撒紫羅帳裏，令貧道不識好惡，向文不加點處，走漏消息也[二]。**（此段雙桂本及昭覺本在卷十三，嘉本在卷十二）**

【注】

一 雙桂本及昭覺本『知居士』作『若是則知賢丈』，嘉本作『居士』，無『知』字。

二 諸本此後尚有『呵呵！』二字。

9．（頁四）與東川呂居士諱大器[一]

向慕不凡肌骨，而未獲一覿面耶[二]。幸彈丸地上相逢，此奇緣[三]，勢不可不斗膽，果[四]符素心，漆桶子快[五]，不然老僧與閣下祇當[六]咫尺天涯矣。承堅留[七]，再話『兔角杖挑潭底月，龜毛繩縛樹頭風。』因山中人接[八]，聊具瓢拂、機緣偈語[九]，以悉鄙衷。**（此段雙桂本及昭覺本在卷十三，嘉本在卷十二）**

【注】

一 雙桂本及昭覺本作『與東川呂居士諱大器、附來書』嘉本題作『與東川呂相國』。呂大器（1586～1650）：崇禎元年（1628）進士，字儼若，號東川，四川遂寧人。明末著名政治家，南明永曆政權兵部尚書，東閣大學士，少傅，盡督西南諸軍事。後帥軍討朱容藩，途中染病，逝于貴州都均，謚『文肅』，《明史》卷二百七十九、《小腆紀傳》卷三十等衆書有傳。破山禪師與呂大器初次相見，無視其高官身份，棒喝交馳，斬斷葛藤，解粘去縛，分外精彩，事在本書卷五第83段，可參看。

二 嘉本無『耶』字。

三 嘉本此後有『也』字。

四 嘉本『果』作『以』。

五 嘉本作『令漆桶子快』。

六 嘉本無『祇當』二字。

七 雙桂本及昭覺本『承堅留』作『承命敝檀張公，堅留三教寺』，嘉本與兩本同，但無『張公』之『公』字。

八 諸本此後有『欲歸』二字。

九 嘉本『瓢拂、機緣偈語』作『偈、拂』。

10.**（頁四）** 復太石上座[一]

來諭云：『性雖不二，而相不容泯』者，致令山野可發一笑，何也？人人本具之性，要之不出兩種，則善性惡性是也，廣之則有無量，難可具說。然性之一字，未始一强名耳[二]，何謂之不二？獨存乎一耶？既堅之是一，而相復何相？是性外之相耶？是相外之性耶？若是相外之性，則相存性亦存矣；若是性外之相，則性空相亦空矣。夫二者互存互没，本自活物，烏用捺之？不二不容泯者，恐[三]中六祖道：『亦是知解宗徒！[四]』，不得不[五]直速拈出。倘异日面時[六]仍此不悛[七]，一棒打折驢腰，莫言不道。（此段雙桂本及昭覺本在卷十三，嘉本在卷十二）

【注】

一 雙桂本及昭覺本題作『復太石長老』，嘉本作『復大石長老』。

二 嘉本『未始一强名耳』作『猶是强名耳』。

三 諸本『者』與『恐』之間有『誠恐是葛藤窩裹藏頭縮尾漢，却』一段。

四 諸本此後有『耳』字。

五 諸本『不得不』前有『故山野』三字。

六 諸本『時』作『座下』。

七 雙桂本及昭覺本『仍此不悛』前有『故步』二字。

雜偈一

11·（頁五）辭本師歸蜀[一]

適來此處寄殘身，不覺疎慵病日深。慚愧坐消檀信食，躊躕辜負行人心。草鞋脚底龍蛇兢，拄杖頭邊佛祖沉。八萬四千功德聚，了無一法報叢林。

【注】

一 雙桂本及昭覺本題作『辭本師歸蜀二』，嘉本題作『金粟辭師歸蜀』。

12·（頁五）業業瞻風五六秋，脚跟下事愈沉浮。且隨夢眼回川去，刈把山茅來蓋頭。火種刀耕鬻糲[一]飯，千騰萬倒[二]養高流。有時摸[三]著吾師鼻，拽向人天[四]賣不休。**（此兩段雙桂本及昭覺本在卷十九，嘉本在卷十八）**

【注】

一　雙桂本及昭覺本「鬻」作「粥」；嘉本「鬻糲」作「糲粥」。「鬻」音「yù」，本與「粥」字同，又有出賣意，或同「育」。

二　雙桂本及昭覺本「倒」作「鑄」。

三　嘉本「摸」作「穿」。

四　嘉本「人天」作「人前」。

13．**（頁五）**別石車禪師[一]

共葉連枝句，臨行話別難。且飛千里錫，聊掛一風帆。燈盡[二]城東塔，花開金粟山。草鞋踏徧處，漫作水雲看。**（此兩段雙桂本及昭覺本在卷十九，嘉本在卷十八）**

【注】

一　雙桂本及昭覺本題作「福城寄別石車道兄」，嘉本作「寄別法弟石車和尚」。

二　嘉本「燈盡」作「燈燦」。

14．**（頁五）**辭檇李檀越

打水魚頭漸覺酸，不如歸去且圖安。零星佛法奚終用，些子離騷曷足歎。月冷南山飄個葉，舟行西國入重巒。此方未盡鋒鋩興，在處推蓬下釣竿。**（此段雙桂本及昭覺本在卷十九，嘉本在卷十八）**

15．（頁五）哭雲門湛和尚[一]

師逝江南動五湖，光潛特地水雲孤。白沙堆裏埋[二]松月，濁浪溪邊淹濟蘆。顯聖宗風千古韻，天華貝葉一時無。昔來覿面法堂上，今日何如[三]哭畫圖？**（此段雙桂本及昭覺本在卷二十，嘉本在卷十八）**

【注】

一　嘉本題作『哭雲門湛然和尚』。

二　嘉本『埋』作『霾』。

三　嘉本『何如』作『如何』。

16．（頁五～六）別流長蘇檀越[一]

同在靈山咐[二]囑來，君爲宰相護吾儕。法幢建立文峰下，舉措令人夢眼開。**（此段雙桂本及昭覺本在卷十九，嘉本在卷十五）**

【注】

一　雙桂本及昭覺本題作『別流長蘇居士』，嘉本題作『贈流長蘇居士』。

二　雙桂本及昭覺本『付』作『咐』，二字通假，以下不出校。

17．（頁六）祥符分袂日，及第已心空。書債半生夢，佛冤千古風。食牛氣乳虎，呑海勢大鵬。珍重臨行句，火蓮繼此宗。**（此段雙桂本及昭覺本在卷十九，嘉本在卷十八）**

18．（頁六）福城別振公翁居士[一]

住持千日好，言別一時難。去水留能復，來雲定不還。人天追意急，瓢笠放身閒。欲會必何處，相逢祇指彈。**（此段雙桂本及昭覺本在卷十九，嘉本在卷十八）**

【注】

一 諸本題作『福城留別』。

19 ·**（頁六）** 號象崖西堂[一]

象骨崖前柱杖拋，草匆[二]打折瞎驢腰。有時鱉鼻蛇吞却，吐向烏窠吹布毛。**（此段雙桂本及昭覺本在卷十九，嘉本在卷十五）**

【注】

一 雙桂本及昭覺本題作『號西堂象崖』。

二 嘉本『匆』作『悤』，『悤』音cōng，同『匆』，以下不出校。

20 ·**（頁六）** 號靈筏禪人[一]

苦海常常駕鐵船，經風經浪渺無邊。有時度盡驢和馬，又去虛空接聖賢。**（此段雙桂本及昭覺本在卷十九，嘉本在卷十五）**

【注】

一 靈筏禪人：指破山弟子靈筏印昌，四川内江人，俗姓吴，參破山于東塔寺。又唤作『藤林印昌』、『大雲靈筏』、『靈符印昌』等。

21 ·**（頁六）** 號丈雪禪人

畫斷蒼崖倒碧岑，紛紛珠玉對誰傾？擬將鉢袋橫攔住，祇恐蟠龍丈雪氷。**（此段雙桂本及昭覺**

本在卷十九，嘉本在卷十五）

22.（頁六）號時雨禪人

萬籟榮枯周復始，其中一點需時雨。根頭潤透葉森森，引動熏風忽地起。（此段雙桂本及昭覺本在卷十九，嘉本在卷十五）

23.（頁六～七）號石傘禪人

雲門慣把驗龍蛇，今日遭逢個作家。兩手握來晴雨處，撑開半滿蓋天涯。（此段雙桂本及昭覺本在卷十九，嘉本在卷十五）

24.（頁七）號塊雪禪人一

凝凝塊雪，靡同衆例。儼若銀山，宛如珂月。清光爍爍兮梅分餘襲，寒威凜凜兮柏轉奇色。龐公曾問泉禪客，當下聞風而結舌。（此段諸本均在卷十九）

【注】

一　塊雪禪人：或指破山弟子塊雪印國，『塊雪』或作『快雪』，四川渠縣人，俗姓王，後住四川閬中東禪庵弘法。

25.（頁七）號梅林禪人

天然貴异壓群芳，幾受風塵幾受霜。忽地一枝開劫外，滿腔馥郁任馨香。（此段雙桂本及昭覺本在卷十九，嘉本在卷十五）

26.（頁七）號天樹禪人[一]

地生畢竟非天樹，天樹花開勢若王。衆鳥飛騰棲是處，儼然放出如來光。**（此段雙桂本及昭覺本在卷十九，嘉本在卷十五）**

【注】

一　雙桂本及昭覺本題作『號天樹禪者』。

27.（頁七）示東林黄居士[一]

獨坐山齋没伎倆，揮毫對子説無生。烏龍拄杖來吞却，逆吐黄河徹底清。**（此段雙桂本及昭覺本在卷十九，嘉本在卷十五）**

【注】

一　諸本題作『贈東林黄居士』

28.（頁七）贈顯余上人書經

白馬馱來祇一滴，摩騰費盡紙千張。何如更有雙桐士，鎮日揮毫放墨光。**（此段雙桂本及昭覺本在卷十九，嘉本在卷十五）**

29.（頁七~八）贈密空伴親柩[一]

瞿曇摩耶一坑埋，免致兒孫疑去來。霜樹葉吹風引日，金河水瀉石生苔。道殊半滿誰堪委，機合偏圓孰肯栽。不是密公高履處，空門那有活棺材？**（此段雙桂本及昭覺本在卷十九，嘉本在卷十八）**

【注】

一　諸本題作『贈密空禪友伴親柩』。

30．（頁八）　贈松隱律主[一]

虎錫輕飛南北遊，瞻風撥草懶同儔。歸來結個茅茨住，又被人天引出頭。（此段雙桂本及昭覺本在卷十九，嘉本在卷十五）

【注】

一　嘉本題作『贈松影律主』。

31．（頁八）　贈正彌律主

虎錫龍盂跨海東，威獰獨踞振宗風。一聲咆吼西郊外，驚起群靈俯握中。（此段雙桂本及昭覺本在卷十九，嘉本在卷十五）

32．（頁八）　贈念一靜主[一]

佛印山頭結個庵，不容脚跡到人間。柴門雖是無封鎖，常有雲來把住關。（此段雙桂本及昭覺本在卷十九，嘉本在卷十五）

【注】

一　嘉本題作『贈山居念一禪人』。

33．（頁八）　贈怡聞座主[一]

數年鑽故紙，一旦却知非。有口挂壁上，無心安鈍機。佛來山霧廣，僧静洞雲稀。忽地蒲團破，相將罵所依。（此段雙桂本及昭覺本在卷十九，嘉本在卷十八）

【注】

一 雙桂本及昭覺本題作『贈怡聞法師』。

34.（頁八）贈行可住持

喜君位入雜花林，祖代[一]相傳祇此心。大小住持人事畢，倒提海印意深深。（此段雙桂本及昭覺本在卷十九，嘉本在卷十五）

【注】

一 嘉本『祖代』作『祖祖』。

35.（頁八）贈雪菴禪友

杖頭撥破水雲天，皎皎華夷萬象前。獨恨時人不解薦，故勞佛祖口廉[一]纖。（此段雙桂本及昭覺本在卷十九，嘉本無）

【注】

一 雙桂本及昭覺本『廉』作『縑』，『縑』音lián。

36.（頁九）號石蓮爾赤馮居士[一]

五色蓮華外石蓮，從來不怕雪霜嚴。有時開向白雲際，馥郁馨香遍大千。（此段雙桂本及昭覺本在卷十九，嘉本無）

【注】

一 雙桂本及昭覺本題作『贈爾赤馮居士號石蓮三』。

聯芳偈

37．**(頁九)** 空外大逵[一]

破山鼓笛從君打，疑殺乘虛[二]接響人。三泖渡頭橫獨棹，華亭公案又重新。**(此段雙桂本及昭覺本在卷十二，嘉本在卷十三)**

【注】

一 諸本題作『付空外大逵禪人』，空外大逵爲破山弟子，按《年譜》，此偈或作于崇禎四年（1631）。

二 諸本『乘』作『承』，嘉本『虛』作『噓』。

38．**(頁九)** 四維普寬[一]

曾聞教外有單傳，撥草瞻風得悄然。珍重蜀南个義虎，爪牙漫莫露人前。**(此段雙桂本及昭覺本在卷十二，嘉本在卷十三)**

【注】

一 雙桂本及昭覺本題作『付四維了寬禪人』，嘉本題作『付四維普寬禪人』，四維普寬爲破山弟子，按《年譜》，此偈或作于崇禎四年（1631）。

39．**(頁九)** 象崖性珽[一]

宫商一韻落胡笳，和者還須風月家。鱉鼻蛇頭分付汝[二]，顛拈倒弄任周遮。**（此段雙桂本及昭覺本在卷十二，嘉本在卷十三）**

【注】

一　諸本題作『付象崖性珽禪人』。

二　雙桂本及昭覺本『分付』作『吩付』。

40.**（頁九）**靈筏印昌[一]

萬峰出個小蝦蟆，喫着砒霜便當茶。此去深山開毒口，放些毒氣毒三巴。**（此段雙桂本及昭覺本在卷十二，嘉本在卷十三）**

【注】

一　諸本題作『付靈筏印昌禪人』。

41.**（頁九）**雪門浄燦[一]

萬峰角虎距川東，赫奕威獰迥不同。任是四來狐兔客，全身盡喪爪牙中。**（此段雙桂本及昭覺本在卷十二，嘉本在卷十三）**

【注】

一　諸本題作『付含璞浄燦禪人』，含璞浄燦爲破山弟子，或爲四川省三台縣秋林人（今錦陽市轄區），曾住什邡夫子院弘法，塔于九煉坪。

42.**（頁九~十）**别峰道璽[一]

幾度愁腸欲話誰？一簾風月弄寒梅。歸來不覺枝頭白，惺人鼻孔任雷垂[二]。**（此段雙桂本及昭覺

本在卷十二，嘉本在卷十三）

【注】

一 諸本題作『付破雪道璽禪人』，破雪道璽爲破山弟子，事跡不詳。

二 雙桂本及昭覺本『雷垂』作『擂鎚』。

43．（頁十）字水圓拙[一]

火爐頭句親分付，撥着令人一爆烟。散徹九龍風月冷，依然別是鷓鴣天。（此段雙桂本及昭覺本在卷十二，嘉本在卷十三）

【注】

一 諸本題作『付字水圓拙禪人』，破山弟子。

44．（頁十）破浪海舟[一]

冤有頭兮債有主，個中消息誰爲伍。草鞋踏遍始應知，隨處任君打口鼓。（此段雙桂本及昭覺本在卷十二，嘉本在卷十三）

【注】

一 諸本題作『付破浪海舟禪人』，破山弟子。

45．（頁十）竹微智泰[一]

放出江南赤梢鯉，摇頭擺尾風雲際。有時騰躍碧波中，攪得魚龍個瞥[二]地。（此段雙桂本及昭覺本在卷十二，嘉本在卷十三）

【注】

一 諸本題作『付竺微智泰禪人』，破山弟子。

二 諸本『瞥』均作『鱉』，似誤。

46.（頁十）離指方示[一]

久默無暇舉似人，相逢有則絶[二]踈親。驀拈坐具法堂舞，撲地聲驚龜畫城。（此段雙桂本及昭覺本在卷十二，嘉本在卷十三）

【注】

一 諸本題作『付離指方示禪人』。離指方示（1604～1663）爲破山弟子，重慶璧山人，俗姓陳。後住嘉陵草堂寺弘法，有《濫觴集》等著作，亦曾與天主教徒論辯，斥其教理爲邪説。圓寂于成都新繁河西寺，遺命骨灰爲餅，施捨水族。

二 雙桂本及昭覺本『絶』作『别』。

47.（頁十）體宗道寧[一]

六年執役輔叢林，一旦慇懃遂此心。分付火爐頭句子，等閒撥着便知音。（此段雙桂本及昭覺本在卷十二，嘉本在卷十三）

【注】

一 諸本題作『付體宗道寧禪人』。體宗道寧（1598～1669）爲破山弟子，四川瀘州人，俗姓李，母趙氏。三十五歲參破山，并得象崖提點，徹悟。後曾任中慶寺維那、萬峰寺監院等職。《嘉興藏》中現存《雲峰體宗寧禪師語録》一卷。

48.（頁十）無漏印涵[一]

去去來來怨草鞋，其聲瞥爾貫吾儕。鉢囊兩手親分付，一任山城飯鋪開。（此段雙桂本及昭覺本

在卷十二，嘉本在卷十三）

【注】

一　諸本題作『付無漏印涵禪人』。無漏印涵爲破山弟子，四川新繁人，俗姓安，初參漢月法藏（1573～1635），不契，再參破山得徹悟。

49．**（頁十一）**尼足印寰[一]

偶聞高洞十和尚，且道渠儂第幾人。雖不同生共鼻孔，本來面目自分明。**（此段雙桂本及昭覺本在卷十二，嘉本在卷十三）**

【注】

一　諸本題作『付尼足如瀾禪人』，尼足如瀾爲破山弟子。

50．**（頁十一）**本明元徹[一]

驀劄相逢已[二]便休，一聲因地使[三]人愁。裝風祇[四]對聾兩耳，笑殺鎮州蘿蔔頭。**（此段雙桂本及昭覺本在卷十二，嘉本在卷十三）**

【注】

一　諸本題作『付本明圓徹禪人』，本明圓徹爲破山弟子，住重慶開縣天封寺弘法。

二　諸本『已』作『也』。

三　諸本『使』均作『令』。

四　諸本『祇』均作『抵』。

51．**（頁十一）**雪臂印巒[一]

楚水巴山意可圖，何如個裏弄神駒。有時返擲尋芳草，踏折一花五葉蘆。**（此段雙桂本及昭覺本在卷十二，嘉本在卷十三）**

【注】

一 諸本題作『付雪臂印巒禪人』。雪臂印巒爲破山弟子，湖北武昌人，曾赴寧波天童寺參訪，任寺中巡照一職，一日聞梆聲有省。崇禎十四年（1641）入蜀参破山，從此追隨破山于亂世之中近二十年，不離不棄。順治十七年（1660）蜀亂漸平，印巒辭師北上弘法，住大名府潭淵普照寺，後遷磁州二祖塔院，是破山弟子中少見的北上傳法者，也是現存雙桂本《破山明禪師語録》作者之一。

52 ·（頁十一）圓明德印一

千松日咏二誰三知音？一旦冲霄杰鳳林。不許緡蠻覓所止，惟留羸鶴對巢吟。**（此段雙桂本及昭覺本在卷十二，嘉本在卷十三）**

【注】

一 諸本題作『付圓明德印禪人』，圓明德印爲破山弟子。

二 諸本『咏』均作『韻』。

三 諸本『誰』作『隨』。

53 ·（頁十一）敏樹如相一

一度花開一度嘶，幾乎鼻孔落依稀。今朝觸碎歸山去，瞎馬瞎驢臭駡伊。**（此段雙桂本及昭覺本在卷十二，嘉本在卷十三）**

【注】

一 諸本題作『付敏樹如相禪人』，敏樹如相（1601～1672）爲破山弟子，四川三台人，俗姓王。二十五歲出家，苦参無解，聞破山歸川，且得觀《東塔語録》，徑赴梁山參訪，得點醒，辭師三日便即開悟，後住墊江百丈山弘法，南浦（重慶萬州）示寂，塔于慈雲庵之右。《嘉興藏》中現存《敏樹禪師語録》十卷。

54．**（頁十一）**澹竹德宇[一]

麄心[二]膽大氣如王，處處[三]逢人打一場。惟有佛恩[四]分外別，裝聾賣啞歇疎狂。**（此段雙桂本及昭覺本在卷十二，嘉本在卷十三）**

【注】

一　諸本題作『付淡竹行密禪人』，淡竹行密（1607～1667）爲破山弟子，『淡竹』又作『澹竹』，四川内江人，俗姓姚，見木魚墜地而徹悟，再往天童參訪八載，歸蜀參破山于大竹佛恩寺。後住嘉州（四川樂山）水蓮庵弘法，重建彭州（成都西北五十里）大隋白鹿寺、成都草堂寺等，寂後塔全身于大隋青龍崗。

二　諸本『麄心』作『心粗』。

三　諸本『處處』均作『到處』。

四　雙桂本及昭覺本『恩』作『想』。

55．**（頁十一～十二）**孤石真憲[一]

米裏有蟲飯有砂，蛀人肝膽隱[二]人牙。老僧匙筯輕挑撥，便解和盤逸興賒。**（此段雙桂本及昭覺本在卷十二，嘉本在卷十三）**

【注】

一　諸本題作『付孤石真憲禪人』，孤石真憲爲破山弟子。

二　諸本『隱』作『飲』。

56．**（頁十二）**燕居德申[一]

萬峰客作已多年，一世眼高期浪傳。分付東瓜與瓠子，大端[二]種草自天然。（此段雙桂本及昭覺本在卷十二，嘉本在卷十三）

【注】

一　諸本題作『付燕居德申禪人』，燕居德申（1608～1678）爲破山弟子，重慶忠縣人，俗姓李。年十九出家，初學法相諸典，後于釣魚城患痢，方覺所學不得力，始奮志參禪。聞破山歸川，趕赴梁山太平禪寺參訪，徹悟。此後追隨破山，至崇禎十六年（1643）得信物，辭師開法于江安縣萬頂山，後弘法廣及滇、楚、川三地，坐刹十四，影響深遠，是破山弟子中較傑出者之一。著有《楞嚴總論》、《心經易知》等文，亦曾爲《八識規矩頌》作注，《嘉興藏》中現存《雲山燕居申禪師語録》八卷。

二　諸本『大端』均作『大都』。

57.（頁十二）丈雪通醉[一]

現身惡世可深藏，莫逐周胡嚴李張。祇待兔氷蛇吐火，始拈栢子祝吾香。（此段雙桂本及昭覺本在卷十二，嘉本在卷十三）

【注】

一　諸本題作『付丈雪通醉禪人』，其事跡所附論文有載，此處略過。

58.（頁十二）蒼松印鶴[一]

忽地相逢伎倆窮，當年中毒今復逢。鋒鋩不犯悄然去，聖箭一枝射九重。（此段雙桂本及昭覺本在卷十二，嘉本在卷十三）

【注】

一　諸本題作『付蒼松印鶴禪人』，蒼松印鶴爲破山弟子。

59．（頁十二）壽山性福[一]

毒中天童今始蘇，機緣有待漫模糊[二]。頻頻拈出膠盆子，刺腦南濱星月孤。（此段雙桂本及昭覺本在卷十二，嘉本在卷十三）

【注】

一 諸本題作『付壽山性福禪人』，壽山性福爲破山弟子，似曾住成都昭覺寺弘法。

二 諸本『模糊』作『糊塗』。

60．（頁十二）竹帆印波[一]

千里特來呈舊面，一朝取食到鈎頭。分身更囑逢橋止，莫向桑溪覓飲牛。（此段雙桂本及昭覺本在卷十二，嘉本在卷十三）

【注】

一 諸本題作『付竹帆印波禪人』，竹帆印波爲破山弟子。

61．（頁十二）覺城明柱[一]

喝聲未絶掌連轟，勝過楊岐栗棘蓬。祇[二]是易[三]吞難[四]易吐，任從[五]江海釣獰龍。（此段雙桂本及昭覺本在卷十二，嘉本在卷十三）

【注】

一 諸本題作『付覺城明柱禪人』，覺城明柱爲破山弟子，似曾住豐都二仙樓弘法，故又稱『二仙明柱』。

二 諸本『祇』作『任』。

三 諸本『易』均作『難』。

四 諸本『難』作『而』。

五　諸本『任從』均作『從教』。

62．（頁十二～十三）東川呂大器一

黄檗室中三頓棒，大愚脇下便還拳。老僧撞着呂公縛，祖代冤流如是傳。（此段雙桂本及昭覺本在卷十二，嘉本在卷十三）

【注】

一　雙桂本及昭覺本題作『付東川呂大器内閣』，嘉本題作『付東川呂相國』。

63．（頁十三）默石道悟一

法法從來無法法，無無法法亦無無。老僧今付無無法，石鼓輕敲聲五湖。（此段雙桂本及昭覺本在卷十二，嘉本在卷十三）

【注】

一　諸本題作『付默石道悟禪人』，默石道悟爲破山弟子，曾住涪州（重慶涪陵）天台寺弘法。

64．（頁十三）蓮月道正一

喫人涕唾弄精魂，一喝從教海嶽昏。濟北家私何所事二，舌頭無骨眼生筋。（此段雙桂本及昭覺本在卷十二，嘉本在卷十三）

【注】

一　雙桂本及昭覺本題作『付蓮月道正禪人』，嘉本題作『付蓮月印正禪人』，其事跡後附論文有所涉及，此處從略。

二　諸本『事』作『似』。

65．（頁十三）靈隱道文一

憶昔烏巢吹布毛，而今特地覺風高。老僧翻藉慈明口，罵徹淵鱗上九宵。**（此段雙桂本及昭覺本在卷十二，嘉本在卷十三）**

【注】

一 雙桂本及昭覺本題作『付靈隱道文禪人』，嘉本題作『付靈隱印文禪人』，靈隱印文（？～1667）爲破山弟子，重慶梁平人，俗姓王。參破山得徹悟，開法黔南紫竹院，足跡遍布滇、黔、川三地，寂後塔于湖南省懷化市會同縣永興禪院之西。《嘉興藏》中現存《靈隱文禪師語録》三卷。

66．**（頁十三）** 西瞿月望[一]

萬里無雲誰肯住，一聲呼喚不擡眸。鳳凰頭上白拈賊，偷得杭州作汴州。**（此段雙桂本及昭覺本在卷十二，嘉本在卷十三）**

【注】

一 雙桂本及昭覺本題作『付西瞿月望禪人』，嘉本題作『付西瞿印望禪人』。

67．**（頁十三）** 石龍印雪[一]

古人皮履繼宗風，老破僧鞋又不同。珍重[二]闍黎行脚去，雲山踏遍始稱雄。**（此段雙桂本及昭覺本在卷十二，嘉本在卷十三）**

【注】

一 諸本題作『付石龍印雪禪人』，石龍印雪爲破山弟子。

二 諸本『珍重』均作『分付』。

破山海明禪師語録卷第九終

破山海明禪師語録卷第十

明成都府嗣法門人通醉等編

雜偈二

1.（頁一）復石帆岳司馬諱元聲

一覺長伸休問道，三飡茶飯懶參禪。破山不是閒相識，拄杖挑來個個圓。**（本段雙桂本及昭覺本在卷二十，嘉本在卷十五）**

2.（頁一）示心所曹居士

一脚踏破骷髏，豁開頂門正眼。洞徹虎穴魔宫，了知佛心祖膽。呵呵！任君天下縱横行，莫道破山門庭，半開半掩。**（本段雙桂本及昭覺本在卷十六，嘉本在卷十九）**

3.（頁一）示正海廖居士

觸背關頭一著疑，三生六十劫還迷。湖南長老分明道，杜撰從來天下知。**（本段雙桂本及昭覺本在卷十六，嘉本無）**

4.（頁一）示棘生白居士

吾將水草按牛頭，一度生歡一度愁。祇待芒繩爛却鼻，蘆花明月任沉浮。（本段雙桂本及昭覺本在卷十六，嘉本在卷十四）

5.（頁一）示守山甘居士[一]

東風昨夜吹空雲，迥迥銀蟾出海門。照地照天還照物，山僧獨指照禪人。（本段雙桂本及昭覺本在卷十六，嘉本在卷十五）

【注】

一 嘉本題作『示守山禪人』。

6.（頁一～二）示鐵壁黄居士

身如鐵壁意如山，一點迷雲任往還。囫地聲開星月朗，照來明暗不相干。（本段雙桂本及昭覺本在卷十六，嘉本在卷十四）

7.（頁二）示聚所吴居士

折蘆渡口如何道，直指菴前懶殘[一]翁。幾向糞爐煨芋芀，一回喫到肚皮空。（本段雙桂本及昭覺本在卷十六，嘉本無）

【注】

一 雙桂本及昭覺本『贊』作『殘』。

8．（頁二）示桂宇張居士
指君父母未生前，面目本來如儼然。青則青兮白則白，更無一處不生妍。（本段雙桂本及昭覺本在卷十六，嘉本在卷十四）

9．（頁二）示心宇胡居士
鼻祖西來意若何？一江星月鼓風波。蘆花未向枝頭洩，已到魚龍脊上過。（本段雙桂本及昭覺本在卷十六，嘉本在卷十四）

10．（頁二）示德宇萬居士
觸背關頭一點疑，直教透過始應知。聲前不許容無物，處處逢渠却是誰？（本段雙桂本及昭覺本在卷十六，嘉本在卷十四）

11．（頁二）示玉所班居士
阿誰拖汝死屍來？口不開兮眼不開。爲要與些酸子話，石頭瓦礫笑吾儕。（本段雙桂本及昭覺本在卷十六，嘉本在卷十四）

12．（頁二）示仁吾陳居士
金剛會裏金剛種，萬億佛前結下來。更把話頭空四相，任從馬腹與驢胎。（本段雙桂本及昭覺本在卷十六，嘉本在卷十四）

13．（頁三）示聘吾黃居士

白業紅塵盡不關，道人無事祇閒閒。老僧覿面無閑話，幾個金剛圈跳難。（本段雙桂本及昭覺本在卷十六，嘉本在卷十四）

14．（頁三）示近菴姚居士

生死關頭一著疑，經行坐臥猛提撕。有時忽地疑團破，萬紫千紅總是誰？（本段雙桂本及昭覺本在卷十六，嘉本無）

15．（頁三）示融一主人[一]

人無遠計德無全，合水和泥了飯錢。不意當年濟北老，大愚脇下任還拳。（本段雙桂本及昭覺本在卷十六，嘉本在卷十四）

【注】

一　嘉本題作『示融一禪人』。

16．（頁三）示直指菴了塵主人

鼻祖曾來此岸頭，家風賣盡冷如秋。兒孫幸得霑春力，五葉一花開未休。（本段雙桂本及昭覺本在卷十六，嘉本在卷十四）

17．（頁三）示大疑禪人

萬古長輝不夜光，兩眉中處盡全彰。貧兒不識在衣裏，乞食沿門道短長。（本段雙桂本及昭覺本在卷十六，嘉本在卷十四）

18．（頁三）示南詢禪人

惟有清風明月長，驚人無事下禪床。娘生面孔纔輕觸，幾點寒梅白曉窓。（本段雙桂本及昭覺本在卷十六，嘉本在卷十四）

19．（頁三～四）示徧拙禪人

瓦礫石頭皆放光，無徧[一]無正絶商量。有時變作崖前虎，威距峨眉白象王。（本段雙桂本及昭覺本在卷十六，嘉本在卷十四）

【注】

一 嘉本『徧』作『遍』。

20．（頁四）示智林禪人

未曾覿面一番去，教我如何指示渠？長憶當年保福輩，隔江招手悟猶遲。（本段雙桂本及昭覺本在卷十六，嘉本在卷十四）

21．（頁四）示慧理禪人

東塔眉毛不易窺，長長短短涉離微。有時戳一瞎狸奴眼，不許黄頭問路歸。（本段雙桂本及昭覺本在卷十六，嘉本在卷十四）

【注】

一『戳』音『zhuó』，有授、刺等意。

22.（頁四）示達愚禪人

鼻祖西來謂别傳，賺人特地起廉纖。已知濟北風顛漢，拄杖頭邊自豁然。（本段雙桂本及昭覺本在卷十六，嘉本在卷十四）

23.（頁四）示玉光禪人

萬峰山裏去逃禪，蛇虎相忘一枕眠。彼此了無生死夢，更容何夢夢驢年。（本段雙桂本及昭覺本在卷十六，嘉本在卷十四）

24.（頁四）示二隱禪人

佛祖機鋒動静中，開田拽石不他宗。雖然種草一般别，受用初無有异同。（本段雙桂本及昭覺本無，嘉本在卷十四）

25.（頁四）别昭慶松雲主人

幾番行脚幾番來，走破娘生鐵草鞋。將謂此間多住住，誰知拄杖吼如雷。（本段雙桂本及昭覺本

無，嘉本在卷十六）

26．（頁四～五）示無漏禪人

福城一踏絶荊棘，負痛應知丈扭鼻。野鴨不曾飛去來，空將羅網張天地。（本段雙桂本及昭覺本在卷十六，嘉本在卷十四）

27．（頁五）示月相侍者

叫一聲、應一聲，師承喚處要知音。曾憶烏窠囑侍者，布毛吹起續傳燈。（本段雙桂本及昭覺本在卷十六，嘉本在卷十五）

28．（頁五）示貧若侍者[1]

三度尋思[2]三度打，一番呼喚一番新。有時摸著牛兒也，騎向街頭滿世驚。（本段雙桂本及昭覺本在卷十六，嘉本在卷十四）

【注】

一　嘉本題作『示自若侍者』。

二　嘉本『思』作『師』。

29．（頁五）示朗愚侍者

二六時中竪起眉，直教覷破話頭疑。師承喚處急須薦，莫待隨聲逐色迷。（本段雙桂本及昭覺本在卷十六，嘉本在卷十四）

30．（頁五）示雪霾侍者

擺尾搖頭來釣竿，不吞鈎餌意波瀾。想遭點額雲雷際，還向醃齏甕裏淹。（本段雙桂本及昭覺本在卷十六，嘉本無）

31．（頁五）示無著静主[一]

鋤頭高閣白雲中，不掘西來便掘東。翻出玄沙枯榾柮[二]，畫開脚指笑虛空。（本段雙桂本及昭覺本在卷十六，嘉本在卷十四）

【注】

一　嘉本題作『示無著禪人居山』。

二　『榾柮』音gǔ duò，樹根或根部瘤塊，俗稱『樹根疙瘩』。

32．（頁五）示得元禪人[一]

個裏工夫勿論休，惟憑捏定死蛇頭。衹遭一口通身徹，毒氣賁賁射斗牛。（本段雙桂本及昭覺本在卷十六，嘉本在卷十四）

【注】

一　諸本題作『示得元關主』。

33．（頁六）示萍石禪人[一]

若個團標若個關，其中住者漫[二]偷安。閒將死句拈活句，月影花聲不勝看[三]。（本段雙桂本及昭覺本在卷十六，嘉本在卷十五）

【注】

一　雙桂本及昭覺本題作『示萍石關主』，嘉本題作『復萍石關主』。

二　雙桂本及昭覺本『漫』作『謾』。

三　嘉本『月影花聲不勝看』作『月影山光任自看』。

34.（頁六）示尼西宗[一]

一半信兮一半疑，三生六十劫逢遲。此回若不開心眼，難效當年尼總持。（本段雙桂本及昭覺本在卷十六，嘉本在卷十四）

【注】

一　諸本題作『示尼西宗關主』。

35.（頁六）示述明典座

變生作熟承誰力，土面灰頭祇自知。染就通身油膩氣，放收不下溈山師。（本段雙桂本及昭覺本在卷十六，嘉本在卷十四）

36.（頁六）示涣如上人

幾度扶筇過小橋，爲尋知識共雲飄。偶然譚及無生句，亂墜空花破六鰲。（本段雙桂本及昭覺本在卷十六，嘉本在卷十四）

37.（頁六）示性空禪人結茆[一]

行脚多年計已窮，誅茅隨處結茆篷。道餘何用三條篾，行滿非從一日工。空口缽盂常上噗[二]，實心拄杖每生蟲。枯腸漫向人前瀉，裹米深山制毒龍。**（本段雙桂本及昭覺本在卷十六，嘉本在卷十八）**

【注】

一　雙桂本及昭覺本題作『示性空禪人歸山結茆』，嘉本題作『送性空禪人歸山結茆』。『茆』與『茅』同，以下不出校。

二　雙桂本及昭覺本『噗』作『醭』，『噗』音『pū』，物氣蒸白之意；『醭』音『bú』，指白色黴菌。按本條語録文意，或應以『醭』字爲佳。

38．**（頁六）** 示默石禪人[一]

生死已盡，還續甚麼？雖有見地[二]，啞人哩囉。咦！更向烏龜前作揖，不妨拍手笑呵呵。

（本段雙桂本及昭覺本無，嘉本在卷十四）

【注】

一　嘉本標題後有小注云：『師示衆説偈，命衆續後句，凡有續者，師復聊而示之，此紀其七。』

二　嘉本『地』作『諦』。

39．**（頁六~七）** 示蔚然孫居士

行棒行喝，撒沙撒土。溈嶺牧牛，玄沙汝虎。道吾舞笏，禾山打鼓。喫茶趙州，面壁魯祖。咦！何似老祥符，臘月二十五。**（本段雙桂本及昭覺本在卷十六，嘉本無）**

40．（頁七）示嵩呼寺大乘主人

夜宿嵩呼山，快聞松韻句。聽來孤枕醒一，覺有大乘器。（本段雙桂本及昭覺本在卷十六，嘉本無）

【注】

一 雙桂本及昭覺本『醒』作『惺』。

41．（頁七）示剔眉禪人一

行脚居山各有時，莫將容易縛茅茨。人來不是輕回話，急欲當機剔起眉。（本段雙桂本及昭覺本在卷十六，嘉本在卷十四）

【注】

一 諸本題作『示剔眉禪人居山』。

42．（頁七）送斷峰禪友歸黄山

痛喫烏藤咄咄歸，逢人漫把惡風吹。沙鐺土竈埋深澗，活煑清泉接鈍機。（本段雙桂本及昭覺本在卷十九，嘉本在卷十六）

43．（頁七）送幻融禪人結茆

計窮力極如何歇？刈把山茅打個結。動静忪閙解不開，此中正是安身訣。（本段雙桂本及昭覺本在卷十九，嘉本在卷十六）

44.（頁七）送善菴禪人歸五臺

柳眼臨風帀帀[一]開，意分南北幾經來。一回草履錢還足，恨不如飛到五臺。（本段雙桂本及昭覺本在卷十九，嘉本在卷十六）

【注】

一　嘉本『帀帀』作『匝匝』，二字通假，以下不出校。

45.（頁七）送死心禪友住山

與君同處又同參，厮結眉毛不忍刪。付個火爐頭句子，有時撥著也心甘。（本段雙桂本及昭覺本在卷十九，嘉本在卷十六）

46.（頁八）送微言禪人[一]

長連床上幾經秋，忽地番身活話頭。走起欲拈行脚事，草鞋先到楚雲樓。（本段雙桂本及昭覺本在卷十九，嘉本在卷十六）

【注】

一　諸本題作『送微言禪人歸楚』。

47.（頁八）送百拙書記歸閩

驢年結下苦寃家，今日相逢興未[一]賒。且去鼓山時喝水，快來衹此驗龍蛇。（本段雙桂本及昭覺本在卷十九，嘉本在卷十六）

【注】

一　諸本『未』作『不』。

48.（頁八）送含璞禪人歸秋林

子[一]胡狗子睡沉沉，賊打籬巴解轉身。此去再來吞佛祖，莫躭影響吠秋林。**（本段雙桂本及昭覺本在卷十九，嘉本在卷十六）**

【注】

一　諸本『子』作『紫』。

49.（頁八）送丈雪禪人南遊[一]

雪骨氷肌誰個知，臨行相贈扇頭詩。清風贏得還歸握，漫莫逢人露一絲。**（本段雙桂本及昭覺本在卷十九，嘉本在卷十六）**

【注】

一　嘉本題作『送丈雪上座南遊』。

50.（頁八）送觀止上座[一]歸黃龍寺

數年著意此竿頭，一日輕抛未易收。擬把南溟較尺水，黃龍奚肯類泥鰍？**（本段雙桂本及昭覺本在卷十九，嘉本在卷十六）**

【注】

一　諸本『上座』均作『法師』。

51·（頁八）與玉光禪人[一]

抱恨歸家竪法幢，酬師漫可自拈香。天池近日多些子，爲等闍黎代舉揚。（本段雙桂本及昭覺本在卷十九，嘉本在卷十六）

【注】

一　諸本題作『寄玉光禪人』。

52·（頁八～九）寄炎雪禪友

自在桃花嶺畔别，渾然如醉薜蘿中。通身長出參天棘，刺殺山頭瞌睡翁。（本段雙桂本及昭覺本在卷十九，嘉本在卷十六）

53·（頁九）寄教宗静主[一]

寄與深山老比丘，終朝活計火爐頭。懶殘[二]曾來煨芋艿，高風千古孰爲儔？（本段雙桂本及昭覺本在卷十九，嘉本在卷十六）

【注】

一　嘉本『静主』作『禪宿』。

二　雙桂本及昭覺本『殘』作『賛』，嘉本『懶殘』作『嫩賛』。

54·（頁九）復焦山寄雲主人

病僧終日把門關，無意和人下探竿[一]。果是獰龍翻碧浪，斷然不肯困澄潭。（本段雙桂本及昭覺本在卷二十，嘉本在卷十五）

【注】

一 嘉本『病僧終日把門關，無意和人下探竿。』作『病僧終日衹偷安，無意和人下釣竿。』

55 ·（頁九） 復禦木禪人[一]

去去來來没甚奇，隴頭春遞一枝梅。狂風盡浄俱吹落，惟有馨香飄納豁。（本段雙桂本及昭覺本在卷二十，嘉本無）

【注】

一 雙桂本此段字跡漫漶，似版片損毁所致，幸昭覺本完整清晰。

56 ·（頁九） 復震宇雷居士[一]

偶撐短棹到蘆烟，攪動魚龍浪泊[二]天。輕把絲綸纔一擲[三]，呑鈎盡是口頭禪。（本段雙桂本及昭覺本在卷二十，嘉本在卷十五）

【注】

一 嘉本題作『復蟾賓鄧文學』。

二 嘉本『泊』作『拍』。

三 嘉本『輕把絲綸才一擲』作『才把絲綸輕一擲』。

57 ·（頁九） 去凡嚴居士自謂轆轢道人[一]

與君子交，獸心人面；與衲子交，人心獸面。出其言也，驅雷掣電；發其機也，撐[二]鋒拄箭。擬非莫非，欲辨莫辨。這個慘怪東西，如何形容得善？呵呵！大明國[三]裏難著渠，甘

作秦時𨍏轢鑽。**（本段雙桂本及昭覺本在卷十四，嘉本在卷十九）**

【注】

一　諸本題作『題去凡嚴居士自謂𨍏轢道人』。

二　嘉本『撐』作『當』。

三　嘉本『大明國』作『大清國』。

58.（頁九～十）非非禪人自謂息息關[一]

息息關、息息關，雲底月，水底山。風自鼓，波自瀾，人自鬧，心自閑。看花落，看鳥還，珍重[二]非非老，莫顢頇[三]！**（本段雙桂本及昭覺本在卷十四，嘉本在卷十九）**

【注】

一　諸本題作『題非非禪人自謂息息關』。

二　嘉本無『珍重』二字。

三　諸本有兩『莫顢頇』。

59.（頁十）題而勅錢居士《聽竹樓集》[一]

香嚴擊竹，而勅聽竹。竹之有聲，愈擊愈出。聽之有耳，愈聽愈悟。是聲滿樓，是竹滿地。詩從中流，不屬文字。呵呵！乃教外之別傳，非三乘之所及。**（本段雙桂本及昭覺本在卷十四，嘉本在卷二十）**

【注】

一　雙桂本及昭覺本題作『而勅錢居士請題《聽竹樓詩集》』，嘉本作『而勅錢居士請題《聽竹樓詩》序』。

60．（頁十）紹光師建塔[一]

四野青黄菜麥田，中通一竅自天然。吾師法性皆充滿，永胤[二]兒孫續祖傳（本段雙桂本及昭覺本在卷十四，嘉本在卷十九）

【注】

一 雙桂本及昭覺本題作『題紹光老師建塔』，嘉本題作『贈紹光禪宿建塔』。

二 雙桂本及昭覺本『胤』作『徹』。

61．（頁十）氷鏡上人請偈[一]

偶來泖上鼓玄風，吹起波濤瀰望中。跛鱉盲龜俱浸殺，唯抛一縷釣獰龍。（本段雙桂本及昭覺本在卷二十，嘉本在卷十九）

【注】

一 雙桂本及玿覺本題作『師至泖橋寺氷鏡上人請偈』，嘉本題作『師至泖橋寺氷鏡上人乞偈』。

62．（頁十）推蓬室[一]

船子推蓬數十秋，一朝取食到鈎頭。烟波不許人偷住，帶月和魚却覆舟。（本段雙桂本及昭覺本在卷十四，嘉本在卷十九）

【注】

一 諸本題作『圓津禪人請題推蓬室』。

63．（頁十）指月軒[一]

幾句閑言話滿天，中無一句可君前。法堂草長深千尺，未敢題詩指月軒。**（本段雙桂本及昭覺本在卷十四，嘉本在卷十九）**

【注】

一 雙桂本及昭覺本題作『金陵静心請題指月軒』，嘉本題作『金陵静心禪師請題指月軒』。按《年譜》，此事發生于崇禎五年（1632），破山歸川途中暫游南京之際，南京報恩寺静心（淨心）上人請題『指月軒』。

64.（頁十~十一）圓知禪人請題血書《華嚴經》

海墨能書我佛經，如何不滿上人心？金刀斷舌血流筆，寫盡河沙數轉深。船子捨身爲法，夾山掩耳知音。不如梵禪客，舌尖上轉根本法輪。**（本段雙桂本及昭覺本在卷十四，嘉本在卷十九）**

65.（頁十一）壽太空主人

昨夜東風吹樹竇，其聲震徹山之吼。天明大地蟠桃花，結此太空無量壽。**（本段雙桂本及昭覺本在卷十八，嘉本無）**

66.（頁十一）壽敬之呂居士

六十七年彈指中，急須莫把念頭鬆。牙關咬定袛教徹，不徹依然昧已躬。**（本段雙桂本及昭覺本在卷十八，嘉本在卷十六）**

67.（頁十一）壽泰寰張居士

蟠桃核自種驢年，不逐春秋風雨便。就裏有仁能合掌，壽令拄地與撑天。**（本段雙桂本及昭覺本在卷十八，嘉本在卷十六）**

68.（頁十一）壽紹泉周居士

鐵面閻羅難摸索，銅頭衲子豈能窺？個中一點真消息，拈向君前漏洩機。**（本段雙桂本及昭覺本在卷十八，嘉本在卷十四）**

69.（頁十一）訪悠也上座

白雲深處老僧多，嘯[一]月吟風衹恁麼。非我安心欺佛祖，曾[二]來不打葛藤窩。**（本段雙桂本及昭覺本在卷十八，嘉本在卷十九）**

【注】

一　諸本『嘯』作『笑』。

二　嘉本『曾』作『從』。

70.（頁十一～十二）示通壁徐居士[一]

赤肉團，强名心，似物非物于中靈。達者承當刹那頃，一失空教十萬程。最微密，極精明，日用尋常當念存。静無跡，動有聲，擬取却成兩個人。終日呆呆坐石窟，蒲團幾破成癡兀。但看庭前柏與松，四時不怕經寒暑[二]。**（本段雙桂本及昭覺本無，嘉本在卷十九）**

【注】

一　嘉本題作『坐禪箴』。

二　嘉本『四時不怕經寒暑』作『迥然獨露傲霜骨』。

71．(頁十二) 永慶寺

踢倒須彌鏡影空，逢人徒鼓舌尖紅。黃鸝不識吾師意，叫落庭前一樹風。**(本段雙桂本及昭覺本無，嘉本在卷十九)**

72．(頁十二) 七佛菴[一]

拄杖敲開七佛頭，濃濃法乳四泓流。巖前石虎多驚怪，吼起獰龍逐浪遊。**(本段雙桂本及昭覺本在卷十四，嘉本在卷十九)**

【注】

一　諸本題作『過七佛庵』。

73．(頁十二) 閱藏菴[一]

半是街頭半是山，鬧叢叢地自閒閒。夜深欲坐無燈火，便把殘經對月看。**(本段雙桂本及昭覺本在卷十四，嘉本在卷十九)**

【注】

一　諸本題作『宿閱藏庵』。此庵應指南京閱藏庵，破山崇禎五年（1632）歸川途中曾游南京，或題寫于此時。

74．(頁十二) 靈谷寺[一]

偶來靈谷法堂上，坐聽松聲遞遠鐘。莫是誌公時說法，廣長舌底露機鋒。**(本段雙桂本及昭覺本**

在卷十四，嘉本在卷十九）

【注】

一　諸本題作『游靈谷寺』。靈谷寺位于南京朝陽門外鐘山獨龍阜玩珠峰南，原爲梁武帝爲紀念志公禪師所建開善精舍，志公塔亦在其處。明初稱蔣山寺，朱元璋修建孝陵，遷移今址，賜額『靈谷禪寺』，號『天下第一禪林』，金陵大寺之一，聲名顯赫，2006年列爲全國重點文物保護單位。按《年譜》，破山于崇禎五年（1632）歸川途中暫游南京，此時來游靈谷并題詩。

75.**（頁十二）**拄杖[一]

直條條地性忠良，遇險逢危善主張。歷盡千山與萬水，偏能扶弱不扶强。**（本段雙桂本及昭覺本在卷十四，嘉本在卷十九）**

【注】

一　雙桂本及昭覺本題作『題拄杖』。

76.**（頁十二）**題竹[一]

月明簾外打之遶，荊棘林中走出頭。拄地撑天應有節，雄風猛雨亦無愁。**（本段雙桂本及昭覺本在卷十四，嘉本在卷十九）**

【注】

一　嘉本題目作『竹』，且多出一首，抄録如下：『出土獰芽洞劫前，離披晴雨勢參天。有時作舞風雲際，贏得心虛節更堅。』

77.**（頁十三）**佛手柑[一]

莫道無情不説法，無情却也[二]有多知。踴身高七多羅樹，解捏空拳誑小兒[三]。**（本段雙桂本及昭覺本在卷十四，嘉本在卷十九）**

【注】

一　嘉本題作『佛手中柑』。

二　嘉本『也』作『又』。

三　嘉本『解捏空拳誑小兒』作『也解捏拳誑小兒』。

78.（頁十三）雪獅子[一]

平空降下雪獅兒，牙瓜雖伸未喫時。引得白拈賊智起，連更曉夜要偷騎。**（本段雙桂本及昭覺本在卷十四，嘉本在卷十九）**

【注】

一　雙桂本及昭覺本題作『詠雪獅子』。

79.（頁十三）市上過[一]

竹[二]杖肩輿入市廛，大驚小怪亂言傳。雖無道況垂千古，幸[三]有禪名播萬年。**（本段雙桂本及昭覺本在卷十五及卷十八，嘉本在卷十九）**

【注】

一　雙桂本及昭覺本題作『示苟居士』，卷十八重出，題作『過瀘陽』；嘉本題作『過瀘陽』。

二　雙桂本及昭覺本『竹』作『拄』。

三　諸本『幸』作『却』。

80.（頁十三）被蜈蚣螫[一]

小小蜈蚣百隻臂，大悲千手亦如是。雖然示現不同途，總要令人中毒氣。**（本段雙桂本及昭覺本**

在卷十八，嘉本在卷十九）

【注】

一　雙桂本及昭覺本題作『師被蜈蚣所螫口占』，嘉本題作『師被蜈蚣螫口占』。

81 ·（頁十三）雨過西林贈鏡宗主人[一]

歛衣赤脚過西林，步步泥踪點[二]翠岑。惟[三]有鏡公善着便，一瓢惡水洗烟塵。（本段雙桂本及昭覺本在卷十八，嘉本在卷十九）

【注】

一　雙桂本及昭覺本題作『雨過西林訪鏡宗主人』，嘉本題作『訪西林鏡宗主人』。鏡宗，似爲古卓性虛（？～1615 或稱『嘉興祇園古卓信曙』）法嗣，破山師弟費隱通容萬曆四十一年（1613）曾于古卓座下與鏡宗會面，其時鏡宗任職西堂。見《費隱禪師語録》卷十四《年譜》，與文中者或爲一人。『西林』似指西林寺，同名寺院有多座，廬山西林最爲聞名，而南京亦有西林庵，破山歸川過南京，此處所指或爲南京者。

二　諸本『點』作『踏』。

三　諸本『惟』作『獨』。

82 ·（頁十三）示六疑禪人

疑盡淨兮始六疑，竿頭進步少人知。有時識得玄沙虎，便是西河獅子兒。（本段雙桂本及昭覺本在卷十六，嘉本在卷十四）

83 ·（頁十三）人牛合睡圖

牛兮也繩、人兮也倦，彼此澄眠，無事不辨。（本段諸本無）

84·（頁十四）示衆禪人

話頭一句始牢關，坐臥經行衹此參。參到情忘心絶處，白雲依舊覆青山一。（本段雙桂本及昭覺本在卷十六，嘉本在卷十五）

【注】

一 諸本題作『示明川張居士』。

85·（頁十四）生死不明發一問，山僧衹對不明明。有時明得不明處，半夜烏雞雪上行一。（本段雙桂本及昭覺本在卷十六，嘉本在卷十四）

【注】

一 諸本題作『示周居士』。

86·（頁十四）這點靈光不覆藏，輝天鑒地露堂堂。老僧不識狸奴面，誤認師姑是阿娘一。（本段雙桂本及昭覺本在卷十六，嘉本在卷十四）

【注】

一 諸本題作『示師中禪人』。

87·（頁十四）個事從來没一可把，頭頭物物任瀟灑。百千三昧問將來，老大麄拳驀口打二。（本段雙桂本及昭覺本在卷十六，嘉本在卷十四）

【注】

一 諸本『没』作『不』。

二 諸本題作『示蕊蓮禪人』。

88．（頁十四）桃杏溪邊疾馬蹄，風鞭影裏快如斯。香魂已醉幽人面，孰許黄鸝呌落枝[一]。（本段雙桂本及昭覺本在卷十六，嘉本無）

【注】

一　雙桂本及昭覺本題作『示中宇黄居士出俗不果』。

89．（頁十四）肩荷長長個栁藜[一]，烟山烟水去尋師。石頭踢破娘生脚，帶累芒鞋喫苦皮[二]。（本段雙桂本及昭覺本在卷十九，嘉本在卷十六）

【注】

一　嘉本『栁藜』作『蒺藜』。

二　諸本題作『送蒼葡禪友行脚』。

90．（頁十四）這裏何容是與非，阿誰打瓦并鑽龜。老僧性命幾乎喪，祇爲留看[一]接鈍機[二]。（本段雙桂本及昭覺本在卷二十，嘉本在卷十五）

【注】

一　諸本『看』均作『眉』。

二　諸本題作『復怡聞禪人』。雙桂本字跡漫漶，似版片損毀所致，幸昭覺本完整清晰。

91．（頁十四）絶頂孤峰結把茆，了知半世諸塵勞。無生自有無生句，水月空花伴寂寥[一]。（本段雙桂本及昭覺本在卷十八，嘉本在卷十六）

【注】

一　雙桂本及昭覺本題作『壽心修静主』，嘉本題作『壽心修禪人』。心修禪人，《普陀洛迦新志》載，康熙間普陀山普濟寺僧心修曾擴建積善庵，不知與此處者是否爲一人。

92.**（頁十四）**源頭一滴向東流，泛漲聲驚客夢浮。不是橋樑關鎖住，彌天彌地孰[一]爲儔[二]。**（本段雙桂本及昭覺本在卷十八，嘉本在卷十九）**

【注】

一　雙桂本及昭覺本『孰』作『熟』。

二　雙桂本及昭覺本題作『即事偶成』，嘉本題作『即事』。

破山海明禪師語録卷第十終

破山海明禪師語録卷第十一

明成都府嗣法門人通醉等編

雜偈三

1.（頁一）寓公高居士西園看新荷[一]

久在淤泥裏，堆堆出水奇。風生魚性悅，挨落香滿池。突出清波外，香風莫可論。鼻尖情未瞥，空付買舟人。

何處來奇種，孤標出污泥。自知較一半，信口曰芙蕖。**（上兩段雙桂本及昭覺本無，嘉本在卷十九）**

片葉連波碧，一莖中卓立。有時摇亂風，吹散先天氣。**（此段諸本無）**

【注】

一 嘉本『新荷』作『荷』。

2.（頁一）化薑

東塔長老，別無奇特。淡飯黃虀[一]，隨緣遣日。口貪滋味，推人助力[二]。十字街頭，撞著個賣生薑漢，成就我些惡辣氣息。**（此段諸本均在卷二十）**

【注】

一 『虀』音jī，與『齏』通，『淡飯黃虀』指粗茶淡飯。

二　諸本此後有『呵呵』二字。

3.(頁一)　化衣

戒定慧三無漏學，總之所貴在心持。神光幾覓不可得，真是披衣獅子兒。**(此段雙桂本及昭覺本在卷二十，嘉本無)**

4.(頁一)　化鹽

馬祖當年鹽醬多，能醃四海衲禪和。萬峰這裏渾無喫，滿肚饑瘡淡不過。推人持疏，普告檀那，舍則頓融，今昔不捨，苦哉佛陀。呵呵[一]！若得成就，須是季歌孟歌。**(此段雙桂本及昭覺本在卷二十，嘉本無)**

【注】

一　雙桂本及昭覺本有三『呵』字。

5.(頁一～二)　採茶

春來野事到雲頭，倒舞茶條笑不休。撥着大潙體用句，悲風千古亂荒丘。**(此段雙桂本及昭覺本在卷十八，嘉本無)**

6.(頁二)　戒雜學[一]

堪笑時人筆硯禪，攢花[二]簇錦露廉纖。若然可當生平事，七破蒲團是浪傳。**(此段雙桂本及昭覺本無，嘉本在卷十九)**

【注】

一　嘉本題作『警衆』

二　嘉本『花』作『華』。

7.（頁二）白兔亭[一]

奇弁山川忽地靈，雲巢月窟復誰新。于中白兔今何在，笑指崖前瀑布聲。（此段雙桂本及昭覺本在卷十四，嘉本在卷十九）

【注】

一　雙桂本及昭覺本題作『新白兔亭』。

8.（頁二）蟠龍洞值雨[一]

草鞋三過路頭窮，祇見蒼崖不見龍。轉盼和雲飛杖底，打風打雨躍長空。（此段雙桂本及昭覺本在卷十四，嘉本在卷十九）

【注】

一　諸本題作『三過蟠龍洞值雨』。

9.（頁二）馬鞍石

路旁有石名馬鞍，不許人來騎上山。留與老僧標景致，太平永不借征番。（此段雙桂本及昭覺本在卷十四，嘉本在卷十九）

10．（頁二）大覺寺[一]

大覺堂前無夢人，眼光炯炯射眉横。有時爍破四天下，更許誰來打葛藤。（此段雙桂本及昭覺本在卷十四，嘉本在卷十九）

【注】

一　雙桂本及昭覺本題作『題大覺寺』。

11．（頁二）示靜涵禪人

山横五六路羊腸，驀直去來荊棘昂。忽地與君通一線，草鞋脚底盡生光。（此段雙桂本及昭覺本在卷十五，嘉本在卷十四）

12．（頁三）號雪臂印巒侍者[一]

萬里勞勞入翠巒，竟將底事叩三玄。老僧不問西來意，直指神光雪臂傳。（此段雙桂本及昭覺本在卷十九，嘉本在卷十五）

【注】

一　雙桂本及昭覺本題作『號雪臂印巒』，嘉本作『號雪臂禪人』。

13．（頁三）猗猗翠竹任疎狂，落節招人截短長。養就雄才堪敵國，算來無處可承當[一]。（此段雙桂本及昭覺本在卷十五，嘉本無）

【注】

一　雙桂本及昭覺本原題『示雪臂禪人三首』。本書第二首後空兩行，原因示明。或原有第三首，後從板片上删去亦未可知。

14．（頁三）梁燕[一]

去年東去[二]今年西，祇爲沖霄幾個兒。養得兒肥母却瘦，高飛不憶臥巢時。（此段雙桂本及昭覺本在卷十八，嘉本在卷十九）

【注】

一 諸本題作『燕』。

二 諸本『去』均作『住』，并多出一首，抄録如下：『燕語喃喃來上堂，隨邪逐惡肆顛狂。也知法大機難荷，血口徒將挂短墻。』

15．（頁三）示止止禪人[一]

伎倆不將筆墨[二]盡，何能奪得老僧安。南詢笑我成流俗，我笑南詢五十三。（此段雙桂本及昭覺本在卷十五，嘉本無）

【注】

一 雙桂本及昭覺本題作『示王居士』。

二 雙桂本及昭覺本『筆墨』作『酒肉』。

16．（頁三）示頊仁侍者[一]

深山不隱隱溪口，相共漁樵雪一蓑。雖未登臺作釣叟，魚龍不放[二]往來過。（此段雙桂本及昭覺本在卷十五，嘉本在卷十四）

【注】

一 諸本題作『示須石禪人』。

二 雙桂本及昭覺本『不放』作『莫教』，嘉本作『莫敢』。

17．**（頁三）**示幽之光鎬行者[一]

變生作熟爾勤勞，有日風雲聚會高。始信獅林無异獸，恐將溪水泛全潮。**（此段雙桂本及昭覺本在卷十九，嘉本在卷十五）**

【注】

一　雙桂本及昭覺本題作『號幽之光鎬』，嘉本題作『贈幽之侍者』。

18．**（頁三～四）**示仁安禪人[一]

七十七翁病復蘇，純剛[二]打就個頭盧。有時撞破天邊月，大地風光何處無？**（此段雙桂本及昭覺本在卷十五，嘉本在卷十四）**

【注】

一　雙桂本及昭覺本題作『示仁庵老宿』，嘉本作『示仁安禪宿』。

二　嘉本『剛』作『鋼』。

19．**（頁四）**示靜虛禪人

拳頭巴掌活當機，活得當機覔指歸。滿肚荒荊不解薦，疑心疑性落依稀。**（此段雙桂本及昭覺本在卷十五，嘉本在卷十四）**

20．**（頁四）**示唯然禪人

唯佛與佛皆印道，應知此道絶言詮。老僧到此云不識，試問達磨傳不傳？**（此段雙桂本及昭覺本在卷十五，嘉本在卷十四）**

21．**（頁四）**示石年曹居士[一]

點頭曾聽[二]生公法，壁立天然勢卓然。始信八風吹不動，維摩堪好作同年。**（此段雙桂本及昭覺本在卷十九，嘉本在卷十五）**

【注】

一　雙桂本及昭覺本題作『贈石年曹居士諱欽程』，嘉本無『諱欽程』三小字。曹居士若名『欽程』，則與魏忠賢『十狗』之一同名，此狗江西德化人，萬曆進士，天啓中父事魏閹，甘爲爪牙，擢太僕少卿。天啓六年（1626）失寵罷官，崇禎初列爲首等逆案，入死牢。李自成破北京（1644），此狗獲釋，屈膝新主。但《年譜》載此偈作于順治五年（1648），史載曹狗隨義軍撤出北京後便不知所終，應非一人。

二　諸本『聽』作『憶』。

22．**（頁四）**爲月開門笑遠山[一]，光樓聲發骨毛寒。老僧無別營清供，待客惟將竹數竿[二]。**（此段雙桂本及昭覺本在卷十八，嘉本在卷十九）**

【注】

一　嘉本『遠山』作『滿山』。

二　雙桂本及昭覺本原題爲『寓三教偶成』，嘉本爲『寓三教寺』

23．**（頁四）**復素庵田居士[一]

瓢笠放身天下[二]走，相逢没個逃禪叟。錦江覺得多金鱗，試釣不知機熟否？**（此段雙桂本及昭覺本在卷二十，嘉本在卷十六）**

【注】

一　嘉本題作『寄素庵田居士』。明初江南有田素庵居士，何密庵法嗣，屬臨濟一脉，居士弘法，名聞天下，禪林間尊稱『田大士』。但與破山時代不合，非一人。

二　諸本『下』作『地』。

24.**（頁四）**上天童密老人塔前[一]

師逝江南十載餘，烽烟不息阻征途。汗顏擬則機緣去，恐我同門罵瞎驢。**（此段雙桂本及昭覺本在卷十四，嘉本在卷十九）**

【注】

一　雙桂本及昭覺本題作『上天童老人』，嘉本作『上天童悟和尚塔前』。

25.**（頁四～五）**法派[一]

海印發光、悟真永昌、寂常心性、戒定慧香、佛聲[二]克果、祖道聯芳、雙桂榮野、一葦横江、禪觀固遠、吾記悠長。**（此段雙桂本及昭覺本在卷十八，嘉本無）**

【注】

一　雙桂本及昭覺本題作『佛恩法派』。

二　雙桂本及昭覺本『聲』作『身』。

26.**（頁五）**送雪瀾禪者[一]

巾瓶隨左右，到處要虛心。應物知頭續，安貧樂道林。喚呼聲有意，動静色無嗔。復起烏窠輩，布毛繼祖燈。**（此段雙桂本及昭覺本在卷十九，嘉本無）**

【注】

一　雙桂本及昭覺本題作『送雪瀾禪人江南』。

27.（頁五）送佛冤禪者[一]

説起江南行，心中難割捨。草鞋脚底忪，拄杖[二]肩頭把。前路黑漫漫，聿身光灑灑。去來彈指間，我問答何也。**（此段雙桂本及昭覺本在卷十九，嘉本在卷十八）**

【注】

一　雙桂本及昭覺本題作『送道生禪人江南』，嘉本題作『送佛冤法孫之江南』。

二　諸本『拄杖』作『竹杖』。

28.（頁五）示文初禪人[一]

搜盡枯腸無一字，傾湫倒嶽任施爲。泥牛曾向野田去，木馬長鷩柳岸移。怪石若聞應點頟[二]，奇花如見也生疑。老僧不是頻饒舌，痛爲禪人惜兩眉。**（此段雙桂本及昭覺本在卷十五，嘉本在卷十八）**

【注】

一　嘉本題作『與文初禪人』。

二　嘉本『點頟』作『點首』。

29.（頁五）勉祇園静主[一]

奇逢不覺四年頭，志節孤危過上流。乞食濫[二]瓢過玉爵，禁寒破衲傲王侯。遼天拄杖斷還接，脱鼻芒鞋棄復畱。欲學隱山聲價重，無何溪口菜波秋。**（此段諸本均在卷十八）**

【注】

一　嘉本題作『勉祇園禪師山居』。

二　諸本『濫』均作『爛』。

30．（頁五）太白崖一

太白危崖坐，舞花飄杖藜。穿人鼻孔句，爲我省詩脾。調古噴寒玉，風高長紫芝。詞壇騷骨在，付與林烏啼。**（此段雙桂本及昭覺本在卷十四，嘉本在卷十八）**

【注】

一　雙桂本及昭覺本題作『題太白崖』，嘉本題作『登太白崖』。與破山相關之『太白崖』有二，一在萬縣（重慶市萬州區），一在石砫土司（重慶市石柱土家族自治縣）。萬縣太白崖又名太白岩，萬州八景之一『白岩仙跡』即指此處。縣西山中有李太白祠，萬曆中建，傳説昔日太白讀書于此，留有『大醉西岩一局棋』詩句。明代中期聲名大著，文人遊覽、題詠不斷，至今尚存多處摩崖題刻，破山詩句便在其中，諸本《語録》均未載，抄録如下：『等閒那知春，突出一隻眼。魚龍透須藏，美人生椿點。破山明，住持道刊刻』，『太白嵒』三大字亦破山所題，是諸題刻中文字體積最大者。石砫太白崖在當地永壽寺後，據道光《補輯石柱廳新志》載，永壽寺在縣城西南里許萬安山（皷樓山）中，俗稱古樓寺，正德十三年（1518）同知陳寬建。寺後山壁即太白崖，傳李白流放夜郎（今貴州桐梓）路經此地曾題書崖壁之上，後歐陽永叔亦有題刻，但明末已風化過甚，無法識讀。乾隆年間崖石因雷雨崩落，太白遺刻隨之全毀。按《年譜》，破山于順治元年（1644）至六年（1649）避亂石砫，主要于當地三教寺弘法，或曾至此遊觀。

31．（頁五～六）示義空禪人

拽杖姜池遊，魚龍未一徹頭，才拈巴豆藥，急躍絲綸鈎。意卜水深淺，情知山谷幽，就中無剩秘，將草按牛頭。**（此段雙桂本及昭覺本在卷十五，嘉本無）**

【注】

一　雙桂本及昭覺本『未』作『來』。

32．（頁六）示如岳禪人[一]

海内多詩者，才思獨爾真。一生清冷句，千載不藏名。氣骨烟波色，萍蹤雨露情。調高人自重，偃鼠豈同群[二]。**（此段雙桂本及昭覺本在卷十五，嘉本無）**

【注】

一 雙桂本及昭覺本題作『示長白詩人』。正文題目中之『如嶽禪人』指破山法嗣如岳覺無禪師，破山避亂石砫土司三教寺時來參，雙桂堂建成後復來，任雙桂書記，一年後拜辭。諸本《語録》卷十一『示如嶽禪人』記載此段因緣；『長白詩人』，《峨眉山志》卷七載清代僧人長白宗正作《雙飛橋》詩一首，與此處是否爲一人則不明。按文意，雙桂本及昭覺本之題目或更爲恰當。

二 雙桂本及昭覺本『群』作『煢』，『煢』音qióng，孤獨意。

33．（頁六）別蒼松知藏[一]

漏聲催欲盡，寒夜獨悲吟。殿滿燈光静，窗横雪照深。三思詩眼疾，孤枕念同心。寥落一身外，萍蹤何處尋？**（此段諸本均在卷十八）**

【注】

一 雙桂本及昭覺本題作『爲蒼松禪人別言』，嘉本題作『留別蒼松上座』。『蒼松禪人』指破山法嗣蒼松印鶴禪師。

34．（頁六）與語齋李孝廉[一]

千里何同風，七枝佛尚宗。知君久矣薦，愧我适才通。欲跳金剛圈，須吞栗棘蓬。此關不勘破，端受人牢籠。**（此段雙桂本及昭覺本在卷十九，嘉本在卷十八）**

【注】

一 諸本題作『寄語齋李孝廉』。

35．（頁六）喜友人過訪

火宅爲鄰友，出家導我迷。巾瓶飄廿[一]載，瓢笠落千岐。覿面始知疾[二]，譚禪終憶離。相逢應鏤骨，德此盡心遲。（此段雙桂本及昭覺本在卷十八，嘉本無）

【注】

一　雙桂本及昭覺本『廿』作『念』。

二　雙桂本及昭覺本『疾』作『即』。

36．（頁六）贈熙鶴戴丹青[一]

生酆陵、長石柱[二]，其中養就烟霞骨。指端妙染怒風雷，筆下絶倫驚草木。透肝膽兮若仙，通鬼神兮如[三]佛。聲名已震四方[四]，何故謙之幽獨。（此段雙桂本及昭覺本在卷十五，嘉本無）

【注】

一　雙桂本及昭覺本題作『示熙鶴戴丹青』。

二　雙桂本及昭覺本『柱』作『砫』。

三　雙桂本及昭覺本『如』作『若』。

四　雙桂本及昭覺本『聲名已震四方』作『聲名震于四方』。

破山海明禪師語録卷第十一終

破山海明禪師語録卷第十二

明成都府嗣法門人通醉等編

雜偈四

1.（頁一）次澄靈禪師山居[一]

因僧問我西來意，我話山居已數年[二]。折脚鐺煨三合米，爛麻繩補一條肩。雲根每見穿危石，月渚常流透碧泉。恍惚不通方外術，時添草料瞎驢前。（此段諸本均在卷十八）

【注】

一 雙桂本及昭覺本題作『和澄靈禪師山居』，嘉本題作『復澄靈禪師』。

二 諸本『我話山居已數年』作『話及居山有數年』。

2.（頁一）九帶山中九帶禪[一]，一溪風鼓一蒲團。時聽古洞傳新律，日舞枯藤惺舊顔。壁立豈堪容意馬，崖虛擅可縱心猿。從教[二]不許經塵[三]到，破衲和雲枕石眠[四]。（此段諸本均在卷十八）

【注】

一 諸本『九帶山中九帶禪』作『九嶺山中九帶禪』。

二 嘉本『從教』作『此中』。

三 諸本『經塵』作『紅塵』。

四 雙桂本及昭覺本原題『茶台龍鳳寺山居』，嘉本原題『茶臺山居』。

3．（頁一）復石車和尚[一]

自喫吾師痛棒來，通身惡息吼如雷。草鞋也[二]解翻龜背，破灶先能出鬼胎。潦倒然燈交露柱，癡憨彌勒笑樓臺。話長話短隨豐儉，一任禪和臭口開。**（此段雙桂本及昭覺本在卷二十，嘉本在卷十八）**

【注】

一　雙桂本及昭覺本題作『復石車契兄』，嘉本題作『復法弟石車和尚』。

二　諸本『也』作『已』。

4．（頁一）次東林黄居士[一]

每每事從叮囑[二]來，句裁裁句句誰裁？蒲團對月塵心破，拄杖逢人夢眼開。潛水[三]魚龍遊浪静，宕山狐兔逐雲猜。想君舊有登壇約，相共拈花七寶臺。**（此段諸本均在卷十八）**

【注】

一　雙桂本及昭覺本題作『步東林黄居士韻』，嘉本題作『復東林黄居士』。

二　嘉本『叮囑』作『叮嚀』。

三　諸本『潛水』作『灊水』，『灊』音qián，『灊水』爲四川古水名，亦作『潛水』。

5．（頁一～二）和水月禪人[一]

五湖風月罷孤征，駐[二]錫山隈近虎城。日誦貝多遮耳目，時吹麥笛樂昇平。烏飛枯樹樵嚚影，花落泥田鉢應聲。今古聖賢無异路，相承祇貴眼雙明。**（此段諸本均在卷十八）**

【注】

一 雙桂本及昭覺本題作『和水月禪人韻』，嘉本作『和水月禪師韻』。『水月禪人』指破山法嗣水月性毓禪師，又稱『水月慈門性敏』。

二 雙桂本及昭覺本『駐』作『住』。

6.（頁二） 嘯竹亭一

獨爲逃禪遠世尋，雙溪橋去水雲深。想君共我同流也，日坐蒲團嘯竹林。**（此段雙桂本及昭覺本在卷十八，嘉本在卷十九）**

無意時時把念消，有來買石得雲饒。前村幾片籬巴竹，節節枝枝長過橋。**（此段雙桂本及昭覺本在卷十八，嘉本在卷十九）**

山中苦雨路淋漓，柴米無人歷去爲。放下蒲團打個盹，門前檀越敲開籬。**（此段雙桂本及昭覺本在卷十八，嘉本無）**

蒼崖古洞夜跏趺，忽聽孤猿對月呼。漫謂耳根塵不到，和聲送與劫雲初。**（此段諸本無）**

【注】

一 雙桂本及昭覺本題作『次秋潭師題茂敘孫居士嘯竹亭韻』，嘉本題作『次秋潭大師題茂敘孫居士嘯竹亭韻』。『秋潭大師』指明代詩僧葦如智舷，又稱『葦如大師』。浙江嘉興人，字葦如，號秋潭，居秀水金明寺，晚年自建黃葉庵，稱『黃葉老人』。學兼禪、教，尤精《楞嚴》，善行、草，工詩，有《黃葉庵詩稿》二卷傳世。

7.（頁二） 玉屏山一

玉屏高聳萬山中，道涉懸崖路欲空。一個病僧閒甜錫，兩行雲樹怪嘶風。禪床夜永驚清夢，佛殿燈澄省舊容。擬把鉢盂吞日月，爲憐居者要降龍。**（此段諸本均在卷十八）**

【注】

一 諸本題作『宿玉屏山』。

8.（頁二）弔無著静主[一]

絶頂孤峰結草標，修行得力業來消。了知魔障禪非遠，始信西方路不遥。鐵脊竪枯堪有定，蒲團坐破本無寥[二]。老僧即此權爲弔，常寂光中愧我曹。（此段雙桂本及昭覺本在卷二十，嘉本在卷十八）

【注】

一 雙桂本及昭覺本題作『吊玉屏山無著静主』，嘉本題作『弔玉屏山無著禪師』。

二 嘉本『寥』作『聊』。

9.（頁二～三）舟中弔震宇張都督

雄雄氣宇出都門，兩岸蘆花風月迎。玉帶更增山海秀，錦衣逾顯鏡臺清。洗心愛聽名僧話，染耳愁聞貴子聲。莫是洞天閒骨董，偶來塵世暫爲賓。（此段雙桂本及昭覺本在卷二十，嘉本在卷十八）

10.（頁三）懷和石孫居士

不枉同開選佛場，相隨八九野郎當。花開檇李承君力，菓熟蠶叢在我揚。烟雨樓臺醒[一]醉艇，峨嵋山月照禪房。此情此境人難盡，付與曹源流派長。（此段諸本均在卷十八）

【注】

一　諸本『醒』作『惺』。

11．（頁三）《先覺宗乘》序[一]

碧眼胡人[二]，遥觀東震旦國有大乘根器，特特航海而來，不覺被瓦礫荊棘之刺[三]茅塞[四]日細，鼬貍鼷鼠之糞染污[五]時穢，祇得飲氣吞聲，九年特地，始得焦芽而漸茂，穢器而漸潔。點點甘霖、源源獅乳，滴一器而傳一器，潤一枝而接一枝，滿大地而有餘，盈滄海而無剩。是以海昌黎居士[六]，自非瓦礫荊棘、鼬貍鼷鼠之隊，飄然隨這一夥人脚跟轉也[七]，彙是書目曰[八]《先覺宗乘》[九]，索予[一〇]爲序[一一]。予愧細根穢器，曷堪[一二]與這夥人廝唾廝罵耶[一三]？**（此段諸本均在卷二十）**

【注】

一　按《年譜》，此序作于崇禎六年（1633）破山歸川入主萬峰山太平禪寺後。

二　嘉本『胡人』作『胡僧』。

三　嘉本『刺』作『繁』。

四　嘉本『茅塞』作『瓊枝』。

五　嘉本『染污』作『浄器』。

六　諸本『黎居士』作『黎眉居士』。

七　自『居士』後至此，嘉本作『不隨瓦礫荊棘、鼬狸鼷鼠一夥人脚跟所轉』。

八　諸本無『曰』字。

九　雙桂本及昭覺本此後有『者』字。

一〇　雙桂本自『《先覺宗乘》』後至『索予』前有：『意有是焉。余游兩淛（『淛』同『浙』）時獲是書，歸蜀擲案頭，塵埋二三載。一日，忽開縣本來黎公過訪，予深器之，想與者一夥人同也。以是書囑梓，公唯唯任之，則」一段。嘉本與兩本同，但無『意有是焉』四字，『余遊』作『予遊』。

一一　諸本『索予爲序』作『索予之數言爲序』。

一二　嘉本無『曷堪』二字。

一三　嘉本『耶』作『也』。

12．（頁三～四）戒茹葷説

從上聖賢戒殺以存惻隱，殊非愈戒愈殺者何耶？蓋殺者，屠人生理也，既戒之莫殺，則戒屠人莫生理，豈可止之莫殺哉？或者謂戒不自殺，以買現成而當之，推現成者，非自死肉也，必是屠人殺以賣喫者耳。予所謂戒殺不若戒喫，意頗稍善。何則？試且一人不喫，則一人殺業盡矣；一家不喫，則一家殺業盡矣；一國不喫，則一國殺業盡矣；苟盡大地人不喫，不獨修己安人之善，且弘祚王道，永固于世矣。但諸君子讀是説，當信之，兵戈兢起，皆殺業固積之所使然，非天地有災禍人者也。不可不覺，察之！察之！**（此段雙桂本及昭覺本在卷二十，嘉本無）**

13．（頁四）飯僧疏一

施者門開，受者腦裂。無施無受，其道懸隔。有施有受，其道懸絶。懸絶之道，通其竅妙。竅妙處施，其福叵思。珍重仁者，施與受與。咦！是何言歟？**（此段雙桂本及昭覺本在卷十四，嘉本無）**

【注】

一　雙桂本及昭覺本題作『幻塵請題《飯僧疏》』。

14.（頁四～五）黄龍寺碑文[一]

自鷲嶺分燈而冷光熱燄莫可勝記，則幢幢列刹相望者，無越黄龍第一也。是寺也[二]，去渠邑[三]城北廿里[四]，建我[五]隆慶年間（1567～1572），興而復廢。遞至天啓（1621～1627）間[六]頃，出觀止法師，于是作獅子吼，地摇六震，道逗群機，若合符節，則殿閣堂宇，焕然一新，咸乘師之疇昔願輪所可致[七]也。而[八]慮法久生弊，始問記于予，且予幼未經學，不識一丁，敢以鼠尾續貂？祇可向冷冷孤光處撥燄，寥寥疎影時洞機。聊瀉滴墨，以災劫石，永同金剛常住不朽之記云。**（此段諸本均在卷二十）**

【注】

一　嘉本題作『宕渠黄龍寺碑文』。

二　諸本無『也』字。

三　嘉本無『渠邑』二字。

四　諸本『廿里』作『二十里』。

五　諸本『我』作『我朝』。

六　諸本『間』作『三年』，天啓三年爲1623年。

七　嘉本『可致』作『致』。

八　諸本『而』後有『固』字。

15.（頁五～七）福城東塔開學業禪堂緣起[一]

蓋聞佛法無主，要假人弘，得人則興，失人即廢，所以達人不可無[二]，是人也，非生而知之者[三]。吾教建叢林、立規矩，意在養育賢才、陶鑄後學、繼往開來，如日月大明[四]乎天下[五]。奈何海内叢林悉忘此意，予不得不犯天下所忌，敢以古今興廢試一論之。

上古叢林聚衆，朝夕激揚，使悟本心，冀各爲一方眼目，輾轉傳化，續佛慧燈，以故[六]古時穎脱者不知其數，此佛法得人所以興也。邇來叢林雖在，古法盡亡[七]，招賢弘教，杳絶無聞，自愚愚人，輾轉蒙昧。致使初學有志者無處棲泊[八]，蹉跎白首，不知佛義，此佛法失人所以廢也。不思叢林者何所取義，如來無量劫中脩行，難得無上菩提，演布三藏，欲後人講誦參討，自見本心。古人知此，所以建禪堂以安學者身心，使用力于此，代出高人[九]，如林内具諸棟木，故曰『叢林』[一〇]。豈如今日驅賢養愚，忘本務[一一]末，以了叢林之事？此非木之叢，實草之叢也。況諸施中法施爲最，如來爲法降生，爲佛子者，不知本末先後，謂之倒置，致佛日不明者誰之咎與？故知達人必出叢林，興廢關乎主者，唯主人權柄在手，指呼是從，蒞是位不行是道，佛祖寧不皺眉耶？

明[一二]自參學以來經歷多載，見今思古，每自傷歎，何今古相反若是耶[一三]？古亦人也，今亦人也，古人何增？今人何減？特因昧本忘恩、不思不行而已矣[一四]。若海内叢林一一皆能體佛心而行佛事，則天下咸成佛國，何今古之間然？況今教、禪、律流[一五]各執一邊，互相矛盾，鮮窺大全，詎[一六]知無上妙道，出于口爲教、運于心爲禪、軌乎身爲律，三法本一人行，今乃分疆自畫，去佛法遠矣。

明不揣薄劣，憂佛道之不行，慮人心之忘古，欲于通津大郡建一學業叢林，集有志緇流，究性相之深詮，窮離文之妙旨，破目前之堅礙，消歷劫之固執，融五教十玄于毛孔[一七]中，會六相五宗于揚眉[一八]處，通變自在，逈异常情。達磨不向東來，釋迦未曾出世，以斯先覺，復教後覺，内外典籍，貴以貫融。罷參者休心無事，初進者勵志向前，不計歲月，以徹爲期，圓性達人必從此出。心包法界，體合真空，即一切非一切，雖度生而無生可度；佛即我、我即佛，雖成佛而無佛可成。佛法之興，安有涯量？故曰：佛法興莫先于得人，得人莫先整叢林以教後學。捨此而欲佛法興者，吾莫知也。

繇[一九]是觀之，無賢主則不出達人，無達人則不興佛法。反覆[二〇]推尋，主人爲最，此位任大，毋[二一]自抑小。宜去高去慢，虚心待物，視此身爲天下學人之父母，視天下學人皆我一家之子弟。内則爲之聚糧、辦衣、供油，以資[二二]歲月朝夕之需；外則爲之請出世名宿以作模範，薰之陶之，日益日損，方不失爲主人之實。

雖然，明更有説焉。如來昔以佛法付囑國王大臣，誠有見于末法之弊，非主持世道者不能弘揚吾教。願今舉世宰官達士，世道既平，亦宜傍興佛法。蓋三寶乃世間福田，下得一種，收得一斛。世諺云：『山中無老僧，朝中無宰相。』安知滿朝文武，非昔脩行苦行僧耶？惟冀不忘前因，各出手眼，共報佛恩。使天下叢林俱興佛法，賢者進而愚者化，佛教則焕然一新，王道亦不教而善，此二教兼化竝行而不悖也。願與同志共勗[二三]之，無負靈山之付囑也已。**（此段諸本均在卷二十）**

【注】

一 雙桂本及昭覺本題作『開學業禪堂緣起』，嘉本作『開禪堂緣起』，爲便閲讀，據文意分段。

二 諸本此後有『也』字。

三　諸本此後有『也』字。
四　嘉本『大明』作『昭示』。本書『明』字模糊，似人爲所致。
五　諸本此後有『也』字。
六　嘉本『以故』作『故』。
七　諸本『亡』均作『忘』。
八　諸本『棲泊』後有『無人薰陶』四字。
九　諸本『代出高人』前有『即知是中』四字。
一〇　諸本『故曰蕺林』作『故以蕺林立號』。
一一　嘉本『務』作『逐』。
一二　原文『明』爲小字，以下不出校。
一三　嘉本無『耶』字。
一四　嘉本無『矣』字。
一五　諸本『流』作『人』。
一六　諸本『詎』作『豈』。
一七　諸本此後有『之』字。
一八　諸本此後有『之』字。
一九　嘉本『繇』作『由』。
二〇　諸本『覆』作『復』。
二一　嘉本『毋』作『母』。
二二　諸本此後有『其』字。
二三　諸本『勗』均作『遵』。『勗』音『xù』，與『勖』同，勉勵之意。

16．（頁七～八）　題棘生白居士《山居詩集》一

鼻祖西來，不立文字、不離文字，皆直指斯道，無可不可而已。然道在人弘，或拈槌竪拂、或棒喝交馳、或歌咏偈頌、或資生業等，即無機處發機，無用處顯用，猶驅耕夫之牛，奪饑人之食也。吾子棘生[二]，即塵勞而[三]作佛事，樹赤旗于擒縱之際，揭毒鼓于殺活之前[四]，如是雄猛，如是勇鋭傑出。生死關頭，作《山居詩》三十首，言言句句，悉是太平[五]風味[六]，予[七]片言以佳志焉。**（此段諸本均在卷二十）**

【注】

一　雙桂本及昭覺本題作『題棘生白居士《山居詩》序』，嘉本題作『棘生白居士請題《山居詩》序』。

二　諸本此後有『從通州來，又』五字。

三　諸本此後有『善』字。

四　嘉本『之前』作『之間』。

五　諸本『太平』作『太平中』。

六　雙桂本及昭覺本『味』後有『矣』字。

七　諸本『予』後有『器之，題』三字。

17．**（頁八）**　復生栢有序[一]

萬峰在梁邑南三十里許[二]，居[三]衆山之上，乃萬峰圍繞，四龍拱侍[四]，則雲霧烟波，無時不啓人耳目。就中方圓[五]廿里許[六]，一平如掌，建梵刹即太平寺也[七]。係田氏之首捨[八]，心海法師開山，請予居也[九]。一日同二三子遊寺前之東，見栢樹四株，同一枯椿上爆出[一〇]，質[一一]已成材，被無知者伐其一而存三焉[一二]，予名之曰『復生栢』。且群木之復生而[一三]松栢之不復生，似超群木之上[一四]，況松栢本[一五]不復生而生之者，不但上上，而更奇异之最最耳，猶絶後再甦。然自我朝遠歷唐宋，不下枯木復生爲喻，且本不生而生之者，孰以難愈難[一六]而易愈易哉？誠逈難易之外别有千枝萬葉，蓋蔭今世後世[一七]莫若斯也。偈曰：人亦傑兮地亦靈，枯椿栢樹弄精魂，枝頭泄盡個消息，不到驢年始復生。**（此段諸本均在卷二十）**

【注】

一　雙桂本及昭覺本作『題復生柏有序』，『有序』爲小字；嘉本無『有序』二小字。

二　雙桂本及昭覺本此句作『萬峰山在梁邑南去二十里』，嘉本作『萬峰山去邑二十里』。

三　諸本『居』前有『此山』二字。

四　諸本『侍』均作『峙』。

五　嘉本無『方圓』二字。

六　諸本『廿里許』作『十里許』。

七　嘉本『建梵刹即太平寺也』作『建梵刹曰太平』。

八　嘉本『系田氏之首舍』作『系田氏舍地』。

九　諸本『請予居也』前有『予與之同參，而師以法愛』十字。

一〇　雙桂本及昭覺本『爆出』作『暴出』，嘉本『爆出』作『各生出一枝』。

一一　嘉本無『質』字。

一二　嘉本『而存三焉』作『尚存三』。

一三　諸本『而』作『則』。

一四　諸本此後有『也』字。

一五　諸本無『本』字。

一六　諸本『難愈難』作『難喻難』，下『易愈易』同。

一七　諸本『世』後有『者』字。

18.（頁八～九）規約

道行川貴，地异人同，日新匪可有殊，時長寧能無弊？宗極説極，頑石尚應點頭，霜嚴雪嚴，老栢况不易色。其操聽之亦善乎始，終則提防之不約乎？乖懵儂也，媿不識丁，安居僧首，然而引線得針，行舟須水，與一衆團圞話三更月[一]，不亦屑儂耶？（此段雙桂本及昭覺本在卷七，嘉本無）

【注】

一　雙桂本及昭覺本『月』作『星月』。

19.（頁九）自跋

萬斛摩尼珠，撒遍四天下，而諸窮子快得一顆半顆，怪未曾有，殊不知人人有個無窮寶藏，恨不自守，沿門乞食作麼？（此段諸本無）

破山海明禪師語録卷第十二終　　　楞嚴寺藏板

後跋

師生西蜀，丱[一]歲出家，咨遍天下。末後撞著金粟密雲師翁，當頭一棒，花劈頂門，血餤星飛，氣坌[二]吴越，攙[三]渾東海，涴濁巫山，趺脚搥胸，掩鼻而退。且雄踞九剎，不擅許人，三十餘年全無拍眼。然异人生异世，順受而逆行，時世若春秋，機會如南渡，一腔佛肉，狗扯豬撕，七尺弘材，湯蒸火炙。拶東川、反受鞫[四]縛將危，單剩兩莖眉；被魁帥折肘懸樑臭駡，無煖軟舌齒；風規冠古，蓋世奇逢，肆志不循律儀，近有慈明之作；釀就破沙盆，飲句超李白之風；適意合從，躡异類行，道絶千岐；竈婦餉兒、願聞不願見，機回萬户、蝦蟆蚯蚓弗信而反疑；擇法眼置酒樓肉案之帘，持巾瓶悉銅頭鐵額之子。通醉[五]晚年侍右，笈《語録》數篇，重梓勒成十二卷，卷得二十葉，葉得二十行，行得二十字，字字輝天鑒地，蜇古毒今，見之者嘔、聞之者喪。間有不受熱瞞，堪共吾師履氷赴火也，脱或沉吟，一恁擔板。

崇禎十六年癸未（1643）佛生日通醉謹跋**（此文諸本無）**

陰文篆體方印『通醉之印』陰文篆體方印『丈雪氏』

【注】

一　『丱』音guàn，幼少之時。

二　『坌』音bèn，翻刨、聚集。

三　『攙』同『摻』，摻雜。

四　『鞫』音jū，審問。

五　原文『通醉』二字爲小字。

雙桂破山禪師年譜序[一]

竊觀西來之旨，自諸祖而下，惟馬大師爲最盛，然後若非滹沱老，驅耕奪食、剿絶知見、直指一宗，其不流爲教綱理窟者幾希。近得天童密老人單拈白棒，中興濟上，又得雙桂破山和尚爲嫡子，參究猛厲，認真向懸崖絶壁撒手翻身。故其尋常純用劒刃上事，任他魔來佛來，總不眨眼，一齊按下，雖有通身手眼，不覺心膽俱碎，無近傍處，嗚呼，至矣！至于逆行順行，神出鬼没，更非常情所測度，豈與夫枯椿上尋奇妙者可同日語哉？法孫竹浪、野月二上人，奉師丈雪和尚之命，來禾刊老和尚《年譜》、《塔銘》，補入《語録》，因以示餘，隨喜一過，慶快平生，輒綴數語以序云爾。

康熙庚戌（九年，1670）重陽日檇李約庵道人施博[二]拜題

篆體陰文方印『約庵』篆體陰文方印『施博之印』

【注】

一 雙桂本《年譜》無此序，有崇禎二年（1629年）李璨序言。昭覺本無序。

二 施博：嘉興秀水人，光緒《嘉興府志》卷五十三《秀水文苑》有傳，載：『施博，字易修、爾志子。明季諸生，少篤學，不事進取，讀《易》至家人卦，悟聖道不離倫常，日用乃一。以務本爲學，教人躬行爲重，不尚空談，遠近有志斯道者，聞聲踵至，聽其講論，罔不感發平生。遠標榜，未嘗入社。著《姚江淵源》、語録講義若干卷。』載《中國地方誌集成・浙江府縣誌輯》第十三册，上海：上海書店出版社，2000年，第525頁。《小腆紀傳》補遺卷第三亦有傳，摘録如下：『施博，字約庵，嘉興人。精研理學，以知名處當爲獨慎切要功夫。與余姚黄宗羲善，有往復論學書，……乙酉後，寓東塔寺。終身儒冠博袖，晚乃講學放鶴洲，引接後進。……蓋其故國之思，耿耿不忘也。』見《小腆紀傳》下册，北京：中華書局，2018年，第832頁。

雙桂破山明禪師年譜一

嗣法門人　二祖印巒輯　平山印綬編

明萬曆二十五年丁酉（1597年）

師生于四川順慶府大竹縣，姓蹇氏，本渝州忠定公後裔。父諱弘[二]，母徐氏，娠師十有五月始誕，眉目挺秀，父母色喜，是年正月二十一日午時也。

萬曆二十六年戊戌（1598年）

萬曆二十七年已亥（1599年）

萬曆二十八年庚子（1600年）

師四歲。形貌端正，七處平滿，秖是終日不語，父母疑其不慧，憂之。師嘗語人曰：『父母謂我孩孺時發言㝡遲。』

萬曆二十九年辛丑（1601年）

萬曆三十年壬寅（1602年）

萬曆三十一年癸卯（1603年）

師七歲。有鄰士誦《金剛經》，至『若以色見我，以音聲求我，是人行邪道，不能見如來。』師隨聲學誦，父母驚且喜曰：『我子説話了也！』識者曰：『此兒不可測。』

萬曆三十二年甲辰（1604年）

師八歲。入鄉校，不以詩書爲事，但喜多書『上』字，先生每加督課，而師仍書如故。

萬曆三十三年乙巳（1605年）

萬曆三十四年丙午（1606年）

師十歲。偶遇一僧，爲説世出世間法，聞之甚喜。自此恒覓佛書，雖未深諳經意，然心中恍恍若有契焉。

萬曆三十五年丁未（1607年）

萬曆三十六年戊申（1608年）

萬曆三十七年己酉（1609年）

師十三歲。納室■[三]氏，人情世事，略不經心。父母責[四]之曰：『汝不理家務，他日不知成箇甚麼人？』師曰：『看那泥塑木雕的佛，尚有許多人供養，何況男子志在四方，烏可限定耶？』

萬曆三十八年庚戌（1610年）

師十四歲。父母相繼而背，師偕兄哀痛迫切，盡殯葬之禮。嗣後每以出塵之念白兄，兄不許，師志終亦不改。

萬曆三十九年辛亥（1611年）

萬曆四十年壬子（1612年）

萬曆四十一年癸丑（1613年）

萬曆四十二年甲寅（1614年）

師十八歲。時常嬰病，自覺世間俱屬無常幻境，乃遠陟名山大川。一日忽歸，遂將妻室安置畢，兄以師爲不肖，視如路人。師愈喜遊歷，更不思歸。後嘗語侍者曰：『我在家時已作行脚僧了。』

萬曆四十三年乙卯（1615年）

師十九歲。詣本郡佛恩寺，禮大持律主爲師。持視師志氣軒昂，英姿出類，命名『海明』、號『旭東』，如日輪東昇，照天照地之意。按師《行實》云：我十九歲時，于壁間見誌公禪師《勸世歌》，予讀至『身世皆空』處，不覺墮淚。至夜獲一夢，如四山相逼，中間秖有一路，一僧對予頌偈云：『欲脱娑婆出苦纏，急須精進莫貪眠，聲聲祇把彌陀念，自有蓮華托上天。』

萬曆四十四年丙辰（1616年）

師二十歲。持圓寂，聞延福寺慧然法師講《楞嚴經》，往彼聽受。至『一切衆生，皆由不知常住真心、性浄明體，用諸妄想，此想不真，故有輪轉。』自謂：『我出家原爲生死，生死豈不是輪轉意？若不受輪轉，畢竟要知常住真心。知常住真心，則不受輪轉。』遂將《楞嚴》十卷熟讀，于『七處徵心、八還辨見』文中恍有入處。詣室請益，法師但以因緣開示，不能決疑。呈偈云：『我爲生夗[五]來出家，何須更算海中沙？無常殺鬼卒然至，錦繡文章亂似麻！』于是瓢笠出蜀。

萬曆四十五年丁巳（1617年）

師二十一歲。荊南遇一禪客同行，抵蘄水吴王廟，患痢疾，同行別去，無人相顧。偶有居士張稜溪者，見師雖病，眼光射人，遂延至家中，以藥調理。三月餘病瘉，乃辭謝。

萬曆四十六年戊午（1618年）

萬曆四十七年己未（1619年）

師二十三歲。住黄梅破頭山三載。按《行實》云：每看古人言句，如銀山鐵壁，誓願住山，力究此事。行至黄梅破頭山，見泉石幽邃，遂縛茅屋，若不明此事，終不落此山。于是艸衣木食，一生伎倆搬盡，祇是者些無意味底語，疑不自決。乃依《高峰録》，以七日爲限，尅期取證。做了四五日，行路似雲浮空，亦不驚、亦不怖。一日發急，到懸崖上立定，自云：『悟不悟，性命在今日！』渾然人、境雙忘，眼前惟見一平世界，更無坑坎。舉足經行，不覺墮于巖下，跌損一足。至夜，負痛有省，高聲云：『屈！屈！』有士進前問師云：『脚痛麼？』師劈面掌云：『非公境界！』

萬曆四十八年庚申（1620年）即

泰昌元年

天啓元年辛酉（1621年）

天啓二年壬戌（1622年）

師二十六歲。參憨山、博山、聞谷、雪嶠諸大師。按《行實》云：予問憨山大師：『教中道汝身汝心，皆是妙明真心中所現物，如何是妙明真心？』大師云：『一切智清淨，無二無二分，無別無斷故。』予曰：『當時世尊何不與阿難如此説破，祇教將心微細揣摩？』大師云：『要他自理會。』予曰：『理會即不無，要且不是祖師西來意。』拂袖便行。參博山無异大師，問：『學人從偏位中來，請和尚向正位中接。』大師默然。予出云：『老大一個善知識，被我一問，秖得口啞。』傍僧云：『還是你不識和尚意。』予掌云：『者掌要方丈和尚喫！』入浙中，參雪嶠大師，問：『你是那裏人？』予曰：『西蜀又過西。』大師云：『我徑山八十一代祖師，也有幾箇是你四川人，惟四川人最惡癩。』予叉手前云：『合蒙高鑒！』大師遂畱之。

天啓三年癸亥（1623年）

師二十七歲。參湛然和尚，是年圓具。按《行實》云：予在顯聖，問：『紅臉是關公，笑臉是彌勒，未審二老出身處，請師決一決。』師云：『你看我麻臉是甚麼？』予曰：『不審。』師曰：『你圖口快。』予曰：『蒼天！蒼天！』後于座下頓圓大戒，補維那職。

天啓四年甲子（1624年）

師二十八歲。參金粟密雲悟和尚，作《染牛頌》。按[六]《行實》云：予在杭州西山病月餘，聞天台[七]密雲和尚赴金粟請，予抱病過金粟。師問：『那裏來？』予曰：『雲門。』師云：『幾時起身？』予曰：『東山紅日出。』師云：『東山紅日出，與汝甚麼相干？』予曰：『老老大大，猶有者個語話。』師云：『我既如此，你者許絡索又是那裏來？』予震威一喝，便出。師一日坐齋堂，顧予云：『他們都作《染牛頌》，你如何不頌？』予曰：『《頌》倒有一首，秖是鋪堂事忙，未暇呈似。』師云：『試呈出看。』予詣師前，畫一圓相，于中書一牛字。師云：『此是古人的。』予一喝便行。

天啓五年乙丑（1625年）

師二十九歲。再參湛然和尚于海鹽天寧寺。按《行實》云：予在天寧一期畢，辭師歸蜀。師云：『全靠爾輩光揚法門，箇箇似你，都去住山，那箇是應得的？』予曰：『學人病軀，難理常住事。』師云：『我有天華、顯聖兩箇叢林，難道養你者箇病人不活？金粟老密祇管東打西打，我替他擔盡干計。我老漢祇用三寸綿輭[八]舌，尚被人寫帖送我。你們要習，還習我洞上宗好。』予曰：『和尚但放心，學人固是他家種艸，正好拈條白棒，不順人情，打出禍來，大家受用。』

天啓六年丙寅（1626年）

師三十歲。復上金粟，主維那、西堂事，命造方丈。按《行實》云：再參金粟，作禮次，師云：『堂中少箇打磬的，送你進堂去。』予曰：『量才補職？』師云：『正是量才補職。』予主其事。師一日落堂，惟默然。予問：『正恁麼時如何？』師云：『你可到恁麼地否？』予震威一喝，師便打。予復兩喝，師云：『你再喝兩喝看？』予掀倒禪床，拂袖便行。師追上前，驀頭一棒，予曰：『恁麼爲人，瞎却天下人眼在。』師舉三聖因緣，未畢，予又一喝，師『咦』一聲，出法堂去。至夜，予叩方丈作禮，云：『今日觸忤和尚。』師云：『屈打你。』予一喝便行，師趕至門外，云：『我到不恁麼，你到恁麼！』後補西堂。一日相撞，師云：『好新鞵[九]與汝蹋些泥。』予倒與師一蹋，師休去。旁僧云：『和尚也好頑。』師云：『雙獅距爪，你作頑會？』復爲承當造方丈，緣淺，過杭州寓昭慶竹院房掩關。師每以書招出，造完方丈。是冬，衆盈五百，師乃命予與五峰分攝兩堂。

天啓七年丁卯（1627年）

崇禎[一〇]元年戊辰（1628年）

師三十二歲。悟和尚書《曹谿正脉來源》一紙，并信金付師。及莫[一一]春，寓苕溪福山。越明年夏，受嘉禾東塔廣福禪寺之請。

崇禎二年己巳（1629年）

師三十三歲。八月初一日入院，方伯元履丘公并孫和石、茂錫、起伯諸護法縉紳居士，請開堂演法。寺即清涼國師之講席，向無提持教外別傳者，于是建立天童宗旨，開選佛場，自師始焉。是年，石帆岳司馬相訪，問法臘多少，師竪一拳，岳頓然面赤，曰：『我東南水方人民老實，莫在者裏惑亂人。』師云：『貧道行脚十五年，今日惑亂著一箇。』岳曰：『惑亂我則可，祇恐惑亂愚人。』師云：『阿誰是愚人？』岳瞪目視之曰：『我也是路見不平，見你年幼，未是你做的時節。』師云：『釋迦老子初出母胎，指天指地，難道也是年幼，未是時節麽？』岳曰：『所以雲門要一棒打殺，我今日一棒打殺你，且作麽生？』師作怕勢云：『貧道性命幾乎喪在門下。』岳躍然拜別。

崇禎三年庚午（1630年）

師三十四歲。爲轆轢嚴居士送大悲像入院上堂，少司成埽庵譚居士請題《紫柏大師像》，通金粟悟和尚法嗣書，悟和尚耑使送法衣至東塔。按師『上堂』云：『大庾嶺頭提不起，雞足山前成滯貨。衲僧今日獲一披，如雲普覆華王座。』

崇禎四年辛未（1631年）

師三十五歲。題《雪嶠大師像》，題和石孫居士《行一三樂圖》，復子谷蔡居士書，題《金粟悟和尚贊》，示空一三外逵、四維寬法語。起伯孫居士建大悲閣，請師上堂，云：『山僧住此二三秋，拄杖蓲𨍭未徹頭。千手大悲來摸索，一莖艸上現瓊樓。』翻刻《指月録》，流通海内。

崇禎五年壬申（1632年）

師三十六歲。買舟上天童省覲悟和尚，過顯聖，掃湛然得戒和尚塔。既歸，結夏上堂云：『東塔今年結夏，老牛老馬歸舍，雖無水艸供看，且喜鞭繩惡辢[一四]。』是秋，師欲還蜀，復上天童辭悟和尚。出山到寧波，慈谿[一五]爾赤馮居士延至家中請益。馮先世悞[一六]信邪術，師力爲拯拔，示以正知見，闔宅感悟，復請上堂。及歸辭衆，按『辭衆上堂』云：『榔栗横擔不顧人，直入千峰萬峰去。』辭通郡紳衿，遂抵金陵。石衲余公于集生菴請小參，示准提菴琢璞公法語，爲報恩寺浄心上人題『指月軒』。游靈谷寺題偈云：『偶來靈谷法堂上，坐聽松聲遞遠鐘。莫是誌公時説法，廣長舌底露機鋒。』及到夔之萬縣，寓廣濟寺[一七]，高梁紳士壽北凃公、中憲瀑崕高公、古良甫叔度昆仲，迎師至萬年寺[一八]，虛白公虛席延畱，旦夕問道。

崇禎六年癸酉（1633年）

師三十七歲。梁山邑侯費公[一九]、馮司列善長[二〇]、胡玉川居士、心海法師，請住萬峰太平禪寺。師四月入院，蜀人久未響此音，師一演唱，有志正因之士，遠近趨風。爰開闢叢林制度，立九旬安居風規。爲衆提持，搥拂不輟，衲子獲益，互相激揚，山還水聚，道化日隆，乃有題『十景』之句，製《先覺宗乘序》。歸大竹，掃大持薙染師塔，復還萬峰。

崇禎七年甲戌（1634年）

師三十八歲。是年，佛殿僧堂，百廢俱舉，廊廡堦砌，垩墁一新，至冬落成。按師『上堂』云：『復古太平寺，悽然感廢興。寒灰八百載，破衲兩三僧。黠鼠居香積，妖狐吹佛燈。黄金重布地，不識有誰能？』與雪灘陳太史[二一]書，復江陰馮縣令善長書，象崕珽首座初受蟠龍請，師以書勉之。靈筏昌久親椎拂，師示以偈云：『有時度盡驢和馬，又去虛空接聖賢。』冬十一月，受中慶請。

崇禎八年乙亥（1635年）

師三十九歲。春三月，維豐朱公、登伯馮公請住中慶禪寺。四方翕聚，煆煉既嚴，省發亦衆，遇境逢緣，轉加策進。故『入院上堂』云：『山僧向南方走一回，拾得幾箇金剛圈，一籃栗棘蓬，今日對人天衆前，不辭拈出，與諸人共相呑跳。』以拄杖打圓相云：『者是金剛圈，試跳看。』復豎拄杖云：『者是栗棘蓬，試呑看。』云云[二二]。是年悟和尚七袠[二三]，師修《啓》，耑使上天童慶祝，復瀑崖高公《問道書》，復無際淩虛公書，復昭覺惟一公書。

崇禎九年丙子（1636年）

師四十歲。緇素嚮化，衆多事繁，立體宗寧爲監寺。及師誕辰，萬指圍繞。復宕渠流長蘇公《問道書》，復雪門璨、別峰璽、字水拙書。是冬，受開縣棲靈請。

崇禎十年丁丑（1637年）

師四十一歲。秋八月，住棲靈。冬十月結制，制中爲衆提撕，略無倦色。按『病起上堂』云：『病僧爲病極，説法乖法式，静地念摩訶，尋聲入福慧。』復云：『二十年來經藥餌，不知此疾是膏肓。』復破浪舟偈云：『梅華雪子競峰頭，開落渾然春信浮。觸到面門須著眼，莫教穿過臭骷髏。』示竹微泰、離指示法語。

崇禎十一年戊寅（1638年）

師四十二歲。冬十二月，檀越蘇公流長，請住渠縣祥符禪寺。先是君一老宿與蘇公、闔郡紳士商確已定，欲建禪期，須行南方體裁。及師入院，百度整齊，遂立君一公爲監寺，總理院務。衲子四來，率多氣岓[二四]。按『解制上堂』云：『祥符解開布袋，放出一羣猛虎。不會獅子翻身，箇箇解打口鼓。』蜀都自此咸欽法化之盛矣。

崇禎十二年己卯（1639 年）

師四十三歲。春二月，王兵馬太乙、李居士鳳山，請住廣安大竹縣無際寺。師初慮故里人愚朴，難向佛頭著糞，先復王公書云：『貧道垂[二五]髫時，視鄉黨中人多脂粉氣。今門下欲貧道唱還鄉曲，想是鵝王擇乳，素非鴨類耳。』至四月，師與衆同赴，結夏安居。龍象蹴蹋，展佛祖機用，一郡欣所未聞。後欲以梓里之情，延師久住，時萬峰衆護法，以太平開拓有年，宜永標赤幟，不可虛席也，乃强迎歸萬峰。

崇禎十三年庚辰（1640 年）

師四十四歲。是冬，重整爐鞴，痛施鉗鎚，英靈泉湧，氣吞諸方。忽一僧從聚雲來，將吹萬上堂語呈似。師看畢，太息久之，乃普告大衆云：『聚云釘椿摇櫓，妄擬祖庭，反謂嫡悟、嫡據者爲非，自甘嗣遠、嗣死者却是，甚至穿鑿讖案，謾惑無識之輩。紐捏枝派，冒籍有宗之門，不知大慧門下有九十四人，迄今五百年來久無影響。而聚雲輩焚香發誓，結五十三人，撾鼓陞堂，一旦嗣之，不知斯輩得何據乎？試問聚雲輩，夢眼何故不開？活的不嗣，而反嗣死無對證者？何不索性做箇過量人，獨擅嘉聲亦得，而乃刺腦入膠盆耶？既謂漢月致書，識聚雲爲大慧種艸，則何不效黄檗不嗣馬祖而竟嗣百丈？今聚雲反嗣大慧而不嗣漢月，較之古人之智，天淵矣！』遂作《佛道聲價》，以闢吹萬遠嗣大慧之妄。十二月，開縣徐檀越通碧，特修大寧佇候。復有敘府牟吏部尚書秉素、樊督臺我劭二護法，耑啓延師蜀南闡化，師以先受大寧之請爲却，而牟慕道之心甚切，更不相讓。越明春，重遣員役輿師，遂南行矣。

崇禎十四年辛巳（1641年）

師四十五歲。二月過酆邑，覺城柱迎師入平都山，與紳士同請益，并祈法語。及抵敘州，緇素馳逐瞻仰，師曾有偈云：『拄杖肩輿入市廛，大驚小怪亂言傳。雖無道況垂千古，却有禪名播萬年。』年遂延于佛蓮禪院，日夕咨决心疑，滿慰夙願。以年昔年奉差金陵，南中士大夫結社集生菴，年得與同參，後因王程期迫，依依難別，朝宗和尚告曰：『天童衣鉢，正在破山，歸而求之，何用他覓？』今入師籌室，方知朝宗和尚恩大難酬。厥後，師蟠龍開爐，峨嵋瓦屋，僧侶雲臻，久參初進，一皆覿面提持。按是期『上堂』云：『凜凜朔風吹敝廬，人人凍裂箇皮膚。就中有點天然別，分付梅華樹幾株。』時年與樊喜法席之盛，得未曾有。

崇禎十五年壬午（1642年）

師四十六歲。春初于蟠龍解制，即放舟東下過開縣，應徐公之請，而徐公已謝世矣。自師南上時致書相報，徐公適于官潭舟中，開函不能速就思緒，便投身水中。徐公本浙人也，原親覲天童悟和尚，起法名曰通碧，客于開縣有年，故慕道之篤如此，四方聞者皆謂徐公真爲法忘軀人也。師爲彼小參云：『西津壩即西方境，官潭子是白蓮池。』時大衆感歎，欲久住大寧，共酬徐公之願，伊闔宅不廢初志，一一傾心，大開法席，乃安徐公位于禪堂之側，與衆同事。作《十二時歌》，撰《黄龍寺碑文》。

崇禎十六年癸未（1643年）

師四十七歲。壬午冬，師在大寧，聞亂風漸起，乃歸大竹之佛恩，以佛恩山深可避故也。此時人多風鶴之驚，大衆親師已久，依依不忍離其翼贊。叢林擔荷大任者，則有雪臂巒、敏樹相、澹竹密、孤石憲、燕居申、丈雪醉、三吴等，重爲修葺，安衆待時。按《佛恩録》云：『千千龍鳳從茲止，萬萬獅麟自此歸。』即暨大殿日上堂語也。是冬，烽烟四告，師謂衆曰：『汝等遠避，老僧聽天安命。』羣賊入寺，見師形貌奇偉，誤認爲達州唐進士，欲加苦拷，師慈心善導，爲説山中道人行履，賊皆釋疑散去。即有偈十首，其一曰：『鬚短髮長近俗容，安名立姓謂唐公。于中幸有一星别，説法聲同意不同。』時衆皆遠遯，惟雪臂巒一人不離左右，雖與難亦無怨也。厥後衆方歸，强師過萬峰，抵佛香，建活埋菴。

大清龍飛順治元年甲申（1644年）時蜀中未通尚沿崇禎十七年二六

師四十八歲。春三月，蜀江北岍，遍地干戈，惟南岍山谿險危，兼有土二七兵禦侮。嵩使馳書達石砫司覃二八總戎良玉夫人處，覃即差官，同永貞上人過忠州，迎入石砫之三教寺二九。風土人情，更覺淳厚，可爲安居之地。

（順治）二年乙酉（1645年）以至丙申（順治十三年，1656年）止蜀中尚沿明號三〇。

師四十九歲。彼司之人，嚮沾法化，信敬有加。初爲隱遯計而瓢笠追隨，復成法席。示壽山福、蒼松鶴、竹帆波、覺城柱、默石悟法語，示馬宣慰嵩山偈，復黄銓部郎六解書。

順治三年丙戌（1646年）

師五十歲。春正月，師誕辰，緇素同慶，皆以世禮尊之，師亦怡然大快。時故舊紳士或嵩書慰問，或親炙座前，如秉素牟公，以古人懸艸履于門上爲問，師復之最詳。與王相公春石書，與田兵憲素菴書。

順治四年丁亥（1647年）

師五十一歲。是春，近宸張公請住天祐寺，師于佛誕日入院，冬建禪期。蓋張公以司人未聞西來密旨，堅請曲垂開示，提醒人心。隣有三台寺[三一]碧虛老宿，事師最切，自造壽塔，乞師作銘，并乞題《行樂圖》，云：『行住坐臥，人之威儀。松竹梅石，山之秀氣。器界根身，萬法歸一。爾鼻兮香金爐，爾足兮蹋頑石，爾耳兮聲幽松，爾手兮執如意，尚餘竹與梅，堅節而素質。呵呵！堪笑爾碧虛，堂堂乎若是。』

順治五年戊子（1648年）

師五十二歲。兵戈紛起，民不能耕，所遭饑饉。有骨力衲子，同甘寂寥，勇鋭辦道，師亦彌加提策。即有客相訪，隨家豐儉而已。示石年曹公偈云：『爲月開門笑遠山，光樓聲發骨毛寒。老僧無別營清供，待客惟將竹數竿。』

順治六年己丑（1649年）

師五十三歲。嵩山馬宣慰，請師爲祖覃[三二]太夫人良玉對靈小參，三教主人常然公爲師永貞長老請對靈小參，復侍佇黃公書，示厥中侍僧法語。二月，東川呂相國耑書迎入司中一晤[三三]，初以老病爲辭。呂因軍務所羈，不能趨榻，强請再三，師乃策杖而往。一見便把住問云：『你是呂相國麽？』呂曰：『不敢。』師云：『父母未生前姓甚麽？』呂擬議，師便棒，呂大怒，師復打，呂趨進，師笑曰：『將謂將謂，原來原來。』遂説偈云：『無端平地起孤堆，嚇得虛空顛倒走。痛打金毛人不識，幾乎翻作跳牆狗。』呂出諍論，以勢相加，師又説偈云：『父母未生前句子，等閑棒著發無明。猛然省得非他物，十八女兒不繫裙。』呂乃省，送歸三教。後通書云：『承施棒喝，却得透脱。一陣黑風黑雨，原自天朗日晴。祇恐一夥盲人不識此段因緣耳。』師復書云：『昨與閣下彈丸地上相逢，此奇緣也。勢不可不斗膽，果符素心，漆桶子快。不然，老僧與閣下，咫尺天涯矣。承命敝檀越堅留三教，因天祐人來接歸，聊具瓢拂，機緣偈語，以悉鄙衷。』呂嵩書謝云：『遠承切念，親囑慈旨，從今拜教多矣。他年天台[三四]山上，幸以隻手相携。』云云[三五]。五月，石司亦有烽烟侵境，呂嵩使請師過渝之彭水，師欲上峨嵋逸老，辭呂出江。

順治七年庚寅（1650年）

師五十四歲。時立陽李總戎屯兵涪陵，特營精舍，堅延憩錫，師以間關險阻，暫允其情，後李事師如弟子禮。師嘗謂李曰：『上帝好生，宜護惜殘黎。』李即出令，不許誤殺一人，迄今蜀東頌德不已。小山于總戎，聞師直心導物，未親法音，延至黄化城署中。頻頻請示佛祖因緣，師一一隨機奬勸，或説罪福受報好醜，皆以不殺爲至德，于心感悟，乞垂法語，并請題雙松，偈云：『城開黄化松雙栽，爲鼓風濤引鶴來。近日如何枯不并，獨參天地靖氛埃。』方欲久沾慈誨，而李復延歸涪陵。

順治八年辛卯（1651年）

師五十五歲。是秋，張兵與于、李相戰，師復入南濱，進黎水。忠路司覃公諱敦源者，延住福田寺，禮遇甚優，有『苦李昔拈今熟也』之句。蓋覃曾親師椎拂，故契合如斯。鐵鶴寺象崕法嗣訃音至，師悼以偈曰：『遥聞鐵鶴已沖宵，卥下空巢期寂寥。瓢笠恩隨雲水散，風帆義逐雨華飄。念年鼓粥終初志，十處開堂始稱豪。同汎錦江三峽上，豈知爾去益吾勞。』是冬，萬縣首四譚公，以北岍地方峰烟大息，懸佇歸里，尤慕景星，嵩使延師出江，重布當年法化。

順治九年壬辰（1652年）

師五十六歲。是春，率衆還南浦，譚公迎于太白崕萬年寺居焉。見愚賢菴玉環、續長等，獲瞻師面如隔世重逢，左右給侍最爲精勤。首四譚公每邀譚爵臺士心、西崑兩大護法，與師終日劇談，共慰多年積慕之懷。請題太白崕，詩云：『太白危巖坐，舞華飄杖黎。穿人鼻孔句，爲我省詩脾。調古噴寒玉，風高長紫芝。詞壇騷骨在，付與林鳥啼。』緇素方謀久住之策，本明徹、西瞿望亦緣別師有年，議諸檀越梅、王、冉、徐、楊等，請師過開縣休夏，及到龍城，見聞者莫不合掌加額，咸稱古佛重來。與本明偈云：『干戈隊裏幾經秋，恐我師徒難聚頭。今日相逢舒一笑，兩城烟水自悠悠。』四月一日于紫雲寺安居，一期畢，范、楊二檀越請于棲鳳結制，師陞座云：『紫雲解座，棲鳳陞座，雖是兩彩一賽，要且不離者箇。』以拂子打○，云：『佛子住此地，則同佛受用，常在于其中，經行及坐臥。』至冬，高梁[三六]聖瑞姚護法，請住金城寺，乃爲衆開爐。舊日參隨衲子，同聚法筵，大振頹綱，宛如昨日。

順治十年癸巳（1653年）

師五十七歲。聖瑞姚公請于師曰：『和尚門墻高大，龍象甚多，非大道場不能海納山容。弟子卜得一山，俗傳古之黌宮，尚有老桂二株，局面恢弘，可建一大梵刹。』乃屈杖履一遊，師覽云：『此山較之千二百五十人同居，猶其少者也。』是秋，鳩工采木，于佛成道日竪大殿，方丈、僧堂三十餘楹，即名之曰『雙桂堂』。遂結冬安衆，頓成大觀。

順治十一年甲午（1654年）

師五十八歲。丈雪醉自夜郎來省覲，師命上天童，代掃悟和尚塔。每告醉曰：『老僧欲詣先老和尚塔前，拈一瓣香，奈年來荒亂，道路荊蓁，汝不辭勞，可先爲老僧一往。』遂書《送行偈》曰：『雪骨氷肌誰箇知，臨行相贈扇頭詩。清風贏得還歸握，漫莫逢人露一絲。』并送法孫佛冤法語。

順治十二年乙未（1655年）

師五十九歲。得法弟子分化四方，凡乘虛接響者，聞師嚴峻之風，咸欲親承棒喝。奈川原曠絶，兵燹之後百里無人。其負笈來從，有樹下宿者、有塚間宿者、有溪畔巖穴而宿者，皆冒險乘危，甚至官司嫌疑而鞫問者。如斯道路，楚水秦關，猶霧擁雲臻。是冬，立靈木[三七]綬、空如禪爲監寺，心宗、慧心爲副寺，清溪爲首座，本如爲維那，道雅爲典座，松溪爲直歲，卓爾、朴存、燕石、繼竹爲知客，雲幻、聖可、參之西鉢，忘我、東也爲侍司，分領其事，規約整齊，雙桂道風，大振遐邇矣。謝銓部郎沛之、曾邑侯勝幢，入山問道，答田司李維敘書，答牟將軍麟玉書，復趙孝廉羽鑽書，復法孫語嵩裔書。

順治十三年丙申（1656年）

師六十歲。復李制台培之書，復方太史神生書，復文督學君山來韻，爲馮明經砥中薦先考列司[三八]善長對靈小參。是年，凡嗣法門人、遠近學侶，皆集座下，同慶大年。雖遐陬僻壤，莫不繪師像而瞻禮焉。

順治十四年丁酉（1657年）

師六十一歲。關南平西親藩福晉，耑使齎信香、法衣并法被、爐奩、華幔、茵褥，凡法座之可嚴飾者，無不備焉。請上堂説法，請題自真贊及法語以歸。緣法孫懶石聆住漢中府静明寺，與藩府相近，故特來請法也。

順治十五年戊戌（1658年）

師六十二歲。慕義譚侯府士心，薦先慈請説法，師命靈木綬理院務，同衆至天城對靈小參。譚感謝，請于太白巖萬年寺休夏，尋受請結制。師暇時偕諸公遊天生橋、流杯池、岑公洞，勝跡名蹤，皆有乘興之句。是冬，歸雙桂。時丈雪醉住嘉禾青蓮寺，東塔監院清白常勤、舊房僧慈霖洽，同紳士金太師之俊[三九]、譚司業貞默、朱郡侯茂時[四〇]、汪進士挺[四一]、王方伯庭[四二]、文學施博、翁天麟、法侄嚴大參等，修《公啓》，請再住東塔。師因巫峽烽烟未盡，猶多阻滯，以稍遲趨命復之。復徑山法弟費隱和尚書，示再三法語，示鐵印法語，示野月法語。

順治十六年己亥（1659年）

師六十三歲。李制臺出師夔關，專書問道，師復最詳，更贈以偈，有『重開巴國蘇民困，再造夔門起世賢』之句，李覽大悦，志擬旋師，躬親法座。後巫峽屯兵六載，屢裁問答之書。

順治十七年庚子（1660年）

師六十四歲。峨嵋諸刹名宿，思聆法音，欲究此事。有法孫紫芝，住峨嵋之萬年寺，衆與商確，專趨法座，啓師逸老峨嵋，師辭以衰病、不能跋涉。後峨嵋高志之輩，皆接踵而來，朝夕磨礪，師施以本色鉗錘，均有深省。

順治十八年辛丑（1661年）

師六十五歲。法堂告成，廊廡畢備，復建一楹于法堂之左隅，題曰『寢堂』。凡斲[四三]木拽石，挑磚運瓦，皆僧侶躬爲之，猶有力行而恐後者。制臺李嘗問使：『雙桂叢林體制、僧徒功行何如？』使對以：『梵宇巍峩，寮舍恬静，其中皆真誠學道之士，約萬有餘指。』李乃大書『燈傳無盡』四字額之。

康熙元年壬寅（1662年）

師六十六歲。爲靈隱文題自真贊，爲兩生從題自真贊，爲法孫憨月、燕石題自真贊，復白刺史完初來韻。師與白酬答最契，有『惆悵離騷壇未冷，平都山又墨花生』之句。是年，師歸故里，重修度親菴，安衆學道，與衆説法，用報親恩。蓋此菴建于崇禎末年，以世亂未及落成，今特爲修理，亦不負度親初志云。

康熙二年癸卯（1663年）

師六十七歲。爲印貞劉夫人薦夫君譚西崑上堂，爲梁山縣令飛雲彭公入山飯衆上堂，爲襄陽于元戎小山題平寇伯彦侯曾公像贊，復重夔鎮程元戎萬夫書，復忠南汝止高副使書，復遵義佘太守君維書，示譚虞卿、任卿兩總戎法語，題天童悟和尚真贊，復風穴雲峩法侄書。

康熙三年甲辰（1664年）

師六十八歲。是秋，巫山已[四四]定，楚蜀道通，師有天童之行，速于急喘。乃發書渝城，唤蓮月正歸。書云：『雙桂常住，汝當來接手，以代一臂之勞，令老僧往天童掃塔，報師恩德，不忘遞代相承也。萬望垂憐，至祝至祝。』正趨座右時，制台李凱旋太夫人訃音倏至，即差員役進雙桂，請師薦親，前歸巴渝以候杖臨。師命雲嶠水監院，蓮月正領衆，乃過長壽縣。及抵渝城，緇素争先拜于街市，乃至屠兒亦皆稽首。李延寓觀音寺，于官衙設座，請師爲母説法，李跪聽母位之側，蓋思親之切而尊法之至也。示李制臺、楊夫人法語，示子李雯法語，示秉儒牛公偈，示寶峰慧偈。後李欲畱住崇因寺，師不勝應酬，辭歸雙桂。道途風雨，每有寒暑之恙，掃塔之行，自茲未果。

康熙四年乙巳（1665年）

師六十九歲。丈雪醉中興昭覺，張撫臺坤育[四五]、鄭提臺西雲、郎藩臺鈞衡[四六]、李臬臺息六、郭道臺餘菴、冀府尹蓑翁入山問道，醉以師平素行業、動静、體裁、出詞吐氣、迅捷鋒芒，言于衆宰官，皆懷企慕，迺力修昭覺，各通請書，師以老病辭謝。時澹竹密自成都艸堂特趨慶祝，于佛成道日，師命秉拂上堂，以法衣、拄杖、爐、拂等總付代勞。夔州刑府尹拙溪入山問道，師示以偈：『食禄元來各有方，老僧雙桂君瞿唐。相逢没甚好消息，拳頭巴掌絶商量[四七]。』新甯沈縣令廷勷入山問道。是冬，南北學者及得益弟子連袂而來，趨歸如市，師命衆執事竭力開爐，彌加整飭，迺普告大衆曰：『今年不惜眉毛，重打口鼓，向後更不說禪、亦不說戒，爾等欲參禪受戒，不可後也。』衆謂師年尊謝事之說，而不知已無意于世矣。

康熙五年丙午（1666年）

師七十歲。正月十五日，將眼、耳、鼻、舌、身、意分成六偈，付囑六人，以終生平之事。越廿一日，師誕辰，遠近士大夫、當道宰官及入爐耩久近弟子，左右環擁，莫不懷香瞻戀，共慶大旬。自此謝絶人事，閒居寢[四八]堂。至三月初十日，師示微恙，落堂告衆云：『老僧年經七十，四大漸頹，報緣將盡。』衆等白言耑人請醫，師云：『不可，人生去來，原屬平常，何必貪壽。但率衆修塔，乃是真孝。老僧行徑雖异諸方，然去亦不同故套，從上有坐脱立亡者、有拈拂竪指者、有奇言妙句驚世駭俗者，老僧若入涅槃，秖是起居如故，俟時至則瓜熟蔕落，自然之道也。

至于蘐林風規，確守爲上，亦如老僧住世無二，勉之！所[四九]有竹杖、瓢笠、道具之類，分與舊契，尚存衣鉢之余，可付丈雪醉修昭覺祖庭。』至十六日午時，別衆，衆皆潸[五〇]然。師却就寢，少頃復坐，指燭顧衆而逝。僧俗弔慰，哀聲震地。丈雪醉至，欲舁棺至昭覺建塔，衆皆力争，遂塔全身于本寺萬竹山之前。仍公舉雲嶠水爲監院，衆執事如舊。丈雪醉負衣鉢爪髮，塔于昭覺影堂之側。師建法幢凡十有五，升堂語要、普説小參、機緣法語、拈頌偈贊、書問雜著，先是丈雪醉編成十二卷，離爲二册，刊入嘉禾楞嚴藏室流通。其有後録，如記録参之秘所集亦刊行，以壽于世矣。鬀度弟子印開等凡百餘人，嗣法弟子八十七人，南北分化，各振家聲。或輔弼蘐林，浹養厚蓄，或誘一郡，或導一國，或居止不定，訶佛罵祖。雖未付授，而昭昭然大有光明者，又未可枚舉也。若夫宰官紳士，有入山問道者，有久入参請者，有隨緣理會而漸漸發悟者，有親受鉗鎚而處處露鋒鋩者，有同事攝化而弘護法道者，亦莫能盡述。師根性猛利，天資高强，工夫急切，徹悟淵浹。行脚扣擊，當鋒已少其人。出身作用，接物端如掣電。所以自東塔開法，至于西川十五名藍，驅耕奪食，皆是利害脚手；煆[五一]生煉死，無非惡辣鉗鎚；凜凜威光，如嵓[五二]壁千[五三]仞；赫赫聲譽，似雷震九天。縱逢劒戟武夫，瞻德容而斂其暴怒；即遇王公宰輔，欽法令而小其威權。晚年隨鄉入俗，謙光應機，笑裏有刀，泥裏有刺。或語或默，或喜或嗔，皆莫辨其可否，直令人懷疑而發悟。差殊品彙，教澤均沾，一知半解，雖士庶亦有焉。故示寂時，毋論遠近、貴賤、緇素，輓詞哀聲盈門而追慕不已耳。今敬述平生出處大略，孜全録歲月而編次之，以爲後世取則云。

【注】

一 《年譜》題目及編輯者姓名，諸本一致。本書《年譜》與嘉本《年譜》同版所印，文字了無差別。

二　雙桂本及昭覺本「弘」作「宏」。

三　雙桂本及嘉本亦爲「■」符號，昭覺本作「某」字。

四　昭覺本爲「貴」，誤。

五　「夘」與「死」同，以下不出校。

六　昭覺本「按」作「接」，誤。

七　昭覺本「天台」作「天童」。「天台」亦不誤，密雲圓悟赴金粟前，住天台山通玄寺。

八　「輭」同「軟」，以下不出校。

九　「鞵」同「鞋」，以下不出校。

一〇　雙桂本及昭覺本，「崇禎」均作「崇正」。雙桂本重刻于乾隆年間，避清世宗諱改用「正」字，昭覺本已入民國，但仍覆刻之。本書及嘉本《年譜》刻于康熙年間，因此仍作「崇禎」。

一一　「莫」與「暮」通，以下不出校。

一二　雙桂本「士」字全部及「行」字一部分爲空白，似爲雕版破損所致。

一三　雙桂本「空」字處爲空白，似爲雕版破損所致；昭覺本則缺「空」及「外」兩字，徑作「示逵、四維寛法語」。

一四　「辢」同「辣」，以下不出校。

一五　雙桂本及昭覺本「谿」作「溪」，二字相通。

一六　「悞」同「誤」，昭覺本作「悟」。饒有興味的是，《明版嘉興大藏經》所收嘉本，此句缺「先世誤信邪」五字，且留出五字空間，應是在雕版上有意鑿去所致，不過，現存嘉本并非全部如此。本書《年譜》雖與嘉本同版，但并不缺此五字。可見印製年代較《明版嘉興大藏經》所收者爲早。

一七　廣濟寺：萬縣有「一院、四寺、九宫十八廟」之説，廣濟寺爲「四寺」之一。道光《萬縣誌》卷二十《地理志》謂廣濟寺在縣西二里，現地名仍存，寺址位于庫區之内，已淹没。

一八　萬年寺：在梁平高崖瀑布之下，白兔亭旁側。光緒《梁山縣誌》卷三《建置志・寺觀》載：「萬年寺，縣東蟠龍山嶺石壁有「天子萬年」字，故名，今更「飛雪禪院」。嘉慶十二年（1807），邑令符永培書額曰「虎豹虯龍」。」但後文又載另一座萬年寺，在縣南城外，則梁山縣實有二所萬年寺，一東（高崖瀑布者）一南。載《中國地方誌集成・四川府縣誌輯》第五十四冊，第122頁及123頁。

一九　邑侯費公：按光緒《梁山縣誌》，此人應爲時任梁山知縣費鼎耀，浙江舉人，具體籍貫未載。乾隆《梁山縣志》（抄本不分卷）《知縣》及嘉慶《梁山縣志》（同治增補）卷九《職官》『費鼎耀』條下均有小字夾注，謂其爲『浙江舉人』。再查光緒《烏程縣誌》卷十《舉人》部分有名爲『朱鼎耀』者，下注『即費鼎耀，字問之，梁山知縣。』應即此人，有弟費景烷，進士。同書卷二十《列女》有『費鼎耀妻茅氏』條，載：『知縣費鼎耀繼妻茅氏，年十九歸費，事姑孝，姑歿，終喪無笑語聲，撫前子無异己出。鼎耀作令于蜀，氏從之任。獻賊犯城，茅率媳及女指一井曰：「城陷，此井乃我三人死所也！」盡脱簪珥佐犒將士，城得以完。鼎耀卒，氏教子成立，垂四十年卒。本朝咸豐元年（1851）題旌。』見《中國地方誌集成・浙江府縣誌輯》第二十六冊，第661頁及第808頁。

二〇　馮司列善長：即馮士仁，四川梁山人，崇禎間任江蘇江陰縣令，主修《江陰縣誌》，詳見本書卷九第1條語録之注脚。

二一　雪灘陳太史：陳盟，字無盟，號鶴灘、雪灘，四川富順人。民國《富順縣誌》卷十一《人物上》有傳，其人爲萬曆壬子（四十年，1612）舉人，初任新安（河南省洛陽市屬）教諭。天啓二年（1622）中進士，曆檢討至司業，典試南畿，因故罷官，寓居金陵。以文學風雅名于時，卒年七十有八。著有《三朝紀略》、《雪齋詩集》等。《四川通志》引《劍閣芳華集》謂陳盟少時爲劉時俊（？～1629，天啓元年平叛重慶，逝後贈兵部尚書）所重，典試浙江時因題獲罪。弘光朝授吏部右侍郎，國亡爲僧，法名德藏，號雪工。《四部提要・史部》謂陳盟官至吏部右侍郎兼翰林院學士，加禮部尚書。以上見《中國地方誌集成・四川府縣誌輯》第三十冊，第480～481頁。此外陳盟善書，書風類趙孟頫，爲時人稱贊，與王鐸（1592～1652）友善。

二二　原文『云云』爲小字。

二三　『袠』同『帙』，十年爲一帙，以下不出校。

二四　『岓』同『岸』，以下不出校。

二五　昭覺本『垂』作『重』。

二六　雙桂本及昭覺本僅爲『大清龍飛順治元年甲申』，但雙桂本此後空一行，缺『時蜀中未通，尚沿崇禎十七年』一句，或雙桂本雕版時不缺，由于某種原因又將其剜去，故空出一行。

二七　昭覺本『土』作『士』，應誤。『土兵』指石砫土司秦良玉麾下兵馬。

二八　雙桂本及昭覺本此條中『覃』字均被改爲『秦』字；同板所印之嘉本亦同，改『覃』爲『秦』。

二九　三教寺：道光《補輯石柱廳志》載：『三教寺，在城東回龍山，前臨賓河。明弘治（1488～1505）初宣撫馬徽母陳氏建，崇禎中秦良玉增修。明末僧海明卓錫。（雙行夾注：王士正《隴蜀餘聞》所稱破山和尚也。工書法，廳人有藏其墨迹者。人傳其見獻賊食犬豕肉，全活保寧一城，功亦偉矣！後又有鐵壁和尚名慧幾，善書同破山。）寺前『萬派歸宗』額爲明末吕大器筆，後殿有其石刻《遊三教寺詩》。……寺後百余步，秦良玉墓在焉，宗大從葬。』『王士正』即王士禎（1634～1711），此處避清世宗諱。道光《補輯石柱廳志》載《中國地方誌集成·四川府縣誌輯》第四十七册，可參考。

三〇　雙桂本及昭覺本無『以至丙申止，蜀中尚沿明號。』一句。

三一　三台寺：或指忠州（重慶市忠縣）三台寺，在治所南屏風山，明萬曆間建，現存。見同治《忠州直隸州志》卷十一。

三二　雙桂本及昭覺本『覃』作『秦』；嘉本此處未改，仍作『覃』。

三三　昭覺本『晤』作『悟』。

三四　昭覺本『台』作『石』。

三五　原文『云云』爲小字。

三六　昭覺本『梁』作『染』，誤。

三七　昭覺本『木』作『水』，誤。靈木綬爲破山弟子。下文順治十五年條，有『命靈木綬理院務』語，《錦江禪燈》目録卷十有『靈木綬禪師』，正文則寫爲『林木綬』。

三八　諸本亦作『列司』，或有誤，前文馮善長名前均作『司列』。

三九　金太師之俊（1593～1670）：金之俊，蘇州吴江人（一説嘉興人），字豈凡，號息齋，萬曆四十七年（1619）進士。初授中書舍人，轉禮部主事，晉禮部郎中，出知順德府（河北邢臺），再陞湖廣副使，亂世中有功于楚。後遷江南參政，陞都禦史巡撫京東、治昌平，特任兵部右侍郎。崇禎十七年被農民起義軍俘獲，自殺未遂，始終不屈。睿親王多爾袞入北京，降清，任原職，爲清庭穩固統治出謀劃策，深得順治帝信任，曾上《漕政八事》，又對進士選任制度進行改革。順治五年（1648），陞工部尚書，六年加太子太保，八年遷兵部尚書，晉少保兼太子太保，十年調都察院左都禦史，又遷吏部尚書，授國史院大學士，會試主考官。十五年拜中和殿大學士兼吏部尚書。十六年，命之俊撰明莊烈帝碑碑文，加太保兼太子太師。十七年歸鄉不還，遥加太傅銜，十八年授秘書院大學士。康熙元年（1662）允致仕，九年卒，賜祭葬，謚『文通』。《明季北略》

評：「此公頗有經濟之志，甚爲惜之。」《清史稿》列傳二十五、《貳臣傳》、乾隆《震澤縣誌》等書均有傳。

四〇　朱郡侯茂時：朱茂時，嘉興秀水人，字子葵、大啓子，初以蔭補順天通判，攝宛平縣，斷案明快。再任工部員外、提督張秋河道，用心治水，祈雨爲民，爲時所頌。後知貴陽，平定諸夷，黔人祀之，壽至八十九。光緒《嘉興府志》卷五十二《秀水列傳》有傳。

四一　汪進士挺：光緒《嘉興府志》卷五十一《列傳・隱逸》有傳，載：「汪挺，字無上，一字爾陶。崇禎癸未進士，未授官而國亡，南都稱制，授工部主事。挺知事不可支，遂棄去，隱居城東不復出。書法規摹兩晉，名流争賞，晚歲以此自給，杜門四十年。」載《中國地方志集成・浙江府縣誌輯》第十三册，第446頁。

四二　王方伯庭：光緒《嘉興府志》卷五十《嘉興列傳》有傳，可參看。載《中國地方志集成・浙江府縣誌輯》第十三册，第399頁。

四三　「斲」同「斫」，音「zhuó」，刀劈斧砍之意，以下不出校。

四四　昭覺本「己」誤作「已」。

四五　時任四川巡撫張德地。

四六　時任四川左布政使郎廷相。

四七　昭覺本此句作「巴掌拳頭慎勿忘。」

四八　雙桂本「寢」字漫漶，似有意在雕版之上剜刻所致。

四九　雙桂本「所」字漫漶。

五〇　昭覺本作「潛」，誤。

五一　雙桂本「煆」字漫漶。

五二　「嵓」，通「岩」字。

五三　雙桂本「千」字缺下側一横。

破山明禪師年譜終

破山明禪師墖銘[一]

勅封徵仕郎、翰林院庶吉士、癸酉科孝廉巴縣劉道開撰[二]文
賜進士及弟、内弘文院編修遂寧縣[三]李仙根[四]篆額
賜進士出身、徵仕郎、禮科給事中、前吏・兵・工左右給事中、翰林院庶吉士、廣東道監察御史劉如漢[五]書丹

原夫江漢炳靈，岷峨毓秀，山川間氣，聖賢篤生。自少林西來，曹溪纘緒，而南嶽一馬，首誕什邡，是則宗門之盛，實吾蜀人啓之也。自時厥後，代有名宿，莫不家敷智藥，户燦心燈。求其得髓弘宗，圓機應世，王公欽範，走卒知名，本衛法之苦心[六]，運大人之作用，逆順莫測，遊戲無方，不得不推我萬峰老人矣。

師諱海明，號破山，俗籍順慶之大竹[七]。元勛奕葉，相傳蹇忠定之裔孫；古佛因緣，共說昭覺勤之轉世。生含异質[八]，幼[九]挺奇標，堯眉舜目、幾符智者之姿；龜背鶴形、不讓純陽之表[一〇]。亦娶妻而生子，同耶輸與羅睺。行年十九，忽厭塵凡，薙髮出家，挑包行脚。偶聽慧然法師講《楞嚴經》，至『一切衆生，皆由不知常住真心、性浄明體，用諸妄想，此想不真，故有輪轉。』遂終日疑悶，乃閲古人公案，如銅[一一]山鐵壁，無隙可入。于是孤身出蜀，見數耆宿，不能決疑。俄住楚之破頭山，刻期取證，以七日爲限。逼拶至極，經行萬丈懸崕[一二]，自誓云：『悟不悟，性命在今日了！』時交午未，忽見銀色世界，一平如掌，信步舉足，不覺墮于崕[一三]下，竟將左足跌損，從前[一四]礙膺之物，泮然冰釋，高聲叫云：

『屈！屈！』

自此出山南行，參數員尊宿。末後至金粟，機鋒上下，才辯縱横[一五]。粟書《源流》一紙加以信金一緘，秪受下山，暫住苕溪。已巳（崇禎二年，1629）秋[一六]，嘉禾紳衿請住[一七]東塔，遠近學者歸之如雲。粟聆之，曰[一八]：『花開檇李、果熟蠶蔟。』癸酉[一九]（崇禎六年，1633年）春回蜀，卓錫于萬峰古刹，學者歸之，亦[二〇]如東墖之衆也。有『黠鼠窺香積，妖狐吹佛燈』之句，蓋鰓鰓乎有今日狂禪之慮矣[二一]。師主萬峰[二二]凡十餘年。

甲申以來[二三]（崇禎十七年、順治元年，1644），刀兵横起，殺人如麻。有李鷂子者，殘忍好殺，師寓營中，和光同塵，委曲開導。李一日勸師食肉，師曰：『公不殺人，我便食肉。』李笑而從命。于是暴怒之下多所全活。昔人以澄公之于二石[二四]，如海翁狎鷗[二五]，師不但狎也，而且化之矣。拯溺不規行，捄[二六]焚[二七]無揖讓，此之謂也。然自此，人目師爲酒肉僧，反有籍師爲口實者。師以救生爲衛法之苦心，甚不得已也。

壬辰、癸巳（順治九、十年，1652、1653）間，蜀難漸平，師回梁山之金城寨，去寨半里，有舊紳別墅，尚餘老桂二株，師葺而居之。顔其堂曰『雙桂』，門曰『福國』。龐成蔟林，而四方學者，至復如歸。師隨其一知半解，輒有付囑焉。或疑其付法太濫，而不知師于此又有㴱心也。蓋佛法下衰，狂禪滿地，倘一味峻拒，彼必折而趨邪。師以傳法爲衛法之苦心，甚不得已者也。師之名，上自朝廷，下及委巷，近而中夏，遠而外國，罔不聞知。總制李公，奠安全蜀，數遣使迎，師皆力辭。甲辰秋（康熙三年，1664），再使敦請，師不得已，飛錫臨渝，盤桓九旬，相得甚歡。李公享師以牢醴[二八]，師閣筯曰：『山野昔遇惡魔而開齋，今逢善友而止葷。』從茲不禦酒肉矣，遂辭而歸。

丙午（康熙五年，1666）正月廿一日，壽臻古稀，道俗集[二九]慶者萬有餘指。至三月初十日，師示微恙，預申没後之約，不用荼毘[三〇]，内棺外槨，便服入殮，窆如俗人禮。是月十六日亥時，盥漱搭衣，以手指燭，端坐而化。壽七十，坐臘五十，九坐道場，《語録》一十二卷，入嘉禾紫柏院，流通海内焉。

時有得法弟子丈雪醉公，將塔師全身于梁山艮龍山麓，影堂設于成都之昭覺，走書請銘于不佞，道開矍然曰：『予何言？師之道德在天下，天下之人能言之也；操履在藂林，藂林之人能言之也。必欲予言，亦言其甚不得已之苦心耳。夫甚不得已之苦心，是馬祖之所難也，馬祖之所難，而師易之，雖謂師爲什邡之跨竈可也。』爰系之銘，銘曰：

坤維禪宿　肇自馬祖　臨濟溈仰　兩燈并譜
濟下兒孫　楊岐獨盛　傳至天童　枝端派正
萬峰崛起　忠定後裔　矯矯人豪　堂堂法器
十九辭家　廿七圓戒　不屑蹄涔　直操溟澥
金粟老子　眼明手毒　一瓢惡水　洗腸换骨
再振滹沱　旁起四宗　花開檇李　果熟蠶藂
九坐道場　單提心印　魔與魔民　一戰而勝
烹佛煆祖　補天立極　師于祖庭　實有勛悳[三一]
劫遭離亂　殺人無算　處劍戟林　如家常飯

遊戲神通　飲酒食肉　長鯨吸川　燒豬果服
但爾諸方　不當學我　伊尹之志　有之則可
酒肉破戒　濫付招毀　原師之心　大不得已
天子聞名　王侯願交　黄麻不羨　青山逍遥
行年七十　化緣已畢　雙林雙桂　是一是二[三]
無偈可留　無法可説　獅子頻呻　指燭而滅
遺令官斂　法同縉紳　身後一著　猶是逆行
艮龍之麓　窣堵堅好　八部天人　香花圍繞
隻履已酉　幻売斯藏　我銘貞石　萬禩垂芳

【注】

一　雙桂本及昭覺本此文歸入第二十一卷。原文不分段，校對時特依内容分段。（碑在雙桂堂觀音殿前）

二　雙桂本及昭覺本作『譔』。劉道開（1601～1681），重慶巴縣人，初名遠鵬，字非眼，别號了庵居士。崇禎癸酉（六年，1633）鄉試舉人。專志于學，經史百家之外尤究心兵、農、水利。甲申之變，舉家避難涪陵、梁山（梁平）、墊江等地。後赴保寧，入清庭巡撫李國英幕中，國英極重之，欲舉薦，道開以亡國之痛，拒仕新朝，以死明志，國英方罷。破山弟子離指方示（1604～1663）正在其地，道開從之參學，盡得其旨。後其子劉如漢顯達，迎赴北京養老，至京後二十餘年閉門讀書，未嘗與人交往。康熙二十年四月卒，年八十一，遺命以僧服入殮，不得穿著滿清衣冠。著有《楞嚴貫攝》、《痛定録》、《蜀人物志》、《擬寒山詩》、《自怡軒詩文集》等，其詩尤爲世所重。可參看民國《巴縣誌》卷十中，載《中國地方誌集成・四川府縣誌輯》第六册，第364頁。

三　雙桂本及昭覺本無『縣』字。

四　李仙根（1621～1690）：吕大器外孫，舅吕潛（1621～1706）。四川遂寧人，字子静，號南津。父李如石，明長洲知縣，甚得民望，母吕氏。仙根自幼聰慧，八歲善屬文、工書，補博士弟子，吕大器深喜之。順治辛丑（十八年，1661）進士，殿試第一甲第二名（榜眼，有清一代四川科甲名次最高者），授翰林院編修。康熙七年（1668）冬，賜正一品麟蟒服，以宣諭安南正使身份出使越南，妥善處理外交糾紛，消弭邊患，回程途中著《安南使事紀要》。歷任弘文院編修、國子監司業、秘書院侍讀、宣諭安南正使、國子監祭酒、康熙庚戌（九年，1670）科武會試總裁、經筵講官、日講官、起居注官、内閣學士兼禮部侍郎、《世祖實録》副總裁、鴻臚寺少卿、左副都禦史、《明史》纂修官、户部侍郎、光禄寺少卿等職。俗務之外，深通内典，淡泊虚名，爲時人所頌。可參見民國《遂寧縣誌》卷四《鄉宦》所載條目，載《中國地方誌集成·四川府縣誌輯》第二十一册，第166～168頁。

五　雙桂本及昭覺本『劉如漢』前有『巴縣』二字。劉如漢：劉道開之子，字倬章，號雙山。順治已亥（十六年，1659）進士，言論風采爲時所重，爲官稱職。後陞副都禦史巡撫江西，未赴任，值父喪，哀毁成疾，未幾辭世。賜祭葬，入鄉賢祠，有《山居詩》傳世，見民國《巴縣誌》。

六　雙桂本及昭覺本『本衛法之苦心』作『本利生之慈心』。七　雙桂本及昭覺本『俗籍順慶之大竹』作『俗籍渝城，移之大竹』。

八　雙桂本及昭覺本『异質』作『明睿』。

九　雙桂本及昭覺本『幼』作『質』。

一〇　雙桂本及昭覺本無『堯眉舜目』至『不讓純陽之表』一段。

一一　雙桂本及昭覺本『銅』作『銀』。

一二　雙桂本及昭覺本『崕』作『巖』。

一三　同上。

一四　雙桂本及昭覺本『從前』前有『而不知但覺』五字。

一五　雙桂本及昭覺本『才辯縱横』作『函蓋相投』。

一六　雙桂本及昭覺本『秋』作『冬』。

一七　雙桂本及昭覺本『住』作『主』。

一八　雙桂本及昭覺本『曰』作『云』。

一九　雙桂本及昭覺本『癸酉』作『壬申』，按《年譜》，破山歸川時間爲壬申年（崇禎五年，1632）。

二〇　雙桂本及昭覺本『亦』作『一』。

二一 雙桂本及昭覺本無『有黠鼠』至『狂禪之慮矣』一段。

二二 雙桂本及昭覺本『萬峰』作『斯剎』。

二三 雙桂本及昭覺本『甲申以來』作『及至甲申』。

二四 澄公之于二石：『澄』指兩晉之交入華傳法的西域（龜茲）高僧佛圖澄，二石指石勒及石虎，二人殘忍好殺，圖澄多所規勸，活人無算。

二五 海翁狎鷗：典出《列子·黃帝》，海上之人有好鷗鳥者，每旦之海上，從鷗鳥遊，鷗鳥之至者百數而不止。其父曰：『吾聞鷗鳥皆從汝遊，汝取來，吾玩之。』明日之海上，鷗鳥舞而不下也。

二六 『捄』同『救』，以下不出校。

二七 『⿱林灬』同『焚』，以下不出校。

二八 牢醴：此處指酒肉。

二九 雙桂本及昭覺本『集』作『齊』。

三〇 各本均作『荼毗（毘）』，現應統一寫作『荼毗』。

三一 雙桂本及昭覺本『悳』作『德』，二字相通。

三二 雙桂本及昭覺本嘉本『是一是二』作『是二是一』。

破山明禪師墖銘終

板附楞嚴

卷末題記，刻于長方形線框中

浙江湖州府尹副
曹溪正脉三十七世法孫徹巖[一]
捐貲敬刊
破山老人年譜補入語録流通
海宇
法孫正生對
常奇書
康熙庚戌（九年，1670）冬日嘉禾楞嚴寺識

【注】

一　徹（徹）巖禪師爲丈雪通醉法嗣，後曾編輯《昭覺丈雪醉禪師語録》。

頁末鈐篆體陽文方印『田氏圖書之印』

原書總目

破山海明禪師《語録》刊印次序略論

張南南

引言

破山海明禪師（1597 ~ 1666），俗姓蹇（jiǎn），諱棟宇，明初蹇忠定公[一]之後。萬曆二十五年生于川東大竹蹇家碥，父諱宏，母徐氏。年十九于本地薑家庵（後名佛恩寺）禮大持法師出家，得法名『海明』，號『旭東』，後自號『破山』、『懶愚』『雙桂老人』等。爲決生死大事，毅然出川，遍參天下名宿，如憨山德清（1546 ~ 1623）、無异元來（1575 ~ 1630）、聞谷廣印（1567 ~ 1637）、雪嶠圓信（1571 ~ 1647）等人[二]。此後往來于曹洞宗湛然圓澄（1561 ~ 1626）與臨濟宗密雲圓悟（1566 ~ 1642）門下[三]，依云門湛然圓具，得天童密雲付法。三十三歲（崇禎二年，1629）開法嘉興東塔廣福禪寺[四]，三年後（崇禎五年，1632）歸川弘揚臨濟宗風，前後共建法幢一十五所。

甲申國難（崇禎十七年，1644），中原板蕩，其時四海波騰，三川鼎沸，禪師輾轉流離，續傳心要。順治十年（1653）得抗清武裝姚玉麟將軍（？ ~ 1682？）佐助，在渝東梁山縣[五]金城寨西南創建萬竹山雙桂堂[六]。師圓寂于康熙五年三月十六日，風雨之中，指燈趺坐而逝，世壽七十，夏臘四十有八，塔全身于雙桂。

禪師先後披剃弟子百余，嗣法者八十七人，分赴各地開法，尤以滇、黔、川三省爲衆。心燈廣播，以至陳垣先生撰《明季滇黔佛教考》，徵引明末清初僧人121位，屬破山法系[七]者竟達110人。乾隆朝御賜雙桂堂《大藏經》[八]一部（文革時被毁，打作紙漿），寺中開板印書，傳法弘文，秉承『學業禪堂』[九]之宗旨。藂林之內、僧材輩出，所謂『雙桂飄香』，臨濟禪風遍傳西南，雙桂堂遂享『西南禪宗祖庭』之美譽。

近年以來，對破山禪師及破山法系之研究不斷深入，由禪師個人事迹、書法詩詞藝術漸及于禪法特色、傳承及法系分布等領域[一〇]。所據資料看似衆多，然《破山禪師語録》及所附《破山年譜》仍爲根本。對破山禪師及其周邊之研究必須依靠

《語録》，各家雖徵引不絶，但對此書之考察，尤其是《語録》的版本問題，仍未盡如人意，或謂衆人均未留意及此亦可。

2003年，熊少華專著《破山禪師評傳》出版，對此有所關注，結合《語録》所記之史料，初次對刊印過程進行分期，限于體例，并未深入[一一]。2007年，釋道堅校注《破山海明禪師語録》出版[一二]，首次將現存三版《語録》合校（康熙《嘉興藏》版、乾隆雙桂堂版、民國昭覺寺版，當時仍不知順治《嘉興藏》版尚存），嘉惠後學。此書是作者在佛學院求學之際所著，雖瑕玉參差，然開創之功，實不可没。2008年，同作者又將佛學院畢業論文[一三]修改補充，收入所著《破山禪學研究》一書，在『緒論』中進一步考證《語録》前期刊印狀況[一四]。

先學對此問題之研究，或僅此而已。筆者愚魯、不揣冒昧，利用現存資料，欲對破山禪師《語録》刊印次序再次進行考察，爲此後同《語録》之細緻研究作一基礎工作，亦可使學者引征之際，有所揀擇。且筆者近日又于東京大學總合圖書館所藏《嘉興藏》中尋得早期十二卷二册本《破山明禪師語録》，自覺更有必要探討此事。

詳論

破山禪師《語録》現存四種歷史版本（釋道堅校注本除外）：

一、順治《嘉興藏》版，書名《破山明禪師語録》（以下簡稱『丈雪版』）。此本爲破山弟子丈雪通醉（1610～1693）于順治十三年（1656）在嘉興所刻[一五]，同十四年（1657）工畢，不久又經破山校補，刻成編入《嘉興藏》。初爲十二卷二册本，康熙九年（1670）補入《破山年譜》一卷（詳見後文），總成十三卷，仍爲二册。又隨整部藏經一道東傳扶桑，由日本黄檗宗了翁道覺禪師（1630～1707）于延寶八年（1680、康熙十九年）贈予武州紫云山瑞聖寺[一六]，其時住持此寺者爲鐵牛道機禪師（1628～1700）[一七]。東大《嘉興藏》于每册首頁均加蓋鐵牛道機正方形朱文跋語印，文曰：『了翁上座請大藏及百」家書置之武州紫云山」我微笑塔院叵府中永」爲學者不敢許出院内」當山二世鐵牛機謹志』（『」』表换行）。或出巧合，上述兩位日籍禪僧在師承上同爲天童密雲一系，是破山禪師師侄隱元隆琦（1592～1673）傳人，均爲日本黄檗宗早期重要人物。此套《嘉興藏》後被田健次郎所得[一八]，大正十三年（1924）由同氏整體捐贈東京大學圖書館，現存1896册。2010年東京大學始出版《東京大學總合圖書館所藏嘉興大藏經：目録與研究》（二册）[一九]，然印量不多，流傳不廣，國内更鮮有所見[二〇]，所幸東大近年來逐步將所藏《嘉興藏》數位化後公布于網路[二一]，方使研究者一睹真容。在此之前，這一版《語録》僅存于文獻零散記載之中，筆者也曾認爲早已亡佚，未想仍存天壤之間，實爲不易，這是現存最早的破山禪師《語録》。

二、康熙《嘉興藏》版，書名《破山禪師語録》（以下簡稱『《嘉興藏》版』）。此本流傳最廣、極爲常見，學者研究所用殆爲此本[二二]。正文二十卷，附《破山年譜》一卷，共二十一卷。據正文册後題記，知其刻于康熙庚申（十九年），即年，編輯者是破山弟子蓮月印（道）正禪師[二三]。饒有意味、需要引起注意的是，所附《破山年譜》與上述丈雪版《年譜》爲同一本，刻于十年前的康熙庚戌（九年），即　年，作者也與正文不同，是另外兩位破山弟子：二祖印巒、平山印綬[二四]。對此問題後文仍有所述，此處暫且從略。

三、雙桂堂版，書名《破山明禪師語録》。由雙桂堂收藏，長期不爲外界所知[二五]。正文二十一卷，附《破山年譜》一卷，共二十二卷。正文册後無年款，《破山年譜》末頁有題記：『乾隆庚辰年（二十五年）孟冬月吉旦，當山住持第六世孫，真旻重刻。』可知此版《語録》及《破山年譜》由雙桂第六代方丈透月際（真）旻禪師主持重刻[二六]，即爲『重刻』，則定有更爲古舊之祖本存在，然此『古舊』之版本，斷非康熙十九年刻成之嘉本（更非丈雪版，卷數、内容超出太多）。首先，文本編輯者即不同，雙桂堂版署名三人，即：『鄰州嗣法門人印伊、雙桂嗣法門人印綬（亦爲《破山年譜》作者）、平山擇木侍者傳秘[二七]』。其次，兩本相較，章節文字、分卷以至所收内容均有廣略之别，故可明瞭，雙桂堂版必然另有所本。此版《破山年譜》内容雖與上兩版基本相同，但卷首序言及個别字句并不一致，且卷末并無上兩版題記[二八]，或非兩版單純之覆刻本。

四、昭覺寺版，亦名《破山明禪師語録》。民國二十年（1931）成都昭覺寺募刻，版存同寺經房（現似不存）。此版或爲雙桂堂版覆刻本，版式、行款、分卷一如其舊。字句未作編輯改動，衹將避諱字還原、個别异體字代以通行字，大致每兩卷之末附有捐資助刻者姓名及金額。正文二十一卷，附《破山年譜》一卷，共二十二卷。此外，釋道堅認爲此版缺少第十五至二十卷，現存十六卷，爲殘本[二九]。但筆者所得四川省佛教協會所藏者，僅缺第十七、十八兩卷（以雙桂堂版配補）[三〇]。另，上海圖書館亦藏此本[三一]，惜未親見，不知是否完璧。

對諸版《語録》之關係，容後文探討。返觀現存四版，雙桂堂版之所謂『重刻』、《嘉興藏》版之《破山年譜》先于同版《語録》十年刊刻，均表明此前定有舊版《語録》存在。熊少華在《破山禪師評傳》第二章（p. 69）中認爲，破山禪師生前即已刊印《語録》三次，第一次在崇禎二年（1629），第二次在同十五年（1642），第三次在順治十三年（1656），未討論圓寂後刊印次數。與此相對，釋道堅在《破山禪學研究》『緒論・史料綜述』部分（p. 2 ~ 3）進一步分析，否定了熊氏第一次刊刻時間，轉而認爲首次刊印應在崇禎十五年（1642）之前，相當于熊氏所述第二次刊印時間；第二次始于順治十一年（1654），完成于同十三年（1656），即熊氏第三次刊印時間；第三次刊印爲增補，其時破山禪師已圓寂，爲康熙二十八年（1689），筆者按，釋道堅此處年代訛誤，丈雪通醉派弟子赴嘉興補刊《年譜》、塔銘當在康熙八年（1669）而非二十八年（詳見後文『第六次刊印』部分）；最後二次即現存《嘉興藏》版及雙桂堂版，未將民國時覆刻的昭覺寺版算入。

然二位先學所論均有所未全，以下結合史料逐次考證之。

第一次刊印（東塔語録）

熊氏認爲，破山禪師在嘉興東塔廣福禪寺首次開法時期，即已刊印《語録》，論據是雙桂堂板《破山年譜》之前，有一則崇禎二年（1629）『膽山弟子』李璨所作序言，熊氏認爲這就是第一次刊印《語録》之序。按李璨曾著《辟邪説》，反對天主教在中國傳播。收入費隱通容禪師（1593 ~ 1661）[三二]弟子徐昌治（1582 ~ 1672）所編《聖朝破邪集》[三三]中，可見他與密雲一系禪師關係密切。但詳覽此序，其内容與《年譜》或《語録》的編輯、刊刻毫無關係，通篇均爲李璨對密雲、破山禪法之感悟及心得，昭覺寺版的編輯者似乎對此有所察覺，特意將其從《破山年譜》中抽離，但不知爲何，却又放置于同版《語録》卷首，編爲第三序。

總之，這篇序言確實不可作爲曾經刊印《語録》的證據。釋道堅認爲破山禪師當時年僅三十三歲，剛剛嗣法，人微言輕，且入主東塔伊始，也不可能有《年譜》行世，『因而此《破山年譜序》可能是李燦爲破山的刻經事業等（如破山對《指月録》等禪宗文獻的刻印）所書的序文。』筆者認同此觀點，但要指出，如據《破山年譜》，住持東塔期間翻刻《指月録》，在崇禎四年辛未（1631），李璨崇禎二年所書『序言』，應與此事無關[三四]。

不過翻檢史料，可發現『人微言輕』的破山，其言行却早已被記録在案。丈雪版《語録》卷七末尾收有《行實》一篇（雙桂堂及昭覺寺版收于卷二十一），是崇禎二年己巳（1629）破山在湖州苕溪福山爲衆居士所作生平自述[三五]，此時禪師仍未赴東塔開法，故《行實》在寫作時間上還要早于李璨『序言』[三六]。由于是『自述』，理應成爲研究破山早期活動的根本資料，而通行的《嘉興藏》版却未予收録，代之以此版編輯者蓮月印正所作《行實》。此《行實》的存在，説明破山已擁有一定影響力，否則衆居士不會邀請其自述生平。講述完畢之後，又整理記録下來，似乎暗示出破山在首次開法之前，即已爲將來彙集《語録》積累素材了。

然而，熊氏所引論據雖無法成立，但其結論却是正確的，破山在東塔時期確實已有《語録》存在。破山弟子中有敏樹如相禪師（1601～1672），其《語録》現存于《嘉興藏》內[三七]，卷十收有自述《行實》，記載如下：

> 後過沙家場塗門[三八]，留止至新歲正初癸酉年（崇禎六年，1633）也。……獲一居士宋高宇來云：『梁山和尚開堂説法，如雷若電。』餘云：『居士得何章句？』士遞出《東塔語録》，餘觀一兩篇，顡云：『真是個作家宗師！』遂寫《啓》遣人先去，次期與張善人同往親師。師示以狗子無佛性話，頗有入處。受具畢，辭師起身，師仍賜《語録》三卷，送出山門。

『梁山和尚』指破山禪師，按《破山年譜》，崇禎五年（1632）破山離開嘉興，歸川弘法，次年（1633）住梁山（梁平）萬峰太平禪寺[三九]，故有『梁山和尚』之稱。敏樹向宋高宇居士索要『章句』，即《語録》一類記載禪師言辭的資料，宋居士所出示者，正爲『《東塔語録》』。『東塔』自然指嘉興東塔廣福禪寺，由此可知，破山《語録》成立的上限，確可上溯至嘉興開法時期，即崇禎二年至五年之間（1629～1632），考慮到編輯《語録》需要積累法語、詩文等素材，故《東塔語録》應編成于嘉興開法末期，也就是崇禎五年、即1632年左右爲宜。再查崇禎《嘉興縣誌》卷十八《典籍》『本地殺青諸書』條，更明確記載：『《破山語録》東塔禪堂刻[四〇]』，惜未明卷數，但這仍是破山開法東塔時即已刊刻語録的直接證據。另可明確，東塔寺有自行刊刻書籍之能力，同《縣誌》同卷同條又載：『《指月録》三十卷……破山和尚梓，東塔藏板[四一]』。《指月録》即上文所述破山翻刻者，刻成後書板便收藏于東塔寺。

敏樹僅閲看一兩篇，便大爲折服，當即決定前去參訪。後于破山座下受具足戒，可謂一見傾心，辭別之際，又獲贈《語録》三卷。此時破山剛剛回川，萬事待興，雖有衆檀越護持，而倉促之間，似無編輯、雕印新版《語録》的時間，因此敏樹所得極有可能仍爲《東塔語録》，若推論無誤，則《東塔語録》實爲三卷本。再則，《東塔語録》理應在浙刊印，當有部分印本被携歸四川，隨緣贈送。《破山年譜》載禪師在太平禪寺初次開法後：『蜀人久未響此音，師一演唱，有志正因之士，遠近趨風』，可見引起不小的轟動。雖不知宋高宇居士來自何方、所携《東塔語録》亦不知得自何處，却似曾親聞破山説法，所以才會有『如雷若電』之感歎，或在聽法後，獲贈《東塔語録》，未想却爲破山引來一得意弟子。

敏樹如相得破山指點及《語録》後，僅隔三日，便聞鐘板聲開悟，敏樹《行實》對此過程有極爲生動的描寫，即便在禪宗《語録》中亦不多見，特拈出如下：『余禮謝，復歸張家庵。至第三夜，偶經行次，湛持禪人擊動鐘板，不覺渾身跳起，如虚空墜地，星斗下天，叻地一聲，如桶箍子爆斷，方徹七通八達，八面玲瓏，一似遠客還鄉，貧人得寶。雖然如是，更不作稀有之想，何故？悟了還同未悟時，依然衹是舊時人，不是舊時行履處，更無玄妙可呈君。』除親近破山、得宗師提點之外，或亦有研讀三卷本《語録》之功。

第二次刊印（萬峰版語録）

丈雪版《語録》卷首附序言兩篇，序二由牟秉素撰寫于崇禎十五年（1642）[四二]；此序亦見于昭覺寺版《語録》，同爲第二序；雙桂堂版卷首總目雖標明有序言三篇，書中却全未印出，原因待考；《嘉興藏》版未收。現存四版《語録》所附《年譜》，均于崇禎十四年辛巳（1641）條引用此《序》[四三]，説明《年譜》作者曾閲讀此文，而《嘉興藏》版《語録》却未予收録，故可知《破山年譜》與《嘉興藏》版之間關係較爲微妙，兩者存在無法對應之處。

熊少華及釋道堅認爲，在1642年左右，也就是破山回川開法九年後，曾刊刻《語録》。筆者認同二人觀點，此時破山禪師已先後住持或講法于梁山太平（1633）、中慶（1635）、開縣棲靈（1637）、渠縣祥符（1638）、大竹無際（1639）諸寺，崇禎十四年（1641），即書寫此《序》前一年，又應牟秉素之請，往敘府（宜賓）講法，初住佛蓮禪院，後移江安（屬宜賓）蟠龍寺結制[四四]，次年解制前赴開縣，破山禪師聲譽可謂如日中天。如牟《序》中所謂：『天童衣鉢，正在破山。』此應爲時人共識。

牟秉素昔年奉差金陵，當地士大夫結社集生庵，牟參與其中，自主持者朝宗和尚處得聞破山高名，渴仰難耐，歸川後即邀破山赴蜀南講法。當時破山已受徐通碧居士之請，欲赴開縣大寧寺宣法，而牟秉素心急如焚，多次派員迎迓，最後半强半請，將破山先行拉赴宜賓。徐通碧聞之，一時激奮，竟投水而亡……，可見通碧及秉素信仰之虔誠。破山至宜賓，秉素自然激動萬分，『拜見之後，真如象王回顧，野幹却走。又如真大火聚，直是近傍不得！』[四五]蟠龍結制之際，更是『僧侶云臻』，『法席之盛，得未曾有。』[四六]

破山禪師回川之後聲譽日隆，遠非嘉興東塔時代可比，九年説法，理應將法語再次彙編成册，刊行流布，此爲情理中事。且牟《序》之外，另一條史料亦可佐證，丈雪版《語録》序一有謂（昭覺寺版亦爲序一，雙桂堂版及《嘉興藏》版未收）：

……昔之掇拾壽梓于蜀之梁山萬峰者，今且奉持重梓于禾（嘉興）之白苧新庵。

此《序》作者譚貞默（1590～1665），江南名士，嘉興人，字梁生、又字福征，號埽、又號埽庵，別署髯道人。崇禎元年（1628）進士，忠于先朝，入清後謝絶洪承疇推薦，拒不出仕，終老家鄉。貞默博覽群書，篤信佛教，與錢謙益、陳子龍、憨山大師等人交往密切。破山住持嘉興東塔時，結爲至交。著書甚多，因清代文禁森嚴，傳世者稀。另有《憨山老人年譜自序實録》（貞默述、疏）及衆多序言散見于禪僧語録及佛學著述中。

序言寫于順治十三年（1656），是爲丈雪赴浙刻印破山《語録》所作（即丈雪版《語録》，詳見後文）[四七]。引文第一句意義明確，指出曾在萬峰太平禪寺刻印破山《語録》（以下稱『萬峰版《語録》』），第二句指丈雪赴浙再刊之事。據此可明，破山歸川後確曾刊刻《語録》。崇禎十五年（1642）牟秉素寫作序言之時，萬峰版《語録》或正在製作之中，且卷數應較《東塔語録》爲多，可忠實再現破山歸蜀九年間的宣教内容，故秉素才將《語録》與破山并提，見《語録》如見破山，一并大加賞贊。甲申（崇禎十七年1644）之後，巴蜀狼烟遍地，人死如麻，破山顛沛流離，自顧尚且不暇，遑論刊印《語録》？直至順治十年（1653）草創雙桂，方才稍爲安穩。故萬峰版《語録》刊印下限必在崇禎十七年之前，丈雪版《語録》卷十二，于全文結尾處附通醉《後跋》一篇，此文不見于他版《語録》，可引以爲證：

通醉（此二字原爲小字）晚年侍右，笈語録數篇，重梓勒成十二卷、卷得二十頁、頁得二十行、行得二十字，字字輝天鑒地，蟄古毒今……。

此文寫于崇禎十六年（1643）[四八]，可知萬峰版《語録》應編成于此年，丈雪作《跋》以紀之，其時明王朝岌岌可危，天下行將大亂。而此版《語録》與丈雪赴嘉興所刻關係又極密切，上引譚《序》可證，丈雪版就是萬峰版之覆刻，其後破山雖有校補，但牟秉素舊《序》及丈雪《後跋》都被保留下來，故丈雪版《語録》此則《後跋》是承襲上一版之舊文。據此又可知，萬峰版《語録》共一十二卷，也與丈雪版相同，足見兩版《語録》之相似。且萬峰版編輯者實爲通醉，此後所刊《語録》，也大部與其相關。

第三次刊印（禹門版語録）

熊少華所述第三次刊印與釋道堅所謂第二次刊印，均指丈雪通醉在嘉興刊刻破山《語録》一事。但翻查史料，在此之前實際另有一次刊印活動。《昭覺丈雪醉禪師紀年録》[四九]（以下簡稱《丈雪年譜》）順治九年（1652）壬辰條：

師（丈雪通醉）四十三歲。結制……刊破山和尚《語録》。

丈雪通醉禪師（1610～1693），是破山衆弟子中最爲傑出者。四川内江人，萬曆三十八年生[五〇]，俗姓李。童稚出家（五歲），法名通醉。早慧篤學，内典外籍靡不精通。崇禎十年（1637），二十七歲參破山禪師于梁山萬峰，勇猛精進。某夜起身，黑暗中將鞋反穿，伸手欲正之際，桶底脱落、恍然有省。後隨師游觀梁平白兔亭瀑布，破山賦詩相贈，文曰：『畫斷蒼崖倒碧岑，紛紛珠玉對誰傾，擬將缽袋横攔住，衹恐蟠龍丈雪氷。[五一]』通醉自此便以『丈雪』爲號。未幾、辭師出蜀，赴寧波天童寺參訪師翁密雲圓悟，棒喝交馳之下，修爲日進。崇禎十三年（1640）十月十七日，晨起上天童山太白頂拖柴，竹篾傷足，血污滿地，徘徊之間，忽聞寺中梆鳴，聲震山谷，『平昔礙膺之物、曝然自落，積劫未明、廓爾現前。[五二]』終于豁然大悟。

歸蜀後追隨破山，崇禎甲申（1644），天下大亂，破山付以《源流》等信物，以爲印證。此後丈雪行脚川中各地，草衣木食，塚間一宿、樹下一棲，備嘗艱辛。于順治三年（1646）避亂相對安穩之遵義，居白牛山雪居禪院，同六年（1649）至遵義興龍庵開法，次年（1650）改『興龍』爲『禹門』，此即貴州名刹禹門寺之由來（後屢毁屢建，上世紀60年代徹底夷爲平地，現部分重建）。順治九年（1652），丈雪仍居禹門，結制之時整頓寺務、分派僧職，并刊刻破山《語録》。

由此可知，《語録》第三次刊印實由丈雪通醉主持，在社會環境較爲安定的遵義進行。現存史料無法明確此次刊印規模、卷數等問題。且此後似有補刊之事，雙桂堂版《語録》卷十三，載破山《復策眉當家》一文（昭覺寺版同、《嘉興藏》版未收）：

……今非一禪人回，附幾字問安。……《語録》補刊稿已奉來，倘刊完與老僧印來，以正訛謬，承惠盛儀，謝謝。

策眉禪師（1588～1675）原爲郵吏，明亡之後以五十八歲高齡出家，由丈雪通醉在遵義披剃，曾任禹門寺監院[五三]。此復信應由法名『非一』者往來傳遞，破山除問候策眉外，表示已收到《語録》補刊稿[五四]，并囑刊印完成後再次送回審閱。引文中之『《語録》補刊稿』不應爲策眉《語録》，丈雪通醉于康熙十九年（1680）編著《錦江禪燈》，此書總目中，在已有語録行世的禪師名下標注『有録』二字，策眉處未見標識[五五]，其爲丈雪弟子，有無語録丈雪最應明瞭，不存漏記之可能。

由引文可推知，禹門寺雕印《語録》，破山本人理應知曉此事；信件無明確時間，據理推測，應在順治九年（1652）禹門寺版《語録》刊刻之後，增補者才可謂『補刊』；此信未予丈雪，可知其時丈雪不在禹門，策眉應爲留守。據《丈雪年譜》順治十一年甲午（1654）條所記，丈雪于此年退院，赴雙桂堂省覲破山[五六]（有可能順帶奉上禹門版《語録》），隨即遵師命往天童祭掃密雲圓悟塔，又在嘉興刊印破山《語録》，順治十四年丁酉（1657）功畢。此信或寫于丈雪赴浙之後、新版《語録》尚未印成之前，即1654至1657年之間。

禹門寺此次刊印，或出于現實需要。丈雪開法遵義，緣于此地烽烟未起，社會安定，各方來此避難之士必夥，亂世之中，正可借機弘法。以乃師《語録》結緣善信檀越，擴大影響規模，確爲有效手段之一。而戰事方亂，山川阻隔，破山流落他處，亦不知此前《語録》印本殘存幾何，即便仍存，運送亦成問題。丈雪避亂時或携有第2次刊印之萬峰版《語録》，以此爲祖本，于遵義覆刻，就地印行，自然便于大量製作。兩年之後，戰事漸熄，丈雪赴雙桂看望恩師，或將此本呈送，但破山流寓各地之時，并未停止説法，故有補刊之必要。而丈雪旋赴江南，補刊之事自由留守策眉負責。若推斷不誤，則禹門寺雕印《語録》，可能并非出自破山授意，而是丈雪依實際情况所作决定。而補刊禹門版《語録》一事，亦隨嘉興新版《語録》之完成，或最終不了了之。

第四及第五次刊印（丈雪版語録）

如上所述，丈雪通醉在順治十一年（1654）赴浙，曾刊印破山《語録》，此即現存丈雪版《語録》。此次刊刻留存資料相對較多，來龍去脉看似明晰，但過程復雜，關節處頗易引起混淆。例如，熊少華及釋道堅均認爲此次刊印僅爲一次，事實上在極短時期之内，極有可能共刊刻两次，故略爲詳述如下。

《破山年譜》順治十一年甲午（1654年）條：

> 師五十八歲。丈雪醉自夜郎來省覲，師命上天童，代掃悟和尚塔。每告醉曰：『老僧欲詣先老和尚塔前，拈一瓣香，奈年來荒亂，道路荊蓁，汝不辭勞，可先爲老僧一往。』

此時清軍與抗清武裝對峙于三峽地區，夔門未通，傳統水路無法利用，而川北連接中原及西北的陽平古道先行暢通，欲赴江南，衹能沿此北上中原，再行南下，採取大迂回路線，距江浙水鄉可謂萬里之遥，且鼎革之際，地方不靖，危機四伏。此種境况之下，丈雪毅然前往，足見破山對此行之冀望，丈雪所受託付之沉重。

丈雪旋即北上，并非隻身一人，隨行者至少有弟子懶石覺聆（1616～1694）及佛冤徹綱（1626～1706）[五七]，同年（1654）行至陝西漢中，被當地衆檀越所阻，不得已出主静明寺，并在此與平西王吴三桂有所交涉[五八]。翌年（順治十二年，1655），命懶石聆繼主静明，留《辭書》一封，飄然而去。

順治十三年（1656），丈雪千里迢迢繞道中原，風餐露宿，終至浙江[五九]。後曾賦詩回憶此行：『一箬遮頭逐曉風，量烟度雨上天童，幾曾挨落天邊日，每事奔馳狀若龍，踢出南山千丈月，攪渾大海半枝笻，代師九拜焚香後，萬古玲瓏石卓空。』[六〇]于亂世之中，越關山萬里，代師掃塔，確屬難能，無怪譚貞默于上引序言中大加稱贊：『醉上座……受天童掃塔之重寄，越嶺、關、河、洛之長途，抵茲吴越，了大機緣。……萬里餐風，三冬立雪，滴水滴凍，成始成終，醉上座其人也。』

天童掃塔之後，丈雪即赴嘉興。此時丈雪與破山師徒之間有書信相通，破山回書現存，雙桂堂版《語録》卷十三有《復丈雪上座》，檢討其文，頗有可探討處：

金城[六一]吾徒行日，恐前途不知何若，未敢送路費并掃塔齋儀。得捧來書，知與老僧代勞，上天童掃塔，過費儀物，刊行《語録》種種，真克家之子也！謝謝。然而，删《語録》因重繁、犯國忌則可，老僧分中，曾無一字，甚快！大都後人眼目，又不可不慎。其廣略在人之裁度，大以成大，小以成小，故如來以一音演説法，衆生隨類各得解者此也。原稿并新録，俱是老僧斟酌過，可付梓亦善，餘言不悉[六二]。

破山得丈雪來書，知掃塔夙願已了，并有刊印《語録》之舉，稱贊丈雪爲『克家之子』，此爲當然之儀。然讀至此處，筆者頗疑丈雪此行之最初目的，衹爲代師掃塔，破山并未囑其刊印《語録》。刊印一事，似爲丈雪在掃塔結束後臨時所爲。首先，前引《破山年譜》順治十一年條，詳記破山對丈雪掃塔囑託，隻字未提刊刻《語録》之事。再則，據此覆信，丈雪出發時，戰亂未熄，前途險惡，爲免賊人起意，破山并未給予盤費及備辦掃塔齋儀所需資金，《語録》書稿更爲珍貴，此種形勢之下，絶不會使之輕易涉險。且刊刻書籍，所費定然遠過掃塔，掃塔之資尚且未備，何況開版之酬？故丈雪啓程之際，應未携帶原稿，换言之，本無刊印計畫。

但丈雪至嘉興，情況爲之一變，《昭覺丈雪醉禪師語録》卷八《上萬峰老和尚啓·又》載：

甲午（順治十一年，1654）三月十八日，命上天童代掃，逾秦曆魏，泛泗來吴，三周寒暑，始近塔前。……撥轉蘆頭，纜系檇李，值起伯孫居士，請就家庵清白師處重刻《全録》，越明年丁酉夏畢工，《别集》俟和尚錫臨再梓。……衆鄉紳敬修《公啓》，恭迎福祉，仍掃東塔，云榻衹盼，來臨咸冀，弗忘前幟，特非通醉斗膽，有屈尊慈，萬里翹企，仰惟俞允，臨楮汗漫，切切依依，不勝恐惶之至，謹啓。

此信爲丈雪向破山覆命之文（後半部是請求破山再主東塔之《啓》文），應寫于上引破山《復丈雪上座》之前。開篇回顧天童掃塔之跋涉歷程，此處亦未言破山有刊刻《語録》之命，又可知具體出發日期；自『纜系檇李』之下應予關注。『檇李』爲嘉興别稱，據此，丈雪至嘉興後，被孫起伯居士延請至清白師家庵處，重刻《全録》。孫起伯在破山開法東塔時，即爲護法檀越之一；清白曾在東塔破山座下任典客，此時已升任東塔監院，同時又住持當地古新庵，均爲破山舊友；文中所謂『家庵』應指『古新庵』而言，稱其爲『家』，似可表明這是一所『子孫廟』，而非東塔廣福禪寺那樣的『十方叢林』。可見此次刻印，實由當地檀越促成。即曰『重刻』，必有所本，有如前述，丈雪動身時應未携帶《語録》稿本，此次重刻者，或仍爲舊有之萬峰版《語録》，前引譚貞默序言可爲一證：『昔之掇拾壽梓于蜀之梁山萬峰者，今且奉持重梓于禾（嘉興）之白苧新庵（古新庵）。』《語録》完工在『丁酉』年夏，即順治十四年（1657），可知丈雪此信寫于順治十四年之後，上引破山覆信似即針對此信之回復。

破山《復丈雪上座》一文中，又反映出師徒對《語録》内容取捨抱有不同態度，丈雪有所削删，破山强調『重繁、犯國忌』者可删，他認爲，雖意在言外，不即文字（『老僧分中，曾無一字』），但削删時一定要考慮到讀者，不可因此妨礙其對正法的理解，故需謹慎（『大都後人眼目，又不可不慎』）。在此可作如下推測，順治十四年（1657）古新庵《語録》刻成，丈雪寫作《上萬峰老和尚啓》向破山彙報，但丈雪在刊刻之際似有所删節，故破山才有文中之意見。這就意味著丈雪曾將印好之《語録》呈送破山，史料亦可佐證，《嘉興藏》版《語録》序二有如下記載：

> 及乎陽平通道，門人丈雪携師《語録》，來禾中授梓。予當分守川北，丈雪以所刻成書，付其徒竹、石，偕予行。

此序寫于康熙十九年（1680年），作者王庭（1607～1693），字言遠，嘉興人，順治六年（1649）進士，『梅裏詞派』著名詞人。按此序，丈雪于書成之後，交與弟子竹、石，查丈雪弟子中有竹浪徹生禪師（1634～？）及其法嗣蒼石真云禪師（又稱『蒼石云』），遺憾的是現階段無法確證即爲此二人[六三]。王庭前赴川北，二人與其同行歸川。據《大清世祖章皇帝實録》[六四]，王庭于順治十四年（1657）被授予四川布政使司參政（川北道）一職，當時四川省會正在川北閬中（保寧），布政使駐地亦在此地，故『予當分守川北』，即指此處，王庭入川實爲上任而去，且任命時間又正好在《語録》刻印完成的順治十四年（丁酉），故此可證，丈雪刊印完成後，將成書託付弟子上呈破山。

于是破山手校原稿并補充新增内容（『原稿并新録，俱是老僧斟酌過』）。此外，丈雪削删，也許另有意圖，即『《别集》俟和尚錫臨再梓』，欲待破山再赴嘉興之際，另行出版《别集》，到時由破山親主其事。換言之，丈雪身邊此時并無本師『新録』，祇得先行將即有者『重刻』。又因刻成後計畫收入《嘉興藏》（見下文），影響範圍擴大，不得不注意文辭細節，江山易主，恩師舊有《語録》刻于前朝，言辭中有不適新朝者（『犯國忌』），即代爲删改。但除此之外，其他方面亦應有所删略，但此問題超出本文範圍，暫且從略。

總之此次刊刻，本來不在破山、丈雪計畫之中，應爲丈雪抵達嘉興後與衆檀越所作決定，《丈雪年譜》順治十四年（1657）丁酉條末尾載：『子穀蔡居士與破老人作語録序，多世俗語，師辭而不受。』蔡子穀居士不僅是破山嘉興舊友，早年與密雲圓悟也交誼匪淺，密雲入主金粟山廣慧寺即受其邀請所致，又曾題寫『密雲彌布』四字匾額懸于同寺天王殿上。丈雪却敢于辭退所作序言，可知刊印諸事決定權仍在丈雪，且自有其嚴格標準。有趣的是，丈雪版《語録》總目標明『序文三』，應有序言三篇，但正文中僅見譚貞默及牟秉素兩序。筆者大膽猜想，或許原計劃中包括蔡子穀序言，文成後却被丈雪所拒，而此時總目部分業已開版，此後又未及修正，造成目、文不合的情況。另外，此次刻印進度極快，1656 年丈雪才至嘉興，鳩工庀材，1657 年夏即已完工，一可見其必有所本（萬峰版《語録》），僅作削删，并未重新耗時編寫；二可見嘉興當地刻書業之發達，未因改朝换代而大傷元氣。至于規模卷數，欲于下文一并討論。

以上是第四次刊印，緊接著在嘉興又進行了第五次刻印，此次刊刻却往往與第四次混爲一談。

破山似乎對新刊《語録》不甚滿意，作爲補救措施，親自校正丈雪所呈『原稿』并補充『新録』，責成丈雪刊印（『可付梓亦善』），并特意强調這是自己認可的稿件（『斟酌過』）。筆者認爲，破山如此重視，是出于此次所印《語録》被收入《嘉興藏》所致。譚貞默序言在敘述刊印始末後，又謂：『從此紫柏院中側理輕編，又放一層寶光矣。』紫柏院指嘉興楞嚴寺（院），明末『四大高僧』之一紫柏真可禪師（1543 ~ 1603）復興，寺内般若坊存儲《嘉興藏》經版，供刷印流通。明末以來，衆多禪師之《語録》，或在此刻版，或將版片收存于此；側理輕編，『側理』爲古紙之一種，據傳紋路傾斜。紫柏真可創刻《嘉興藏》，採用外籍之方册版形式，相對傳統内典之梵夾裝輕便，易于流通，故謂之『輕編』。『側理輕編』即指《嘉興藏》而言。譚《序》可證，此版《語録》刻好後，計畫收入《嘉興藏》。但譚《序》寫作時，《語録》尚未雕印完工，故僅可稱其爲『計畫』。

破山或因削删，有所不滿，但恰恰此版《語録》又要被收入《嘉興藏》，入《藏》後之傳播廣度及存世時間，絶非單行本語録可比，因此特意校對原稿增添新録，或者意在替代行將入《藏》之版本。校稿完成後，另選專人傳送，雙桂堂版《語録》卷十九，有《送石云禪人之江南》一首[65]，『石云禪人』即丈雪法孫蒼石真云禪師。蒼石云此次前赴江南，專爲此事，同書卷十三收書信一封，題爲《復東塔監院暨衆房頭》：

> 老僧别來，不覺廿七載矣。得聞一音尚不可得，况覩華紮，怪未曾有。……即欲策杖，想兩地不能疏通，且老軀誠難行履，况吾徒丈雪在彼，即如老僧在，何殊爾我耶？衆房老宿，曾與老僧得晤者，一一致意，……料老僧不來，恐江道得通，來亦未可卜，石云先發，并稿是老僧斟酌過，可照原稿刊行……[66]

信件題目中的『東塔監院』即清白，信件時間明確，破山于崇禎五年（1632）離開嘉興，二十七年後應爲1659年（順治十六年）。破山在給清白長老覆信中謂：『恐江道得通，來亦未可蔔』，説明至少在1659年時，水路仍未開通。事實上，直至康熙三年（1664）秋，三峽水路才得以暢通[67]。但此時與丈雪赴江南時不同，又開通更爲快捷之途徑，如下文所述，丈雪離開嘉興時，先逆流而上至武昌，再取陸路北上，不到十個月即由嘉興至陝西漢中，途中丈雪還曾游觀名勝（登廬山等）、入寺説法、應酬交往，必定耽擱不少時間，若一意踐途，勢必更快。石云赴浙，若取此道，先陸後水，至武昌順流而下，理應再快。『石云先發』四字，應結合前句理解，是『石云先我而發』之意，即，『若水路得以暢通，説不定我也可以前來嘉興，先讓石云前去……』。此信末尾應可佐證，破山手校稿是由『石云』携赴浙江的（『石云先發，并稿是老僧斟酌過』）。可堪注意者，末尾關于稿件之囑託，幾乎與回復丈雪信件中所書者一致，但在給嘉興其他士紳的回信中，則不見此語，祇有答謝、感懷之情[68]，可見破山是有所針對的。據上文可知，新版《語録》刊刻于清白住持的古新庵，且清白、丈雪一爲當年下屬（『東塔典客』）、一爲親信弟子，所以覆信中祇囑託二人負責此事，按手校稿刊印。或許還有另一種意圖，即將此事知情者範圍儘量縮小，雖然校改、增添了部分内容，但表面上仍欲使人認爲這是由丈雪主持刻印者。若果真如此，則可見破山對丈雪愛護之深，結合破山回信中對丈雪的極力稱贊（『况吾徒丈雪在彼，即如老僧在』），這一猜測或可成立。

上引丈雪《上萬峰老和尚啓》後半部分，實爲《啓》文一篇，敘述嘉興衆檀越欲請破山再主東塔廣福禪寺之意，丈雪在信中也一并啓請。故雕印《語録》一事，實際上是衆檀越爲破山回歸嘉興所作鋪墊。此事與《破山年譜》正相吻合，順治十五年戊戌（1658年）條載：

> 時丈雪醉住嘉禾青蓮寺，東塔監院清白常勤、舊房僧慈霖洽，同紳士金太師之俊、譚司業貞默、朱郡侯茂時、汪進士挺、王方伯庭、文學施博、翁天麟、法侄嚴大參等，修《公啓》，請再住東塔。師因巫峽烽烟未盡，猶多阻滯，以稍遲趨命復之[69]。

破山辭别東塔，一去將近三十年，兵亂頻仍，音訊不通，嘉興衆居士想必思念已久，法子丈雪忽至，衆人得聞禪師無恙，欣喜之餘，均盼再臨嘉興，復主廣福，可見破山當年開法東塔，雖『人微言輕』，但在當地士大夫心中所留影響至深且巨，確具一代宗師之人格魅力。《破山語録》中亦存對各人之回復。另外，丈雪在嘉興備受當地士紳擁戴，精彩紛呈；弟子佛冤也利用此次機會參訪江南名刹，但與本文無涉，不再贅述。

這第5次刊印，據史料來看，理應完成。雙桂堂版《語録》卷十有《示石云禪者》一文：

> 石云禪者住江南，一往來將四載矣。與老僧代勞代苦，將老僧《語録》刊成，來報老僧。臨行欲法語，老僧祇向道：也是蠟人向火。[70]

破山在文中明言《語録》已經刊印完成，但奇怪的是，細嚼文意，破山似在暗示此版《語録》（第五次）最終是由蒼石云、而非丈雪完成的。原因或如下：雖無法確知蒼石真云禪師何時携稿赴浙，但大體範圍當在1657至1659年之間。再查《丈雪年譜》，通醉于順治十六年（1659）春即已離開嘉興，其後沿江赴金陵、江西、武昌，沿途遊覽名勝、赴各寺説法後，因三峽未開，又北上漢中，此次被平西王吴三桂延請，再主静明，當年于此度過五十歲生日（十月十五日生，故丈雪必于此前抵達漢中）。據此推論，蒼石云到達嘉興之際，丈雪已不在其處，也就是説，蒼石云是在1659年春季之後抵達嘉興的，故刊刻《語録》之事自然衹能由石云及清白負責。據此還可推測，破山在回書之際（《復丈雪上座》及《復東塔監院暨衆房頭》），似已想到丈雪在《語録》（第四次）刊刻完成後、石云到達前，有可能先行離開嘉興，因此亦囑託清白刊印之事，且在給清白的覆信中，又特意提及石云（『石云先發』），或意在請助石云一臂之力。還有一種可能，石云即便在丈雪離禾前抵達，但《語録》未刊（第五次），使命未成，自然不能空手而歸，直到《語録》刻好，方才還蜀（『將老僧《語録》刊成』），因有清白及石云監管刊印之事，丈雪安排好相關事宜後即先行離開，所以最終成書，還是由石云監刻并携歸。

《丈雪語録》卷九録有《送石云禪人還蜀》一首[七一]，説明石云在歸蜀前，曾與丈雪會面。但此會面地點應非嘉興，結合上文所述，丈雪于順治十六年（1659）春離嘉興，當年到達漢中，再主静明，直至順治十八年（1661），世祖晏駕（正月初二），在同寺主持完爲此舉辦的盂蘭盆會，方才離開。在此期間，第五次刊印應已完成，因破山交付石云者僅爲校稿，并非重寫，若參照之前丈雪所刻（第四次）進度，料想用時不會太久。石云携《語録》印本歸川之際，所走道路應與丈雪一致，先水路後陸路，至漢中再折而向南，即可到達梁山，此路在三峽未開之際，應是前赴川東北最快捷之途徑。石云有可能在静明寺與師翁丈雪碰面，臨行前丈雪賦詩相贈。

第五次刊印過程大體如上，但此次刊刻，雖經破山修改增補，後由石云收尾，但肇始者仍可視爲丈雪，而通過對破山覆信的分析，亦可推知破山并未推翻丈雪主持的第四次刊刻，衹是加以『斟酌』而已，且除清白之外，破山也未向嘉興其他舊人説及校稿之事，故有理由認爲，外界仍將第四、第五兩次刊印統一目爲丈雪所刻。

而《嘉興藏》中確也收入丈雪于嘉興所刻《語録》。雙桂堂版《語録》卷二十一《破山和尚塔銘》謂：『《語録》一十二卷，入嘉禾紫柏院，流通海内焉[七二]。』《破山年譜》：『先是丈雪醉編成十二卷，離爲二册，刊入嘉禾楞嚴藏室流通。』《嘉興藏》版《語録》序一：『昔歲丁酉（1657），昭覺醉師至禾，曾刻本師《語録》十二卷行世。』《破山和尚塔銘》應寫于破山圓寂當年或稍後，即康熙五年丙午（1666）左近，作者巴縣居士劉道開（1601～1681）。《破山年譜》編輯于康熙八年己酉（1669），《嘉興藏》版序言最晚，寫于康熙十九年庚申（1680），作者爲嘉興約庵道人施博。均爲早期資料，作者又都與破山同期，其中劉道開《塔銘》，更是丈雪親自約稿，聯想他在嘉興曾拒絶蔡子穀序言一事，可知《塔銘》既得丈雪首肯，當可憑信。據上述資料可知，最終收入《嘉興藏》者，應爲一十二卷兩册本。

不過，關于此版《語録》卷數的最早記録，出自前文多次引用的譚貞默序言（順治十三年，1656），由于是當事者所作，理應無誤。但在卷數問題上，丈雪版與昭覺寺版譚《序》却并不相同，丈雪版十分明確：『東、西法會《語録》，合十二卷。』此《序》專爲丈雪版《語録》寫就，自應準確；而昭覺寺版相同文句却變爲：『東、西法會《語録》，合二十一卷。』按前文分析，此次刊刻最初所用祖本應爲萬峰版《語録》，記録破山在四川所宣法語，爲西；此前于嘉興東塔所述者，自然是東。筆者認爲，兩版同一序言所記卷數不合，是由昭覺寺版編輯者篡改所致。昭覺寺版若除去《年譜》一卷，正爲二十一卷。故編輯者爲使序言内容與昭覺寺版卷數相合，特意改之，如此可顯此版《語録》歷史綿長，直接丈雪。而丈雪不僅是破山法系之翹楚，更重建、復興昭覺，任方丈多年，在昭覺僧衆而言，其地位可比開山。此版《語録》又是昭覺寺募刻，編輯者對丈雪之態度應可想見，故有此改動，亦可理解。

那麼，東京大學總合圖書館所藏《嘉興藏》中這十二卷兩册本《破山明禪師語録》（附《年譜》一卷），到底屬于第四次還是第五次刊印者呢？筆者認爲，二者最大之不同即在後者包含破山補入之『新録』，現存丈雪版恰可證明此點。如卷三末尾最後一段爲『住梁山金城禪寺』，『金城禪寺』即『金城寨』，按《破山年譜》，禪師于順治九年壬辰（1652）冬入住金城宣法[七三]，而丈雪在嘉興刊刻新版《語録》之際，最初實爲覆刻萬峰版《語録》，按前文分析，萬峰版應完成于崇禎十六年（1643）左右，自然不可能存在『金城禪寺』的内容，因此，丈雪版中這一段文字，理應是破山校稿時所補，故東大所藏丈雪版實爲第五次刊印者。且破山特派石云赴浙送稿，又特别叮囑按校稿刊印，丈雪等人没有理由拒絶。然而，破山校改、丈雪刻印的這十二卷《語録》，却不見于國内現存諸版《嘉興藏》中，其原因恐非刻版破損、無法再印所可搪塞，或與康熙十九年（1680）蓮月印正禪師編印新版《語録》入《藏》有所關聯，而此前傳入日本之《嘉興藏》，却完整保存了丈雪版《語録》。

第六次刊印及《年譜》入《藏》

以上五次刊印，均在破山禪師生前，自第六次以下，則爲身後。熊少華未論及破山圓寂後的刊印狀況，釋道堅認爲仍有三次（未將昭覺寺版計入），即，編輯《破山年譜》、補入《塔銘》等文（道堅第三次），蓮月印正再編《語録》（道堅第四次），耶湘印伊等編輯雙桂堂版《語録》（道堅第五次），由于上述印本保存至今，故釋道堅似乎是按實際刊印年代排列次序的。

但查考史料，却極有可能并非如此。在《破山年譜》編印前，另有一次《語録》刊印過程。破山禪師于康熙五年丙午（1666）圓寂，民國《新續高僧傳四集》[七四]卷二十四《清四川雙桂福國院沙門釋印水傳》有如下記載：

> 丙午，明寂，爲校刻《語録》全稿三十一卷。

云嶠（橋）印水禪師（1626～1693），四川巴中化成人，俗姓趙。破山海明法嗣，雙桂堂第二代方丈[七五]。破山圓寂當年，印水仍以監院身份統領全寺。此年校刻《語録》全稿，不見于其他資料，且卷數或有商討餘地。但《丈雪年譜》却可佐證此則記録：

> 康熙八年己酉（1669），師六十歲。破山老人大祥，師至雙桂入堂，清老人新刊《語録》。

『大祥』爲傳統喪葬禮儀，指父母逝世二十五個月之後所舉行的祭禮。康熙五年三月破山圓寂，康熙八年大祥，正合此數。此時丈雪理應親自參加祭儀，而破山寂後葬于雙桂，故丈雪前赴雙桂堂。『清老人新刊《語録》』之『清』字不通，當爲『請』字之誤。如此則可明瞭，在破山逝後，雙桂堂確曾刊刻《語録》，康熙八年時已經完成，丈雪遂有請書之舉。云嶠印水也在這一年正式繼任雙桂第二代方丈，符合『三年之喪』的傳統。故筆者認爲，《新續高僧傳四集》的記録當可相信。

此次編印，號稱『校刻』，且稱『全稿』，內容較之前各版《語録》應有所增加，但《新續高僧傳四集》所載『三十一卷』之數，或言過其實、或爲手民所誤。丈雪此前在嘉興所刻僅爲一十二卷，已稱《全録》；蓮月印正于康熙十九年（1680）所刻《嘉興藏》版，亦號稱：『裒集全稿，付梓入《藏》。』[七六]、『復匯刻《全録》共二十卷。』[七七]新增八卷、總二十卷稱《全録》，增補者已衆，若全稿實爲三十一卷之巨，則丈雪、蓮月兩大弟子何欺人之太甚也？故筆者傾向于手民誤植，『三』或應爲『二』，即，云嶠印水所刻《語録》全稿，總卷數應爲『二十一』卷。

若如此，『二十一卷』之數，實當注意。現存雙桂堂版《破山明禪師語録》正爲二十一卷（未算《年譜》）。且有『重刻』之謂，有如前述，重刻之祖本，必非現存《嘉興藏》版。此祖本極有可能就是云嶠印水此次刊印者。《破山年譜》康熙五年丙午（1666年）條之記載亦可爲證：

> 先是丈雪醉編成十二卷，離爲二册，刊入嘉禾楞嚴藏室流通（上文已引）。其有後録，如記録參之秘所集亦刊行，以壽于世矣。

此處明言，在丈雪所刻十二卷《語録》之後，仍有『後録』，并已刊行于世。筆者認爲，此處之『後録』，即指云嶠印水所刊者。首先，1657年夏，丈雪赴浙刻印《語録》（第四次）工畢，其後雖有校補（第五次），但至遲在1661年丈雪離開漢中静明之前亦應刻成（見前文），此時距破山圓寂尚有5年，期間并未再次刊印《語録》；《年譜》完成于康熙八年（1669），而1666年破山圓寂至《年譜》完成的1669年這3年間，依據現存史料，祇有云嶠印水這一次刊印活動。其次，『記録參之秘所集』七字十分重要，表明『後録』是由『參之秘』集録的。『參之秘』即『參之傳秘』，是破山弟子默識悟之孫，由默識悟帶至破山身邊，充當侍者[七八]，即任此職，應具備記録破山言行的條件。雙桂本《語録》作者題名爲三人，印伊等人（有『等』字，可知作者并非僅此三人）『編』，印綬『閲訂』，傳秘、即參之傳秘『録』，正與《年譜》所記相合（『記録參之秘所集』），又因傳秘并未嗣法，故排名位于最後。由此可見，雙桂堂版忠實保留了所據祖本的作者題名（均爲破山第一代弟子），此祖本即云嶠印水所刻《語録》。

再則，《嘉興藏》版每有删改取捨之處，雙桂堂版則無此現象。如破山開齋[七九]，在其詩文中多有反映，雙桂堂版完整保留了這方面的資訊，而《嘉興藏》版或改字、或徹底删除。雙桂堂版卷十七《身省請》（破山自作像贊）：『這個酒肉袋，隨處得自在……。』《嘉興藏》版卷十七《身省門人請贊》改做：『這個老凍儂，隨處得自在……。』此爲改字例，尚爲兩全之策；雙桂堂版同卷《四可請》：『不會學道參禪，祇是飲酒吃肉……。』《嘉興藏》版則未收此文；雙桂堂版卷二十有破山自作《酒風頭歌》，《嘉興藏》版亦未收；破山在金城寨講法時，居處名『醉佛樓』，《嘉興藏》版甚至連此名稱也隱去不見……此種情況并非上述幾例，而是所在多有。總之，雙桂堂版中與『酒肉』相關者，《嘉興藏》版概不收録。看似爲尊者諱，但也使某些珍貴資料就此消失，如破山對開齋之看法及其深意，就保存在雙桂堂版卷十三《復語嵩法孫》一文中，此文前半部是對語嵩[八〇]《語録》的意見，後半部謂：『然而老僧處乎此世，萬不得已，全在酒肉中著便。始到今日，意欲令人信，返不若令人疑。信我者愚也，疑我者智也。忽地漆桶子快，自不道老僧是吃酒吃肉，《梵網》律儀掃地也，呵呵！』如此重要的内心自白，在《嘉興藏》版同一文中却被直接删除，代以『珍重』二字，如此作法，直教乃師千載之下、亦無處自辯也。幸雙桂堂版今存，後人可據此明瞭禪師之苦衷。除此之外，《嘉興藏》版其他方面避諱、删改之處亦多，如『大明』、『胡人』等敏感詞彙，并非僅限于『酒肉』，因篇幅所限，不再贅述。

兩版相較，若論可稱『全稿』者，筆者無疑會選擇雙桂堂版。乾隆年間重刻之雙桂堂版，不僅在數量上比康熙年間的《嘉興藏》版多出一卷，在品質上也更爲接近破山原文，基本未作改動[八一]。之所以如此，正在于它是康熙五年（1666）云嶠印水所刻『全稿』的覆刻本。而蓮月印正所編《嘉興藏》版，或許是在云嶠版基礎之上删補而成[八二]。

康熙八年（1669）丈雪赴雙桂迎請新刊《語録》，次年（九年，1670）遂有丈雪弟子赴浙，補刊《年譜》入《藏》之事。《嘉興藏》版《年譜》卷末有題記：

法孫正生對　常奇書

康熙庚戌（九年1670）冬日嘉禾楞嚴寺識

可見《年譜》由破山法孫『正生』校對、『常奇』抄寫。卷首又有約庵道人施博所作短序[八三]，其中謂：『法孫竹浪、野月二上人，奉師丈雪和尚之命來禾，刊老和尚《年譜》、塔銘，補入《語録》。』《丈雪年譜》康熙八年（1669）己酉條載：『命青城生、野月奇下浙西刻破老人《年譜》入楞嚴寺，附《全録》流通。』『青城生』指上文提及的竹浪徹生禪師，因其常住青城山鳳林寺，《青城竹浪生禪師語録》[八四]卷四自述《行繇》載：『己酉（康熙八年）冬，本師命下東甌，刊雙桂師翁《年譜》』；《錦江禪燈》總目，丈雪弟子中有『野月奇禪師』[八五]，綜上可證，丈雪確曾于康熙八年冬，派弟子竹浪徹（正）生、野月常奇赴浙補刊，翌年冬季完成，并于《年譜》卷尾留下題記。

此處應注意，《年譜》雖由竹浪及野月補入《嘉興藏》，作者却并非此二人，而是雪臂印巒（輯）及靈木印綬（編），均爲破山法嗣，與丈雪同輩，靈木印綬還是現存雙桂堂版《語録》的作者之一（若按上文推論，也就是云嶠印水版《語録》作者之一）。這暗示出《年譜》與云嶠印水所刊《語録》之間似有某種聯繫。或有如下可能：丈雪在康熙八年請回新版《語録》後，邀請印巒及印綬，以此爲基礎編制《年譜》，當年即告完成，由弟子携稿赴浙，翌年刊印。但同時也無法否認另一種可能性，即云嶠印水編輯《語録》之際，本就包括《年譜》，丈雪遣徒赴浙，祇將《年譜》刊刻入《藏》，并于此時請約庵道人作序，因此雙桂堂版及昭覺寺版《年譜》并未收録施博序言及卷末竹浪、野月題記，换言之，此兩版《年譜》并非覆刻《嘉興藏》版，或可暗示其祖本。但三版《年譜》内容又相同，故筆者傾向于後一種可能性。

若如此，則産生另一個問題，即丈雪爲何祇補刊《年譜》入《藏》？上文已述，雙桂堂版《語録》忠實保存了破山詩文原貌，某些詞語雖有犯國忌，也予以保留，其祖本、即云嶠印水版《語録》亦應如此。若聯想丈雪赴浙刊刻《語録》之際，破山覆信中關于削删的意見，可見丈雪對待《語録》是持謹慎態度的，而云嶠版《語録》并不符合這一標準，故寧缺毋濫，不予入《藏》，這恐怕是最主要的原因；《年譜》内容相對簡單，就現存《年譜》來看，内容并無不妥之處，破山寂後，丈雪版《語録》也確需補充《年譜》方稱完璧，因此才有補刊之事。另一方面，刻師《語録》入藏，意義重大，某種程度上來説，這是破山法系繼承人的標誌。破山生前也確實如此看待丈雪，如謂『况吾徒丈雪在彼，即如老僧在』；雖親自校對、增補《語録》原稿，但爲丈雪顔面，祇對負責刊刻的清白説知此事，送稿之石云更爲丈雪法孫，亦可見破山擇人之苦心；以及圓寂之前特意叮囑：『尚存衣鉢之余，可付丈雪醉修昭覺祖庭[八六]。』均可見丈雪在破山心中之地位，丈雪自當明瞭；且《嘉興藏》中十二卷本《語録》（丈雪版）實爲恩師親手校訂，雖經削删，内容較少，但一時仍不願替换，實在情理之中。

總之，云嶠印水主持校刻之《語録》（第六次），在質與量上、確可稱『全稿』，其覆刻本雙桂堂版《語録》，是現存相關資料中可信度最高的。此或有其原因所在，破山禪師圓寂後，文稿等遺物存于雙桂，而云嶠正爲監寺，編輯工作又在禪師逝世後隨即展開，語録所據，全爲第一手資料，且有破山在世時專職記録的參之傳秘參與其中。因此筆者認爲，學者引征之際，應以雙桂本爲主，參考《嘉興藏》版，儘量避免單獨使用後者。

此外，現存丈雪版《語録》，由裝訂形式而視，所附《年譜》并非獨立成册，而是接續于正文之後，合訂爲第二册，形成二册十三卷的規模。這一現象至少可反映相互關聯的二則重要資訊，第一，現存丈雪版《語録》已非初刻本，而是康熙九年（1670）補入《年譜》後的再印本，因初刻時并無《年譜》存在，再印之際特將《年譜》與《語録》裝訂爲一册，故現存丈雪版的成立上限當在康熙九年之後；第二，由第一條可推論，東大所藏《嘉興藏》傳入日本的時期，上限也應在康熙九年之後，而下限則在延寶八年（1680、康熙十九年）了翁禪師將其贈送給江户瑞聖寺之前，也就是1670年至1680年之間。換言之，現存日本的丈雪版《語録》，其印製時期也必定在此十年之間，考慮到東渡日本及傳播异國所需時日，時代下限還應提前，這就意味著丈雪版《語録》印成後很快就被帶入日本。

第七、八、九次刊印（現存三版）

1670年《破山年譜》入《藏》後十年，有破山法嗣蓮月印正再刊《語録》之舉，此爲第七次刊印。

蓮月印正禪師（1617～1694）[八七]，又稱『蓮月道正』，四川安嶽人，俗姓姜。晚年常住湖北當陽玉泉寺，寂後塔于寺旁，現存《嘉興藏》版《語録》即在此寺編輯。此版《語録》前有施博及王庭序言，施序謂：『昔歲丁酉，昭覺醉師至禾，曾刻本師《語録》十二卷行世（前引）……則初刻爲未全，兹玉泉正師裒集全稿，付梓入《藏》。』施序作于康熙十九年（1680），可見《嘉興藏》版理應刻于此年，重刻理由是丈雪所刻『未全』。

王序亦爲同年所作，所述更爲明確，頗值玩味：『予前在保寧，屢晤其門人離指，云：丈雪刻行之書芟逸頗多，師意猶見少。今師歿十余載，門人蓮月從荊門來禾，復匯刻全録共二十卷，實承師之志。』

前文有述，王庭于順治十四年（1657）任四川布政使司參政（川北道），又于同十六年（1659）轉任四川按察使（仍住保甯），旋即于同年五月，升任江西右布政使[八八]，住保甯爲時約二年。在此期間，曾屢次與破山法嗣離指方示禪師（1604～1663）會面，離指評論丈雪所刻『芟逸頗多』，指削刪、捨棄過多，結合前文所述，可見丈雪削刪《語録》，確有其事，其他弟子亦有所知，離指稱破山對此『意猶見少』，言下之意，就是丈雪所刻《語録》，破山并不滿意。故蓮月來嘉興再次刊刻且入《藏》，作者特意强調，是『承師之志』。

前文業已分析，破山雖有所不滿，但隨即採取了補救措施（校稿再印），事後對丈雪仍青睞有加，那麼離指在檀越面前對丈雪所刻《語録》之攻擊，用意何在，似乎不言自明（這與破山當年儘量縮小知情者範圍的態度截然相反，有刻意宣揚之嫌）。另外，筆者頗疑離指并未見到破山校改後再印的《語録》。僧諍之事，本文不作深究。然蓮月編輯《語録》之時間，亦需留意，光緒《玉泉寺志》卷四《蓮月印正禪師塔銘》載：

> 庚戌（康熙九年，1670），耆舊照見，接住西禪堂編破老人《語録》；辛亥（同十年，1671）《録》成，遂出山矣[八九]。

由此可見，《嘉興藏》版《語録》原稿，康熙九年（1670）始編、康熙十年（1671）即已完成，却直至九年後的康熙十九年（1680）方才付梓，若欲『承師之志』，替代此前『芟逸頗多』者，何以編成後未能即刻印行、反而延遲如此之久？若謂礙于丈雪，九年後丈雪仍健在，又爲何不再顧忌？

此中諸種問題，絶非本稿所可涵容，但筆者認爲，其中最關鍵之一點，當在吴三桂與三藩之亂。康熙十二年（1673）亂起，同十七年（1678）三桂稱帝病死，叛軍就此瓦解，同二十年（1681）亂平。前文述及，丈雪于漢中曾與吴有所交涉，第二次住持静明，更是受吴所邀。就今日遺存史料而視，二人關係實非親密。然畢竟有所牽扯，口實之辭、欲加之罪，世法之常軌、人心之叵測也。蓮月印正于清庭行將得勝之際趕赴嘉興刊印《語録》入《藏》，或出維護法脉之心、關愛同門之意，預爲提防。今日就此雖不宜驟下論斷，而丈雪刊印、破山『斟酌過』的十二卷兩册本《語録》，從此消失于國内《嘉興藏》中，亦爲事實，如前文所述，『其原因恐非刻版破損、無法再印所可搪塞』。有若陳垣先生所言：『上焉者宗旨學説之争、次焉者門户派系之争、下焉者義氣勢力之争』。就此事而論，三者孰是？以不是爲上。

此外，康熙八年（1669），云嶠印水新版已成，蓮月却于翌年起始編輯《嘉興藏》版，不得不使人懷疑其與云嶠版《語録》有所關聯。但解答此問題，需詳細比對兩版《語録》（雙桂堂版與《嘉興藏》版），本稿無法再作展開。

九十一年後的乾隆二十五年（1760），時任雙桂堂第六代方丈透月際（真）旵禪師重刻《語録》，并于所附《年譜》卷末留下題記，此爲第八次刊印。民國二十年（1931），成都昭覺寺募刻，是爲第九次刊印，此次所刻雖與雙桂堂版無异，但每兩卷卷末附有大量施資者姓名及金額，或可爲相關研究提供資料。

結語

以上概略論述了破山禪師《語録》的刊印次序，先後共九次，前五次在禪師生前，後4次在禪師身後。其中禹門版（第三次）及丈雪版（第四、五次）均與萬峰版《語録》（第二次）聯繫緊密，或爲其覆刻。由于丈雪版現存于世，故禹門版及萬峰版雖不存而實存。諸版之中以云嶠印水第六次刊印者最爲完善，所載文字完整可靠，堪稱『全稿』。九次刊刻，與丈雪通醉直接相關者四（第二、三、四、五次）、間接相關者一（《嘉興藏》版入《藏》原因）、《年譜》亦爲丈雪弟子赴浙刊印，足見通醉在破山第一代弟子中之地位，以及與破山關係之密切。今日所存四版《語録》，以新發現之丈雪版爲最早，也正是由于這一原因，此版所收内容并不完整。雙桂堂版應爲云嶠印水版之覆刻，昭覺寺版因之，《嘉興藏》版爲蓮月印正『再編』（或亦在云嶠版基礎之上加工而成），多有削刪，雖年代較早，普及于世，但史料價值、可信程度却相對偏低，利用之際，需加留意。

再則，通過對破山《語録》刊印次序之檢討，初步反映出《語録》成立過程之中，禪師個人與弟子對文本之不同態度，這一暗流使陳陳相因、死板之文字，突現心性靈動、自由之光芒；尤其在明末清初這一時代背景之下，佛教上承復興回光、下接衰敗末運，此種『生氣』實屬難能，當然，這已超出本稿討論範圍，却爲今後之工作。以下作一簡表，以完結本稿。

【注】

一　蹇義（1363～1435），《明史》列傳第三十七有傳。見清·張廷玉等撰《明史》第十四册卷一百四十九，北京：中華書局，1974年，第4147～4149頁。

二　據雙桂堂版《雙桂破山明禪師年譜》（下簡稱《破山年譜》），破山于天啓二年（1622）參訪諸大德。參憨山德清于江西廬山法云寺（次年憨山圓寂）、參無异元來于江西廣豐博山能仁寺、參聞谷廣印于浙江杭州瓶窯真寂寺、參雪嶠圓信于浙江余杭徑山興聖萬壽禪寺。

三　據雙桂堂及昭覺寺版《破山明禪師語録》卷二十一破山禪師自述《行實》，天啓二年（1622）秋，破山初參湛然圓澄于浙江杭州報國院，次年（天啓三年，1623）于浙江紹興會稽山云門顯聖寺依湛然圓澄受具足戒。天啓四年（1624），初參密雲圓悟于浙江海鹽金粟山廣慧寺。

四　又稱『東塔寺』，始建于南梁天監二年（503），是嘉興城外規模最大之寺院。寺内原有古塔一座，建于隋仁壽元年（601），明崇禎十年（1637）重建。據傳唐代高僧、華嚴四祖澄觀曾住此寺，『東塔朝暾』更爲『嘉禾八景』之一。1949年後塔、寺仍存，上世紀60年代初東塔被徹底拆除，附屬寺院建築在文革時期被毁。舊址位于今日嘉興市東塔弄左近。

五　今重慶市梁平區。

六　又稱『福國寺』、『金帶寺』。『雙桂』一詞，出于建寺之初，此地已有桂樹兩株。據傳達摩東來前，其師般若多羅曾有懸記，最後一句即『兩株嫩桂久昌昌』，此或指禪宗祖庭少林寺而言（嫩即『少』，雙木即『林』），破山禪師即景用典，暗含與少林比肩之抱負。

七　破山禪師于四川所傳臨濟法脉，被稱作『雙桂法派』或『破山法系』，又因禪師歸川，首開法于梁山萬峰太平禪寺，後世亦稱『萬峰法派』。雙桂堂現仍沿用破山禪師所定演字，即：『海印發光、悟真永昌，寂常心性，戒定慧香，佛身克果，祖道聯芳，雙桂榮野，一葦度江，禪觀固遠，五計攸長。』傳至今時，共曆一十六代（此指雙桂堂第二代方丈云嶠印水一系而言，衆弟子開法各地，自立支脉者不在其中），現任方丈爲身振理約禪師，門下徒衆已至『果』字輩。

八　乾隆四年（1739），御賜新版官刻《大藏經》。此《藏》自雍正十一年（1733）始刻，乾隆三年（1738）完成，收三藏典籍1696部，共計7168卷、分裝724函。欽命刷印百部，頒賜天下名藍大刹，四川得其二，一梁山雙桂、一成都昭覺（昭覺古來名刹，圓悟克勤兩主于斯，寂後塔于寺内。明末毁于戰亂，清初由破山弟子丈雪通醉重建復興，亦屬破山一脉）。其時住持雙桂者或應爲第五代方丈頓圓悟渺禪師。至第六代方丈透月際旻禪師，又購縑選工，裝裱御賜藏經，妥善存儲，惜文革時毁于一旦。賜經及裝裱之事可參看光緒《梁山縣誌》卷三。另，一説雍正朝亦曾賜經雙桂，但無法確認，權記于此。

九　破山禪師早年曾撰《開學業禪堂緣起》一文，現存最早的丈雪版《語録》卷十二中此文題作『福城東塔開學業禪堂緣起』。文中針對當時禪宗魚目混珠、自愚愚人等種種弊端，提出藂林重在培育人才，而人才又要匯通内外（内典外學融會貫通），不可揠苗助長、應以徹悟爲期等針對性意見。并强調寺院住持者亦需選賢任能，爲寺中僧衆提供良好物質基礎及學習環境，破山在此後的傳法過程中始終貫徹此文之精神。雙桂堂老山門兩側保存至今的禪師手跡有謂：『二株嫩桂久昌昌，正快時人鼻孔；數畝荒田暫住住，稍安學士心腸。』亦可見以『學』爲本之精神。

一〇　簡列部分論文如下：鄧顯皇《西南佛教祖庭—雙桂堂》，載《四川文物》1989年第5期；馮學成《雙桂禪派和聚云禪派—明清之際四川的兩個禪派》，載《文史雜誌》1989年第5期；李豫川《臨濟高僧破山海明》，載《禪》1992第1期；王志遠

《論破山海明的禪學教育實踐和思想》，載《佛學研究》1992年第12期；熊少華《明末清初的文化生態與破山海明的意義》，載《重慶三峽學院學報》2001年第1期；馬培汶《破山流寓石柱事略》，載《涪陵師專學報》2001年第1期；王路平《明季西南禪宗破山的生平及其佛教活動》，載《貴州文史叢刊》2006年第6期；侯忠明《蜀僧破山海明的禪宗書法及其影響》，載《四川文理學院學報》2010年第11期；劉因燦《明末清初破山禪在湘西地區的流布初考》，載《宗教學研究》2014年第3期；王路平《西南禪宗祖師破山法脉在滇黔的傳承》，載《西南民族大學學報》（人文社會科學版）2015年第5期；馮相磊《晚明西南禪宗祖師破山法脉在四川的傳承考釋》，載《宗教學》2017年第3期，等等。

一一 熊少華《破山禪師評傳》（釋身振主編《西南禪學研究叢書》），北京：宗教文化出版社，2003年，第二章第69頁。

一二 釋道堅校注《破山海明禪師語録》（釋身振主編《西南禪學研究叢書》），北京：宗教文化出版社，2007年。

一三 釋道堅《破山海明的禪學思想及其實踐》，北京：中國佛教學院，2006年。

一四 釋道堅《破山禪學研究》，北京：宗教文化出版社，2008年，《緒論》第2、3頁。

一五 卷首題作：『明成都府嗣法門人通醉等編』。

一六 武州紫云山瑞聖寺：武州，即『武藏國』，屬東海道，日本古代關東八國之一，所轄範圍大體包括今日東京都、神奈川及埼玉兩縣。紫云山瑞聖寺，位于今日東京都港區白金台町，日本黄檗宗寺院。寬文十一年（1671，康熙十年）創建，開山爲中國臨濟宗僧木庵性瑫禪師（1611～1684，破山禪師爲其師伯祖），于此任住持3年（以上主要參考塚本善隆等編《望月佛教大辭典》，東京：世界聖典刊行協會，昭和四十九年即1974年改訂版，第2870頁『瑞聖寺』條）。木庵禪師俗姓吴，福建泉州晉江人。早年曾赴天童寺參訪密雲圓悟，又在破山法弟費隱通容（1593～1661）座下任職，後嗣法于費隱弟子隱元隆琦禪師（1592～1673），隱元禪師晚年由鄭成功（1624～1662）相助東渡（1654，順治十一年、承應三年），受日本朝野擁戴、得後水尾天皇（1596～1680）皈依，寂後受賜『大光普照國師』等號，爲日本黄檗宗初祖（實爲臨濟支脉）。木庵禪師于順治十二年（1655，日本明曆元年）赴日，也較有影響，成爲日本黄檗宗開創者之一。寬文元年（1661，順治十八年）入京都府宇治黄檗山萬福寺，同四年繼隱元禪師爲該寺第二代方丈，同八年擴建殿宇，同十年賜紫，并受邀赴江户住持瑞聖寺（木庵事迹參考同《辭典》第2703頁『性瑫』條）。

一七 據《望月佛教大辭典》（第3847頁『道覺』條）及《勸學講院開祖了翁祖休禪師行業記》（了源、了觀、鈴木吉佑編，體例與年譜相同，手寫油印線裝本，出版者不明，昭和十三年、即1938年印行）載，了翁道覺禪師于延寶二年（1674、康熙十三年）與瑞聖寺鐵牛道機禪師（1629～1700）商議，爲便于僧衆披覽及存儲經典，特于同寺建立勸學寮，後于延寶八年（1680、康熙十九年）將此部《嘉興藏》贈與該寺。了翁道覺禪師（1630～1704），俗姓鈴木，羽後國（所轄相當于今日秋田及山形二縣各一部）尾勝郡八幡村人。鐵牛道機禪師，俗姓藤原，石見國（今島根縣西部）人，曾協助隱元禪師創建宇治黄檗山萬福寺，後于木庵性瑫座下嗣法，瑞聖寺第二代住持（以上參考同《辭典》第3849頁「道機」條）。

一八 書册末頁均有正方形陽文朱印，文曰：「田氏圖書之印」，或即田健次郎所鈐。此处之田健次郎，或即田健治郎（でんけんじろう1855～1930），1919～1923年曾担任台湾总督。

一九 横手裕监修，末木文美士、渡边麻里子、菊地大树共著，日文原题为《東京大学総合図書館所蔵嘉興大蔵経：目録と研究》，东京大学大学院人文社会系研究科，2010年。

二〇 筆者撰寫此稿時，仍未得覽此書，此後若可獲得，容當另行撰文補充。

二一 網址：https：//dzkimgs. l. u－tokyo. ac. jp/kkz。题为「東京大学総合図書館万暦版大蔵経（嘉興蔵）デジタル版」。丈雪版《語録》在「補第十一帙」。

二二 多據臺灣版《中華大藏經》第二輯《明版嘉興大藏經》第26册所收177號二十卷本《破山禪師語録》，附《年譜》一卷（臺北：新文豐出版公司，1981年），本稿所謂「《嘉興藏》版」即指此本。另，大陸《中華大藏經》、《禪宗全書》、《嘉興藏》、《徑山藏》等大型藂書也收有相同版本。

二三 《嘉興藏》版《破山禪師語録》題作「當陽玉泉嗣法門人印正等編」，蓮月印（道）正禪師（1617～1694）常住湖北荊州當陽玉泉寺，即天臺智者大師當年講法、北宗神秀大師曾經住持處，寂後塔于寺旁，故又稱「玉泉蓮月正禪師」。

二四 二祖印戀即雪臂印戀禪師，印綬即靈木印綬禪師。

二五 筆者所得此版《語録》，爲重慶市梁平區雙桂堂所藏原件復印本。

二六 透月際（真）旻禪師于乾隆二十三年（1758）至乾隆三十八年（1773）任雙桂堂第六代方丈。

二七 印伊即耶湘印伊禪師，印綬見上注，二人爲破山禪師嗣法弟子。傳秘即參之傳秘（或稱「參之秘」），爲破山弟子默識悟之孫。雖爲侍者，似未得破山付法。

二八 丈雪版與《嘉興藏》版《年譜》實爲同一版，卷末均有長方形縱框，内附相同題記：「浙江湖州府尹副」曹溪正脉三十七世法孫徹岩捐貲敬刊」破山老人年譜補入語録流通海宇」法孫正生對常奇書」康熙庚戌（九年、1670）冬日嘉禾楞嚴寺識」。

二九　見釋道堅校注《破山海明禪師語録》凡例第二條，第1頁；同作者《破山禪學研究》，《緒論》第4頁。

三〇　筆者所得此版《語録》爲原件復印本，頁中多有無名氏墨書斷句及眉批，應爲民國時所書，有一定價值。

三一　上海圖書館古籍書目著録資訊如下，題名：《破山明禪師語録》，責任者：（清）釋海明撰、（清）印巒輯，出版：成都昭覺寺，民國20年（1931），分類：子－釋家－諸宗－禪宗，索書號：線普長374878－87。

三二　密雲圓悟法嗣，破山禪師法弟。

三三　又稱《皇明聖朝破邪集》，崇禎十二年（1639）編。見藍吉富主編《大藏經補編》，臺北：華宇出版社，1986年，第28册第155號。

三四　《破山年譜》崇禎四年辛未（1631）條：「翻刻《指月録》，流通海内。」此版《指月録》現存，共三十二卷，收于《明版嘉興大藏經》第30册252號，可參考。

三五　破山禪師自述《行實》：「師于己巳（崇禎二年，1629）夏，離金粟山，過湖州，值致遠法師，請住福山禪院。」《破山年譜》崇禎元年戊辰（1628年）條：「師三十二歲。悟和尚書《曹溪正脉來源》一紙，并信金付師。及暮春，寓苕溪福山。越明年夏，受嘉禾東塔廣福禪寺之請。」可見破山嗣法辭師後首先暫住湖州，此後受請入主嘉興東塔。

三六　李璨《序言》：「今年偶到長水，又遇破山賊」，「長水」即嘉興，説明李璨是在嘉興與破山相遇的，故此序言應寫于破山入主嘉興東塔廣福禪寺之後，寫作時間晚于自述《行實》。

三七　《敏樹禪師語録》，載《明版嘉興大藏經》第39册450號，《行實》見第507頁。

三八　重慶梁平區現有沙家場地名，不知是否。「塗門」，或可解釋爲塗姓家族居所之意。

三九　《年譜》崇禎六年癸酉（1633）條：「師三十七歲。梁山邑侯費公、馮司列善長、胡玉川居士、心海法師，請住萬峰太平禪寺。師四月入院，蜀人久未嚮此音，師一演唱，有志正因之士，遠近趨風……。」

四〇　崇禎《嘉興縣誌》卷十八，載《日本藏中國罕見地方誌叢刊》，北京：書目文獻出版社，1991年，第728頁。

四一　同上。

四二　丈雪版《語録》牟《序》尾題：「崇禎壬午（十五年，1642）佛生日，吏部尚書郎、前紫薇舍人、今菩薩戒弟子古戎郡（或應爲四川宜賓，另山東曹縣亦有古戎之稱，待查）秉素牟道行熏沐拜書」，昭覺寺版《語録》將「崇禎壬午」改作「崇禎十五年」，「熏沐拜書」後另有「于無師社中」五字。

四三　例如，丈雪版牟《序》：『某昔年奉差金陵，遇南中士大夫結社濟生庵，叨與同參。後因王程期迫，依依難別，朝宗和尚告余：「天童衣鉢，正在破山，歸而求之，何用他覓？」』再看《破山年譜》崇禎十四年辛巳條：『以牟昔年奉差金陵，南中士大夫結社集生庵，牟得與同參，後因王程期迫，依依難別，朝宗和尚告曰：「天童衣鉢，正在破山，歸而求之，何用他覓？」』《年譜》作者基本照録牟文。另，昭覺寺版同《序》與丈雪版有個別字詞不一。

四四　結制又稱安居、結夏、坐夏、坐臘等。爲古印度傳統，僧人在雨季三個月内，爲避免踩傷昆蟲、新生植物，禁止外出、安心修行。我國藂林體制，多于四月十五結制、七月十五解制。

四五　見丈雪版《語録》牟《序》。昭覺寺版『拜見』作『一見』。

四六　見《破山年譜》崇禎十四年辛巳（1641年）條。

四七　雖已入清多年，但在文末題名處，譚貞默仍大書前朝職官：『國子監司業、兼掌祭酒事、工部虞衡司郎中、大理寺左寺副』，并特意標明『前戊辰（崇禎元年）二甲進士』頭銜，足見其氣節之偉岸，丈雪版《語録》將此《序》列爲第一，的爲卓見，亦可見丈雪之風骨，民國昭覺寺版因之；康熙年間所刻《嘉興藏》版則未予收録，雙桂堂版重刻于乾隆朝，總目標《序》而書中未見，或正與原有序言作者政治立場相關，裝訂時將序言抽出亦未可知。

四八　跋文尾題：『崇禎十六年（1643）癸未佛生日通醉謹跋』。

四九　本稿所依據者，是《徑山藏》第167册所收十二卷版《昭覺丈雪醉禪師語録》後附《昭覺丈雪醉禪師紀年録》（以下簡稱《丈雪年譜》）（《徑山藏》編委會編，國家圖書館出版社，2016年，第458～485頁）。但，此版《丈雪語録》與此前出版的《明版嘉興大藏經》第27册所收十卷版《昭覺丈雪醉禪師語録》（以下簡稱《丈雪語録》，無《丈雪年譜》）在版本上并不相同。國圖版似爲成都文殊院版《丈雪語録》，據黄夏年先生介紹，文殊院版《丈雪語録》多出第十一卷『廣録上』及第十二卷『廣録下』，并附《丈雪年譜》及塔銘，見黄氏《成都昭覺寺中興二世佛冤綱禪師生平》一文章節附注②（載《西南民族大學學報》人文社會科學版，2012年第9期，第76頁），這與國圖版相同。但事實上，這兩版《丈雪語録》均曾被收入《嘉興藏》，如東京大學所藏《嘉興藏》中即爲十卷本，此版于順治十三年在嘉興刊印，其時丈雪親主其事；而民族出版社2008年所出之《嘉興藏》及國圖版《徑山藏》中則變爲十二卷本，前十卷與上一版一致，多出最後二卷并附《年譜》及《塔銘》，可證丈雪圓寂後，門人弟子曾補刊《語録》，附入新增内容，以此替代《嘉興藏》中之舊版，因東京大學《嘉興藏》較早傳入日本，故仍爲十卷本。《丈雪年譜》亦有單行本，藏華東師範大學圖書館（上海圖書館似亦收藏，但未能確認），據同圖書館介紹，單行本還附有『行樂圖』，惜筆者未能親見。筆者以所得數字版（據稱按單行本録入）與國圖版對校，發現兩者文辭不盡一致，各有優劣，單行本似更爲古舊，但因未得影本，本稿衹得暫時採用後者。

五〇　一説生于貴州桐梓（時屬四川），見王路平《貴州禪宗大師丈雪及其佛教活動》，載《貴州文史叢刊》1991年第2期，第9頁。

五一　見丈雪版《語録》卷九『號丈雪禪人』、雙桂堂版卷十九同題（昭覺寺版同）、《嘉興藏》版卷十五同題（首句『晝』作『劃』）、《嘉興藏》版《丈雪語録》卷八《行實》。

五二　《嘉興藏》版《丈雪語録》卷八《行實》：『庚辰十月十七，上太白頂拖柴，因竹簽傷足，血迸汙地……忽聽梆鳴，聲震山谷，予平昔礙膺之物，曝然自落，積劫未明、廓爾現前。』

五三　丈雪通醉《錦江禪燈》卷二十，有『遵義禹門策眉禪師』小傳，載《卍續藏經》第145册，臺北：新文豐出版公司，1995年，第0736頁。馮學成等編《巴蜀禪燈録》，總目誤作『眉策智』，正文作『策眉智禪師』，内容則照録《錦江禪燈》，四川：成都出版社，1992年，第507頁。

五四　或可反向理解爲：破山將寫就之補刊稿交由非一帶回禹門寺付印。

五五　丈雪通醉《錦江禪燈目録》『卷二十……禹門策眉尊宿。』未見『有録』二字，載《卍續藏經》第145册，臺北：新文豐出版公司，1995年，第0520頁。

五六　《丈雪年譜》順治十一年甲午條：『師四十五歲。解制辭衆，詣雙桂省覲破山和尚，山命師上天童代掃密老人塔。』雙桂堂于順治十年（1653）始建，丈雪次年即至，或與建寺工程有關。

五七　《懶石聆禪師語録》卷三《行繇》：『後因師翁命本師上天童掃塔，予隨侍至漢中府静明寺。』《佛冤禪師語録》卷十《行繇》：『甲午春，本師省覲雙桂師翁，命餘往侍……。翁命本師上天童代掃塔，餘亦隨侍。』二人《語録》分别收于《明版嘉興大藏經》28及37册。

五八　見《丈雪年譜》順治十二年（1655）乙未條。此條單行本無删節，録有與吴三桂相關事項二則，國圖版則大爲删略，意在抹除吴事。其後吴三桂在順治十四年（1657），派專人赴雙桂，供養整堂器具，并以福晉名義，請破山上堂説法，事畢又將破山頂相及所題贊文、法語迎回。見《破山年譜》順治十四年丁酉（1657年）條：『師六十一歲。關南平西親藩福晉，端使齎信香、法衣并法被、爐奩、華幔、茵褥，凡法座之可嚴飾者，無不備焉。請上堂説法，請題《自真贊》及法語以歸。緣法孫懶石聆，住漢中府静明寺，與藩府相近，故特來請法也。』

五九　丈雪離漢中後路徑，《丈雪年譜》可透露一二，順治十三年丙申條：『師四十七歲。上天童掃塔，取道熊耳、風穴，禮沼祖塔……過首山，禮念祖塔，亦有偈。詣天童掃密祖塔，事竣，寓嘉興府城東之古新庵清白老宿丈中，刻破山和尚《全録》，入楞嚴寺經坊流通。』熊耳指熊耳山，豫西主要山脉之一；風穴、首山均在河南，沼祖指風穴延沼禪師（896～973），念祖指首山省念禪師（926～993），風穴延沼法嗣。但刻《語録》完工當在次年夏。丈雪《上萬峰老和尚啓》又謂：『逾秦曆魏，泛泗來吴。』如此，則全程路線大體如下：由川北陽平道出川，經陝西、河南，入魯南，渡泗水，此後或下徐州，過金陵，赴寧波天童掃塔，事畢北上嘉興。

六〇　《嘉興藏》版《丈雪語録》卷九《上金城本師老和尚》。

六一　『金城』，指重慶市梁平區金城寨，在雙桂堂東北約2公里處，是佐明將軍姚玉麟固守抗清之據點。創建雙桂堂前，破山受邀于寨中講法，今遺址尚存。草創雙桂後相當一段時期内，破山仍往來于兩處，雙桂、金城實不分軒輊。

六二　雙桂堂版《語録》卷十三《復丈雪上座》，昭覺寺版同，《嘉興藏》版在卷十二，題目同，個别詞語有异。

六三　前文出現的丈雪第子懶石覺聆，名號中亦有『石』字，但此刻主持漢中静明寺，應非其人。

六四　順治十四年二月：『廣西府江道副使王庭，爲四川布政使司參政，川北道。』見《清實録·大清世祖章皇帝實録》第三册卷一百七，北京：中華書局，1985年，第839頁。

六五　破山《送石云禪人之江南》：『吾孫瓢笠到江南，祖脉依俙血未幹，珍重臨行端的句，麥寒寒處水寒寒。』或因石云此行意義重大，破山才在離别之際賦詩相贈。昭覺寺版同，《嘉興藏》版編入卷十六；丈雪版未收。

六六　昭覺寺版同，《嘉興藏》版《語録》卷十二，題目爲《復東塔住持清白長老》。

六七　《破山年譜》康熙三年甲辰條：『師六十八歲。是秋，巫山已定，楚蜀道通。』

六八　如《復埽庵譚祭酒兼衆縉紳》：『自壬申歸蜀，不覺廿七年矣。忽得華紮下頌，知素相與者，仍復如故，喜天相吉人，自是出格。然老僧備曆諸苦，人影不到處，一一親嬰。况國難家亡，華華世界，盡成瓦礫荒郊。想諸檀江南一帶，别是一天，憾不疾插翅矣。總因兩地峰烟，卒難輕舉。吾徒丈雪，幸諸檀納在愛中，刊老僧《語録》行世，即如請老僧登曲録木，皷兩片皮，説法竟已，又烏用老僧覿面爲耶？吾師道場，况在貴地，終不免活一日、在貴地一日想也。衹待天空地杳，駕三峽木鵜，豈用五丁之力，與諸檀團話時，未可料也，祝祝！』

六九　筆者懷疑此條之所以系于1658年下，指的是破山書寫回信的時間，而嘉興衆縉紳修《公啓》之事，也有可能發生在1657年。

七〇　昭覺寺版同，《嘉興藏》版未收此文。

七一　《昭覺丈雪醉禪師語録》卷九《送石云禪人還蜀》：「拂袖淩霄漢，新新渡大江，缽吞千嶂月，云濕一身香，眼底乾坤小，神王宇宙長，半肩風冷澹，步步是家鄉。」

七二　昭覺寺版同，丈雪版及《嘉興藏》版此則《塔銘》附于《年譜》之後。

七三　見《破山年譜》順治九年（1652年）壬辰條：「至冬，高梁聖瑞姚護法，請住金城寺，乃爲衆開爐。舊日參隨衲子，同聚法筵，大振頹綱，宛如昨日。」

七四　喻謙《新續高僧傳四集》，北洋印刷局，1923年。

七五　前後兩次出任方丈，第一任自康熙八年（1669）至康熙十四年（1675）；第二任自康熙二十二年（1683）至康熙三十二年（1693）。見《新續高僧傳四集》卷二十四《清四川雙桂福國院沙門釋印水傳》。

七六　《嘉興藏》版《語録》施博序言。

七七　前引王庭序言。

七八　見雙桂堂版卷十「示參之傳秘禪者」（《嘉興藏》版收于第九卷）：「傳秘禪者，乃吾徒默石之孫也。」同語録中另有《示參之侍者》、《參之侍者請贊》、《贈參之秘侍者》等詩文，文繁不録。另，此處之「侍者」，與世俗理解有所區別，并非單純照料生活起居之人。藪林有協助方丈的「五侍者」之稱，即燒香侍者、書狀侍者、請客侍者、衣缽侍者、湯藥侍者。《年譜》謂參之傳秘爲「記録」，所擔任者似應爲「書狀侍者」，「凡住持往復書問、製作文字，先具草呈。如闕書記，山門一應文翰，書狀侍者職之。」見元·德輝重編《敕修百丈清規》卷四侍者條，《大正藏》第48册，第1131頁下欄。

七九　破山在流亡途中爲止殺而開齋，此事多有記載，于此不再贅述。僅引雙桂堂版《語録》卷二十一丈雪通醉著《破山明禪師行狀》相關記載：「時涪陵有李將軍號立陽者，肅《啓》請師。師至營中，韜光混跡。一日，見將軍屠戮太甚，故食酒肉，將軍驚异，師曰：「但公不殺人，老僧便不食肉。」陽曰：「弟子不殺人，願師常食肉。」夫曹山酒、志公鴿，固是遊戲神通，師于遊戲場更施活命手，不大出古人一頭地歟？」按《年譜》，破山至李立陽營中，事在順治七年庚寅（1650），後于康熙三年（1664）封齋。

八〇　語嵩裔禪師，雪臂印巒法嗣，破山法孫。

八一　雙桂堂版于避諱方面還是有所注意的，如避清世宗諱，將『崇禎』改爲『崇正』。

八二　由此再推論之，現均認爲昭覺寺版是雙桂堂版之覆刻，但亦不排除直接翻刻云嶠印水版的可能性，因丈雪曾將此書請回昭覺，民國年間或仍存。换言之，雙桂堂版及昭覺寺版均爲同一祖本的覆刻本。當然，現階段并無實證，僅爲猜測，權記于此。另，《嘉興藏》版亦有雙桂堂版未收者，雖數量極少，但可説明蓮月編輯時，并非完全依靠云嶠本。

八三　雙桂堂及昭覺寺版未收。

八四　《明版嘉興大藏經》第38册。

八五　丈雪通醉《錦江禪燈目録》『卷十二……野月奇禪師』，載《卍續藏經》第145册，新文豐出版公司，1995年，第0512頁。

八六　《破山年譜》康熙五年（1666）丙午條。

八七　張新民《蓮月印正禪法綜論》認爲生卒年爲1613～1691年，不詳出處，或誤（載《佛學研究》1999年00期，第178頁）。按光緒《玉泉寺志》卷二『列傳』：『蓮月禪師……康熙三十三年（1694），世壽七十有八，召法嗣繼席、示微恙，説偈證寂。……説訖跏趺而逝，蓋是年之七月初十日也。』同書卷四《蓮月印正禪師塔銘》：『跏趺證寂，康熙三十三年七月初十日也，世壽七十八。』均可證其生卒年應爲1617～1694年。光緒《玉泉寺志》載白化文、張智主編《中國佛寺志叢刊》第14册、15册，揚州：廣陵書社，2011年，引文見第14册205頁及400頁。

八八　順治十六年正月：『四川川北道參政王庭，爲本省按察使司按察使。』同年五月：『陞四川按察使王庭爲江西布政使司右布政使。』見《清實録・大清世祖章皇帝實録》第三册卷一百二十三及卷一百二十六，北京：中華書局，1985年，第953頁及第976頁。

八九　白化文、張智主編《中國佛寺志叢刊》第14册《玉泉寺志》，揚州：廣陵書社，2011年，第399頁。

破山海明禪師《語録》刊印次序簡表

次序	名稱	卷數	年代
1	《東塔語録》	3 卷	1632 年左右
2	萬峯版《語録》	12 卷	1633～1644 年
3	禹門版《語録》	或仍爲 12 卷	1652 年始刻
4	丈雪版《語録》（丈雪刻印）	或仍爲 12 卷	1657 年刻畢
5	丈雪版《語録》（破山校補）	12 卷（後補《年譜》1 卷）	1657～1661 年
6	云嶠版《語録》	21 卷（附《年譜》1 卷）	1666 年始刻
	《雙桂破山明禪師年譜》	1 卷	1670 年刻畢
7	《破山禪師語録》（《嘉興藏》版）	20 卷（附《年譜》1 卷）	1680 年刻畢
8	《破山明禪師語録》（雙桂堂版）	21 卷（附《年譜》1 卷）	1760 年重刻
9	《破山明禪師語録》（昭覺寺版）	21 卷（附《年譜》1 卷）	1931 年募刻

破山海明禪師自述行實[一]

師于己巳（崇禎二年，1629）夏，離金粟山，過湖州，值致遠法師，請住福山禪院。一日，衆居士稽首，乞開示行脚。師笑曰：

吾之禍胎，醜不堪言，但佛佛授手，祖祖相傳，以心印心之法，不獨我輩如此，是天是人，是僧是俗，是男是女，是少是老，亦可爲得。何故？是法不是别人底，若是别人底，得罷便罷、得休便休，亦好推些幹滑得也。都盧没人替得，所以道自作自受、自修自得耳。然山僧初始入道，逆順易難、種種境界，無不曆過，的非偶然者也。

山僧豈是天生耶？地湧耶？本是四川人氏，父姓蹇，母姓徐。因雙親去世，忽省身世無常。命賦丁酉年（萬曆二十五年，1597）正月二十一日午時生，虚度三十有三。乃十八九歲時，見壁間有志公禪師《勸世歌》，予讀至『身世皆空』處，不覺墮淚如雨，將從前恩愛等事，一時氷解。至夜獲一夢，如四山相逼，中間祇有一路，有一僧對予誦偈云：『欲脱娑婆出苦塵，急須精進莫貪眠，聲聲祇把彌陀念，自有蓮華托上天。』誦畢不見，山僧當夜醒來，自此一心念佛，志願出家。

聞姜家庵大持和尚，精嚴戒律，高志有德，慕禮爲師，不料取下容光長老爲徒，更名

『海明』。不上數月，因師爺圓寂，聞鄰水縣有慧然法主講《楞嚴經》，辭本師，往彼聽經。至『一切衆生，皆由不知常住真心，性淨明體，用諸妄想，此想不真，故有輪轉。』處，自謂：『我出家原爲生死，生死豈不是輪轉意？若不受輪轉，畢竟要知常住真心，知常住真心，則不受輪轉、則不懼生死。』如此，將十卷《楞嚴經》熟讀一過，在『七處征心、八還辯見』文中，恍有入處，衹是一味道理印證。又聞達摩西來，不立文字，直指人心，見性成佛，謂之教外别傳。此旨幽微，卒難玄會。一日，詣法主室中請益，主以因緣譬喻，種種開示，予衹是不决其疑。次日書一偈云：『我爲生死來出家，何須更算海中沙，無常殺鬼卒然至，錦繡文章亂似麻。』

禮辭法主，出蜀。終日悶悶，疑著此事。每看古人公案語録，一發如銀山鐵壁一般。誓願住山，若不明此事，終世不落山。如此住破頭山，草衣木食三載。一生伎倆，盡情搬弄曆驗過，衹是胸中廝結不開，昏沉散亂，打并不下。看《高峰語録》：『以七日爲限，刻期取證』語，當時依他法子，做了四五日，兩眼昏花，脚手無力，行路似云浮空，也不驚恐，也不怕怖，衹是者些無意味底語，疑不自决，如有氣死人一般。一日發極，到萬丈懸岩上立定，自誓云：『悟不悟，性命在今日了！』辰時立起，立到未時之際，眼前惟有一平世界，更無坑坎堆阜。舉意欲經行，不覺墮落岩下，將足損了一損。至夜翻身，忽痛，有省，密舉從前所疑所礙者，如獲故物，方放身命。睡到天明，高聲叫云：『屈！屈！』有一居士詣前云：『師傅脚痛麼？』予與劈面一掌，云：『非公境界！』足一百日，脚復如舊。

落山，參憨山大師，問：『《經》中道汝身汝心，皆是妙明真心中所現物，如何是「妙明真心」？』師云：『一切智清淨，無二無二分，無別無斷故。』云云，予曰：『大師方便，無不了了。當時世尊爲何不與阿難如此説破，直教阿難但將此心微細揣摩者，何耶？』師云：『無非要他自去理會。』予曰：『理會即不無，要且不是祖師西來意。』拂袖便行。到慱[二]山，參無异和尚，問：『學人從偏位中來，請師向正位中接。』師即默然，予禮一拜出方丈，云：『千里聞名，老大一個善知識，被我一問，祇得口啞。』傍僧云：『還是你不會和尚意。』予與一掌，云：『者掌要方丈和尚喫。』一日因論《警語》，謂疑情發得起、發不起，每有十條。予曰：『甚不堪刻。』師聞之，擯予出院。自此下浙江，參瓶窯聞谷大師，師問：『在甚處來？』予竪一拳，師云：『我者裏没有者個門庭，爲徑山往來者，作個盞飯店，你要弄嘴，諸方有者等知識。』予拂袖便行。上徑山，參雪嶠大師，師問：『你是那裏人？』予曰：『西蜀又過西。』師云：『我徑山八十一代祖師，也有幾個是你四川人，獨四川人，最是惡癩。』予叉手前云：『合蒙高鑒。』師遂留之。因昆山來數衲子，至夜喫茶，師舉木香爐，云：『看看是個甚麼？』一衆不契。師召予云：『四川老，來喫茶。』予至，師復舉起云：『是甚麼？』予便奪來，作撲碎勢，師連忙兩手托住，予震威一喝，便出。後因事追予落山，至化城寺休夏。

秋初，過杭州報國院，值雲門湛然和尚進京請藏。夜茶次，予問：『如何是喪本受輪？』師云：『你見那個受輪？』予曰：『爲甚四生不絶、六道牽連？』師云：『你者一辯，早已喪本。』予曰：『與麼得不喪本去。』師云：『割取老僧頭去。』癸亥（天啓三年，1623）冬，聞師顯聖寺開堂，予進堂一七，師落堂晚參，云：『放下。』予急走師前，托一碗果子云：『者個聻？』師云：『放下著。』予曰：『和尚年尊，代[三]某甲擔去散衆好。』便行。師云：『做定放不下，擔去也，擔去也。』值普説，予問：『紅臉是關公，笑臉是彌勒，未審此二老出身處，請師決一決。』師云：『你看我麻臉是甚麼？』予曰：『不審不審。』師云：『你圖口快。』予曰：『蒼天！蒼天！』師『咦』一聲，出法堂。又晚參，予作禮，起云：『學人得個小休歇，來禮謝和尚。』師合掌云：『争得底。』予曰：『婆兒原是小新婦。』師云：『前三後三相見，又作麼生？』予曰：『滚鍋不是養魚池。』師云：『白鷺下田千點雪，黄鶯上樹一枝花。』予曰：『和尚性命不顧，冷熱也不知。』師云：『好個「冷熱也不知」！』除夕，入室中禮拜，云：『臘月三十日到也，乞和尚道封印句。』師默然，予拂袖便行。傍僧云：『轉來坐坐去。』予曰：『出門三步路，别是一家風。』僧云：『封皮揭掉了也。』予曰：『相吐饒你潑水，相罵饒你接嘴。』師云：『據子説話，大有來歷，祇是老漢耳聾，不能與子證據。你去將行脚叩實寫來看看，我不辜汝。』予曰：『學人少蓄紙筆。』侍者送白紙一張，予接來兩手呈上，師接來，看得無字，擲地，對傍僧云：『非我種草。』予叉手向前，云：『和尚莫瞞人好。』師云：『是你瞞我。』予即掩耳而出。新正，安爲副維那，其年始廿七歲，即師座下頓圓大戒。

過杭州，寓西山静室，病有一月，幾死。聞天臺密雲和尚赴金粟請，予帶病過金粟見師。師問：『那裏來？』予曰：『雲門。』師云：『幾時起身？』予曰：『東山紅日出。』師云：『「東山紅日出」，與汝甚麼相干？』予曰：『老老大大，猶有者個語話。』師云：『我既如此，你者許絡索，又是那來？』予震威一喝，便出。次日，同車兄進方丈，師命坐裏首。

予曰：『昨日走得，今日走不得了。』師云：『做賊人心虛。』予曰：『是賊識賊。』師頷之。車兄問：『聞和尚精于《肇論》，是否？』師應諾。車云：『「般若無知，無所不知」，乞和尚講講。』師云：『知不知且置，你喚甚麼爲般若？』車云：『糊餅。』師摇手。予曰：『今日天涼，不用下者注脚。』師拈拄杖，予作怕勢，師便休。少頃，復翹一足云：『喚作脚則觸，不喚作脚則背，你喚作甚麼？』予曰：『婆兒原是小新婦。』師云：『饒你道得是，我衹不肯你。』予曰：『用肯作麼？』便出。又去討鋪堂務，師允之。一日，師坐齋堂裏，顧予云：『他們都頌《染牛偈》，你如何不頌？』予曰：『《頌》到有一首，衹是鋪堂事忙，未暇呈似。』師云：『試呈出看。』予詣師前，畫一圓相，于中書一牛字。師云：『此是古人底。』予一喝便行。一日，師坐法堂前，驗衆畢，欲行，予向前把住云：『學人末後來，請師最先句。』師便打，予曰：『錯！』師又打，予曰：『錯！錯！』師連打兩棒。師一日坐佛殿前，看月初升，予問：『如何是性天底藴？』師云：『到頭霜夜月，任運落前溪。』予曰：『莫是學人安身立命處麼？』師云：『脚跟下好與三十棒！』一日，普請搬柴，予肩一捆，撞著師，師以拄杖加柴上，云：『與汝更添一根。』予曰：『此是常住物，長老何故作人情？』師驀竪拄杖云：『者是常住物耶[四]？』予走云：『者賊者賊！』師上堂，予問：『上無佛道可成，下無衆生可度，即今和尚陞座，未審還有爲人處也無？』師云：『好與一棒。』予曰：『學人過在甚麼處？』師云：『你猶嫌少在。』予便喝，師云：『你再喝一喝看。』予拂袖出法堂。又值上堂，予問：『處處緑楊堪系馬，家家有路透長安，既是男兒，爲甚麼不丈夫？』師云：『你爲甚麼剌腦入膠盆？』予曰：『恁麼則石女懷胎去也。』師云：『好與三十棒！』予曰：『早知燈是火，飯熟幾多時。』師云：『閑言語。』一日，師坐法堂前，值猛雨轟雷，示衆云：『假饒雷來打我，汝等如何支遣？』一衆下語不恰，予曰：『要遣作麼？』遂頌曰：『因地雷聲透骷髏，幾人歡喜幾人愁。吾師善自分身去，血濺懸河倒逆流。』師便歸方丈。

因湛和尚開法于海鹽天寧寺，予過聽講。至畢，欲歸蜀，寫《辭啓》，師接之便問：『我喚作書，你喚作甚麼？』予向前一把奪來，毀碎便行。次日，予往室前走過，師顧予云：『那漢走來，喫些油糍去。』予曰：『美食不中飽人喫。』師召侍者云：『拿筯子來。』予才舉筯拈起，師一筯打落，云：『既不中飽人喫，拈他作麼？』予連碗托過，云：『也要大家受用。』師笑之，復云：『我老漢雖做個善知識，喫盡多少苦楚，猶不能合古人大機大用，處世天然。你們才入門，便要做個大老，就要去住山住靜，豈不聞古人道「離師太早」麼？我老漢當日在云棲，住得十年、廿年，也不到者般田地，祇爲小人不足，自不慮遠，一時走出，便去住個所在。累到今日，亦未歇手。吾已老矣，全靠爾輩光揚法門。個個似你，都去住山住静去了，那個是應得底？』云云，予曰：『學人非是愚見若是，爲病軀負累長久了，方外藂林雖有，脚堅手健者容易，似學人又病又懶，那有者等閒飯與人喫？』師云：『你有甚麼病？不過是要好底喫底病，懶做功課底病。我有個天華寺、顯聖寺兩個藂林，難道養你者個病人不活？我往嘉興去就回，你同我去亦好。』予曰：『學人祇怕同和尚去不得，還有行李在金粟，祇到杭州報國院候和尚來，一同過江。』師應諾。又曰：『金粟老密，祇管東打西打，我替他擔盡幹[五]計。我老漢祇用三寸綿軟舌，尚被人寫帖送我，你們要習，還習我洞上宗好。』予曰：『和尚但放心，學人固是他家種草，正好拈條白棒，不順人情，打出禍來，大家受用。』辭師便行。

到金粟，收起行李，進方丈别和尚。師笑云：『你那裏去？』予曰：『云門去。』師云：『你要手卷，那去去不留你。』予欲作禮，師云：『堂中正少個打磬底，送你進堂打磬去。』予曰：『諒[六]才補職？』師云：『正是諒才補職。』予主其執事，與衆休夏。師一日落堂，衆集久之，師惟默然，予問：『正恁麼時如何？』師云：『你可到恁麼地否？』予震威一喝，師便打，予連喝兩喝，師云：『你再喝兩喝看？』予掀倒禪床，拂袖便行。師追上前來，驀頭一棒，予曰：『恁麼爲人，要瞎却天下人眼在！』師舉三聖因緣，未畢，予又一喝，師『咦』一聲，出法堂去。至夜，予叩方丈作禮，云：『今日觸忤和尚。』師云：『屈打你。』予一喝便行，師趕至門外，云：『我到不恁麼，你到恁麼？』因祈雨，與師争論一番，辭行。師云：『你要去，不必懺悔；即懺悔，不必去。』予曰：『仁義道中既不無，去不去在我。』次早，天明便去。

到杭州西山，至金鼓洞。將一年，師往杭州，寓昭慶，問予，予過昭慶，禮足，迎師到山，師又苦口叮嚀一番。予至冬，復金粟設齋，師室中延茶，予來遲，師藏過茶鐘，云：『你來遲了，茶鐘也没了。』余將師前茶鐘舉起，云：『者不是？』師笑之拿出，命堂中西堂。偶爾一日相撞，師云：『好新鞋與汝踏些泥。』予到與師一踏，師便休去。傍僧云：『和尚也好頑。』師云：『雙獅距[七]爪，你作頑會。』一日，掛入室牌，予同衆入室，師舉云：『内不放出，外不放入，正恁麼時，以何爲界？』予曰：『竿頭絲線從君弄，不犯清波意自殊。』便出。次日，呈《頌》云：『太平之世，野老風淳，内不放出兮，樂國樂民，外不放入兮，足食足兵。雖然正化無私謂，祇恐關頭暗渡津。』師看畢，對予連打兩噴嚏，予與一推，師拈拄杖，出方丈去，予曰：『者老賊又恁麼去也。』侍者寮留予喫茶，師復來顧予，予曰：『者老賊又恁麼來也。』師便倒臥侍者單上[八]，予便撫背一掌，云：『裝死責活作麼？』便出。爲承當與和尚造方丈，緣淺，寓昭慶竹院房静室，掩關一載。師每以書逼出關，將方丈造畢，師留住。因小人不足，予辭師歸蜀。遂書《曹溪正脉來源》一紙，并信金付予，予再四却之，師云：『你《源流》不要，銀子拿去做盤纏。』予曰：『要則總要，不要則總不要。』師即付之。

山僧這番醜態，每有人乞説，予自忖曆祖以來，無中生有，説在紙上，魔魅後昆，故不敢説也，予之所説，無過與諸大老請益機緣耳。勿勞久立，珍重！珍重！

【注】

一 此爲雙桂本及昭覺本所載《行實》，原文不分段，爲便于閲讀，按文意分段。

二 雙桂本及昭覺本均作『慱』(tuán)，應作『博』。

三 雙桂本及昭覺本爲『代』，按文意，破山并未將果子放下，此處用『待』字似更爲合理。

四 雙桂本作『那』，昭覺本作『耶』，此處依昭覺本。

五 雙桂本作『幹』，昭覺本作『千』，此處依雙桂本。

六 雙桂本及昭覺本此處及下一句均用『諒』，未用『量』字。

七 『距』可作『踞』。

八 『單』指禪床，此處指倒臥于侍者床上。

附録二

破山明禪師行狀[一]

師諱海明，天童密雲悟之嗣，乃蜀之渝城，繼徙大竹，蹇氏族也。生于萬曆二十五年（1597）丁酉正月二十一日午時，舒毫挺秀，天資過人。亦曾娶妻而生子，淡然世務，十九落髮[二]。因聽慧然法師講《楞嚴經》，至『一切衆生，皆由不知常住真心，性浄明體，用諸妄想，此想不真，故有輪轉。』終日疑悶，每閲古人公案，如銀山鐵壁。遂出蜀，見數耆宿，罔決其疑。住楚之破頭山，刻期取證，以七日爲限，至第五日，發極到萬丈懸岩，誓云：『悟不悟，性命在今日了！』將及未時之際，眼前惟有一平世界，舉足不覺墮于岩下，左足損而不知，頓覺從前礙膺之物，泮然氷釋，遂高聲云：『屈！屈！』

自此出山，腰包而南，及見憨山、博山，扣機不契，一宿而去，参雙髻雪嶠師，機緣備載《行實》。再見湛然和尚，遂安維那，其年廿七，即就座下頓圓大戒。聞天童密雲和尚赴金粟請，師徑造焉。及至一見，師資道合，機鋒上下，如地載天函，毫無矛盾，遂職充西堂，周旋十餘載。一日，師辭粟歸蜀，粟書《來源》一紙，信金一緘，却之不已，乃受，下山住苕溪。

迨己巳（崇禎二年，1629）冬，嘉禾紳衿，響師道風，請主東塔。遐邇學者，歸之如云，福城赤幟，由斯起色也。壬申（崇禎五年，1632）春，適金吾振宇張公諱大京、并銓部伯井馮公諱士仁，請師回蜀。師遂入天童辭密，歸梁之萬峰。大開法化，九坐道場，非上上器，莫敢當鋒。

甲、乙（崇禎七、八年爲甲戌及乙亥年，1634、1635）以來，刀兵横起，殳盾如林，臥薪飼膽，無不備嘗。移居石柱司，偶值東川吕相國，機緣不偶，反爲侮慢，及至省來，兩膝不待折而自屈，故有『祖代冤流如是傳』之記句焉。時涪陵有李將軍號立陽者，肅《啓》請師，師至營中，韜光混跡。一日，見將軍屠戳太甚，故食酒肉，將軍驚异，師曰：『但公不殺人，老僧便不食肉。』陽曰：『弟子不殺人，願師常食肉。』夫曹山酒、志公鴿，固是遊戲神通，師于遊戲場更施活命手，不大出古人一頭地歟？相斯時也，云霾雨轟，石走砂飛，六月降霜，三冬閃電，埽庵曰：『在和尚分中，祇當一頓家常茶飯。』

至壬辰、癸巳（順治九、十年，1652、1653）間，有職方郎首四譚公，致書迎師，住南浦之太白崖萬壽禪寺[三]。未經一載，值聖瑞姚將軍，迎住金城寨。去寨半裏許，草創招提，門曰『福國』，堂名『雙桂』。師住廿餘稔，三門佛殿，焕然聿新，英靈云集，爐鞴大開，得骨得髓，先後付八十餘人焉。而闔省當道紳衿士庶，多有仰其德風，懷慕終身，弗能一面者。惟渝城都憲李公諱國英，數四恭迎，力以病辭。甲辰（康熙三年，1664）秋，再專使請師，遂不負輿情之望，寓渝之觀音庵，九旬而歸。

丙午（康熙五年，1666）正月廿一日，壽臨古稀，道俗慶祝，千有餘人。師示微恙，上堂垂語云：『初開劫運九開爐，七十年來志不輸。每見隙駒難度尾，常聞老蚌易生珠。』云云。遂出《源流》六張，分付眼、耳、鼻、舌、身、意六人。復囑諸門人曰：『吾今老幹[四]雙桂矣，棺槨衣衾，窆如俗人禮，蘐林規範，依舊行持。』師于三月十六日亥時，忽聞迅雷疾風，甘霖四及，師趺坐端嚴，指燭而逝。諸門人不違面命，依鄉紳體制，塔于艮龍山麓焉。師之生平，純誠慈愛，出于天性，氣韻邁往，超然奇逸。凡所爲人抽釘拔楔，徹骨徹髓。主持蘐林，法度甚嚴，賞罰無私。住[五]世七十年，坐臘四十夏，法語機緣，輯二十餘卷，流通海内焉。其詞鋒智刃，斫伐邪林，如墮云崩石，開發正見，光明顯露，如白日青天，非中下根所可端倪，可謂集厥大成，光于佛祖者歟！

嗣法門人昭覺通醉稽顙泣血謹狀

【注】

一　此《行狀》爲丈雪通醉撰，收于雙桂本及昭覺本卷二十一，嘉本未收。原文不分段，校對時依内容分段。

二　『檕』音cài，通『髻』，覆頭巾之意。

三　按《年譜》順治九年壬辰（1652年）條，又記此寺爲『萬年寺』。

四　雙桂本及昭覺本均爲『幹』，或應作『于』。

五　昭覺本作『往』，誤。

破山明和尚行狀[一]

師諱海明，號破山。萬曆丁酉歲（萬曆二十五年，1597）生蜀北果州之大竹，先籍渝州，蹇氏忠定公裔。十九歲詣本邑佛恩寺大持老宿脱白，旋聽慧然法師講《楞嚴經》，師問『常住真心』，然種種開示，師不決疑，于是出蜀。住楚之破頭山三載，祇是胸中廝結不開，必欲明此事。乃依高峰妙祖『七日爲限、克期取證』法子，一日發極，到懸岩上立定，自誓云：『悟不悟，性命在今日矣！』立定既久，眼前惟見一平世界，信步經行，不覺墮于岩下。至夜有省，天明高聲叫云：『屈！屈！』

落山參諸方，罕可師意。上徑山參雪嶠和尚，雪問：『你是那裏人？』師曰：『西蜀又過西。』雪云：『我徑山八十一代禪師，也有幾個是你四川人。獨四川人最是惡賴。』師叉手前云：『合蒙高鑒。』因崐山來數衲子，至夜喫茶，雪舉木香爐，云：『看看是個甚麼？』師便奪來，作撲碎勢，雪連忙兩手托住，師喝一喝便出。癸亥（天啓三年，1623）冬，參顯聖湛然和尚，師問：『紅臉是關公，笑臉是彌勒。未審此二老出身處，請師決一決。』湛云：『你看我麻臉是甚麼？』師曰：『不審、不審。』湛云：『你圖口快。』師曰：『蒼天！蒼天！』又晚參次，師作禮起，曰：『學人得個小休歇，來禮謝和尚。』湛合掌云：

『爭得底。』師曰：『婆婆原是小新婦。』湛云：『前三後三相見，又作麼生？』師曰：『滾鍋不是養魚池。』湛云：『白鷺下田千點雪，黃鸝上樹一枝華。』師曰：『和尚不顧性命，冷熱也不知。』湛曰：『好個冷熱也不知！』越明年，補維那職，受具足戒，時師二十七歲也。

甲子（天啓四年，1624）春，聞天臺密雲悟和尚赴金粟請，師懷香詣金粟參悟。悟問：『那裏來？』師曰：『云門。』悟云：『幾時起身？』師曰：『東山紅日出。』悟云：『東山紅日出，與汝甚麼相干？』師曰：『老老大大，猶有者個語話。』悟云：『我既如此，你者許多絡索又是那裏來？』師喝一喝便出。次日同石車和尚進方丈，悟命坐裏首。師曰：『昨日走得，今日走不得了。』悟云：『作賊人心虛。』師云：『是賊識賊。』悟領之。少頃，悟翹一足云：『喚作脚則觸，不喚作脚則背，你喚作甚麼？』師曰：『婆婆原是小新婦。』悟云：『饒你道得是，我袛不肯你。』師曰：『用肯作麼？』便出。一日，猛雨轟雷，悟出堂示衆云：『假饒雷來打我，汝等如何支遣？』一衆下語不恰，師曰：『要遣作麼？』悟便歸方丈。悟一日落堂，衆集久之，悟惟默然。師問：『正恁麼時如何？』悟云：『你可到恁麼地否？』師震威一喝，悟便打，師連喝兩喝，悟云：『你再喝兩喝看。』師推倒禪床，拂袖便行，悟追上驀頭一棒，師曰：『恁麼爲人，要瞎却天下人眼在。』悟舉三聖因緣，未畢，師又喝一喝。悟『咦』一聲，出法堂去。至夜，師進方丈作禮，云：『今日觸忤和尚。』悟云：『屈打你。』師喝一喝便出，悟趕至門外，云：『我倒不恁麼，你倒恁麼。』悟室中延茶，師赴稍遲，悟藏過茶杯，云：『你來遲了，茶杯也沒有。』師將悟前茶杯舉起云：『者不是？』悟笑之，乃出其杯，命西堂職。一日，與悟相遇，悟云：『好新鞋與汝踏些泥。』

師倒與悟一踏，傍僧云：『和尚也好頑。』悟云：『雙獅距爪，你作頑會。』師入室，悟向師面連打兩噴嚏，師與一推，悟拈拄杖出方丈，師曰：『者老賊又恁麽去也。』侍者寮留師喫茶，悟復來顧，師曰：『者老賊又恁麽來也。』悟便臥侍者榻上，師便向悟背撫一掌，云：『裝死賣活作麽？』便出。蕺林公論，當仁不讓于師，惟師有之。丁卯（天啓七年，1627）春，悟書《曹溪正脉來源》一紙付師，師受之。

辭悟出山，寓苕溪福山。崇禎己巳（崇禎二年，1629）秋，受嘉禾東塔請，入院闡揚。全提正令，龍象扣擊，聲譽日隆。庚午（崇禎三年，1630），金粟悟和尚專使送法衣至，師上堂云：『大庚嶺頭提不起，雞足山前成滯貨。山僧今日獲一披，如云普覆華王座。』師于此刹樹赤幟三年，凡垂手接人，機鋒迅捷，遠近觀光，罔不悦服，道風遂大振于江南矣。

然師又欲唱道于故鄉，還蜀抵夔，萬有馮銓部郎中伯井延師于梁山萬峰卓錫焉。蓋西川自宋圓悟、大隨而後，少室綱宗，久矣絶響，人皆習爲講誦。師一提最上極則之事，遠近瞻風，心懷畏愛，道望又于是乎大著矣。及還中慶後，則有開之棲靈、大寧、紫云、棲鳳，宕渠之祥符、大竹之無際、佛恩，敘瀘之蟠龍、南浦之萬福，至若金城、雙桂，皆師逸老最久最盛之地也。住祥符則有江南飽參歸來均一老宿、蘇薦紳流長，大開道場，高敷床座，蕺林體裁，無事不備。大寧則有徐居士道臣，先蟠龍之請而不獲，先蟠龍行事，遂捨身官潭子。師蟠龍解制，即于大寧建禪期，與徐公説法，以酬爲法懇切之願也。蟠龍則有牟吏部尚書郎秉素，奉差金陵，遇朝宗和尚，告以天童衣鉢正在破山。歸鄉與樊總制我劬，肅簡迎師于蟠龍，大振法道，風勵初學，朝夕諮決，甚愜積懷。萬福則有譚兵部首四，闔族講武，累世談兵，雖當大亂之際，無敢侵梁萬之疆，安居在陣，云闡化亦如治世。末後雙桂，又以昔年師住萬峰，德化所洽，懷慕不忘，闔郡紳士，重瞻玉毫，再領慈誨，師法雨均沾，燐火頓息。

斯時參徒常百餘人，烽烟雖未靖，蜀道猶未通，冒險乘危，不惜性命，問山尋水，瓢笠同來者，又不足以相容。姚公爰蔔一山，有老桂二株，乃舊紳別墅，又古時黌宮。竹樹平野，云月曲溪，靈氣鐘焉。師葺茅安衆，以終餘年，初非有意建藂林也，越三五年而佛殿、法堂，高華宏壯，僧寮、廊廡，百度皆完。法幢高竪，爐鞴弘開。朝參暮請之衆，盈萬指而有餘，得非法門之大盛哉！

甲辰（康熙三年，1664）秋，師因三峽重開，以書三喚印正住持雙桂，欲買舟往天童，掃悟和尚塔。適李總制培之請上渝州，説法薦親，應酬煩重。歸山之後，衰頽日增。越丙午（康熙五年，1666）春，上堂辭衆，以眼、耳、鼻、舌、身、意，分作六偈，付授六人，趺坐而逝。經旬，顔貌如生，門人遵治命，殮以木直裰，塔于本院後山。世壽七十，僧臘四十三，開堂一十有四刹，説法三十有七年，嗣法弟子八十七人。

凡師開法席處，衆集如云，久參初進，絶不以詞色稍爲寬假，惟拈白棒，據令而行，如獅子哮吼，百獸一聞，罔不膽喪。復不問來機利鈍，器量淺深，皆施本分鉗鎚。若擬議而不能頓領，并倔强而妄爲低昂，必以痛棒棒到底，直要逼得生蛇化龍。况尋常語默談笑，皆是陷虎之機，縱有强記座主，辯似懸河，一當椎拂之下，即結舌藏鋒。嗣是有志道流，收入爐鎚之内，錦官年來，盡罷講席，知有教外别傳，正法眼藏，不立文字之旨也。蜀人僉曰：『圓悟大師復起于今日矣！』豈獨衲僧輩下頂門之錘，即王侯公卿、宰官貴要，亦不順人情，深錐痛箚，赤手提持。俾知法門烜赫、不涉世智辯聰，直教根本無明，當下灰息。如李一陽屯兵涪陵，威怒最甚，師入營中，力爲感化，李乃出令止殺。師説法最猛，化物最慈，劍鋒上著足，虎口裏横身，皆所不惜。自劫運更變[二]來，經歷七次大難，未嘗以之介懷，緣師識情斷盡，了無怖畏，戎馬場中，隨直攝化。

師行脚江南時，已稱奇衲子，及後謙光導物，又善協輿情，由是遠近慕道欽風，名聞四海焉。孝廉馮百祥夢師授以墨圖扇，即舉似師，師曰：『此文墨之盛也，今料[三]必中。』令祖事佛，福蔭于公。』後果如所言，此又寤寐中信敬而悦服者。然則師之機權，超越佛祖，師之作用，冠絶古今。行藏語笑，細事大綱，若見若聞，卒莫能殫。惟述當日參扣機緣，與後開堂説法實事，俾天下後世景仰其風度者，亦如親炙云。

康熙癸丑年（十二年，1673）孟夏月門人印正謹狀

【注】

一　此为連月印正所撰《行狀》，收于嘉本卷二十，雙桂本及昭覺本未收。原文不分段，校對時依内容分段。

二　此後似脱一『以』字。

三　按文意『料』應爲『科』，或『料』前脱一『科』字。

附録四

萬峰明禪師塔銘并序[一]

楚荆龍湖報庵氏前辭職不拜、萊猗堂修竹叟王文南[二]季豹父撰文

閩莆征仕郎、中書科中書舍人兼翰林院編修、同修國史鄭鳳超[三]巨掌氏書丹

原夫道無可道，止有涵天蓋地之人；禪無可禪，坐等絶後光前之漢。浄裸裸者，屬人各一具，須貯之以峨雪心肝；赤條條者，本大共一身，貴開之以金牛蜀道。説是佛，則人人是佛，何有帝釋凡夫？説無師，則系系須師，所以拈槌竪拂，半在他兮半在我，共湊個無位真人，不由我者更由誰會？有時全提正令，直打著一界虚空，雷震喝聲，用振醒四天聾耳。初見者以爲臨濟，真[四]見者直是達磨。劍掛眉毛，鋒銛齒諸生之血；香含舌本，菡萏開火池之蓮。有時平地一步爲殊險，如天路之不可階升；有時大洋萬頃爲至平，如獄地[五]之遊行無礙。説法堪累丸而不墜，承蜩也猶其掇之；利生如入井以援人，吐蜆乎誰其似者。總緣慧足照足，現茲能勇能仁。斯雄則大雄，而忍無生忍，故能去來皆妙，而變化全彰。我儀啚[六]此，其破山明禪師乎？

師諱海明、號破山，學人稱之曰『萬峰和尚』。渝州蹇氏子也，後徙大竹，則亦稱大竹人。嚴慈浄信，生有异姿，有識者謂其舒毫挺秀，相擬黄蘗。初業儒讀書，淡然世務。年十九，祝發于邑之大持庵融光尊宿，旋因慧然法師講《楞嚴》有悟，遂發願南詢。瓢笠出蜀，

曆參云門、博山諸大老，靡不以爲獰龍生象者，欲得馴而服之以爲乘騎，奈如騎虎料頭，禦師捉尾，極力縱奪，祇覺磬控不下，因以收拾不住矣。撩衣而至天童，如地蓋天函，適合準則，曲收直放，祇絶後先，遂得法于金粟，爲第三子矣。

今東震旦國中，前代者猶不勝舉揚，即臨濟以來，興化、汾陽、楊岐、風穴，如馬駒踏人，接曹州之惡棒者，不無其人。然即寶藏天琦，門庭施設，尚存邊際。直至密雲老人，大死一生，斷頭覓路。喝既虛空粉碎，棒則大地平沉，慈遍躶蟲隊裏，風行天海邊頭，遂使濟宗光于晃日，然則爲天童兒孫者難矣哉。師之超曠，既電照以風行；師之密因，又得骨而得髓。用是人天信向，云覆雨施。

自己巳（崇禎二年，1629）以到壬申（崇禎五年，1632），東塔千期，大開爐鞲，東南緇白，所煆煉者爲多。繼則有蜀銓曹馮君子與張大金吾，以師蜀所鐘靈，堅請還蜀，而師亦遂動峨鷲瓦屋之思矣。卓錫西來，萬峰、中慶、佛恩、白兔，既振威音；鳳山、棲靈、祥符、無際，并撒布衣。集紳薦之皈依，受藩王之隆供，蓋九坐道場焉。譚梁生司業，所謂『花開檇李，果熟蠶䕺者』，真堪爲臨濟之耳孫，天童之肖子矣。若乃入井救人，一蜆活渝城之百萬；身焚取報，佛圖消石勒以海鷗。佛魔全消于外道，象王却顧夫野幹。師于佛法，詎直權實并顯、機用雙成者哉。

時值丙午（康熙五年，1666）孟春念[七]一，爲師臘七旬，一時四衆人天，咸集雙桂者，不啻萬指，僉曰稱慶。而師以念[八]五日示微疾，上堂辭衆垂語，云：『初開劫運九開爐，七十年來志不輸。每見隙駒難度尾，常聞老蚌易生珠。』云云。旋以《源流》、拂子分付眼、耳、鼻、舌六人，先是付者前後八十餘人，可謂英靈之并集，而祖道之重光者矣。前《語録》十六卷[九]，乃丈雪醉公及新庵静主、東塔典客、諸兒孫與諸皈依紳士信善，已梓行。未梓行者，今嗣法院靈木綬公、云嶠水公，將畢願焉。坐見龍顙化城，績標僧寶，山神定來禮足耳，是宜爲銘，銘曰：

西來大意　實經峨峰　再踰隣山　縉云攸鐘
有大英能　代挺其中　五祖綿座　徑山梓潼
師誕巴渝　二祖西東　生秉奇慧　昆吾之鋒
向上一事　七征旋萌　發足南詢　諸老喁喁
金鱗透網　鐵鷂騰空　鯤鵬大海　爰赴天童
惟此天童　萬法之宗　棒即痕現　喝即耳聾
與師相見　草偃從風　是父是子　如云如龍
嫡骨十二　象天始終　師即三子　于衆爲兄
始焉倡道　檇李塔東　千日緣滿　選佛場空
道應西土　現化蠶藂　銓曹迎請　金吾趨風
據獅子座　梁山萬峰　琉璃瓶口　八面玲瓏
自此棲靈　鳳山攸同　毗盧頂上　芥孔針中
祥符大竹　川北攸通　方山普照　江盧蟠龍
金城開縣　千里同風　白馬來處　弱水飛蓬

【注】

一　此文收于雙桂本及昭覺本卷二十一，嘉本未收。原文不分段，校對時依内容分段。

二　王文南：湖北荊州人，字季豹，號報庵，崇禎庚午科（三年，1630）解元。學問該博，時人比之揚陞庵（楊慎），詩歌伯仲七子。明亡隱居龍湖，屢征不起，年八十七卒。著作有《居俟堂文集》、《小雅堂集》等。《湖廣通志》卷五十七、《復社姓氏傳略》卷八有傳。

三　鄭鳳超（1609～？）：字巨掌。唐王聿健即位福州，拜鳳超爲中書舍人兼翰林院待詔，兼修國史。明亡不仕，專心著述，喜遊歷。有《鄭鳳超文集》、四川遊記《烟語》等書傳世。

四　雙桂本『真』字缺最後一筆，避清世宗諱。

五　雙桂本及昭覺本均作『獄地』，或應作『地獄』。

六　雙桂本及昭覺本均作『啚』，此字通『鄙』、又通『圖』，發音亦然。

七　雙桂本及昭覺本均作『念』，應爲『廿』。

八　同上。

九　雙桂本此處殘缺，昭覺本作『十六卷』，應爲十二卷。

附録五

破山大師壙碑并銘[一]

賜進士第、内翰林編修國史、前盛京典試大主考西河朱之俊[二]拜撰

夫古德耆宿，不緣文字傳，而三千八百，闡教揚宗。曆恒河沙，百劫而愈永者，非文字奚傳也。予方瓢衲五台，皈息蓮宗，是以傳破大師。西蜀之名僧，輩望而南乎巴郡，闡教中天，自破大師始也；遁跡養晦，巾缾[三]幽岫者恒多，而所在著聲，缽中云吐，杖底泉流，則破大師始也。

蜀之往宿，慧劍相揮，披云聞笑者尤著。若繼黄蘗而嗣音，聽《楞嚴》而得悟，惟破大師獨也。師之夙根慧悟，固秉性成，而苦行真參，全資猛力。肇自大持，演教東塔。既走吴越、曆名勝，遍參云門、博山諸大老，證響無礙，而得道于密雲圓悟大師，中邊悉徹，衣缽流傳，爲大師嫡嗣。七十年來，獅吼象竪，月皎波澄，宰官拜其座下，將軍奉其教律，慈筏接引，法鐸長鳴，關捩恒開，齒發咸戴。須菩提之低眉，秀鐵面之嚴喝，殆兼攝而普荷之矣。其間善果云集，祥惠霖沾，既迷悟以雙忘，亦鏡塵而并净。譬之天雞始旦，靈曜啓途，朗徹幽明，其有禆于來茲大矣！

予方奉召[四]出山，轄脂就道，偶遇燕石[五]上人，道及破師圓寂，乃爲緩轡，序其涯略。一片幽石，惟傳信不傳疑，或曰此亦史職也。師著述最富，其傳世《破山語録》、《山居詩》、

《雙桂草》諸集，幾盈尺，已壽梓。惟辭世一偈，更爲解脱。師姓蹇氏，先籍渝州，中徒[六]大竹，俗壽七十，僧臘五十二。其先期歡忭，届期趺坐而逝也，誠西方之珈瑜，南土之鳳麟也哉。一葦西渡，梯航永别，靈蕊花凋，智芽蘖萎，凡諸有情，能無隕涕？爰作銘曰：

有善知識　破山禪師　曆遍龍函　覽周象池
口湧河沙　舌生潮漪　群石醒頑　衆禽登圯
再緣栴林　重然慧脂　人天護持　士女皈思
寒潭月落　翠荄風移　津梁夕倦　夏臘朝辭
革囊遽萎　心鏡長期　門人慘咽　弟子淒其
塔閣巍然　錫杖何之　法雨高懸　解沛無時
神光日杲　靈骨攸滋　永垂瓶鉢　用詔來茲

【注】

一　此文收于雙桂本及昭覺本卷二十一，嘉本未收。原文不分段，校對時依内容分段。

二　朱之俊（1596～1671）：以詩名世，與傅山爲文友。字擢秀，號滄起，山西汾陽人。天啓二年（1622）進士，選庶起士，授翰林編修、國子監司業，崇禎間罷官歸鄉。順治二年（1645）被逼入都，授秘書院侍讀、兼修國史副總裁，同年主持順天鄉試，事畢堅辭回鄉養母，再不出仕。晚年于鄉里奉佛，多所修建。著有《硯廬全集》、《五經纂注》、《琅嬛選奇》等書。光緒《山西通志》卷一百五十六《文學録下》、光緒《汾陽縣誌》卷八《文苑》等有傳。

三　雙桂本及昭覺本均作『缾』，通『瓶』。

四　雙桂本及昭覺本『奉』字下空、『召』字單起一行平抬，『召』似應作『詔』。

五　燕石：指靈木印綬法嗣燕石禪師，破山法孫，《錦江禪燈》總目録其名，破山《語録》及《年譜》中亦有提及。

六　昭覺本作『徒』，似應爲『徙』。

附録六

雙桂堂歷代方丈年表

本表基於重慶市梁平區雙桂堂舊藏資料完成

世系		方丈名號	方丈師承	方丈生卒年	方丈任期	序列
曹溪	雙桂					
35	1	破山海明	嗣密雲圓悟	1597～1666	順治十年（1653年）至康熙五年（1666年）	1
36	2	雲嶠印水	嗣破山海明	1626～1693	康熙八年（1669）至康熙十四年（1675）	2
		雲嶠印水再任			康熙二十二年（1683）至康熙三十二年（1693）	
37	3	蒼碧靈聰	嗣雲嶠印水	不詳	康熙三十三年（1694）至康熙五十八年（1719）	3
37	3	華生榮	嗣雲嶠印水	不詳	康熙五十九（1720）年至康熙六十一年（1722）	4
38	4	幻一明覺	嗣蒼碧靈聰	？～1734	康熙六十一年（1722）至雍正元年（1723）	5
38	4	覺知修	嗣華生榮	不詳	雍正元年（1723）至雍正十年（1732）	6
39	5	頓圓悟渺	嗣幻一明覺	不詳	乾隆三年（1738）至何時不明	7
39或40	5或6	透月際旻	嗣幻一明覺或頓圓悟渺	？～1773	乾隆二十三年（1758）至乾隆三十八年（1773）	8
40	6	静月皓	嗣頓圓悟渺	不詳	不詳	9
41	7	極糜深	嗣透月際旻	1715～1791	乾隆四十二年（1777）至乾隆五十六年（1791）	10
41	7	心朗云鶴	嗣透月際旻	不詳	不詳	11
42	8	明韜隱	嗣心朗云鶴或極糜深	1723～1797	乾隆五十六年（1791）至嘉慶二年（1797）	12

续表

世系		方丈名號	方丈師承	方丈生卒年	方丈任期	序列
曹溪	雙桂					
42	8	戒慧潔	嗣極糜深	1742～1803	嘉慶二年（1797）至嘉慶八年（1803）	13
42	8	茂悦憘	嗣極糜深	1751～1813	嘉慶八年（1803）至嘉慶十八年（1813）	14
42	8	月明照	嗣心朗云鶴	不詳	不詳	15
43	9	無幻空	嗣明韜隱	不詳	嘉慶十三年（1808）至何時不明	16
43	9	若愚慧	嗣明韜隱	不詳	嘉慶十八年（1813）至嘉慶十九年（1814）	17
42	8	緒輝燈	嗣心朗云鶴	不詳	嘉慶十九年（1814）至嘉慶二十三年（1818）	18
42	8	大身圓	嗣心朗云鶴	不詳	不詳	19
42	8	樂方達融	嗣心朗云鶴	不詳	不詳	20
43	9	旻沛昭	嗣茂悦憘	不詳	嘉慶二十五年（1820）至道光九年（1829）	21
43	9	殿禪升	嗣明韜隱	不詳	道光十年（1830）至何時不明	22
43	9	德玉性	嗣茂悦憘	1788～1860	道光十三年（1833）至道光二十五年（1845）	23
43	9	一超品	嗣茂悦憘	不詳	道光二十一年（1841）至何時不明	24
43	9	德修悟芳	嗣明韜隱	不詳	不詳	25
43	9	笑凡懿	嗣樂方達融	不詳	不詳	26
43	9	大乘慧	嗣緒輝燈	不詳	不詳	27
不詳	不詳	大智慧	不詳	不詳	不詳	28
不詳	不詳	月明照	不詳	不詳	不詳	29
44	10	映月寂禪	嗣德玉性	1796～1856	道光二十六年（1846）至何時不明	30

续表

世系		方丈名號	方丈師承	方丈生卒年	方丈任期	序列
曹溪	雙桂					
44	10	洪道眞通	嗣旻沛昭	1800～1867	道光三十年（1850）至同治六年（1867）	31
44	10	沛禪眞厚	嗣德玉性	不詳	同治七年（1868）至同治八年（1869）	32
44	10	自權眞印	嗣德玉性	1818～1882	同治八年（1869）至光緒四年（1878）	33
45	11	西來東空	嗣洪道眞通	不詳	光緒四年（1878 年）至光緒五年（1879 年）	34
44	10	明泉眞賢	嗣一超品	不詳	光緒五年（1879）至光緒六年（1880）	35
		自權眞印再任			光緒六年（1880）至何時不明	
不詳	不詳	映可煉	不詳	不詳	不詳	36
不詳	不詳	光輝	不詳	不詳	光緒七年（1881）至光緒八年（1882）	37
45	11	法輪懷	嗣洪道眞通	1838～1899	光緒八年（1882）至何時不明	38
不詳	不詳	連玉	不詳	不詳	光緒十四年（1888）至光緒十五年（1889）	39
		法輪懷再任			光緒十五年（1889）至何時不明	
不詳	不詳	成益滿	不詳	不詳	光緒二十二年（1896）至光緒二十三年（1897）	40
45	11	妙能遍和	嗣自權眞印	不詳	光緒二十三年（1897）至光緒二十五年（1899）	41
44	10	映月禪	嗣一超品	不詳	不詳	42
44	10	竹禪熹	嗣一超品	1824～1901	光緒二十六年（1900 年）至光緒二十七年（1901）	43
不詳	不詳	如一	不詳	不詳	光緒二十七年（1901）	44
45	11	隆犧力	嗣洪道眞通	不詳	光緒二十七年（1901）至何時不明	45
不詳	不詳	昌洪松	不詳	不詳	不詳	46

续表

世系		方丈名號	方丈師承	方丈生卒年	方丈任期	序列
曹溪	雙桂					
45	11	萬智慧	嗣自權眞印	不詳	不詳	47
46	12	規茂慧宗	嗣妙能遍和	不詳	光緒三十一年（1905）至宣統二年（1910）	48
46	12	覺德自樂	嗣隆犠力	不詳	宣統三年（1911）至民國二年（1913）	49
46	12	中道果深	嗣隆犠力	？～1941	民國三年（1914）至民國七年（1918）	50
47	13	長海	嗣規茂慧宗	不詳	民國七年（1918）至民國八年（1919）	51
47	13	性朗監	嗣規茂慧宗	不詳	民國八年（1919）至民國十一年（1922）	52
47	13	圓融崇舟	嗣規茂慧宗	不詳	民國十一年（1922）至民國十四年（1925）	53
		中道果深再任			民國十六年（1927）至民國十八年（1929）	
48	14	本元惺凡	嗣性朗監	不詳	民國十八年（1929）至民國十九年（1930）	54
47	13	崇道香國	嗣中道果深	不詳	民國十九年（1930）至民國二十一年（1932）	55
47	13	仁安眞詮	嗣中道果深	不詳	民國二十一年（1932）至民國二十三年（1934）	56
		崇道香國再任			民國二十四年（1935）至民國二十五年（1936）	
47	13	性傳厚	嗣中道果深	不詳	民國二十五年（1936）至民國二十六年（1937）	57
		圓融崇舟再任			民國二十六年（1937）至民國二十八年（1939）	
48	14	正光雪崖	嗣崇道香國	不詳	民國二十八年（1939）至民國三十年（1941）	58
		本元惺凡再任			民國三十一年（1942）至民國三十四年（1945）	
47	13	演一	嗣中道果深	不詳	民國三十五年（1946）至民國三十六年（1947）	59
49	15	常義妙談	嗣本元惺凡	1915～1991	民國三十六年（1947）至1949年	60
不詳	不詳	理寬	不詳	不詳	1949年暫代方丈，後還俗。	61
		常義妙談再任			1949年至1991年	
50	16	大塊寬勝	嗣常義妙談	1922～1999	1991年至1999年	62
50	16	身振理約	嗣常義妙談	1970至今	2001年至今（2020）	63